KB071523

현대사회문제

-이론과 실제-

CONTEMPORARY SOCIAL PROBLEM

| 이철우 저 |

학지사

머리말

대한민국은 사회문제가 많은 나라이다. 이는 지난 수십년 동안 인간들의 삶의 질을 고려하지 않은 채 성장만을 바라보며 숨 가쁘게 달려왔기 때문이다. 반면, 서구사회는 산업화를 시작한 지 근 200여 년의 시간을 지나오면서 그동안에 발생하고 누적되었던 인간들의 삶의 질을 저하시키는 사회문제를 하나하나 차근차근 해결하거나 개선·치유해서 오늘날의 안정된 사회를 만들었다.

그러나 우리 사회는 일제강점기의 수탈과 착취, 동족상잔의 비극인 전쟁으로 인한 폐허와 가난, 혼란 속에서 압축적 산업화, 저돌적 산업화를 추진한 지 어언 60여 년이 지났지만, 많은 사회문제가 개선되거나 치유되지 않은 채 지금에 이르렀다. 많은 사회문제가 오로지 배고픔을 벗어나야겠다는 성장제일주의 정책기조하에 방치된 채 지금에 이른 것이다. 성장의 이면에 반드시 부산물로서 발생하는 문제를 치유하고 개선하려는 경제적 여유는 물론 시간적 여유도 없었다. 우리의 삶을 되돌아볼 여유가 없었던 결과, 우리의 정신과 마음은 황폐화·비인간화되었고, 삶은 불안하고 고단할 수밖에 없었다.

사회가 발전함에 따라 사회구조와 기능과 제도가 복잡해지고, 사회구성원의 수도 크게 증가하면서 사람들의 행동과 사고도 다양해지고 복잡해져 현대사회에서는 여러 가지 사회문제가 발생할 수밖에 없다. 이러한 과정 속에서 생겨나는 사회문제는 인간들에게 고통과 불행을 안겨 줌은 물론, 사회 전체의 안정과 질서를 위협하거나 불안하게 한다. 사회문제는 어느 사회에서나 어떤 형태로든 발생하고 존재한다. 사회가 발전하면 할수록 오히려 더 많은 문제가 발생함은 물론, 문제의 심각성은 더해 간다. 이는 사회문제의 원인(속성)이 개개인에 의해서 발생하기보다는 사회구조적인 데서 발생하기 때문에 공적 차원의 국가 · 사회적 대책이 절대적 · 필연적으로 요청됨을 의미한다.

우리 사회에서 이를 해결하고 예방하는 데 누구보다도 앞장서야 하는 사람들이 관료나 정치인과 같은 지도층들이다. 이들은 하나같이 우리 사회를 좋은 사회, 바람직한 사회, 행복한 사회로 만들어야 한다고 이야기하고 있으나, 한낱 구두선에 불과할 뿐이다. 진영논리, 당리당략, 자신의 기득권만을 위해서 노력하는 무책임한 모습만 보일 뿐이다. 그들이 해야 할 가장 큰 책무는 우리들의 삶의 질을 저하시키고 고통과 불행을 안겨 주는 사회문제를 공적 차원의 영역으로 끌어들여 깊이 고민하고 연구하며 이를 치유 · 개선시키는 데 진력하는 것이다. 그래야 그동안 사회문제와 떼려야 뗄 수 없이 연결되어 온 우리 사회의 고질, 70년간의 적폐를 청산하지 않겠는가?

따라서 이제는 우리 사회도 제대로 된 사회, 안정된, 바람직한, 공정한 사회로 나아가야만 한다. 파이만 크게 불리는 성장보다는 삶의 질을 우선적으로 고려하는 분배를 통해 인간다운 사회인 성숙한 사회로 가야 한다. 사회정의에 입각한 균형 잡힌 분배를 소홀히 한다면 새로운 유형의 사회문제는 계속 발생하고 확산 · 증폭될 것이다. 균등한 분배를 통한 성장만이 지금까지 발생하고 해결되지 않고 누적되어 온 사회문제를 치유하고 개선하는 길임을 명심해야 한다.

이 책은 이러한 문제의식하에 만들어졌다. 잘 치유되지도 개선되지도 않는 사회문제가 어떻게 전개되어 왔는지, 그것이 우리의 일상생활에 얼마나 나쁜 영향을 미치고 있는지, 그것의 원인은 무엇이며, 그것이 어떤 과정(경로)을 거쳐 왔는지, 그것이 또한 어떤 문제를 안고 있는지, 그에 대한 해결 및 대책은 무엇일지를 고민하였다. 이 책은 우리 사회의 많은 사회문제 중에서 가장 긴요하게 대두되고 있는 것들을 우선적으로 다루었다. 이 책이 우리 사회에서 발생하고 있는 많은 사회문제를 치유하고 개선·예방하는 데 조금이나마 도움이 되었으면 한다.

이 책에서 논의하고, 인용하고, 참고한 것 대부분은 나의 창조적인 사고나 독창적인 지식이라고 할 수 없다. 하늘 아래 더 이상의 새로운 것이 없듯이, 기존의 문헌이나 이론, 책(지식), 보고서, 사례, 통계자료를 최대한 활용하여 나온 것이라 할 수 있다.

이 책을 만드는 데는 그간의 계절학기 수업이 크게 도움이 되었다. 특히 지난 겨울 계절학기 수업을 수강한 학생들의 적극적인 참여와 많은 관심이 큰 도움이 되었다. 그들이 저자와 고민하고 질의토론한 주제는 11가지였다. 이를 살펴보면, 저출산문제(전영, 전우석), 노인문제(김상준, 주준표), 청소년 가출문제(정예린, 이지은), 이혼문제(김지완, 강명성), 교육문제(곽연희, 김민준), 빈곤문제(윤기성, 최지훈), 중산층 붕괴와 양극화(곽수성, 박혜원), 다문화사회와 가정 문제(이경빈, 설시준), 종교문제(신재현, 장동욱), 사이버범죄(송철헌), 정신건강문제(서양원, 이규호)였다. 특히 정신건강문제는 기존 문헌이 별로 없어 학생들이 많이 고민하고 고생하였다. 학생들의 노고가 컸다. 지면을 통해 고맙다는 인사를 전한다. 그리고 지인들의 조언과 독려, 자문, 비판에 감사의 인사를 드린다. 또한 이 책이 나오는 데 많은 힘을 쓴 학지사 관계자분들께도 깊은 감사의 인사를 드린다.

2017년 8월
고려대학교 문과대학 교수휴게실에서

차례

제2부 인구와 가족문제

제1부

사회문제의 전반적 이해

제1장

사회문제란 무엇인가

• 사회문제란 무엇인가(What is social problem)?

　사회학자 밀스(C. W. Mills)는 상대적으로 소수의 사람에게 영향을 주는 개인문제는 비극일지 모르나, 그것이 많은 사람에게 영향을 미치거나 사회나 정부가 그 문제를 많은 사람 또는 전체 사회에 대한 위협으로 간주할 때에는 더 큰 비극이라고 할 수 있는 사회문제가 된다고 언급한다.

　우리가 살아가는 사회에서는 인간과 인간 사이에, 인간과 사회환경 사이에 긴장과 갈등이 초래된다. 이러한 과정 속에서 생겨난 사회문제는 인간의 행복한 사회생활을 위협하는 조건이나 상황을 의미하는 것으로, 사회구성원에게 고통과 불행을 초래하는 것으로 개인문제와 구별된다.

　사회문제와 개인문제 모두 인간에게 고통과 불행을 준다는 점에서 공통적이지만, 그것의 원인과 해결책이 개인문제는 개인과 개인이 인접한 환경 내에 존재하는 데 반하여, 사회문제는 개인과 개인이 인접한 환경 밖에 존재한다는 점에서 차이가 있다. 여기서 개인문제란, 친구와 싸워서 사이가 좋지 않다든가, 불량식품을 많이 먹어서 건강이 좋지 않다든가, 열심히 공부하지 않아서 장학금을 못 탔다든가 하는 것일 수 있다. 또한 사회문제란 경쟁적인 학교 분위기로 반 학생들 간의 반목과 갈등이 심하다든가, 경제위기로 학업에 전념하기 어려운 학생들이 많다든가, 돈이 없어 값싼 음식을 자주 먹을 수밖에 없어 많은 사람이 건강상의 문제가 생긴다든가 하는 것 등을 예로 들 수 있다.

　사회문제란 사회구조나 사회제도의 결함이나 모순으로, 정상적인 사회조직이나 사회질서를 유지하는 데 역기능적으로 작용하는 제반현상이라고 할 수 있다. 현대 산업사회는 발전이라는 이면에 사회문제가 부산물로 따라다닌다. 즉, 사회문제는 그 원인이 개인에 의해서라기보다는 사회구조적인 요인에서 발생하는 것으로, 경기침체에 따른 대량실업이 결국 대량빈곤을 초래하는 것을 예로 들 수 있다.

　각각의 사회는 상이한 산업화의 정도와 상이한 이데올로기의 틀 속에서 다양한 사회문제를 발생시킨다. 따라서 대부분의 국가는 사회의 존속과 발전을 위해 사회문제를 체계적으로 연구하고 분석해 이를 토대로 사회복지정책을 수립한다.

　이러한 사회문제는 산업혁명 이후에 논의되기 시작하여, 주로 초기에는 노동문제나 노동정책이 사회문제로 인식되다가, 제2차 세계대전 후부터는 생활상에서 발생하는 각종 문제가 사회문제로 등장하였다. 가족문제, 종교문제, 저출산문제, 고령화문제, 청소년비행, 빈곤, 범죄, 실업, 자살, 정신질환, 가정파탄, 교육위기 등을 그 예로 들 수 있다.

1. 사회문제의 정의

　우리가 살아가는 인간사회는 사회가 발전됨에 따라 사회구조와 기능, 제도가 복잡해지고 사회구성원의 수(인구)도 크게 증가하고 그들의 생각과 행위도 다양해지고 복잡해져 여러 가지 사회문제가 나타나기 시작하였다. 특히 18세기 이후 산업화라는 획기적인 생산양식의 변화가 진행되어 왔고(즉, 수공업에서 공장제 기계공업으로의 전환을 의미), 19세기에 들어와서는 사회 · 경제 · 정치체제에 대한 상이한 이데올로기(사회주의, 공산주의, 자본주의 등)가 형성되고 발전되어 왔다. 따라서 각각의 사회는 상이한 산업화의 정도와 상이한 이데올로기의 틀 속에서 발전하면서 다양한 사회문제가 파생되어 이를 해결하기 위한 노력을 해 오고 있다.

　현대 산업사회의 어떠한 국가나 사회도 어떤 형태로든 사회문제가 발생하고 존재한다. 가족문제, 노인문제, 청소년문제, 아동문제, 여성문제, 빈곤문제, 환경문제, 성차별문제 등 많은 사회문제가 계속해서 발생하고 있는데, 현대사회가 점점 더 발전함에 따라 이전 사회보다 더 다양하고 더 복잡한 사회문제가 발생하고 있음은 물론, 문제의 심각성이 더해지고 있다. 이와 같이 사회문제는 한 국가사회의 존속과 발전에 지대한 영향을 미치고 있기 때문에 한 국가의 사회적·정치적 과제가 되고 있다.

사회문제를 해결하고 예방하기 위해 사회학과 사회정책학 혹은 사회복지학이라는 학문이 발전하기 시작하였다. 사회문제를 이해하고 사회문제의 원인과 그와 관련된 요인들이 무엇인가를 과학적이고 체계적으로 연구·분석하기 위해 사회학이라는 학문이 필요하게 되었으며, 사회문제를 치유하고 예방하기 위해서 사회정책과 사회복지라는 학문이 발전하게 되었다.

2. 사회문제의 발생 기원

사회문제의 발생 기원은 18세기 말부터 19세기 중엽에 걸쳐 진행된 산업혁명으로 시작되었으며, 이때부터 봉건적·자급자족적 농업사회가 근본적으로 붕괴되고 공장제 기계공업에 의한 자본제적 상품 생산과 대량생산을 특징으로 하는 산업사회로 대체되었다. 이 과정에서 많은 사회문제, 즉 대량실업, 산업재해, 질병, 빈곤, 부르주아지와 프롤레타리아 간 계급대립의 심각화에 의한 양극화(兩極化) 현상이 초래되었으며, 빈부격차(貧富隔差)가 극심하게 나타났다. 따라서 사회적으로 보호받아야 할 대상자가 이전 시대보다 훨씬 더 증가하였다. 또한 1800년대의 산업화와 도시화는 사회질서에 중대한 변화를 초래하여, 사회적 소요, 사회주의 사상 만연, 사회질서의 혼란과 단절을 가져왔다.

자본주의 사회는 극도의 개인주의(個人主義), 몰인간성(沒人間性), 탐욕(貪慾), 합리적 타산성(打算性), 자유시장 추구, 모순, 부조리에 의해 사회문제를 발생시킨다. 또한 자본주의 사회는 승자독식(勝者獨食), 우승열패(優勝劣敗)를 본질로 하고 있음으로 인해, 빈부격차(양극화)와 더불어 사회적 약자 및 사회적 실패자, 사회적 탈락자를 반드시 양산시킨다. 이러한 자본주의 사회는 애덤 스미스(Adam Smith)가 언급한 것처럼, 보이지 않는 손(invisible hand)에 의해 움직이는 장치를 가진다고 하나 많은 사회문제를 노정한다. 한편, 콩트, 뒤르켐, 베버, 스펜서, 마르크스 등은 사회변동으로 인한 사회문제에 관심을 많이 가졌으며, 사회과학자로서 해결책을 제시하려고 많은 노력을 하였다.

◆ 콩트(Auguste Comte): 프랑스 대혁명으로 인한 사회적 혼란과 그에 따른 사회의 황폐화에 대해, 이를 인간다운 세상으로 만들기 위해서 사회적 안정과 질서, 회복을 위해 노력하였다.

◆ 스펜서(Herbert Spencer): 사회복지보다는 훌륭한 품성(稟性)을 더 중요시했다. 그는 개인적 노력이나 근검을 중시하였으며, 개인은 자신의 복지를 스스로 책임져야 한다고 언급하였다. 사회복지비의 증가가 노동자들을 빈민으로 전락시킴은 물론, 납세자들의 불평과 불만을 증폭시킨다고 전망하며, 사회개량방법에 대해 극도로 비판적인 입장에 있었다.

◆ 뒤르켐(Emile Durkheim): 도덕교육을 통해 사회악(社會惡; 범죄, 자살, 정신질환, 교육문제 등)을 치료 · 예방 가능하다고 하였으며, 사회연대의 필요성을 강조하였다. 그는 사회복지와 같은 급진적 재분배 프로그램이 문제가 있음을 지적하기도 하였다. 집단의 결속력이 약화된 상태에서 인간이 자살하는 경향이 있음을 발견하고, 자살이 사회적 안정의 극단적 혼란에서 오는 것임을 밝혔다.

◆ 마르크스(Karl Marx): 산업화가 많은 노동자와 저소득층(소외계층)에게 잔인한 결과를 초래하였는데, 그것은 못 가진 자에 대한 가진 자의 수탈, 착취(搾取)의 결과, 즉 불공평(不公平)한 분배(分配)의 결과라고 언급하였다. 사회구조와 사회의식이 경제구조(經濟構造)의 변화(경제질서의 변화)에 의해 결정되기 때문에 사회복지제도는 주변적 역할을 할 뿐이라고 주

장한다. 마르크스는 사회개혁을 위한 개량주의(改良主義) 프로그램이 어떠한 긍정적 역할도 하지 못할 것이라고 하였다. 마르크스의 사회이론은 전혀 새로운 사회질서와 새로운 종류의 인간성 창조를 추구하였다.

  사회악을 개량하기 위한 우리의 개입이 약하면 약할수록 자본주의의 수명은 짧아질 것이며, 보다 근본적으로는 빈민의 고통이 짧아질 것이라고 하였다. 그러면서 그는 최하층 계급이 위험한 이유는, 자신의 생활조건 때문에 반동적 음모(反動的 陰謀)에 매수당하기 쉽기 때문이라고 언급했다. 결과적으로 마르크스의 궁극적 관심은 인간복지(人間福祉, human welfare)에 있었으며, 자본주의 사회는 자체모순에 의해 붕괴될 것으로 전망하였다.

◈ 베버(Max Weber): 베버는 자본주의제도의 필연적 결과로 발생하는 관료제(官僚制)를 두려워하였다[베버는 관료제가 인간을 통제하고 구속 및 예속한다는 의미로 관료제를 쇠우리(iron cage)로 표현함]. 왜냐하면 이는 가장 효율적인 지배형태로 국민을 통제할 뿐만 아니라 고용주가 제공하는 복지의 확대가 결국 새로운 종류의 산업노예제를 발생시킬 것이라 전망하였기 때문이다.

  이 시기에는 빈곤, 범죄, 질병, 윤리적 타락, 매춘, 무지 등이 이전 사회에 비하여 현저하게 대량적으로 발생함으로써 사회생활의 정상적인 운영에 지장을 초래하였다. 특히 초기산업사회에서 후기산업사회로 이행하게 된 시기에 사회문제가 크게 고조되었다.

3. 사회문제의 역사와 사회문제 연구의 역사

1) 사회문제의 역사

(1) 유럽 대륙

사회병리학이라고 하는 학문적 명칭과 이론적 체계가 처음으로 시작된 것은 러시아의 사회학자 릴리엔펠드(P. V. Lilienfeld)가 프랑스에서 출판한 『사회병리학(La Pathologie Sociale)』(1879)에서부터이다.

이 책이 나오기 전 유럽 사회는 산업혁명의 진전, 금융자본의 증대, 식민지 경영의 확대 등에 따른 사회의 모순과 결핍으로 부패와 타락, 실업과 빈곤이 만연되고 있었다. 이러한 상황은 사회문제에 대한 조사연구를 촉진시켰다. 19세기 중엽의 카를 마르크스(K. Marx)의 제 업적 『자본론』(1867) 등을 필두로 하여, 세자르 롬브로소(C. Lombroso)의 『범죄인』(1876), 에밀 뒤르켐의 『자살론』(1897), 찰스 부스(C. Booth)의 『런던민중의 노동과 생활』(1882~1887) 등 수많은 사회문제 연구 내지 사회병리학적 연구가 진행되었다.

특히 릴리엔펠드의 사회병리학은 사회유기체의 진화과정에서 나타난 사회적 이상에 관한 귀납적 연구이다. 즉, 사회적 이상은 경제, 법률, 정치의 3가지 영역에 걸쳐서 나타나는 사회적 현상으로, 경제(經濟)에 있어서는 경제적 침체, 낭비, 저축심의 결여, 부의 불평등한 분배, 법률(法律)에 있어서는 정의감의 결여, 타인의 권리침해, 법정의 불공평과 무력함, 정치(政治)에 있어서는 정치적 혼란, 내란, 정부의 전복, 과중한 조세, 무능한 중앙집권 등이 사회적 이상으로 대두되었다.

(2) 미국

릴리엔펠드의 사회병리학은 유럽에서 후계자가 없는 상태로 지속되다가

20세기 이후 미국에서 발전하였다. 미국에서는 19세기 말부터 자본주의 경제가 점점 성숙하여 지금까지 유럽에서 보인 것과 같이 사회체제의 모순과 결핍이 표면화되어 사회적·경제적·정치적으로 광범위하게 부패와 타락, 혼란과 무질서, 실업과 빈곤, 악덕과 범죄 등 대체로 사회악이 현존했다.

그런 상황 중에 이혼, 빈곤, 슬럼(slum) 등에 관한 연구가 속속 나타났으나, 이 분야에 대한 연구가 본격적으로 행해진 것은 1920년대 이후였다. 그 예로 앤더슨(Anderson)의 『무숙노동자』(1928), 토마스(Thomas)의 『부적응 소녀』(1923), 모우럴(Mowrer)의 『가족해체』(1939), 트래셔(Thrasher)의 『갱』(1927), 캐번(Cavan)의 『자살』(1928), 조르보(Zorbough)의 『황금해안과 슬럼』(1929), 쇼(Shaw)의 『비행지역』(1929) 등이 있다.

이와 같은 연구가 축적됨과 동시에 사회문제, 사회병리학, 사회해체론이라는 입문서와 개설서가 속출하였다. 타운(Town)의 『사회문제』, 만과 퀸(Mann & Queen)의 『사회병리학』(1933), 길린(Gillin)의 『사회병리학』(1933), 엘리오트와 메릴(Elliott & Merril)의 『사회해체론』(1934), 그루에너(Gruener)의 『사회병리학』(1940), 페리스(Faris)의 『사회해체론』(1948), 클리나드(Clinard)의 『일탈행동론』(1957) 등 40권 이상이 등장하였다.

그러나 이러한 연구가 축적되었음에도 불구하고 파슨스(Parsons)나 머튼(Merton)의 사회학 이론에 관한 업적에 비하면 사회문제론의 이론은 매우 미숙하고 뒤떨어진 것이었다. 그 원인은 사회병리학적인 연구가 대상의 성격상 조사연구가 곤란하며, 현상 자체가 다채로워서 통일적인 이론틀의 설정이 곤란하였기 때문이라고도 할 수 있다(那須宗一 외, 1990).

2) 사회문제 연구의 역사

(1) 유럽 대륙

사회문제에 대한 과학적 연구는 19세기 초반 유럽에서부터 시작되었고 미국에서 보다 확고하게 자리를 잡게 되었다. 이는 사회학이 유럽에서 탄생하여 미국으로 건너가서 발전되고 뿌리를 내린 것과 맥락을 같이하고 있다.

1800년대 유럽에서는 산업혁명에 따른 산업화와 도시화로 사회질서에 중대한 변화가 야기된 한편, 프랑스 혁명(세계 최초의 시민혁명)과 같은 정치적 변혁의 영향으로 정치적·경제적 권력이 사회의 새로운 집단에 이전되고 있었다. 이러한 가운데 유럽 사회는 사회적 소요, 사회주의 사상의 만연, 사회질서의 혼란과 단절과 같은 현상들이 계속해서 나타나고 있었다.

이러한 상황하에서 프랑스의 젊은 학자 콩트는 사회적 안정과 질서를 위협하는 요인들이 무엇인가에 대하여 지대한 관심을 가지고 연구하기 시작하였는데, 콩트의 사회에 대한 연구가 사회학을 탄생시키게 되었다. 콩트는 사회학자들이 대중에게 사회문제의 원인을 알도록 교육시키고 사회문제를 해결함으로써 사회발전을 촉진할 수 있다고 생각했다.

한편, 뒤르켐은 콩트와 같이 사회적 안정에 기여하는 요인들에 대한 관심을 가지고 자살의 원인을 개신교와 구교의 통계자료 비교분석을 통하여 밝히는 연구를 하였다. 이 연구는 사회문제의 연구에 지대한 공헌을 하였다. 그의 연구에서 집단적 결속력이 약화된 상황에서는 사람들이 자살하는 경향이 있다는 것이 발견되었고, 따라서 그는 자살이 사회적 안정이 극단적으로 결여된 결과의 하나라고 주장하였다.

프랑스의 콩트와 뒤르켐과 달리, 독일의 마르크스는 사회의 희생자 또는 소외계층에 대하여 관심을 가졌는데, 특히 산업화가 많은 노동자와 저소득층에 대하여 불러온 잔인한 결과에 많은 관심을 가졌다.

콩트와 뒤르켐이 사회의 안정을 중요시하였던 데 반하여, 마르크스는 사회의 안정은 일부 계층에게는 이익이 되지만 사회에서 소외받거나 착취당하는 계층에게는 희생과 고통, 불이익이 따름을 깨닫고, 사회의 중요한 문제는 사회의 안정과 함께 동반되는 불평등과 고통과 지위 저하라고 생각하였다.

마르크스는 이러한 것이 사회 전체 구조의 거대한 왜곡, 즉 부와 권력의 잘못된 분배에서 기인한다고 보면서, 부와 권력의 잘못된 분배문제가 해결되면 빈곤, 범죄, 소외 등과 같은 다른 여러 사회문제도 크게 개선될 수 있다고 하였다.

(2) 미국

이와 같이 유럽에서 산업화와 도시화에 따라 사회적 안정이 크게 위협받고 있었다면, 미국 대륙에서는 내전인 남북전쟁(civil war, 1861~1865년)을 겪은 이후 산업화와 도시화가 촉진되고 많은 외국인 이민이 이루어져 여러 사회문제가 나타나기 시작하였다. 이리하여 미국의 학자들은 사회적 변화로 야기되는 사회문제를 해결하는 방법으로 유럽에서 새로 만들어진 사회학에 매력을 느끼게 되었고, 이를 계기로 사회문제에 대한 연구가 활발히 이루어져서 사회학이 발전하게 되었다. 즉, 사회문제를 연구하기 위해서, 다시 말해 필요에 의해서 사회학이라는 학문이 발전하게 되었다. 사회학이라는 학문은 남북전쟁 후 20년이 지나 도입되었고, 1880년대 중반에 이르러서야 많은 대학에서 사회학 강좌가 개설되었으며, 1905년 미국사회학회(American Sociological Association)가 발족되었고, 사회문제의 연구는 미국사회학회 발족 이후에 이루어지기 시작한 것이다. 이와 관련하여 루빙턴과 와인버그(Rubinton & Weinberg)는 사회문제의 연구와 결부된 미국 사회학의 발전단계를 다음과 같이 4단계로 나누어 설명하였다.

◆ 기반 성립기(1905~1918년): 이 시기에 미국의 주도적인 사회학자들 대부분은 성직자의 자손들로서 도시화와 산업화의 결과로 일어난 변화들을 직접 목격하였다. 이리하여 이들의 연구는 주로 사회문제였고, 사회문제의 주된 원인을 도시주의로 보았다. 또한 이들은 사회문제의 직접적 해결에 기여하는 데 일익을 담당하고자 하였으며, 문제해결의 방법으로 혁신보다는 사회개혁(개량)을 선호하였다.
◆ 과학적 정책형성기(1918~1935년): 사회문제의 해결을 위한 사회행동을

유도하려면 먼저 사회학적 지식체계를 발전시켜야 한다는 것을 깨닫게 되었다. 이리하여 사회학자들은 사회문제의 해결책을 찾는 것보다는, 사회학을 보다 과학적 학문으로 발전시키려는 데 그들의 관심을 집중시켰다. 가치문제를 다루는 사회문제의 해결책 연구는 다소 비과학적인 것으로 간주하였다.

◆ 이론, 조사 및 응용의 통합기(1935~1954년): 사회학자들은 보다 전문화되어 사회학을 이론, 조사, 응용이 통합적으로 관련되어 있는 것으로 보기 시작하였고, 이에 따라 사회개혁을 사회학적인 노력의 일환으로 받아들이기 시작하였다. 이리하여 기초적 조사연구와 응용사회학은 같은 동전의 양면으로 간주되었고, 과학적 접근은 사회문제를 해결하고 사회학을 과학으로도 발전시킬 수 있다는 것이 이들의 지배적인 태도였다.

◆ 전문성 연마기(1954년 이후): 사회학이 성년기에 접어들면서 사회학자의 수와 사회학 개설과목이 양적으로 증가하였을 뿐만 아니라, 연구업적도 엄청나게 증가하였다. 사회학은 더욱 세분화되고 전문화되어 세분화된 전문분야 내에서 이론체계와 조사결과를 발전시켜 나갔다. 1954년 이후 사회학자들은 기본적·이론적 문제에 대한 해답을 얻으려는 학문적 경쟁을 하였으나, 대다수의 사회학자는 사회문제에 대한 관심을 등한시하였다. 이러한 경향에 대한 비판적 목소리는 차세대인 대학생들로부터 나왔으며, 이후 사회학자들뿐만 아니라 사회학을 공부하는 학도들에게도 사회문제와 사회학적 문제 사이의 긴장은 되풀이되는 당면과제가 되고 있다.

한편, 사회문제가 되는 것이 무엇인가에 대한 구체적인 예로 이혼을 들어보자. 이혼(離婚)은 부부불화(부부관계의 기능장해)에 따른 것으로, 당사자 개인적 측면에서 발생하는 것으로 성격의 불일치, 성적 기능의 불완전, 남편의 바람기(개인병리), 외부적 조건에서 발생하는 것으로 남편의 근무로 인한 늦은 귀가, 낮은 수입(사회병리) 등에 기인한다고 할 수 있다. 이와 같은 것이 사회병리로, 사회병리 내에는 개인병리와 사회병리가 모두 포함된다. 다시 말하면, 모든 사회병리는 개인, 집단, 지역사회, 전체 사회, 국제사회, 문화 등 제 차원에서 발생한다.

따라서 사회병리는 개인 단위 혹은 개인의 우발사로서 발생하는 경우의 개인병리와 집단과 사회(혹은 문화) 단위 혹은 집단과 사회(혹은 문화)의 우발사로서 발생하는 경우의 사회병리로 구별된다. 전자는 개인병리라 부르고, 후자는 협의의 사회병리라 부른다. 또한 사회병리학과 사회학의 관계에 관하여 말하면, 사회병리학이란 사회학의 틀 속에서 사회학적인 방법을 채용하여 개인과 집단, 사회 혹은 문화의 기능장해와 사회적 일탈의 문제를 연구하는 학문이다.

3) 사회문제와 사회병리학

마르크스주의자 중 일부는 사회문제가 자본주의 사회의 구조적인 모순과 결함으로부터 발생하는 본질적인 사회생활의 곤란이며(예: 실업, 빈곤), 사회병리는 그러한 사회문제로부터 파생하는 부차적인 생활곤란이라고 언급한다(예: 이혼, 범죄).

한편, 미국 사회학에서는 사회문제는 이미 사회병리 현상을 기초로 하고, 그중에서도 특히 사회생활에 중대한 위협과 불안을 준다고 판단되는 것을 사회문제로 생각한다. 즉, 미국 사회에서는 마르크스가 언급한 실업과 빈곤 등의 사회문제로 파생되는 이혼, 범죄와 같은 사회병리를 사회문제로 간주하였다. 그래서 미국 사회학에서는 사회변동의 여러 조건(도시화, 산업화) 등 자본주의 사회의 구조적인 모순과 결함에 큰 관심을 갖고 있지 않는 체제몰각적인 입장을 보여 왔다(마르크스주의의 입장에서는 체제일변도로, 즉 사회문제가 전체 사회의 거대한 왜곡현상에 의해 발생한다고 봄).

그러나 오늘날 미국 사회학은 자본주의체제의 모순과 결함에도 관심을 갖게 되었다. 미국 사회학에서는 사회문제가 모든 사회병리 현상을 기초로 하고, 그중에서도 특히 사회생활에 중대한 위협과 불안을 주면 보편적으로 사회문제로 판단되는 것으로 보고 있다. 따라서 사회문제는 자본주의체제의 모순과 결함에 기인하는 본질적인 것이며, 사회병리는 그것으로부터 파생되는 부차적인 문제가 아닌 대등한 사회문제임을 인식하고 있다.

◈ 사회병리 차원에서 자본주의 체제의 모순과 결함으로 지적되는 것
- 자유주의 경제에 내재하는 모순(적자생존, 자유경쟁, 우승열패로 인한 도산, 실업, 빈곤)
- 기업의 자유는 상업주의 내지 이익본위주의를 특징으로 하고 퇴폐와 부패의 원천이 됨
- 사유재산제와 자본제는 부의 편재, 빈곤, 불로소득, 생활격차 등을 조장함
- 자본주의 사회는 본래 계급사회이고, 계급투쟁에 의한 항상적인 사회불안은 불가피하며, 그 밖의 인간의 자기소외 상황, 물질숭배 등도 중요한 문제임

◈ 일반이론으로서
- 사적유물론: 자본주의 사회의 모순과 결함을 지적하고 거시적인 입장에서 사회문제에 접근함
- 정신병리론: 개인의 정신병리를 규명하며, 미시적 입장에서 사회문제에 접근함
- 소외론: 사적유물론의 파생적 · 부차적 이론이라는 면과 정신병리론 및 아노미론과 연결됨
- 문화지체론: 사회의 구성요소 내 불균형의 지적으로부터 사회문제가 발생함

4. 사회문제의 개념과 분류

1) 사회문제의 개념

사회문제는 일반적인 시각이나 입장에서 정의할 수도 있고, 어떤 특별한 이론적 시각에서 정의할 수도 있다. 먼저, 일반론적 정의에서의 사회문제란 한 사회에서 문제라고 판단되고 인정되는 현상을 가리킨다. 이에 대한 제 학자의 사회문제에 대한 언급을 살펴보자.

- ◆ 머튼(Merton)은 사회문제는 사회변동과정에서 발생하는 것으로, 그것이 사회현상으로서 현재화(가시화)되었을 경우에만 사회문제라고 할 수 있다고 언급한다. 따라서 어떤 상황이 아직 문제로 불거지지 않은 이상, 즉 잠재적 상황에서는 사회문제라 할 수 없다고 주장한다.
- ◆ 머튼과 니스벳(Merton & Nisbet)은 사회문제를 사회질서(규범)의 상당 부분이 하나 또는 그 이상의 규범을 위배하고 있다고 간주되는 행동양식으로 정의한다. 즉, 사회문제를 사회 질서나 규범을 위배하고 있다고 간주되는 행동으로 정의한다.
- ◆ 와인버그(Weinberg)는 사회구성원에 의해 바람직하지 못하다고 받아들여지는 상황 내지 행동양식을 사회문제로 정의한다.
- ◆ 페리 부부(Perry & Perry)는 사회구성원 중 상당수의 사람들이 그들의 가치와 윤리기준에 따라 사회질서를 위협한다고 판단하고 사회적 행동으로 그 개선이 가능하다고 생각하는 현상으로 사회문제를 정의한다.
- ◆ 에치오니(Etzioni)는 사회적으로 형성되며 사람들이 문제로 인식하고 사회가 그 상태의 개선을 바라는 사회적 상태를 사회문제로 정의한다.
- ◆ 세퍼드와 보스(Shepard & Voss)는 사회문제란 한 사회의 다수의 사람 또

는 일부 영향력 있는 사람들에 의하여 바람직스럽지 못한 것이라고 생각
되어 주의를 요하게 되는 사회적 상황이라고 정의한다.

◆ 설리번과 그의 동료들(Sullivan et al.)은 사회의 영향력 있는 집단이 어떤 사
회적 상태에 대하여 사회의 가치를 위협하고 있으나 집단적 행동으로 개
선이 가능하다고 인식하는 것으로 정의한다.

◆ 루빙톤과 와인버그(Rubington & Weinberg)는 사회에 존재하는 다수의 사
람의 가치와 양립할 수 없는 상태로서, 그 다수의 사람이 그러한 상태를
변화시키기를 동의하는 상태를 사회문제로 정의한다.

◆ 콘블럼과 줄리안(Kornblum & Julian)은 사회문제를 삶의 질과 사회의 가치
를 위협하는 상태로서, 그것을 개선하기 위하여 무엇인가를 해야 한다
고 사회의 대부분의 사람들이 동의하는 것으로 본다.

◆ 헨스린(Henslin)은 사람들이 관심을 가지고 있고 변화되기를 원하는 사회
의 한 측면으로 정의한다.

◆ 호튼, 레슬리, 라슨(Horton, Leslie, & Larson)은 많은 사람에게 바람직하지
않은 방법으로 영향을 미치며, 집단적인 사회행동에 의하여 어떤 조치
를 취할 수 있다고 느껴지는 조건으로 정의한다.

◆ 아이첸과 진(Eitzen & Zinn)은 다수의 관찰자가 부적합하고 개선이 필요하
다고 느끼는 사회적 상황으로 정의한다.

◆ 라우어(Lauer)는 바람직한 삶의 질과 양립할 수 없으며, 집단 간의 갈등에
관계되고 그 해결을 위해 사회행동이 필요한 것으로 정의한다.

결과적으로 이 학자들의 견해를 종합해 보면, 사회문제란 사회의 지배적
가치나 규범에서 벗어나고, 상당수의 사람들이 부정적인 영향을 받고 있으
며, 그 원인이 사회적 조건이나 특성에 의하고, 다수의 사람이나 영향력 있는
사람들이 문제로 보고 있으며, 사회가 그 개선을 원하고 있고, 개선을 위하여
집단적 차원의 사회적 행동을 요청하는 것으로 정의할 수 있다.

2) 사회문제의 분류

개인이 의도적으로 선택할 수 없는 사회적 조건 때문에 발생하는 문제나 다수의 사람에게 고통과 불안을 안겨 주는 사회문제에 대해 학자별로 분류한 것을 살펴보면 다음과 같다.

◆ 헨스린(Henslin, 1990)

- 사회적 상황에서의 일탈행동: 성적 일탈, 알코올 및 약물 중독, 강간, 살인, 범죄 등
- 사회적 불평등: 부와 빈곤, 인종차별, 성차별, 신체 및 정신 건강(장애나 정신질환) 등
- 사회변화 및 거대문제: 가족구조의 변화, 도시문제, 인구 및 식량 문제, 환경문제, 전쟁, 테러리즘 등

◆ 아이첸과 진(Eitzen & Zinn, 2000)

- 체제문제: 부와 권력과 관련된 문제로 사회해체, 부의 집중, 정경유착, 권력집중
- 인간, 환경, 지역 문제: 인구문제, 글로벌 불평등, 환경문제, 인구문제, 노령화
- 불평등문제: 빈곤, 인종문제, 성차별, 동성애
- 사회제도문제: 노동(고용)문제, 가족문제(이혼 등), 교육문제, 보건의료문제
- 일탈문제: 범죄, 약물중독

◆ 머튼과 니스벳(Merton & Nisbet, 1971)

- 사회해체문제: 인구문제, 인종문제, 가족해체, 노동과 자동화 문제, 빈

곤문제, 도시문제, 지역사회 해체 및 갈등, 집단폭력 등
- 일탈행위문제: 정신장애, 범죄 및 청소년 비행, 약물중독, 알코올중독, 자살, 성문제 등

◆ 슈나이더 등(Schneider et al., 1981)
- 비극(悲劇)으로서의 사회문제: 정신질환, 자살, 알코올중독
- 부정(否定)으로서의 사회문제: 인종차별, 빈곤, 성차별
- 위협(威脅)으로서의 사회문제: 범죄, 인구문제, 흡연, 약물중독
- 추행(醜行)으로서의 사회문제: 대량살인과 대량자살, 아동학대, 강간, 전쟁
- 고압적이고 주제넘는 간섭으로서의 사회문제: 낙태, 안락사
- 문명의 예측된 결함으로서의 사회문제: 관료주의, 공모된 부도덕(white collar crime, 권력형 비리)

◆ 설리번 등(Sullivan et al., 2000)
　기업과 정부의 권력의 증대문제, 가족문제, 보건의료문제, 빈곤문제, 인종문제, 성차별, 노령화, 호모, 범죄, 알코올 · 약물 남용, 성매매, 포르노그래피, 섹스산업, 인구문제, 도시문제, 환경문제, 폭력 · 전쟁 · 테러리즘, 교육문제, 과학기술문제 등

　지금까지의 논의를 중심으로 사회문제의 일반적인 원인을 3가지로 대별하면, 첫째, 사회변동 또는 사회해체에 관련된 문제[가족문제(노인문제와 같은 핵가족화에 따른 제반문제)], 둘째, 사회적 불평등에 관련된 문제[빈곤문제, 성차별문제, 노사문제(가진 자 대 못 가진 자), 양극화], 셋째, 사회의 규범과 가치의 일탈에 관한 문제(청소년비행문제, 범죄문제, 성폭력문제, 약물중독문제, 정신건강문제)이다.

5. 사회문제의 연구목적과 특성

1) 왜 사회문제를 연구하는가

사회문제를 연구하는 목적 중의 하나는, 사회문제의 해결을 위한 실제적인 아이디어나 지식을 얻기 위한 것이다. 또한 사회문제를 연구하는 중요한 목적은, 사회문제를 연구함으로써 사회문제가 왜 발생하는가에 대한 이해와 사회문제가 개인의 일상생활에 얼마나 나쁜 영향을 미치는가에 관한 이해를 증진시키고, 사회문제가 어떻게 전개되고 어떻게 영향을 미치며, 그 문제의 해결을 위해 무엇을 할 것인가, 즉 예방 또는 해결방안의 마련을 위해 지속적으로 관심을 유발하는 데 있다.

2) 사회문제의 인식에는 가치가 개입된다

정상적인 것은 무엇이고 비정상적인 것은 무엇인가에 대해 불변의 답이 있는 것이 아니며, 사회문제를 인식하는 데는 어떤 가치판단이 있어야 한다. 예를 들면, 성장지상주의적 가치관을 가졌는지 아니면 분배주의적 가치관을 가졌는지에 따라 가치관의 차이가 생기게 된다(예: 빈곤문제를 바라보는 시각, 효 가치관을 바라보는 시각 등).

3) 사회문제를 규정하는 기준은 항시 변화한다

사회가 변화하고, 시대가 변화하고, 시간이 변화함에 따라 사회문제로 이해되는 문제상황도 바뀔 수 있다. 1950년대와 1960년대에는 자식이 많은 것이 문제가 되지 않았으나, 1980년대와 1990년대에 들어서는 그것이 문제가 되고 이상한 것으로 인식되었다. 1960년대에는 인구문제를 해결하기 위해 인구억제정책(산아제한)을 실시하였다. 또한 당시에는 청소년비행이 사회문제화되지 않았으나(이미 1960년대 미국 사회에서는 심각한 사회문제였음), 1990년대에 와서는 청소년비행이 사회문제화되었다.

4) 사회문제는 문화적 상대성에 기초하여 이해되어야 한다

각 사회와 국가마다 상이한 문화가 존재한다. 문화적 상대성(cultural relativism)에 의하여 어떤 사회적 현상이나 행위가 사회문제가 될 수도 있고 안 될 수도 있다. 한 예로, 어린 남자아이의 고추를 만지는 것은 한국 사회에서는 자연스러운 현상으로 여겨지나 미국 사회에서는 성추행으로 본다. 즉, 문화에 따라 어떠한 행위를 하나의 사회문제로 간주할 수 있고 간주하지 않을 수도 있다는 의미이다[레비 스트로스(Levi-Strauss)의 문화의 상대성에서 보듯이, 어느 문화든 간에 우열(優劣)을 나누기 어려운 것으로 문화의 차이에 따라 사회문제가 될 수도 있고 안 될 수도 있다].

5) 사회문제가 사회규범을 바꿀 수 있다

사회문제가 사회구성원들에게 반드시 나쁜 영향만을 주는 것은 아니다. 이혼이 여성의 인권을 존중하고 신장시키는 데 기여함에서 볼 수 있듯이, 사회문제는 사회적 통념을 바꿀 수 있다. 이렇듯 이혼이 반드시 나쁜 것만이 아니라 여성의 삶의 질 향상에 기여할 수 있다.

6) 사회문제는 체계론적 사고로 이해되어야 한다

어떠한 사회문제도 전체적인 상황과 관련되어 나타난다. 노인문제는 핵가족화, 부양 가치관의 변화, 여성의 사회활동 증가 등과 같은 종합적·복합적 요인으로 나타난다.

6. 사회문제의 성립조건(사회문제의 특성)

사회문제의 특성을 간단하게 정의하면, 사회의 지배적 가치(규범)에서 벗어나고, 상당수의 사람들이 부정적인 영향을 받고 있으며, 그 원인이 사회적이고, 다수의 사람 혹은 영향력 있는 사람들이 문제로 보고 있으며, 사회가 그 개선을 원하고 있고, 개선을 위하여 집단적인 차원의 사회적 행동이 요청되는 것이라고 할 수 있다. 사회문제의 이러한 특성을 좀 더 자세히 살펴보자.

1) 사회적 가치나 규범에서 벗어남

사회문제는 대다수의 사회구성원이 지배적인 가치나 규범에서 벗어난 것이라고 판단하는 현상이다. 즉, 사회문제는 한 사회의 지배적인 가치나 규범에 어긋나는 행동이라 할 수 있다. 따라서 사회문제는 사회구성원들이 사회에 바람직하지 못한 결과를 가져오는 것이라고 생각하는 문제이다. 그러므로 규범적으로 잘 통합된 사회에서는 어떤 행동이나 현상이 사회적으로 문제가 되는지가 명백하다.

아노미 상태와 같은 가치관의 혼란이나 동의(합의)의 부재는 그 자체가 사회적 혼란을 가져오므로 사회문제로 규정되는 것이 일반적이다. 예컨대, 자식이 경제적 능력이 없어 노부모를 부양하지 못하는 것이나 맞벌이 부부라서 불가피하게 건강이 좋지 못한 노부모를 수발할 수 없는 것은 전통적 경로효친사상이라는 가치관을 고수하고 있는 사회(사람)에서는 가치관의 위배가 될 수 있다. 하지만 현대사회의 현실여건에 맞는 보다 합리적인 경로효친의 가치관을 가지고 있는 사람들에게는 경로효친의 위배라고 할 수 없다. 또 다른 예로, 성장주의 가치관을 가졌는지 혹은 분배주의 가치관을 가졌는지에 따라 빈곤문제에 대한 태도도 달라질 뿐만 아니라 사회복지에 대한 태도도 달라질 수 있다.

이와 같이 누구의 기준에 의하여 판단하느냐(예: 노인문제에 대한 젊은 층과 연장자 층의 판단)에 따라 같은 현상이라도 사회적 기준에 위배되는 경우와 그렇지 않은 경우가 있을 수 있다. 사회적 가치에 위배되는지의 여부는 어떤 현상이 개인적 문제인가 또는 사회적 문제인가를 판단하는 하나의 기준이 될 수도 있다. 즉, 어떤 현상이 한 개인의 특별한 가치관에 위배된다고 하면 그것은 사회문제라고 볼 수 없다.

2) 상당수의 사람들이 그 현상으로 인하여 부정적인 영향을 받고 있음

대다수의 사람이 사회문제로 말미암아 직접 피해를 입거나, 다수의 다른 사람에게 피해를 입히는 경우가 여기에 포함된다. 상당수의 사람이란 어느 일정한 수 이상이 되어야겠지만 또한 상대적인 비율도 고려해야 하기 때문에 정확히 몇 명이라고 규정하기는 곤란하다. 그러나 전체 사회의 인구수에 따라 상대적으로 결정될 수 있다.

3) 그 원인이 사회적인 것임

사회문제는 그 원인이 사회적인 데에 있는 문제이다. 즉, 사회문제는 인간들이 의도적으로 선택할 수 없는 사회적 조건이나 특성에 기인한다. 폭풍이나 홍수, 지진 등은 그 발생 원인이 사회적인 것이 아닌 자연적인 것이기 때문에 사회문제가 아니다. 사회문제의 원인이 사회적인 데 있다는 것은 사회문제가 불완전한 사회체계에 의하여 발생함을 의미한다. 예컨대, 홍수는 사회문제가 아니지만, 홍수나 지진으로 인한 주택 파괴가 장기간 복구되지 못하고 인간들의 불편을 넘어서 생활의 위협으로 변질될 때는 사회문제가 된다. 어떤 사회적 현상이 사회문제가 되기 위해서는 그 원인이 지진이나 홍수, 태풍 등과 같은 자연적인 현상이 아니라, 인간관계 및 인간이 만든 사회의 조직, 구조 및 제도 등과 같은 인위적인 현상이어야 한다는 것이다. 이와 같은 조건은 어떤 현상이 사회문제인지 또는 자연재해 문제인지를 판단하는 기준이 될 수 있다.

사회구조(체계)의 결함과 모순, 실패는 복잡하고 다양한 사회문제의 공통적인 원인이다. 그러나 사회체제의 결함은 개선의 여지가 있다. 따라서 문제의 예방과 대책이 있을 수 있다. 개선의 여지가 없는 것은 사회문제가 아니다.

4) 다수의 사람이나 영향력 있는 일부의 사람이 문제로 판단하고 있음

일탈을 규정하는 것처럼 어떤 현상이 사회문제가 되기 위해서는 그 사회의 성원 전체는 아닐지라도, 다수의 사람이나 사회에 영향을 미칠 수 있는 일부의 사람이 그 현상을 사회문제라고 판단해야 한다. 또한 전체 사회의 상대적 인구수에 따라 결정되며, 얼마나 많은 사람이 관심을 가지고 있는가는 신문, 방송, 잡지 등에서 얼마나 자주 그러한 현상이 취급되고 있는가를 관찰하여 결정할 수 있다. 그리고 영향력 있는 일부의 사람은 그 사회의 권력을 쥐고 있는 사람, 경제적 · 사회적 · 정치적 문제에 보다 강력한 영향력을 행사할 수 있는 사람, 잘 조직되어 있는 시민단체(압력단체)나 학술단체 등이 될 수 있다.

이와 같이 사회문제는 사회적인 관심을 불러일으킨 것으로서 시민들의 관심을 불러일으키는 데에 성공한 문제이다. 다시 말하면, 사회문제의 조건을 갖춘 것이라고 하더라도 시민들의 관심 밖에 있다면 그것은 사회문제가 아니다. 사회구성원이 객관적인 조건들과 주관적인 판단(관심)에 따라 사회의 소중한 가치에 대한 위협이라고 인식하고 관심을 가질 때 그것이 비로소 사회문제가 되는 것이다.

사회에 바람직하지 못한 영향을 주는 문제로 인해 고통받는 당사자나 연구자뿐만 아니라 매스컴이나 사회운동가, 문학가 등에 의하여 그것이 전체 사회의 관심으로 부상하거나 고조 혹은 가속화될 수 있다. 예컨대, 조세희의 소설 『난장이가 쏘아 올린 작은 공』, 정태춘의 노래 〈우리들의 죽음〉, 찰스 부스의 저서 『런던민중의 노동과 생활』 등이 그러하다.

5) 사회가 그 개선을 원하고 있음

어떤 바람직하지 못한 현상이 사회에 만연하여 많은 사람에게 피해를 주거나 부정적 영향을 미칠 때, 다수의 사람이 이에 대해 사회적으로 어떤 조치를 취해야 한다고 인정하여야 한다. 사람들이 그 문제를 해결할 수 있다고 생각하고 그것을 해결하기를 원할 때, 그 문제는 비로소 사회문제가 되는 것이다. 어떠한 사회문제(사회체제의 결함)도 개선의 여지가 있고, 따라서 문제의 예방과 대책이 있을 수 있다. 개선의 여지가 없는 것은 사회문제가 아니다.

빈곤문제는 전근대사회에서 개인의 무지나 나태에서 비롯된 것으로 여겨졌으나, 현대사회에서는 개인적 문제를 넘어서 사회구조적 문제(경기변동이나 대공황 같은 것)에 의해 발생할 수 있다(빈곤의 사회성). 즉, 이를 사회문제로 보고 다수의 사람이 해결하기를 원한다는 것이다. 자본주의 사회에서는 빈곤이 사회구조적인 요인에서 발생하기 때문에 빈곤은 개인적인 성격을 떠나 거시적인 측면에서 사회적이고 보편적인 성격을 띤다. 따라서 빈곤은 사회적 차원에서의 대책 마련이 요구되는 사회문제이다.

6) 개선을 위하여 집단적 차원의 사회적 행동이 요청됨

어떤 사회적 현상이 사회문제로 규정되기 위해서는 그 문제의 해결조치(방안)가 집단적 차원에서 이루어지는 것이 전제된다. 앞서 언급했듯이 사회문제는 다수의 사람에게 부정적인 영향을 미치고 사회적인 요인에 의하여 야기된 것이므로, 개인적 또는 가족적 차원의 노력으로는 해결이 거의 불가능하고, 그 문제의 해결을 위해서는 집단적 차원에서의 사회적 행동이 요청된다. 대부분의 경우 집단적 차원의 사회적 행동은 사회정책을 수립하여 해결하는 방법을 취하고 있다.

따라서 사회문제의 해결이나 그 문제에 따른 고통의 완화를 위해서는 개인적인 차원이 아닌 사회적인 차원에서의 개입, 즉 거시적 · 정치적 · 가시적인 노력이 있어야 한다. 사회문제를 해결하기 위한 국가적 개입은 많은 자원의 투입(사회적 비용)을 가능하게 하는데, 결국 그 자원은 대부분 국민의 세금으로 충당되기 때문에 사회문제는 그것의 직접적인 피해당사자뿐만 아니라 사회구성원 전체에게도 간접적으로 영향을 미치게 된다.

7. 사회문제의 형성단계(사회문제의 자연사)

1) 첫 번째 단계(변환과정)

사회문제는 사적 영역의 문제였던 것이 공적 영역의 쟁점으로 변화하면서 그 모습을 형성하기 시작한다. 사회적으로 영향력 있는 활동가 또는 옹호자 집단들이 특정 사적 영역의 문제에 대한 사회적 관심을 요청(제기)하고 사회문제라고 정의하는 과정(공적 영역으로 들어가기 전 단계)이 첫 단계에 해당된다. 예컨대, 미국에서 에이즈(AIDS, 후천성 면역 결핍증), 히브(HIV, 인간 면역 결핍 바이러스)는 처음에는 공중보건 위험대상으로서의 병이 아니라 성관계에 의해서 발생하는 일반적인 전염병으로 인식되었는데, 동성애자들의 인권신장을 위해서 활동하는 사람들과 공중보건위생 당국자들이 이 질병에 대한 대중의 인식을 변화시켰다.

이와 같이 사회문제가 공식적인 사회문제로서 인정받기 위해서는 사회구성원의 심기를 불편하게 하는 객관적 상황이 반드시 존재해야 한다. 또한 그 상황을 심각한 문제상황으로 확고히 하려는 리더가 출현하고, 그 상황을 쟁점화하기 위한 관련 집단의 조직화가 이어지며, 그 귀결로서 특정 사회문제가 탄생하게 되는 것이다.

2) 두 번째 단계(합법화)

다루기 불편한 사회문제가 공적 영역의 것으로 취급됨에 따라 이에 대한 공식적 태도 또는 반응을 형성하는 것이 합법화의 단계다. 정부기관들이 해당 문제에 대처하기 위해 그와 관련된 업무를 담당하기 시작하거나, 공식적으로 반응을 인지하고 관련 업무를 수행함으로써 그러한 문제를 합법화하게 된다.

예컨대, 에이즈(AIDS), 히브(HIV) 문제와 관련하여 1979년에 첫 감염자가 나왔고, 이에 대한 대책위원회가 1980년대 초에 세계보건기구(WHO)에서 만들어졌으며, 미국의 질병관리센터를 비롯하여 각국에서 유사한 조직들이 형성된 후 1987년에야 비로소 제3차 에이즈국제회의에서 성명이 발표되었다. 이렇게 시간이 많이 흐르고 나서 그 뒤에도 미국인 3만 6천 명이 에이즈로 진단되었고, 그중 2만 명 이상이 사망하고 나서야 이 문제는 대통령의 무지에 대한 에이즈 옹호자(에이즈를 질병으로 인정하라는 집단)들의 비난과 활동가들의 노력으로 공식적인 사회문제로 합법화되기에 이른다.

3) 세 번째 단계(갈등)

이 단계, 즉 갈등단계에 이르러 관련 사회문제활동가들은 공식적 반응에 대한 재조정을 시도하게 된다. 이것은 그때까지 특정 사회문제의 희생자, 옹호자 및 활동가들이 정부기관의 냉소적인 반응을 경험하고 불신을 형성하게 된 것 때문인데, 이들은 기존의 관행에 대한 개선뿐만 아니라 관련 기관들의 구조조정에까지 관여하려 한다. 다시 말하자면, 갈등은 관련 공공기관과 이 문제에 직접적으로 관련된 사람들 및 활동단체들 간에 발생하는 것이며, 그러한 갈등으로 인한 활동은 정부기관의 공식적 반응에 반대하는 것이라고 할 수도 있다.

앞의 예에서와 같은 에이즈, 히브 문제로 인해 1990년에 미 의회에서 법제화된 「라이언 화이트(Ryan White) 법안」은 이러한 갈등과정이 가져온 긍정적인 결과를 보여 주고 있다. 이와 관련된 비극적 사례를 살펴보면, 인디애나 주 소재 공립학교의 학생이자 혈우병 환자였던 라이언은 에이즈 환자의 피를 수혈받아 에이즈에 감염되었다. 그러자 학교 당국에서는 라이언에게 격리조치의 일환으로 퇴학조치를 취했는데, 라이언은 이러한 학교의 부당한 조치에 대항하여 학교수업에 참석할 권리에 대한 탄원을 제기하는 과정에서 사망하였다. 그의 비극적 죽음이 그 후 많은 사람에게 도움이 되는 결과를 가져다주었다. 그의 사망 후에 그의 이름을 붙여 제정된 상기 법은 저소득층 환자 및 가족들을 지원하는 미국에서 가장 큰 연방정부 프로그램으로 확대되었다. 이 예의 핵심은 어떤 질병의 확산과 치료를 위한 초기 방법이 새로 추가된 지식과 정보 등에 의해 갈등을 빚게 된다는 것, 또한 그것이 재조정되는 과정을 거쳐 긍정적 기여로 나타난다는 것이다. 결과적으로 사회문제에 대한 이러한 갈등적 반응 자체가 가끔 사회문제로 정의될 수 있는 계기를 마련한다고 하겠다.

4) 네 번째 단계(체제 밖 변화 시도)

체제 밖 변화 시도 단계는 특정 사회문제에 관여하는 활동가들이 현존하는 사회체제 내에서는 더 이상 관련 활동을 할 수 없다고 인식하게 되는 시점에서 시작된다. 현존 대응체계를 사회체계 내에서 급진적으로 변화시킬 것인지, 아니면 현존 사회체계 밖에서 활동할 것인지에 있어 관련 활동가들은 선택의 기로에 선다. 현재의 대안으로 선택하게 되는 것은 주로 공적 기관체계 밖에서의 피켓시위나 거리시위, 데모 등과 같은 방법, 즉 집단 형성(시위)을 통한 직접적 활동이다. 앞의 예에서 볼 수 있듯이, 미 정부와 산하기관에 대한 대응책 결과로 독립적인 에이즈, 히브 옹호단체 및 연구집단(대표적인 집단은 1987년에 설립된 ACT UP)들은 결과적으로 이 질병을 치료하는 데 쓰이는 약품에 대한 용이한 접근, 공중보건교육 증가, 히브 및 에이즈 관련 차별금지 등의 변화를 이끌어 내었다(김광기 외, 2010).

8. 사회문제에 대한 접근방법

사회문제에 대한 접근방법에는 종교적 접근방법, 법률적 접근방법, 저널리즘적 접근방법, 문학 · 예술적 접근방법이 있으며, 사회과학적 접근방법 내에서도 학문 분야에 따라 사회학적 접근방법, 사회복지학적 접근방법이 있다.

1) 종교적 접근방법

종교적 규범은 사회문제를 정의하고 그에 대한 조치를 취하는 주요한 시각이 되고 있다. 종교적 관점에서 사회문제는 신이 내린 도덕적 · 윤리적 계명의 위배이자 죄로 간주되며, 그러한 문제는 신에 대한 개인적 또는 집단적 기도와 참회 또는 고행을 통해 용서를 받아 해결할 수 있다고 본다.

2) 법률적 접근방법

법이라는 것은 사회가 정당하게 제정하고 인정한 규범이고 약속인데, 이러한 규범의 인정은 종교적 계명에 근거한 경우가 많다. 따라서 이러한 법규를 위반할 시(그 자체를 사회문제로 봄), 위반자에 대한 처벌은 고통이나 고행으로 용서를 받는다는 종교적인 사고방식을 반영하고 있다.

법률적 접근방법에서는 사회문제를 법규의 위반으로 보고 법규위반자를 체포, 고발, 처벌함으로써 문제를 해결하려는 시도를 한다. 법규위반자에 대한 전통적 해결방법은 처벌 위주였지만, 점차 처벌보다는 치료 또는 재범 방지를 위해 노력을 하는 방향으로 나아가고 있다. 그러나 기본적으로 법규위반의 처벌을 강조하는 데서 크게 벗어나지 못하고 있다. 최근 가벼운 법규위반자에 대해 보호관찰이나 사회봉사명령, 벌금형 등을 부과하는 것이 대표적인 예라 할 수 있다.

3) 저널리즘적 접근방법

18세기 이후에 등장한 신문과 잡지는 노동착취, 부정(비리), 지위 저하(빈자로 전락하는 것과 같은 경제적 지위변화 의미) 등을 폭로하고 이에 대항하는 도구가 되어 왔고, 20세기에 들어와서는 라디오 및 텔레비전이 발명되어 더욱더 중요하고 위력적인 매체로 등장하였다. 대중매체가 대중에게 사회문제를 인식시키고 이에 대한 해결방법을 유도해 내는 데 지대한 영향을 미친 것이다.

저널리즘적 접근방법은 일차적으로 대중에게 법규범이나 도덕규범의 위반(사회문제로 봄)을 알려서 대중에게 충격을 주거나 대중을 수치스럽게 하는 것이다. 즉, 저널리즘적 접근방법의 가장 중요한 목적은 사회문제의 폭로이

고, 사회문제의 이해, 예방, 해결 및 관련자 처벌 등은 이차적인 목적이라 할
수 있다.

4) 문학 · 예술적 접근방법

역사적으로 많은 문학작품은 빈곤과 부정의, 비민주(독재 등), 불평등과 같
은 바람직하지 못한 현상, 즉 사회문제를 주제로 삼아, 작가의 창조적 세계
속에서 현실세계의 문제를 상징적으로 폭로하고 이에 대한 대중의 반응을 유
발해 왔다. 또한 음악, 미술, 연극, 영화 등도 그렇게 하여 왔다(예술이나 문학
작품이 기성세대의 매너리즘과 천편일률성을 고발함).

특히 20세기 후반에 들어와서는 음악도 사회문제의 폭로나 반영의 도구로
많은 영향을 미치고 있다. 다양한 대중음악의 양식이 발전하였는데, 이러한
음악은 가사 내용과 음악 양식을 통하여 사회문제를 반영하거나 폭로하여 때
로는 그 해결책을 시사하는 데 많은 영향을 미치고 있다. 이 접근방법은 사회
적 현실을 작가의 판단으로 비유적으로 서술하거나 신랄하게 비판함으로써
대중으로 하여금 사회문제를 간접적으로 경험하고 이해하도록 하며, 경우에
따라서는 해결책을 제시하기도 한다.

5) 사회학적 접근방법

사회학적 접근방법은 사회문제라는 바람직하지 않은 사회현상을 이론적
으로 설명하거나 관련된 원인적 요인을 발견하려는 과학적 연구활동으로 사
회문제의 현상에 대한 순수한 이론적 연구에 보다 많은 초점을 두고 있는 접
근방법이라 할 수 있다. 아울러 사회학을 보다 실용적인 영역으로 확대하여
본다면, 사회문제에 대한 이론적 설명과 더불어 그 해결책(사회정책, 사회복
지)을 연구하는 활동까지 포함한다고 하겠다.

사회학의 발전은 사회문제를 규명하려는 활동에서 시작되었으며, 발전과정에서 실용적인 차원의 사회문제에 대한 관심과 순수한 이론적인 사회학적 문제에 대한 관심 사이에 긴장이 계속되고 있지만 사회학은 여전히 사회문제의 해결에 관한 관심에서 벗어나지 않고 있다.

사회문제의 해결을 다루는 사회정책(사회복지)이 사회문제에 대한 연구를 중심으로 발전된 사회학의 한 연구 분야가 되고 있다는 점에서 사회학적 접근은 이론적 접근뿐 아니라 응용적 차원의 문제해결까지 포함하는 학문이라고 볼 수 있다.

6) 사회복지학적 접근방법

사회복지라는 학문은 인간의 삶의 질 향상에 관심을 가진 사람들이 개인, 가족, 소집단, 지역사회의 사회적 부적응 문제를 다루게 됨으로써 시작되었다. 인간들이 살아가는 세상에는 항상 부수적으로 삶의 질 저하와 관련된 사회적 부적응 문제가 필연적으로 발생하는데, 그 대부분은 사회문제와 관련된 것이라고 할 수 있다.

사회문제를 포함한 제반 사회부적응 문제를 해결하거나 치유하는 사회사업 또는 사회복지는 문제해결에 필요한 실용적 지식을 얻기 위한 연구가 시작됨으로써, 사회사업학 또는 사회복지학이라는 학문이 발전되었다. 또한 사회복지학의 발전은 국가가 사회문제 해결을 위한 주된 사회제도로 사회복지제도를 수립함으로써 촉진되고 발전되었다고 할 수 있다. 이러한 발전배경으로 보면 사회복지학은 이론과 실천을 구비한 응용사회과학이라 할 수 있다. 즉, 사회복지학은 사회문제의 해결을 과제로 하는 실용적 측면을 동전의 한 면으로 하고, 문제의 이해와 해결의 기반이 되는 이론적 측면을 동전의 다른 한 면으로 하는 응용사회과학이라 할 수 있다.

따라서 사회복지학에서 사회문제에 접근하는 방법은 일차적으로는 사회

학적 연구에서 밝힌 사회문제의 원인적 요인의 발견에 근거하여 적절한 해결
책을 찾는 데 초점을 두고 있다. 하지만 문제해결의 논리적 근거는 사회과학
적인 연구의 결과를 근거로 하고 있고 사회학적인 연구가 부족할 때에는 사
회과학적 이론까지 포함하여 접근할 수도 있다고 본다. 그러므로 사회복지
학적 접근방법은 사회문제에 대한 해결책의 탐구뿐 아니라 해결책에 연관된
사회문제에 대한 이론적 연구도 포함하고 있음을 알 수 있다.

9. 사회문제의 특이성

1) 객관적 상태

　객관적 상태는 모두 사회문제에 대한 현실적 이해를 도와준다. 사회문제
의 주제는 대개 논란의 여지가 있는 것들이다. '측정되거나 경험될 수 있는
사회적 양상'인 사회문제의 객관적 상태는 이러한 논란을 잠재우는 근거로
사용될 수 있다. 흔히 국가기관의 발표를 통해 또는 이를 인용하여 대중매체
가 제시하는 통계적 현실이 이에 해당된다.

　인구 10만 명당 자살자 수 및 자살률에 대해 경제협력개발기구(OECD) 회
원국 중 자살률(혹은 노인빈곤율은 2015년 현재 OECD 자료에 의하면 49.1%) 1위
라는 근거를 제시하며 자살(노인빈곤)이 대한민국의 사회문제라고 발표하거
나 언급하는 것이 그 예이다. 연구논문 등의 서론에서 해당 연구의 필요성을
제시할 때 신뢰받을 수 있는 기관의 통계수치들을 인용하며 문제임을 강조하
고, 따라서 해당 연구가 필요한 것임을 주장하는 것이 흔히 접할 수 있는 또
다른 예이다. 요약하자면, 사회문제의 객관적 상태는 자료수집 등을 통해 확
인된 특정 사회적 상황을 인정하는 것에서 비롯되는 것이다.

2) 주관적 관심

객관적 상태에 비해 주관적 관심은 사회문제를 바라보는 데 있어 보다 신중함을 요하는 특징적 대상이다. 주관적 관심은 사회문제가 발생한 그 사회의 구성원들이 문제가 되고 있는 사회문제에 대해 '염려하고 변화를 원하는 사회적 양상'을 의미한다.

즉, 원치 않는 사회문제의 쟁점화, 해결방안 및 개입활동 등과 관련되어 있는 것이다. 객관적 사회문제가 제시되어 있다 하더라도 주관적 관심이 그에 더해지지 않는다면, 그 문제는 사회적 쟁점이 되지 않으며 문제해결을 위한 법 및 정책 마련 등의 개입이 시도되지 않는다. 반면에, 객관적 상태가 비록 사회적 문제가 될 정도의 통계수치로 확인되지 않는다 할지라도, 주관적 관심을 확보하게 되면 누가 보더라도 사회문제로 인정되어 변화를 위한 개입현상을 관찰할 수 있게 된다.

주관적 관심은 사회적 구성물(그때그때 사회변화에 조응함을 의미)이라는 의미와 맥락을 같이하는바, 문제가 어떻게 문제로 정의되는가의 문제로서, 인간의 존재와 경험이라는 현실에 주관적 의미를 붙임으로써 사람들이 인식하는 실제가 완성되는 것이다(주관적인 인식으로 인해 사회문제로 인정됨을 의미). 따라서 주관적 관심의 관점에서 볼 때, 사회문제는 반드시 객관적으로만 결정되는 대상이 아니라는 것이다. 이 문제의 핵심은 사회구성원의 사회적 가치에 달려 있다고 볼 수 있다.

사회구성주의(social constructionism)로 알려진 주관적 관심의 입장에서는 사회의 영향력 있는 집단들이 문제를 어떻게 정의하고, 여타 구성원의 견해와 개념에 영향을 미칠 수 있는지에 관심을 갖게 된다.

3) 역동성

사회문제는 사회의 변화와 관련되어 있기 때문에 동적인 특성을 지니고 있다. 1970년대 미국에서는 낙태문제가 심각한 사회적 상황으로 전개되고 있었다. 1973년까지 낙태가 불법화되어 있었던 시기의 객관적 상황은 불법낙태와 관련된 통계수치로 나타난다.

불법낙태란 용어가 내포하고 있는 주관적인 관심은 불법낙태 시술상황과 관련되어 있다. 낙태가 불법인 사회적 조건 아래에서 낙태를 원하는 많은 여성이 스스로 낙태를 시도하거나 자격을 갖추지 않은 사람들에게 시술을 받아 사망하는 사건들이 발생하였고, 그들의 죽음 상황에 대해 관심을 가지고 염려하는 사회구성원들이 증가하게 되었다. 즉, 낙태가 불법이라는 객관적 상황이 합법적인 것으로 바뀔 수 있게 된 것이다. 그런데 상기한 동적 움직임이 이대로만 일방적으로 진행되거나 합법적 지위를 획득함으로써 마무리되는 것이 아니다. 낙태에 대한 정의가 살인이라고 확신하는 사람들의 주관적 관심이 이때 움직이기 시작한다.

낙태를 합법적 지위로 변화시키려고 노력하는 사회구성원들과 낙태의 합법화에 불만을 가진 사회구성원들은 그들의 주관적 정의대로 법을 변화시키거나 유지시키기 위해 캠페인과 같은 활동을 시작하게 된다. 그러나 이런 움직임에 대응하여 낙태를 합법화하기를 원하는 사람들 및 합법화를 유지하고자 하는 사람들은 이와 반대되는 활동에 돌입하게 된다.

한 사회 내에서 특정 주관적 관심을 보이는 이들과 다른 관심을 가진 이들(낙태합법화론자 대 낙태불법화론자)이 특정 상황에 대해 어떤 반응을 보이느냐에 따라, 사회문제는 이처럼 동적으로 움직이게 되는 것이다(사회문제가 될 수도 있고 안 될 수도 있음을 의미). 이처럼 사회구성원들이 만드는 낙태 합법화와 같은 사회적 구성물은 역동적이고 순환적이며 때로는 경쟁적인 과정을 거치게 된다.

4) 상대성

사회문제의 역동적 특징에서 봤듯이, 사회구성원들의 가치에 따라 객관적인 사회적 상황에 대하여 주관적 관심의 향방이 달라짐을 알 수 있다.

인간의 주관적 관심 또는 견해는 결국 각자의 경험에 기초하기 때문에 상대적일 수밖에 없다. 이로 인해 어떤 견해를 가진 이들에게 특정 사회문제로 간주되는 대상은 다른 견해를 가진 사람들에게는 문제가 아닌 해결책이 될 수 있는 것이다. 이것은 또한 사회의 한 집단에게 해결책으로 제시된 것이 다른 집단에게는 문제발생 상황으로 연결될 수 있다는 의미이기도 하다.

그렇다면 좋거나 나쁜 것에 대한 공유된 신념인 가치를 변화시키는 것이 사회문제를 다룰 때의 핵심과제로 떠오르게 된다. 가치판단의 결과로 갖게 된 현재의 주관적 관심 또는 견해는 다른 가치판단을 하는 사람들과의 경험의 차이에서 비롯되기 때문에, 현재와 다른 정보 및 생각 또는 경험과의 조우를 통해 사회문제에 대한 각자의 입장을 변화시킬 수 있다.

대개 자신이 현재 보유하고 있는 주관적 관심 또는 견해가 특정 객관적 상황을 보는 옳고 타당한 방식이라고 여길 수 있다고 하더라도, 자신의 사회적 위치를 통해 주관적 관심에 도달하기 때문에 그에 대한 변화 시도로 우리의 견해도 바뀔 수 있는 것이다. 앞에서 언급한 사회적 위치란 다른 사람과의 관계에서 자신의 정체성을 평가함으로써 자신을 지각하기 시작하는 것을 의미한다. 어떻게 되었든 간에 동일 사회 내의 다른 삶을 사는 사람들, 예컨대 낙태경험이 있었던 사람들과 낙태에 대해 무지하거나 경험이 전혀 없는 사람들은 상대적으로 다른 판단을 하게 된다는 것이다.

5) 경쟁성

인간은 다원론적 세상에 살고 있다. 삶을 흥미롭게 만드는 이 다양성 속에서 특정 문제에 대한 일부 다른 인간들의 주관적 관심에 따른 정의가 사회문제로 채택될 것인가와 관련된 것이 경쟁성이다. 여러 사람의 힘의 작용과 저항 사이에서 어떤 집단이 자신의 방식을 사회적으로 확보하는 능력을 지니고 있는가에 이 특징의 초점이 있다.

　낙태의 예에서 낙태를 불법으로 보는 집단과 합법화하고자 했던 집단, 이 두 집단의 관점적 경쟁(갈등) 속에서 합법화의 관점이 채택되는 변화가 발생하였다. 반대자(낙태불법화론자)가 자신들의 관점에 반하여 낙태가 합법화된 상황에 대해 이를 수용하지 않고 오히려 다시 경쟁을 시작하는 것이 사회문제의 또 다른 특징이다(김광기 외, 2010).

참고문헌

강정한, 김문조, 김종길, 김홍중, 유승호, 하홍규(2013). 현대사회학 이론. 서울: 다산출판사.

고영복 편(1992). 현대사회문제. 서울: 사회문화연구소 출판부.

고영복 편(2000). 사회학사전. 서울: 사회문화연구소 출판부.

고영복, 한균자(1992). 사회학개론. 서울: 한국방송통신대학 출판부.

권태환, 홍두승, 설동훈(2006). 사회학의 이해. 서울: 다산출판사.

김광기, 김대희, 김왕배, 김정선, 김정희, 문창진, 연성진, 이경용, 장세진, 전신현, 정진주, 조영태(2010). 현대사회문제론. 서울: 파란마음.

김영모 편(2007). 현대사회문제론(개정증보판). 서울: 고헌출판부.

김윤태(2006). 사회학의 발견. 서울: 새로운사람들.

김태헌, 손병노, 박강용, 유종렬(2004). 사회ㆍ문화. 서울: 금성출판사.

김태현, 이문숙(2009). 사회문제론. 경기: 교문사.

박길성(2013). 갈등은 사회를 만들고 사회는 갈등을 만든다: 한국사회의 갈등 지형과 연대적 공존의 모색. 서울: 고려대학교 출판부.

박철현(2010). 사회문제론: 이론, 실태, 지구적 시각. 서울: 박영사.

비판사회학회 편(2012). 사회학. 경기: 한울.

안계춘 외(1992). 현대사회학의 이해. 서울: 법문사.

양춘, 박상태, 석현호(2003). 현대사회학. 서울: 민영사.

이장현, 김영이(1985). 사회문제의 연구. 서울: 경문사.

정헌주, 김상호, 유해미, 이택면, 박창남, 박현수, 이혜경, 민웅기, 이해진, 유문무, 김영선(2011). 사회문제의 이해. 서울: 대왕사.

주현성(2013). 지금 시작하는 인문학: 우리 시대를 읽기 위한 최소한의 인문 배경지식 2. 경기: 더좋은책.

차경수, 송대영, 이미나(2000). 현대사회의 제문제. 서울: 한국방송통신대학교 출판부.

최선화 외(2009). 사회문제와 사회복지(제3판). 경기: 양서원.

최일섭(2000). 사회문제와 사회복지. 서울: 나남출판.

최일섭, 최성재 공편(2000). 사회문제와 사회복지(개정판). 서울: 나남출판.

표갑수(2010). 사회문제와 사회복지(개정판). 경기: 나남출판.

한국산업사회학회 편(2010). 사회학. 경기: 한울.

한완상, 권태환 편(2005). 전환기 한국의 사회문제. 서울: 민음사.

홍승직, 임희섭, 노길명, 정태환, 김문조(1995). 사회학개설. 서울: 고려대학교 출판부.

那須宗一 외(1990). 사회문제이론(개정판)(송정부 역). 서울: 이론과 실천.

綾部恒雄(2011). 문화인류학의 20가지 이론(유명기 역). 서울: 일조각.

Abel, T. (1970). *The foundations of sociological theory*. New York: Random House.

Blau, P. M. (1964). *Exchange and power in social life*. New York: Wiley.

Clyde, W. Franklin II. (2005). 이론으로 본 사회심리학(정창수 역). 서울: 도서출판 그린.

Collins, R. (1975). *Conflict sociology*. New York: Academic Press.

Coser, L. (1956). *The functions of social conflict*. New York: The Free Press.

Coser, L. A. (2003). 사회사상사(신용하, 박명규 공역). 서울: 시그마프레스.

Dahrendorf, R. (1958). Toward a theory of social conflict. *Journal of Conflict Resolution, 2*, 170-183.

Dawkins, R. (2010). 이기적 유전자(홍영남, 이상임 공역). 서울: 을유문화사.

Durkheim, É. (2012). 사회분업론(민문홍 역). 서울: 아카넷.

Giddens, A. (2007). 현대사회학(김미숙 외 공역). 서울: 을유문화사.

Giddens, A., & Sutton, P. W. (2015). 사회학의 핵심개념들(김봉석 역). 경기: 동녘.

Ginsberg, L. (2000). *Understanding social problem, policies and programs*. Columbia: University of South Carolina Press.

Henslin, J. M., & Fowler, L. A. (2010). *Social problems: A down-to-earth approach*. Boston: Allyn & Bacon.

Homans, G. C. (1961). *Social behavior: Its elementary forms*. New York: Harcourt, Brace, Jovanovich, Inc.

Horton, P. B., & Leslie, G. R. (1991). *The sociology of social problems* (10th ed.). Englewood Cliffs, New Jersey: Prentice-Hall.

Lauer, R., & Lauer, J. (2008). *Social problems and the quality of life*. New York: McGraw-Hill.

Lemert, C. (Ed.). (1993). *Social theory: The multicultural and classic readings*. Boulder, Colo.: Westview Press.

Lemert, E. M. (1951). *Social pathology: A systematic approach to the theory of sociopathic behavior*. New York: McGraw-Hall.

Leon-Guerrero, A. (2009). *Social problems: Community, policy and social action* (2nd ed.). Thousand Oaks, CA: Pine For...

Macionis, J. J. (2005). *Sociology*. Harlow: Pearson Prentice Hall.

Maris, R. W. (1988). *Social problems*. Belmont, CA: Wadsworth.

Mead, G. H. (1968). *Mind, self and society*. Chicago: University of Chicago Press.

Merton, R. K. (1968). *Social theory and social structure*. New York: The Free Press.

Merton, R. K., & Nisbet, R. A. (Eds.). (1971). *Contemporary social problems* (3rd ed.). New York: Harcourt, Brace and Jovanovich.

Mouzelis, N. (1995). *Sociological theory: What went wrong?* London: Routledge.

Mouzelis, N. (2013). 사회학 이론, 무엇이 문제인가: 진단과 처방(정헌주 역). 서울: 아카넷.

Osborn, R. (2001). 사회학(윤길순 역). 서울: 김영사.

Parsons, T. (1951). *The social system*. Glencoe, Ill.: The Free Press.

Ritzer, G. (1987). 현대사회학이론(최재현 역). 서울: 형설출판사.

Ritzer, G. (2010). 현대사회학이론과 그 고전적 뿌리(한국이론사회학회 역). 서울: 박영사.

Rubington E., & Weinberg, M. S. (1977). *The study of social problems: Five perspectives*. London: Oxford University Press.

Sullivan, T. et al. (2000). *Social problems: Divergent perspectives*. New York: Wiley.

Turner, J. H., Beeghley, L., & Powers, C. H. (1997). 사회학이론의 형성(김진균 외 공역). 서울: 일신사.

Zeitlin, I. M. (1985). 사회학이론의 발달사: 사회사상의 변증법적 과정(이경용, 김동노 공역). 서울: 한울.

제2장

사회문제의 연구방법과
일반이론 · 기초이론

1. 사회문제의 연구방법

사회학의 한 분야인 사회문제라는 학문은 연구방법론을 통해 인간의 행위나 의식, 사회현상에 관한 객관성 있고 신빙성 있는 지식을 획득하는 학문이다. 보다 의미 있고 정확하며 믿을 만한 지식을 획득하는 방법 자체를 연구방법론이라고 한다. 즉, 사회문제라는 학문은 연구방법론을 통해 인간의 행위나 의식, 사회현상을 체계적으로 이해하고 우리의 삶에 유용한 지식을 얻는 것이다. 이와 같이 연구방법론은 사회현상에 관해서 설명하는 이론을 토대로 가설을 세우고 일련의 조사과정을 거쳐 우리의 삶에 필요한 지식을 생산한다.

이론은 조사를 통해 검증되어야 하고, 조사결과는 이론에 의하여 뒷받침되고 체계화되어야 한다. 이런 이론과 조사의 상호관계를 통해 사회현상에 관한 이론이 확립되는 것이다. 하나의 이론이 가지를 치게 됨에 따라서 둘 혹은 그 이상의 이론이 생겨나기도 하지만, 한편으로 이론들은 수렴과 융합을 통하여 보다 좋은 이론으로 발전하거나 폐기되기도 한다. 즉, 사회현실에 대한 독립적이고 상호모순적인 설명으로서 출발하였던 이론들이 서로 접근하고 때로는 하나로 합쳐져서 좋은 이론으로 발전하기도 하지만, 불일치나 모순으로 수정이 요구되거나 기각되기도 한다.

월리스(W. L. Wallace)가 언급한 과학적 연구방법[1]은 항상 문제가 되는 사회현상이나 어떤 사회현상을 이해하거나 그 원인을 설명하기 위하여 반드시 이론적 시각을 취한다. 그리고 이론적 시각으로부터 직간접적으로 가설이

---

1) 과학적 인식방법에서 논리성은 이론을 뜻하고, 경험성은 조사 혹은 관찰을 의미하는바, 이론이란 어떤 현상에 대한 논리적인 설명을 말하고, 조사는 그러한 논리들을 과학적 절차를 통해 검증하는 것을 말한다. 따라서 논리적이란 어떤 현상에 대한 설명이 합리적으로 부인되기 어려운 것을 의미하고, 경험적이란 주로 직접적인 관찰에 의해서 사실(인간의 의식, 행동, 사회현상)이 확인되는 것을 의미한다. 과학적 지식은 이론과 조사를 통해 만들어지며, 과학적 조사연구는 이론과 조사를 활용하여 과학적 지식을 만들어 내는 방법이 된다.

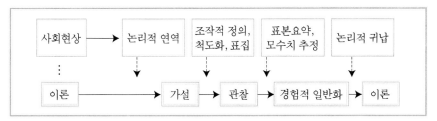

[그림 2-1] 과학적 연구방법의 절차

도출되고, 이러한 가설에 입각하여 질문지를 만들어 경험적으로 조사함으로써 문제가 되는 사회현상이 이론적 시각 및 도출된 가설과 일치하는지를 밝히는 일련의 과정을 밟는다. 따라서 과학적 연구방법은 경험적 조사를 통하여 사회현상을 설명하거나 그 원인적 요인들을 규명하여 이론을 도출하는 활동이라 할 수 있다. 나아가서 원인적 요인에 근거하여 문제가 되는 사회현상에 대한 해결책을 찾는 활동까지를 포함하기도 한다. 과학적 연구방법은 이론의 형성을 위한 귀납적 방법과 이론을 검증하는 데 필요한 잠정적 이론(임시이론)인 가설을 구성하기 위한 연역적 방법을 이용하고 있다.

다시 말해서, 과학적 연구방법을 추구하는 사회문제의 연구방법은 과학적인 방법을 통하여 어떤 사회현상을 설명하거나 관련된 원인적 요인들을 발견하는 것이라 할 수 있다. 혹은 발견된 원인적 요인들과의 관계에 근거하여 문제가 되는 사회현상에 대한 해결방법을 발견하는 일련의 연구활동이라 할 수 있다.

1) 귀납적 방법과 연역적 방법

(1) 귀납법

귀납법(歸納法, inductive inference)은 개개의 사실이나 명제로부터 일반적 결론이나 일반화를 이끌어 내는 과학적 연구방법이라 할 수 있다. 특히 귀납적 방법은 인과관계(因果關係)를 확정하는 데 주로 사용된다.

따라서 귀납적 방법은 자료나 사례가 부족할 때 이를 얻기 위해 노력하는 것으로, 다음과 같은 과정을 거친다.

• 지구, 수성, 화성 등은 둥글다.	• 소크라테스, 공자, 예수는 죽는다.
• 지구, 수성, 화성 등은 유성이다.	• 소크라테스, 공자, 예수는 사람이다.
• 그러므로 모든 유성은 둥글다.	• 그러므로 모든 사람은 죽는다.

(2) 연역법

연역법(演繹法, deductive inference)은 일반적인 명제나 진리로부터 보다 특수하고 개별적인 명제나 사실(진리)을 이끌어 내는 추리과정이다. 연역적 방법은 경험을 필요로 하지 않고 순수한 사유에 의하여 이루어지며, 그 전형적인 예는 삼단논법(三段論法)이다.

따라서 연역적 방법은 이미 있는 사실이나 이론에서 개별 사실을 도출하는 것으로, 다음과 같은 과정을 거친다.

• 물고기는 동물(대개념)이다.	• 모든 사람은 죽는다.
• 넙치는 물고기(소개념)이다.	• 소크라테스는 사람이다.
• 따라서 넙치는 동물이다.	• 따라서 소크라테스는 죽는다.

2) 이론적 접근의 중요성과 필요성

이론이란 과학적인 방법에 의하여 두 가지 또는 그 이상의 현상(개념) 간의 관계를 서술하는 것을 말한다. 이론적 접근의 중요성과 필요성은 이론의 유용성을 살펴보면 알 수 있다

첫째, 이론은 어떤 현상이 왜 일어나는가를 설명해 준다. 이론은 인과관계를 설명해 주거나 적어도 그것을 시사하기 때문이다. 예컨대, 결손가정이 청소

년비행의 원인이 되는가는 결손가정이나 청소년비행이라는 개념을 포함하고 있는 구체적인 이론이나 보다 추상적인 이론에서 도출해 낼 수 있고, 이러한 추론은 기존의 경험적 조사연구에서 검증된다. 다시 설명하면, 결손가정의 청소년이 온전한 가정의 청소년보다 비행을 더 많이 저지를 것이라는 가설을 세우고, 그와 관련된 이론들을 찾아 그것을 토대로 경험적 조사연구를 수행한다는 것이다.

둘째, 이론은 어떤 현상을 관찰하는 데 있어 관심의 초점을 어디에 두어야 할 것인가를 알려 준다. 청소년비행에 대한 연구를 할 때 이론적인 틀 안에서 생각하면 청소년비행의 원인으로 생물학적 · 심리학적 · 사회학적 요인 중에서 어느 것을 살펴보는 것이 좋은가를 알 수 있다.

셋째, 이론은 앞으로 어떤 방면으로 지식을 발전시켜야 할 것인가를 알려 준다. 정도의 차이는 있지만 이론과 실제는 일치하지 않는 경우가 많다. 이 경우 이론은 이러한 간격을 좁히기 위하여 어떤 부분을 더욱 발전시켜야 할지를 알 수 있게 해 준다. 결손가정이 청소년비행의 원인이 된다는 이론이 지지된다고 할 때, 이는 결손가정의 청소년이 온전한 가정의 청소년보다 상대적으로 비행률은 높지만 결손가정의 청소년이 비행을 범하지 않거나 온전한 가정의 청소년이 비행을 범하는 경우를 포괄적으로(묶어서) 설명할 수 있는 이론으로는 적절하지 않다. 그렇다면 주요 가족원의 부재보다는 가족의 기능적 결손이 더 문제일 수 있으므로 기능적 측면에서의 이론을 발전시킬 필요가 있다.

넷째, 이론은 장래의 상황을 예측할 수 있게 해 준다. 이론은 속성상 시공을 초월하는 것으로 과거부터 현재까지 사실로 입증된 이론은 미래에도 적용될 수 있는 가능성을 상당 부분 가지므로, 이론을 통해 장래의 현상을 예측할 수 있다. 결손가정의 청소년이 비행을 일으킬 가능성이 높다면, 결손가정에서 가족구성원의 역할을 재조정하거나 결손 가족원의 역할을 보충 또는 대리할 수 있는 조치를 취하면 청소년비행의 가능성을 줄일 수 있다.

3) 사회문제의 분석틀

사회문제 접근이론은 이론적인 면에서 사회문제를 한 사회현상으로 이해하고 설명하고 그 원인과 대책을 생각하는 데 초점을 맞추고 있다. 그러나 사회문제를 실용적인 차원에서 분석하고 해결책을 찾는 데는 이러한 이론적 차원의 분석만으로는 부족하고 이를 포함한 보다 포괄적인 분석이 필요하다. 즉, 문제의 현황을 이론적으로 이해하고 그 원인을 규명하고 이를 해결하기 위한 국가의 사회정책 효과를 분석하여 보다 효과적인 사회정책을 제시하는 일련의 작업이 필요하다는 것이다. 이러한 작업은 사회문제를 사회복지학적 또는 응용사회학적 입장에서 접근하고 분석하는 것이라 할 수 있다.

앞에서 본 4가지 이론적 시각 중에 가장 적합한 것을 택하여 문제의 원인을 규명하고 다음에 분석하고자 하는 문제해결과 연결시킬 수도 있다. 즉, 한 이론적 시각에서든 여러 이론적 시각에서든 문제의 원인이 거시적인(국가사회적 및 지역사회적 차원) 데 있는지, 미시적인(개인이나 가족적 차원) 데 있는지, 또는 양쪽에 다 있는지를 규명하는 것이 바람직하다.

사회문제의 해결을 위해서는 기본적으로 국가사회나 지역사회의 정책을 수립하여야 하기 때문에, 사회문제에 대한 현재의 사회 정책과 프로그램을 검토해 보고 그 효과성을 평가해 보아야 한다. 아울러 현행 정책이나 프로그램이 문제를 증가시키고 있는지, 감소(또는 개선)시키고 있는지, 또는 거의 영향을 미치지 못하고 있는지도 살펴보아야 한다.

현행 정책과 프로그램의 평가에 근거하여 문제를 개선하거나 해결하기 위한 효과적인 정책의 개선안 또는 대안은 무엇인가를 제시하여야 한다. 현행 정책이 없다면 어떤 정책과 프로그램이 효과적인가를 제시하여야 할 것이다. 앞에서 문제의 원인이 거시적 차원과 미시적 차원의 어디에 있는가를 분석하였기 때문에 아울러 거시적 차원의 정책과 미시적 차원의 정책도 제시하는 것이 바람직하다.

사회문제의 대부분은 사회정책으로 해결되어야 하는데, 사회정책의 핵심적 부분의 하나가 사회복지정책이므로 제시된 해결책을 정책으로 반영하기 위하여 사회복지적 차원에서는 어떠한 전략이 필요한가를 생각해야 할 것이다(최일섭, 최성재, 1995, p. 74).

따라서 제안된 정책적 건의안이 실제적 정책으로 성립되도록 하는 데 유리한 조건과 불리한 조건을 검토하여 그것을 실현 가능하도록 하는 전략을 제시하는 것이 바람직하다.

4) 과학적 방법

이미 언급한 바와 같이 사회학은 경험과학이자 실천적인 학문으로서 인간의 행위나 의식, 사회현상을 이해하고자 하는 욕구와 그것의 충족을 위해 과학적 방법으로 지식을 형성한다. 어떤 사회현상에 대해 과학적 방법을 이용하여 보다 객관적이고 의미 있는 지식을 형성한다. 따라서 우리는 보다 신빙성 있고 객관성 있는 지식을 얻기 위해서 월리스가 세운 과학적 방법과 절차를 이용한다. 월리스의 과학적 방법과 절차는, 먼저 이론에 입각하여 논리적으로 추론하고, 즉 연역적 방법으로 가설을 세우고, 그다음 관찰을 한 후 경험적 일반화를 통해 이끌어 낸 것을 귀납적 방법을 이용해 앞선 이론과 부합되는지 또는 부합되지 않는지를 살펴보는 일련의 과정을 거친다.

이를 좀 더 알기 쉽게 설명하면, 대부분의 가설은 검증되지 않은 이론으로서 둘 이상의 변수 간 관계에 관한 일종의 추측이다. 가설은 기존 이론들이나 권위 있는 학자들의 언급으로 도출(설정)되기도 하지만, 때로는 사회적 현상을 토대로 연구자의 문제의식하에 도출되기도 한다. 이러한 과정을 거쳐 만들어진 가설은 그와 관련된 주요 개념에 대해 알기 쉽게 개념적 정의를 내리고 이들을 조작적으로 정의하는 것이 필요하다. 즉, 개념과 변수(예를 들면, 빈곤, 사회불평등, 생활만족도, 신앙심과 같은 용어)를 수량적으로 측정할 수 있도록 분석

적으로 쉽게 설명하는 조작적 정의(operational definition)를 하게 된다. 그리고
나서 조사가 가능하도록 지표를 만들어 질문항목을 구성하고 척도를 이용하
여 질문지(조사표)를 만든다. 이때 조사해야 할 대상을 표집하는 표본추출과정
을 동시에 수행하게 된다. 가설을 검증하기 위한 측정도구(질문지나 면접지)를
만드는 과정과 조사할 표본대상을 추출하는 과정을 거쳐 관찰에 임하게 된다.

관찰은 질문지나 면접지와 같은 도구를 이용하여(보고, 듣고, 물어봄으로써)
조사대상이 되는 표본들로부터 필요한 응답을 직접 얻어 내는 일련의 작업을
말한다. 이러한 관찰결과로 얻은 자료를 취합 · 정리하고 통계적 기법(SPSS
PC[+] 혹은 SAS)을 이용하여 분석하고 해석하는 과정을 거쳐 연구결과를 도출
한다. 사회현상을 분석하기 위해 과학적 방법을 이용하여 이미 세워진 가설

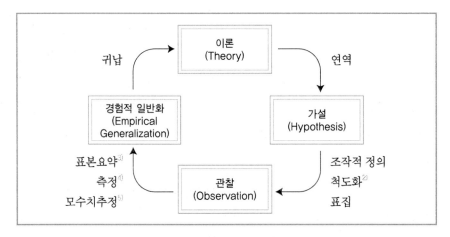

[그림 2-2] **과학적 연구방법의 절차**

출처: Wallace, W. L. (1917).

---

2) 척도화(scaling): 관찰대상의 속성에 수치를 부여하는 것(예: 명명척도, 서열척도, 등간척도 등)

3) 표본요약: 관찰된 표본들을 평균, 비율, 점수 등으로 요약한 것, 즉 특정의 양식으로 평균화한 것

4) 측정(measurement): 어떤 규칙에 따라 속성을 나타내고자 하는 대상에 수치를 부여하는 것으로, 특
히 여기서 언급하는 측정이란 관찰의 결과에 체계적으로 기호(척도치)를 부여하는 모든 절차(예: 무
게 측정, 연봉 측정, 신앙심 측정, 사고력 측정 등)

5) 모수치추정: 전수조사가 아닌 표본조사를 통해 얻은 통계치를 모집단 전체와 일치하는지를 추정해
보는 것(예: 한 도시의 모든 가구의 평균수입이나 도시인구의 연령분포와 같은 것이 모수치)

이 검증되는지 그렇지 않은지를 측정하여 사회현실에 일반화할 수 있는가를 알아보는 일련의 과정을 거친다.

　사회학을 비롯한 대부분의 사회과학의 연구방법은 기본적으로 이와 같은 월리스의 과학적 방법을 이용하여 사회현상을 이해하고 검증하게 된다. 이를 양적 연구방법이라고 한다. 양적 방법은 계량적 방법으로 객관적 사실이나 이론에 근거하여 가설을 세우고 질문지를 만들어 관찰하고, 거기서 얻은 결과를 일반화할 수 있는가 없는가를 중요시한다. 그러나 양적 방법과 달리 인간행동이나 사회현상에 대한 심층적인 이해를 요하거나 참여관찰이 필요할 때에는 질적 방법을 이용할 수 있다.

◈ 양적 방법: 양적 방법(외부로부터의 설명, 계량적 방법, 설명적 방법)은 객관적 관찰이 가능한 사실에 초점을 두고 정확한 측정을 강조하는 실증주의 방법이다. 이러한 양적 방법은 사회현상을 법칙 전제하에 수량적(계량적)으로 설명하는 경험적 연구방법으로, 인간의 행위를 인위적으로 수량화하고 통계학적 방법을 이용하여 단편적 지식을 추구한다. 따라서 양적 방법은 조사대상자에게 질문지를 이용하여 면접조사를 하거나 전화조사 혹은 우편조사를 하여 자료를 수집하고 분석하는 방법이다.

　이때 모집단이라고 할 수 있는 전체집단으로부터 조사할 대상자의 표본을 추출하여 표집하게 되는데, 이 과정에서 조사대상자들에게서 필요한 응답을 받아 낸다. 이러한 과정을 거쳐 자료를 취합하고 체계적으로 정리하여 분석한다. 자료분석 시에는 통계적 기법을 이용하여 둘 이상의 변수 간의 상관관계나 인과관계 등 다수 변수 간의 관계를 분석한다.

　통계적 기법에는 기술통계와 추리통계가 있다. 기술통계는 원자료 (raw data)를 표나 그림 등으로 제시하면서 이해하기 쉬운 형태로 기술하는 방법이며, 추리통계는 모집단에서 뽑은 표본으로부터 나온 통계치로부터 모수치를 추정하거나 가설을 검증하는 방법이다. 이러한 기법은 조사자로 하여금 자료를 신속 · 정확하게 분석하여 연구대상에 관한 정확한 정보를 제공하게 한다.

양적 방법은 사회조사의 과학화와 전문성의 발전에 크게 기여하였다. 그러나 사회학 및 사회복지학 전공 학생들이나 현장 실무자들이 분석방법을 충분히 이해하지 못함으로써 연구결과의 타당성을 스스로 판단하지 못하고 연구자의 결론을 맹목적으로 수용하게 되는 경우가 종종 있다. 또한 연구자 자신도 통계분석의 수학적인 논리를 충분히 이해하지 못함으로써 연구의 한계에 직면하기도 한다. 이러한 측면에서 양적 방법은 경험적 세계를 무리하게 계량화함으로써 사회현실을 왜곡하는 경향이 있다는 점에서 비판을 받고 있다.

◈ 질적 방법: 질적 방법(내부로부터의 이해, 이해의 방법, 비계량적 방법)은 인간과 사회의 복잡한 현상을 양적인 척도로서는 충분히 이해할 수 없을 때 이용하는 접근방법이다. 인간행위의 동기를 이해하거나 심도 있는 관찰과 통찰, 해석이 필요할 때, 그리고 인과적 설명을 추구할 때 주로 이용한다. 따라서 질적 방법은 사회현상을 주관적으로 이해하는 것으로 현상의 이면에 있는 실재의 본질을 파악하는 비계량적 지식 추구 방법이다. 질적 방법의 예로는 사례연구, 참여관찰, 민속학적 방법 등이 있다.

질적 방법은 문화인류학이나 사회학, 사회복지학 분야에서 많이 활용되어 온 대표적인 방법으로, 사례연구를 통하여 개별적인 사례나 집단에 대한 정보를 얻거나 체계적이고 의미 있는 자료를 얻는다. 따라서 그것은 개인생활사, 가족생활사, 사회사 등에 대한 심도 있는 이해와 묘사에 초점을 둔다. 특히 사회복지의 임상적 접근에서 수량화하기 어려운 과제에 대하여 질적 방법이 활용되고 있다.

사회조사 분야에서 질적 방법의 필요성은 오래전부터 강조되어 왔다. 그러나 질적 방법을 체계적으로 활용한 연구는 많지 않다. 질적 방법의 발전을 저해하는 장애요인으로는 양적 방법만을 과학적 방법으로 강조하는 대다수 연구자의 비판적 태도 및 질적 방법의 적용을 위한 지침의 부족, 준거(참조, reference)할 수 있는 연구결과의 부족 등을 들 수 있다. 그리고 질적 방법은 조사자의 주관적 편견이 개입될 가능성이 클 뿐만 아니라 부정확한 결과를 초래할 수 있다는 한계를 갖고 있다. 특히 20세기 중반 이후 사회과학 분야에서 양적 방법이 지배적인 조사방법으로 활용되면서 양적 방법이 질적 방법보다 우월한 것으로 생각되기도 하였다. 그러나 최근에는 다시 질적 방법이 새로운 지지를 얻고 있으며 그 중요성이 강조되고 있다.

그러나 양적 방법과 질적 방법이라는 두 가지 연구방법을 서로 대립적인 것으로 받아들이기보다는 각각의 단점을 보완할 수 있는 것으로 보는 것이 바람직하다. 즉, 연구대상의 성격과 연구 내용에 따라 양적 방법이 적합할 수도 있고 질적 방법이 적합할 수도 있다. 알려진 사실이 거의 없는 새로운 현상을 연구하거나 현상이 갖고 있는 주관적 의미를 이해하고자 할 때에는 질적 연구가 적합하며, 반면에 이미 상당히 알려진 사회현상에 대해 가설을 검증하거나 특정 모집단의 특성을 정확히 파악하고자 할 때에는 양적 연구가 적합하다.

5) 사회조사 방법과 절차

사회조사(社會調査, social survey)는 인간의 행위나 의식, 사회현상을 측정하여 설명하는 과학적 방법으로 사회현상을 구체적으로 설명하는 것을 목적으로 행하게 되는 활동을 말한다. 즉, 인간을 대상으로 조사를 실시하고 자료를 수집·정리·분석하여 그 결과를 얻는 것으로, 사회현상을 파악하는 데 크게 도움을 준다. 사회조사에서는 연구실에서 준비한 조사표(질문지)를 현장에 가지고 나가 직접 면접을 통하여 기초자료를 수집하게 된다. 그러나 이러한 조사과정은 앞에서 언급한 것처럼 자의적으로 행하는 것이 아니라 과학적인 방법과 절차에 따라 이루어진다.

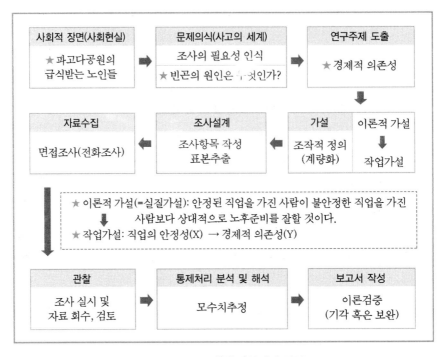

[그림 2-3] **조사(연구)설계의 절차**

(1) 연구주제의 확정

◆ **사회적 장면(현실세계):** 사회조사는 현실세계, 즉 사회적 장면으로부터 문제의식을 갖는 데서 출발한다. 예를 들면, 파고다공원에서 무료급식을 기다리며 그날그날을 소일하는 노인들을 보고 나서, '노인들은 왜 하루 종일 할 일 없이 지내는가, 그 원인은 무엇일까'라는 문제의식에서 보다 구체적이고 정교한 연구주제를 확정 지을 수 있다. 노인들의 빈곤에 대해 생각해 볼 때 가난하니까, 게으르니까, 공부를 못했으니까, 자식이 없기 때문에, 혹은 자식이 경제적 능력이 없기 때문에, 국가가 노인들을 보호해 주지 않으니까, 노후준비를 못했으니까 등 그 원인을 얼마든지 찾을 수 있다. 물론 이 모든 것이 틀린 것은 아니지만, 확신이나 신뢰성 없는 부정확한 지식이 될 수 있다. 따라서 이를 정확히 파악하기 위하여

사회조사의 절차와 방법에 따라 현지조사를 하고 자료를 수집 및 분석함으로써 그 원인을 찾는 것이 좋다.

◆ 연구주제의 도출: 사회조사에 있어서 연구계획은 논리의 세계 또는 사고의 세계에서 출발한다. 여기서 조사연구의 설계는 연구할 내용, 즉 조사하려는 목적의 확정에서 출발한다. 연구주제의 확정은 일상적인 생활세계에 대해 문제의식을 갖고 조사 가능한 주제를 구체적으로 명시하는 것이다. 이는 현재 문제되고 있는 사안을 설명해야 한다든가 또는 실태를 파악해야 한다든가 하는 문제의식을 갖고 연구주제를 결정하는 과정을 말한다.

연구주제는 일상생활 속에서도 찾을 수 있고 호기심이나 기존의 연구 또는 지적 관심에서도 찾을 수 있다. 또한 어떤 문제가 사회문제로 부각되었을 때 그에 대한 관심에서 도출되기도 하고, 기존 이론에 대한 의문에서도 도출될 수 있다.

◆ 연구주제로의 변환: 일상생활에서 문제의식을 도출하는 과정을 예를 들어 설명해 보자. 서울 한가운데 위치한 파고다공원에 모여 무료급식을 받는 노인들을 보고 '현재 할아버지가 가장 불안하게 느끼는 것은 무엇일까?'라는 문제의식에서 노인들의 생활불안이라든가 의존성의 증대라는 구체적인 연구주제를 도출해 낼 수 있다. 한 끼의 무료급식을 받아야 그날그날의 식사를 해결할 수 있다면, 경제적으로 넉넉하지 못한 탓에 불안을 느낄 수 있다. 이것은 경제적 의존의 문제이다. 이들 노인에게는 경제적 의존성 이외의 다른 문제가 있을 수 있다. 무료급식이 끝난 후에도 햇볕이 따뜻한 곳에 노인들이 삼삼오오 모여 손끝이 탈 정도로 담배를 피워 대며 이야기를 나누고 있다. 어쩌면 집에 가도 이야기 상대가 없기 때문일지도 모른다. 즉, 이를 통해 노인의 정신적(심리적) 의존성을 연구주제로 삼을 수도 있다.

파고다공원에 모여든 노인들의 풍경은 생생한 일상생활에서의 사회적 장면이다. 연구자의 눈에 비친 사회적 장면을 문제의식을 갖고 보면 노후의 생활불안, 노인의 의존성 증대, 노후의 정신적(심리적) 문제 등 조사가 가능한 구체적인 연구주제를 도출할 수 있다. 다시 말해, 사회적 장면은 연구주제를 도출할 수 있는 실마리가 된다.

현실세계에서 빈곤노인들을 보고 '빈곤의 원인은 무엇일까?' 또는 '빈곤은 세대에서 세대로 악순환되는 것일까?'라는 문제의식에서 보다 구체적이고 정교한 연구주제를 확정 지을 수 있다. 조사 가능한 주제로 꼼꼼히 분해하여 조사를 실시하고, 수집된 자료를 분석한 후 그 결과를 재구성하고, 원점으로 돌아가 파고다공원에서 무료급식을 받는 노인들의 모습과 빈곤노인들이 모인 현장의 모습을 합성하여 사회적 현실을 설명하는 것뿐만 아니라 가설의 검증, 기존 이론의 지지나 기각 또는 수정까지를 포함하는 것이 일련의 조사 전 과정이라고 할 수 있다.

중요한 것은 생생한 장면을 사회적 현실 또는 사상의 연구주제로 변환시킬 수 있어야 한다는 것이다. 그리고 조사하여 수집한 자료를 분석하여 가설을 검증해야만 연구주제의 결론이 신뢰성을 확보할 수 있다. 연구주제에 대한 구체적 조사를 실시하기 위해서는 여러 가지 도구를 사용하여 사회적 현실을 측정 가능한 문제로 분해하고 변환시켜야 한다. 사회적 장면이 조사 가능한 연구주제로 변환되지 않으면 조사를 진행할 수 없다. 따라서 조사를 실시하기 전에 반드시 사회적 현실을 보는 통찰력, 철저한 조사설계와 문제의 정리, 그리고 연구주제로의 변환을 신중히 검토하여 조사해야 할 연구주제의 확정이 수반되어야 한다.

(2) 조사설계의 절차

조사설계란 연구문제에서 나타난 이론이나 가설 혹은 순수한 의문 자체를 경험적으로 검증하기 위한 일종의 틀(frame)을 설계하는 것이다. 연구문제나 가설에서 제기된 명제들을 경험적으로 검증하기 위해서 어떤 자료들이 필요한지, 그리고 그런 자료들을 어떻게 조합할 것인지 등을 계획하는 것이 조사설계다. 조사설계는 곧 전반적인 조사과정을 이끌어 주는 프로그램과 같은 것이라 할 수 있다. 즉, 조사설계는 연구를 계획하고 진행해 나가는 일련의 모든 행위를 의미한다. 구체적으로는 양적 방법 또는 질적 방법의 선택 여부 결정, 실증적 연구 또는 기술적 연구 등 연구설계의 유형뿐 아니라 표본추출 방법, 자료수집과정, 측정의 방법, 자료분석방법 등 연구 수행에 필요한 모든 과정을 의미한다.

◆ 조사절차: 조사연구를 할 문제가 확정되면 그것이 현상을 기술하는 문제인지, 설명적 문제인지를 정식화한다. 기술적 문제는 현상을 기술하는 것으로 조사가 종료되나, 설명적 문제는 가설을 구성하고 그것을 검증하는 절차를 밟게 된다. 조사할 문제(연구주제)가 확정되면 연구주제에 맞는 조사항목을 만들어 질문지(조사표)를 완성한다. 동시에 조사할 대상자를 모집단으로부터 표집(sampling)하여 표본대상을 확정한다. 질문지를 완성하고 표본대상자가 결정되면, 그다음은 면접조사나 전화조사 등과 같은 자료수집방법을 결정하여 자료를 수집한다.

◆ 자료수집: 사회적 장면에서 우리가 어떤 문제에 대해 연구할 때 무작정 현장에 뛰어들어 자료를 수집하는 것은 아니다. 자료의 수집을 위해서는 먼저 다양한 현실세계에 어떻게 접근할 것인가에 대한 시각, 즉 문제에 접근하는 방법이 중요하다. 이것이 결정되면 다양한 현실세계에서 연구주제와 관련된 변수를 어떻게 선택하여 처리할 것인지 그 준거들을 생각해야 한다.

연구주제가 확정되면 연구주제를 검증하고 설명해 줄 자료를 수집해야 한다. 자료수집에는 여러 가지 방법이 있는데, 양질의 자료를 수집하기 위해서는 과학적인 방법과 절차에 충실해야 한다. 즉, 가설은 논리적 사고의 세계에서 구성되는 것으로, 개념과 개념 사이의 관계를 설정한 이론적 가설(실질가설)을 검증이 가능하도록 작업가설로 변화시켜야 한다. 예를 들면, 안정된 직업을 가진 사람이 불안정한 직업을 가진 사람보다 노후준비를 잘할 것이라는 이론적 가설을 경험적으로 검증하기 위해서는, 직업의 안정성(X)이 경제적 의존성(Y)과 관련 있다는 것을 측정할 수 있도록 개념을 조작적으로 정의하여 수량화할 수 있게 작업가설로 변환시켜야 한다. 이를 토대로 질문지를 작성하고 회수하여 통계적 기법으로 자료를 분석하게 된다.

◆ 통계분석: 통계분석에는 기술적 통계와 추론적 통계가 있다. 기술적 통계는 주어진 자료를 토대로 개별 변수에 대한 묘사와 그들 변수 간에 나타나는 다양한 관계에 대한 분석을 하는 것을 목적으로 한다. 기술적 통계는 분석하는 변수의 수와 관계에 따라 성별 분포나 평균소득을 분석하는 일원적 분석과 두 변수 간의 관련성을 분석하는 상관관계분석, 교차분석, 변량분석 등의 이원적 분석이 있다. 또한 세 개 이상의 변수 간의 관계를 설명하는 공변량분석, 다중회귀분석(multiple regression analysis), 군집분석 혹은 집락분석(cluster analysis), 요인분석(factor analysis) 등의 다원적 분석이 있다.

추론적 통계는 조사결과 자료가 모집단의 일부인 점을 감안하여 표본에 관한 분석결과가 모집단의 성격을 어느 정도 반영하는가를 분석하는 방법이다. 추론적 통계는 표본의 결과를 가지고 모집단의 특성을 유추하는 것으로서 표본의 결과를 모집단에 확대해석하는 데 필요한 경험적 타당성을 제시하는 것이다. 여기에는 카이스퀘어(χ^2) 검증, T-검증 등이 있다.

◆ 조사자료의 해석: 현지에서 수집한 자료는 가공되지 않은 원자료(原資料, raw data)이다. 이 원자료는 개념도식이나 분석에 사용하기 위해 자료를 가공하는 과정을 거쳐야 한다. 자료에 부호(code)나 무게(가중치, weight)를 주기도 하고, 합성하여 사용하기 편하도록 묶거나 분류하기도

한다. 조사자료의 해석은 연구주제에 대한 조사연구의 결론을 내리는 것이다. 여기에는 연구주제에서 제시된 가설의 검증, 결과에 대한 일반화의 가능성, 연구결과의 한계성, 연구결과의 이론적 · 실천적 함의 등이 포함된다. 이를 토대로 연구결과 보고서를 작성한다.

2. 사회문제의 일반이론

1) 구조기능주의이론

구조기능주의이론(structural-functionalism)은 가장 오랜 전통을 가진 이론으로 균형이론이라고도 하는데, 사회를 하나의 통합된 전체로 본 콩트(A. Comte)를 비롯하여, 사회진화론을 언급한 스펜서(H. Spencer), 사회학을 오늘날의 현대사회학으로 만든 뒤르켐(E. Durkheim)에 그 기원을 두고 있다. 특히 제2차 세계대전 후 파슨스(T. Parsons)와 머튼(R. K. Merton)에 의해 보다 정교화되었으며, 미국 사회에서 지배적인 이론으로 자리 잡았다. 즉, 이 이론은 1940년대부터 꽃피우기 시작하여 1960년대 초반까지 미국 사회를 설명하는 주요한 틀로 자리 잡아 왔다. 그러나 그 후 월남전 반전운동, 흑인인권운동, 여성해방운동과 같은 사회적 혼란과 소요로 말미암아 갈등과 대립, 변동 등의 요인들로 인해 이론으로서의 의미가 퇴색되었다.

(1) 구조기능주의이론의 기본 전제

구조기능주의이론에서는 질서와 평형, 균형을 사회의 정상적인 과정(상태)으로 본다. 이 이론에서는 사회구성원들 간의 도덕적 가치 합의를 중시하며, 사회의 각 부분들을 전체 사회의 안정과 연대를 위해 움직이는 복잡한 체계로 본다.

이 이론의 기본 전제는 사회도 생물유기체처럼 상호의존적인 부분들로 구성되어 있는 체계라는 것이다. 여기서 체계란 서로 관계를 맺어 영향을 주고받는 부분들이 형성된 전체 혹은 조직을 말한다. 즉, 상호연관된 요소들(정치, 경제, 법, 교육, 복지 등)의 집단을 체계라고 말할 수 있다. 각각의 부분(하위체계)들은 체계의 작동에 기여하며, 이로써 전체 체계(사회)는 순조롭게 기능하며 균형상태를 유지한다. 각각의 부분(하위체계)들이 정상적으로 제 역할을 수행함으로써 사회라는 전체 체계(사회)가 정상적으로 유지되며 안정될 수 있다는 것이다.

다시 말하면, 사회체계는 각각의 부분(하위체계)이 자신들의 역할을 제대로 수행하면, 그리고 균형 잡힌 상호교환이 이루어지면 안정을 유지한다. 하지만 그렇지 못할 때 기능장애가 일어나고, 또 그것을 복구해 가는 과정에서 점진적 변동이 일어난다. 이러한 과정 속에서 분화와 통합이 반복됨에 따라 상호의존성에 기초한 사회는 동적 균형을 통해 전체적으로 안정을 유지하게 된다.

(2) 기능적 필수요건(AGIL 도식)

사회가 정상적으로 유지되기 위해서는 어떤 필수적인 기능을 수행해야 한다. 만약 그렇지 못할 경우 사회는 해체되거나 변화를 경험하게 될 것이다. 따라서 생물유기체의 삶에서 기본 요건들이 충족되어야 하듯이, 사회가 존속하기 위해서는 기능적 필수요건(functional prerequisites)들이 충족되어야 한다.

이를 위해서 사회는 제도적 장치가 필요한데, 기본적으로 네 개의 하위체계(파슨스에 의해 정식화된 AGIL 도식을 의미함)를 필요로 한다. 첫째, 적응기능(adaption function)으로, 모든 사회체계는 존속과 발전을 위해 환경에 적응해야 할 뿐만 아니라 사회구성원들이 살아남도록 하기 위한 경제제도가 필수적이다. 둘째, 목표달성기능(goal attainment function)으로, 각각의 체계는 목표를 달성하고 만족을 얻기 위하여 자원을 동원 · 관리할 수 있는 수단으로 정치제도가 필수적이다. 셋째, 통합기능(integration function)으로, 사회체계 내의 각 부분들 간에 내적 통합상태를 유지하고 일탈을 규제하기 위하여 법제도라든가 교육제도, 복지제도가 필수적이다. 넷째, 잠재적 유형 유지기능과 긴장처리기능(latent pattern maintenance & tension management function)으로, 각 체계는 균형상태를 유지하고, 사회체계의 규범을 인간의 마음(인성)속에 내면화하고 체계 내에 축적된 긴장을 해소하기 위해 문화나 종교제도가 필수적이다.

다시 말하면, 사회체계는 이러한 4가지 기능적 필수요건(AGIL)이 기본적으로 필요한바, 이를 제대로 작동시키고 충족시키기 위해 사회는 충분한 인구, 환경을 극복할 수 있는 수단, 성원 재충원의 방법, 사회구성원들의 다양한 역할분담, 의사소통체계, 규범 공유, 목표달성을 위한 수단의 규제 방법, 적절한 사회화 방법, 효과적인 사회통제 방법, 신념체계, 리더십 등을 가지고 있어야 한다.

이와 같이 구조기능주의이론에서 언급하는 사회체계는 환경에 적응하며 존속해 나가기 위해서 기능적 필수요건들이 충족되어야 한다. 이러한 기능적 필수요건들은 소규모 집단은 물론 국가라는 거대한 조직체에도 적용될 수 있다. 즉, 국가라는 거대한 실체에도 적용될 뿐만 아니라 큰 회사조직이나 군대, 종교단체, 학교조직 및 소규모 공동체(동아리) 등에서도 적용될 수 있다.

구조기능주의이론의 대표적 학자라 할 수 있는 파슨스는 사회란 기본적으로 균형(equilibrium)을 찾고자 하는 역동적 체계(dynamic system)이기 때문에 사회 속에 교란적인 요소들이 있다 하더라도 사회는 이를 포용할 수 있는 자기규제장치(self-regulating system)를 가지고 있다고 본다. 따라서 사회는 전반적으로 안정성을 유지할 수 있으며 통합된 모습을 보인다고 한다.

(3) 구조기능주의이론에서 본 사회문제[6]

구조기능주의 관점에서는 사회문제가 전체 사회의 균형을 깨거나 통합을 해치는 요인들에 의해 발생한다고 본다. 즉, 사회문제란 사회적 균형상태의 특별한 상태를 의미한다고 본다. ① 개인의 잘못된 사회화(예: 부모가 없거나 아동방치), ② 부적절한 사회화(예: 성, 인종, 계층 등 상반된 사회화나 일탈적이고 비행하위문화로의 사회화, 즉 비행청소년을 ,귀어 범죄 학습), ③ 주어진 사회규범의 위반, ④ 사회구성원 개개인의 미흡한 자기 역할 수행, ⑤ 소득분배상의 불균형(부의 불평등한 분배로 빈곤 만연) 등으로 사회문제가 야기되고, 사회가 해체되는 상황까지 벌어진다고 한다.

구조기능주의이론에서는 사회문제가 전체 사회의 균형을 깨거나 사회통합을 해친다고 본다. 따라서 구조기능주의이론에서의 사회문제, 예를 들어 빈곤이라는 사회문제는 개인적 · 신체적 무능력이나 질병, 낮은 성취욕구, 낮은 교육성취 등에 의해 발생될 수 있다. 이를 예방하고 치유하기 위한 대안적 차원에서 사회복지제도가 적용된다고 보는 것이 구조기능주의적 관점이다. 즉, 구조기능주의에서는 사회를 구성하는 각각의 부분들이 균형과 항상성을 잃거나 제 역할을 수행하지 못할 때 사회문제가 발생한다고 본다. 따라서 사회체제의 존속과 유지를 위해 사회복지제도가 필요하다는 것이다.

(4) 구조기능주의이론에서 본 사회문제 해결방법

구조기능주의 관점에서는 사회가 정상적으로 유지되고 움직이는 상황에서 비정상적이거나 불균형적인 요인으로 인해 발생하는 사회문제를 방치한다면 국가나 사회가 안정을 유지할 수 없기 때문에 통합기능의 하나로서 사

---

6) 구조기능주의이론에서 본 사회문제란, 사회 전체의 기능적 결함 때문에 발생하는 것이 아니라 사회체계의 일부 기능인 사회화기능과 사회통제기능의 실패에 의해 발생한다고 본다. 따라서 사회문제가 발생하는 것은 사회적 균형을 해치는 하나의 병리적 현상이라고 보는 한편 불필요한 요소로 간주하고 있다. 다시 말하면, 구조기능주의이론에서는 사회의 평형성이 깨졌을 때 사회문제가 발생한다고 본다. 또한 사회통제기능의 미비와 합법적 목표달성을 위한 합법적 수단의 미비가 사회문제의 발생 원인이라고 본다. 예를 들어, 부동산 투기로 부를 축적하는 것에 대해 사람들은 근면 또는 저축이라는 가치를 거부하거나 주택마련의 희망을 버리고, 체제불만, 폭동유발과 같은 문제를 발생시킬 수 있다. 이 이론과 관련되는 기초이론으로는 사회병리론, 사회해체론, 사회변화론, 일탈행동론이 있다.

회복지제도를 시행한다고 볼 수 있다. 즉, 사회복지를 사회체계의 통합적인 기능을 수행하는 것으로 본다. 인구의 고령화가 급진전되고 있는 현대사회에서 가장 큰 이슈가 되고 있는 노인문제에 대해 구조기능주의이론은 노인의 노동능력이 떨어짐으로써 주어진 역할을 제대로 수행하지 못하게 됨에 따라 노인문제가 발생한다고 본다.

따라서 이 이론은 사회체계의 역기능적인 상황을 극복하고 최소한의 인간다운 삶을 보장하기 위해 사회통합적 차원에서 사회복지 혜택을 제공해야 한다는 입장을 취한다. 결손가정 아동이나 불우청소년, 비행청소년들을 위한 사회사업서비스 및 재사회화 교육, 장애인들을 위한 재활교육을 통해 정상적인 생활이 가능하도록 도와주는 것도 사회복지의 한 기능이라고 할 수 있다. 또한 부의 불평등한 분배로 빈곤이 만연하고 빈곤층이 증가할 때, 실직으로 소득이 중단되었을 때, 즉 사회적으로 소외되고 낙오되는 사람들을 위해 공공부조의 근간을 이루는 국민기초생활보장제도로 그들의 최소한의 인간다운 삶을 보장하는 것도 사회통합적 차원에서 사회구조적 결함을 보완하는 제도이다.

2) 갈등이론

(1) 갈등이론의 기본 전제

1950년대와 1960년대에 이르러 구조기능주의이론의 대안이자 반발로 출발한 갈등이론(conflict theory)에서는 사회가 각자의 이익을 중시하는 집단으로 구성되어 있는 곳이라고 본다. 그러면서 인간이 살고 있는 사회를 불평등과 갈등, 대립이 항존하는 곳으로 본다. 또한 이 이론은 사회가 왜 갈라지고 어떻게 해서 나뉘게 되는가, 즉 사회분할의 과정과 그 의미, 중요성을 집중적으로 분석하였음은 물론 사회변동에 초점을 맞추고 있다. 따라서 갈등이론이 기본적으로 가정(전제)하고 있는 사회현실이란 질서와 안정, 합의보다는 무질서, 변화, 갈등과 투쟁이 항존하는 것이다.

이와 같은 모순적 상황이 발생하는 근본적 이유는 역사가 창조된 이래로 사회는 항상 희소한 권력과 결핍된 자원이 존재하여 인간들이 더 많은 자원과 권력을 차지하기 위해 끊임없이 갈등하고 대립하기 때문이다. 다시 말해, 서로 다른 개인과 집단들은 자신들의 욕구를 충족시키기 위해 부족한 자원을 얻기 위해서 노력하는 과정에서 갈등하고 대립한다는 것이다. 따라서 갈등이론은 갈등이라는 현상을 사회 곳곳에 널려 있는 것으로서 사회의 정상적인 과정 혹은 사회의 본질로 간주한다.

갈등이론은 사회적 갈등에 대한 마르크스주의(Marxism)적 접근에서부터 갈등의 다양성과 갈등의 사회적 기능을 중시한 짐멜(G. Simmel), 다렌도르프(R. Dahrendorf)의 변증법적 갈등이론, 코저(L. Coser)의 갈등기능주의에 이르기까지 다양한 이론체계로 구성된다. 이 이론들을 갈등이론 속에 모두 포함시킬 수 있는 것은 다양한 유형의 갈등이론들이 갈등의 편재성이라는 기본 가정을 공유하고 있으며, 동시에 마르크스와 짐멜의 갈등에 관한 연구업적과 관련된 유산을 수용하고 있기 때문이다.

(2) 마르크스의 갈등이론

갈등의 영속성을 언급한 마르크스는 인간사회를 유물론적 입장에서 바라보면서, 산업혁명이 탄생시킨 사회체계를 생산수단을 소유한 자본가계급과 생산수단을 소유하지 못한 임노동자들이 생산의 결과로 얻게 되는 경제적 잉여가치를 둘러싸고 끊임없이 갈등하고 투쟁하는 것으로 보았다.

사회를 갈등의 관점에서 바라본 마르크스는 산업혁명의 결집체로 등장한 자본주의제도가 엄청난 물질적 발전을 가져왔음에도 불구하고 왜 노동자(인간)들의 삶은 더욱 피폐해졌는가에 큰 의문을 갖고 자본주의 사회의 모순적 상황을 직시하였다. 자본주의제도가 필요악적으로 낳은 계급들 간의 갈등이 사회를 양극화하고 인간들을 사악하게 만드는데, 공산주의 혁명으로 공동생산, 공동분배가 성취됨으로써 계급 없는 사회, 즉 인간다운 사회를 이룩할 수 있다고 보았다.

(3) 다렌도르프의 갈등이론

사회적 갈등이 생산관계에 있다고 본 마르크스와 달리, 다렌도르프는 신갈등이론가로서, 사회는 합의와 갈등이라는 두 개의 얼굴을 동시에 갖고 있다고 언급하면서 사회에는 항상 갈등이 존재하고 그러한 사회적 갈등이 분배관계(권력의 소유 여부)에서 생겨난다고 보았다. 다렌도르프는 사회체계의 규범적 구속보다는 갈등과 억압을 중심으로 이론을 전개하였다. 그러면서 그는 모든 사회는 갈등을 내재하고 있으며, 타 성원에 대한 일부 성원의 강제에 기초한다고 주장하였다. 특히 그는 사회를 희소한 자원, 권력, 욕구, 기회, 이익을 소유하고 지배하려는 집단, 즉 강제적으로 조정된 집단(Imperatively Coordinated Association: ICA) 간의 경쟁과 투쟁, 갈등의 장으로 본다.

다렌도르프의 주장에서는 변증법적인 갈등론의 입장이 드러나는데, 그는 사회를 어떤 이슈를 놓고 갈등하고 합의하는 과정에서 자원배분을 재조정하는 곳으로 보면서 현대 산업사회가 갈등의 제도화를 통해, 즉 다양한 이해관계를 가진 집단(다양한 이익을 추구하는 세력들이 정치과정에서 영향력 행사) 간의 변증법적 갈등의 순환(정-반-합)을 통해 다양한 정도의 변동과 갈등을 체험한다고 파악했다. 동시에 새롭게 조정되고 합의된 법의 제정과 정책과정을 통해 폭력을 예방하고 평화적으로 이익이나 욕구, 기회를 추구할 수 있다고 본다.

따라서 다렌도르프는 사회가 발전해도 계급 간의 갈등이 지속될 것이라고 주장했다. 하지만 그는 마르크스가 언급한 혁명적 갈등과 같은 무자비한 계급투쟁이 아니라 규제되고 제도화된 개혁적 갈등을 언급했다. 즉, 노조, 법정, 의회 등의 제도(기관)를 통해서 서로 간의 갈등을 해결하고 응집과 화합을 이루어 낸다고 지적했다. 또한 국가는 교육을 통해서 하위계층의 이동기회(상승이동)를 증대시킬 수 있으며, 사회복지와 조세법을 통해 상층계급과

하층계급 간의 빈부격차를 완화시킬 수 있다고 보았다.

(4) 코저의 갈등이론

갈등의 다양성에 대해 언급한 짐멜의 영향을 가장 많이 받은 코저는 자신의 이론을 통해 갈등이 어느 사회에서나 존재하는 자연스러운 사회현상이라고 언급하면서, 사회에는 갈등이 불가피하게 편재되어 있지만 갈등은 기능적으로 작용한다는 사회적 갈등의 기능성에 관심을 가졌다. 갈등기능주의자로서 코저는 갈등이론과 구조기능주의이론을 통합하기 위해 많은 노력을 하였다. 즉, 사회는 상호이해관계가 있는 집단 간에 희소자원을 소유하고 지배하려는 과정에서 야기되는 갈등이 오히려 이해관계가 다른 집단 간의 관계를 조정하고 상호적응하게 하는 경향이 있다는 것이다. 그는 갈등이 사회체계를 유지시키고 발전시키는 데 긍정적으로 작용한다고 보았으며, 갈등이 느슨하게 구조화된 집단의 단결을 도모하고, 고립되어 있는 몇몇 개인이나 집단에게 동맹관계를 유발하게 하며, 의사소통의 원활함을 가져온다고 보았다. 따라서 코저는 갈등이 반드시 사회를 해체하고 분열시키기보다는 오히려 사회를 통합하고 안정시키는 데 기여한다고 말했다.

(5) 갈등이론에서 본 사회문제[7] 및 사회문제 해결방법

갈등이론(마르크스 입장)은 사회 전체 구조의 거대한 모순과 거기서 비롯된 가진 자와 못 가진 자들 간의 갈등과 대립, 투쟁이 사회문제를 야기한다고 본

---

7) 갈등이론에서 본 사회문제란, 권력을 가진 사람들이 그것을 해결하는 것을 진정으로 원하지 않기 때문이거나 구조적인 수준에서 심각한 왜곡이 있기 때문에 발생한다고 본다. 즉, 사회문제란 사회 전체 구조의 거대한 왜곡현상에서 발생한다고 본다. 다시 말하면, 갈등이론에서는 인간은 권력이나 부, 지위 등의 희소한 자원을 획득하기 위해 싸우는 존재로, 강자가 이익을 재생산하는 과정에서 약자를 착취 · 이용하는 것이 사회문제의 원인이라고 본다. 예컨대, 범죄는 강도나 도둑이 저지르는 것이기는 하나, 그들의 인간다운 생활을 박탈하고 착취하는 사회적 · 경제적 구조에 의해 저질러지는 것으로 본다. 노동자가 알코올중독이 되는 것도, 노동자 자신의 무능이나 게으름이 아닌 사회적 · 경제적 구조에 의한 좌절에서 비롯된다고 본다. 이 이론과 관련되는 기초이론으로 가치갈등론, 사회긴장론이 있다.

다. 사회는 강제에 기초하여 유지된다는 갈등이론의 기본 전제를 받아들인다면, 빈곤문제는 힘(권력) 있는 집단이 자신들의 이익을 실현하고 유지하기 위해 그러한 상황의 개선을 원하지 않거나 힘없는 집단을 빈곤상태로 유지하는 것이 유리하기 때문에 발생하는 것으로 이해된다. 자본주의 사회는 자본가계급들이 경제적 잉여물을 착취하는 것과 같은 근본적 모순을 은폐하거나 호도함으로써 사회문제를 발생시키고 확대시킨다는 것이다. 따라서 자본주의 경제의 폐해로 인하여 고통받는 임노동자들의 구제 및 보호가 필요하다. 개인의 빈곤이나 불행은 개인적인 특성에 있다기보다 사회적인 조건에 의해 발생한다. 마르크스는 자본주의 사회에서의 사회문제가 사회구조의 근본적인 변혁, 즉 공산주의 혁명에 의해서만 극복될 수 있다고 주장하였다. 궁극적으로 사회의 근본적인 변혁을 통한 자원의 균등한 분배가 수준 높은 사회복지를 수행하는 것이라고 본 것이다.

한편, 마르크스주의자(Marxist)들은 국가가 자본주의제도의 모순과 불완전성을 보완하기 위해 미미한 수준의 사회복지제도를 실시함으로써 사회적 불만과 희생을 최소화시키려 한다고 본다. 고프(I. Gough) 같은 학자 역시 현재 아동은 비노동 인구이지만 미래의 노동력 재생산이라는 측면에서 국가가 교육 프로그램과 같은 사회복지제도를 시행한다고 보았다. 오페(C. Offe)는 자본주의제도의 경제적 모순으로 발생하는 빈부격차 문제를 관리하기 위하여 사회복지제도가 마련된 것이라고 보았다. 그들은 사회복지제도가 자본주의제도를 영속화하기 위한 하나의 술책에 지나지 않는다고 지적하고 있다.

다렌도르프의 변증법적 갈등주의에서는 사회문제가 언제나 희소한 권력과 자원을 사이에 둔 이해집단 간의 대립과 갈등에서 발생한다고 보았다. 그러면서 그는 사회문제가 되는 상황에 대해서 권력을 가진 사람들이 그것의 해결을 원치 않기 때문에 사회문제로 인정받지 못하는 경우도 발생한다고 보았다. 아무튼 사회는 사회를 구성하는 다양한 이해관계를 가진 집단 간의 갈등과 투쟁의 장이며, 사회문제는 자원이나 권력의 희소에 기인한다는 것이

다. 따라서 사회문제의 원인이 사회 구조와 제도 자체에서 발생되므로 사회
제도를 재구성 또는 재조직하거나 사회갈등의 제도화를 통해, 즉 이해집단
간의 변증법적 갈등을 통해 다양한 정도의 변동과 갈등을 재조정하고 합의하
는 과정을 거친다.

코저의 갈등기능주의에 따르면 자본주의 사회가 사회문제를 해결하고 경
제제도의 모순을 시정하기 위해서는 보다 적극적인 사회복지제도를 도입하
여 불평등한 분배를 시정하는 조치가 바람직하다. 또한 이 이론은 피치 못하
게 발생하는 사회문제에 대해서 단기적인 개혁이나 개선, 보완으로 갈등 상
황을 해결할 수 있다는 입장을 취하고 있다.

3) 상징적 상호작용론

(1) 상징적 상호작용론의 기본 전제

상징적 상호작용론(symbolic interactionism)이 중시하는 개념은 상징
(symbol)과 상호작용(interaction)이다. 이 이론은 사회구조보다는 인간의 행
위에 초점을 맞춤과 동시에 사회질서가 어떻게 가능한가에 초점을 두고 있
다. 그리고 사회구성원인 개인 행위자들이 어떻게 행동하고 어떻게 적응하
는가에 관심을 두고 있다. 사회란 주관적으로 인식된 것으로 이해해야 한다
고 언급한 베버(M. Weber)를 비롯하여, 상징적 상호작용론 입장의 학자들은
인간들이 행하는 상호작용 행위는 타자의 행동 뒤에 숨어 있는 의도에 대한
반응이라고 하면서, 인간사회가 협동이 가능한 것은 타자와의 상호작용의 결
과라고 주장한다.

이 이론은 사회현실을 일종의 포커게임(poker game)을 하고 있는 상황에
비유하고 있다. 포커게임에 참여하는 사람들은 적어도 게임의 규칙을 만들
고, 규칙에 동의하고, 그에 의거하여 게임을 진행한다. 이때 사람들은 언어나
문자와 같은 상징을 사용하여 게임의 규칙을 만들고 그에 동의함과 동시에

의사소통과정을 통하여 상호작용을 하는 것이다.

상징적 상호작용론은 정치, 경제, 종교, 교육 등과 같은 비교적 큰 사회구조에 관심을 두는 대신, 개인과 개인, 개인과 집단, 개인과 사회 간에 일어나는 일상적인 상호작용의 과정에 초점을 맞춘다. 따라서 이 이론은 행위자의 정신적 능력(사고능력), 행위 및 상호작용에 관심을 둔다. 즉, 개인 행위자들이 어떻게 행동하고, 어떻게 사회에 적응하는가에 관심을 두고 있다. 이 모든 것이 과정(process)이라는 견지에서 이해된다. 이는 인간들이 살아가는 세계를 정태적 구조로 보기보다 동태적 상호작용과정의 구조로 파악하는 것이다.

(2) 상징적 상호작용론에서 본 사회문제[8] 및 사회문제 해결방법

상징적 상호작용론은 사회복지의 중요한 동인으로 작용하는 사회문제에 대해서 어떤 집단이 자신들이 공유하고 있는 의미와 규정, 가치들에 의거해 어떤 상황이나 조건을 문제로 인식한다고 본다. 즉, 대다수의 사회구성원이 어떤 바람직하지 못한 상황이나 조건을 하나의 문제로 규정하고, 또한 그것이 문제로서 다수의 사람에게 어떤 행동을 야기할 때 비로소 문제로 존재한다는 것이다. 다시 언급하면, 사회질서는 객관적으로 존재하는 것이 아니라 사회구성원 상호 간의 개념 정의와 의미의 교환에 의해 만들어지는 것이다. 예컨대, 빈곤문제는 사회 내의 특정 리더집단이 바람직하지 않은 것으로 오명을 부여하는 과정에서 발생한 것이라 할 수 있다. 결과적으로 사회문제라

---

8) 상징적 상호작용론에서는 사회문제를 사회의 한 집단이 다른 집단의 의미나 가치, 규범에 동의할 수 없는 것으로 규정하고, 그 집단의 의미나 가치, 규범대로 행동하지 않기 때문에 발생하는 것으로 본다. 즉, 사회문제는 상호작용하며 살아가는 사람들이 자신들이 공유하는 의미나 가치, 규범이 다를 때, 혹은 주관적 해석의 오류 또는 왜곡에서 비롯된다고 볼 수 있다. 다시 말하면, 상징적 상호작용론에서는 사회문제가 대중이나 사회통제기관으로부터 관심을 받고 주의를 끌게 되었기 때문에 발생하게 된다고 본다. 나쁜 행동이나 어떤 문제상황을 보일 때, 사람들은 그것을 낙인화시켜 사회문제로 본다는 것이다. 즉, 어떤 행위나 현상이 일반 대중이나 사회통제기관의 관심의 대상이 되기 시작하여 바람직하지 않은 것으로 판단됨으로써 사회문제가 된다는 것이다. 이 이론과 관련되는 기초이론으로 낙인이론이 있다.

는 것은 다수의 사람이나 영향력 있는 사람들이 사회현상을 어떻게 정의하고 해석하느냐에 따라 결정된다고 할 수 있으며, 이에 대해 대다수의 사회구성원이 무엇인가 개선이 필요하다고 인식하는 것이다(예: 미국산 쇠고기 수입을 둘러싼 촛불시위 등).

상징적 상호작용론은 관습, 종교, 법, 도덕적 규범, 의사소통 등의 문제나 인간들끼리 상호작용이 잘 이루어지지 않는 것 등이 곧 사회문제의 원인이 된다고 한다. 그 결과, 사람들은 고통을 받게 될 수도 있고 문제를 일으키는 행위를 할 수도 있다. 한편, 이와는 달리 일부의 사람들은, 예컨대 알코올중독자에 대해 일부의 의사는 이를 일탈행위와는 다른 일종의 질병이라고 주장하면서 치료적 행위를 요구할 수 있다. 따라서 의사들의 주관적 판단에 따라 알코올중독자는 보호되고 치료의 대상자가 될 수 있다. 이와 같이 보는 사람의 주관적 판단에 따라 사회문제는 사회복지의 대상이 될 수도 있고 안 될 수도 있다. 이처럼 상징적 상호작용론에 의하면 다수의 사람이 보는 관점에 따라 일탈자가 되거나 사회복지의 대상자가 될 수 있는바, 특히 후자의 입장에 있는 사회복지 관련 종사자는 그러한 사회문제를 치유하고 예방하기 위해서 사회복지서비스와 같은 사회복지활동을 수행하게 된다. 그러므로 상징적 상호작용론을 통하여 사회복지 관련 종사자는 다양한 사회현상을 사회복지적 측면에서 인식하고 서비스 활동을 수행하게 되는 것이다.

한편, 어떤 사회문제는 대다수 사람의 주관적 판단이나 사회적 주목을 통해 사회문제로 발전될 수 있다. 어떤 문제상황에 대하여 그것을 해결하고 예방하기 위한 개선의 필요성을 인식하게 될 때, 이는 사회복지 혜택을 적용하는 근거가 될 수 있다. 그 예로, 노인인구가 많아지고 고령화되고 있는 현대 사회에서 대다수의 사람이 노인부양문제에 대해 이구동성으로 문제라고 언급하고 개선이 필요하다고 보게 되면, 노인부양문제가 하나의 커다란 사회문제가 될 수 있다. 더구나 사회적으로 효 가치관이 변화되고 경로효친사상이 약화됨으로써 노인문제가 하나의 사회문제로 확대되는 사회에서는 더욱 그러하다. 따라서 이러한 부적응・부조화를 문제로 규정하고 이를 토대로 그러한 문제를 치유하고 예방하기 위해서 노인복지정책이 시행되는 것도 한 예가 된다.

4) 교환이론

유사 이래로 인간사회의 역사는 인간들끼리 주고받는 교환의 연속이었으며 그러한 관계는 오랜 학문적 관심의 대상이었다. 상징적 상호작용론의 한 갈래이자 연장선상에 있다고 할 수 있는 교환이론(exchange theory)은 인간들끼리 주고받는 상호작용에 초점을 맞추는 이론이다. 따라서 이 이론의 본질적 속성은 인간들의 행동이 사회적 관계, 즉 교환관계를 통해서만 성취될 수 있을 뿐만 아니라 사회적 결속력을 증대시킬 수 있다고 보는 것이다.

사회체계이론인 교환이론은 인간들의 가장 기초적인 상호작용에서 발견되는 경험적 사실로부터 생겨났다. 즉, 교환이론은 인간들의 사회적 관계에 대한 체계적 연구를 위한 틀을 제공하였음을 알 수 있다. 교환이론은 최대 다수의 최대 행복, 보상, 이익을 추구하는 공리주의 경제학, 사회가 선물교환에서 보이는 호혜성의 규범에 따라 움직이는 교환네트워크라고 보는 기능주의 인류학, 보상(reward)과 처벌(punishment)이라는 방법으로 인간을 교육시켜야 한다고 주장한 스키너(B. F. Skinner)의 행동주의 학습이론의 영향을 받았다. 대표적인 학자로는 호먼스(G. Homans)와 블라우(P. M. Blau), 에머슨(R. Emerson) 등을 들 수 있다.

(1) 교환이론의 기본 전제

이 이론의 기본 분석단위는 개인들 간의 대면적(면접적, face to face) 상호작용으로서, 사회적 행위를 적어도 두 사람 이상 사이에서 교환자원을 주고받는 반복적인 행위로 본다. 교환자원은 금전이나 가치 있는 재화와 같은 물질적인 보상과 칭찬과 같은 비물질적인 보상을 포함한다. 교환이론은 비용과 보상이라는 견지에서 사회관계를 분석한다. 상대방에게 주는 교환자원은 비용(cost)이 되고, 상대편으로부터 받는 교환자원은 보상(rewards 또는 benefit)이 된다. 교환관계에 있어 당사자들은 가능하면 비용에 비하여 보상이 크도록 행동하려 하고, 아니면 적어도 최소한 대등한 입장에서 교환관계를 유지하려고 한다. 인간들은 비용이 많이 드는 일을 피하고 보상이 큰 일을 추구하는 경향이 있다.

(2) 교환이론에서 본 사회문제[9] 및 사회문제 해결방법

사회복지제도의 근간이 되는 사회문제에 대해 교환이론은 교환관계가 단절되거나 불균형을 초래할 때 발생하는 것으로 본다. 교환자원의 부족이나 고갈 또는 가치 저하에 의해서 종속이나 굴종과 같은 비인간적인 상황이 발생한다고 본다. 따라서 그러한 문제의 해결방안으로 교환관계의 균형화가 필요하다고 본다. 이는 물질적으로 부족 혹은 결핍 상태에 있는 빈민들이나 노동능력을 상실한 사람들을 위해 사회적 조화 차원에서 금품이나 의료혜택과 같은 사회복지혜택을 제공함으로써 정상적인 생활을 가능하게 하여 정상인으로서 생활할 수 있게 함을 의미한다. 또한 빈자, 고아, 이혼자 등 사회적 부적응자나 소외된 자는 문제해결능력이 부족할 뿐만 아니라 교환관계에서 불균형적일 수밖에 없으므로 이를 해결하기 위해 사회복지 차원에서 혜택을 제공하여 자립할 수 있게 유도하는 것을 의미한다.

이는 사람들이 사회복지제도의 도움으로 정상적인 사회인이 되거나 정상적인 생활이 가능하게 됨으로써 사회에 오히려 기여할 수 있다는 점에서 교환관계의 한 형태라고 볼 수 있다. 또한 젊은 시절 경제활동을 하면서 국가에

---

9) 교환이론에서 본 사회문제란 교환관계의 단절이나 불균형 상태에서 발생하는 것으로, 교환자원의 부족, 고갈 또는 가치 저하에 의해 종속이나 굴종과 같은 비인간적 문제가 발생한다고 본다. 따라서 교환이론에서는 사회문제의 해결이 교환관계의 균형화에 의해 가능하다고 본다.

일정액의 세금 혹은 기여금(예: 국민연금)을 내고 노후에 다시 노인복지수당으로 받게 되는 것도 교환관계의 일종이라고 할 수 있다. 그리고 교환이론을 노인집단과 연계해서 살펴보면 평생을 상호작용하며 살아온 부모와 자녀의 관계도 연기된 교환과정의 하나라고 볼 수 있다. 부모가 나이가 들어 생계능력이 떨어지고 건강이 악화되었을 때, 자녀가 부모를 부양하는 것도 교환과정의 예일 것이다. 왜냐하면 어린 시절 부모에게 받은 양육에 대한 대가로 자녀는 그에 상응하는 보답을 하기 때문이다.

3. 사회문제의 기초이론

산업화, 도시화, 핵가족화 등 사회구조적 요인에 의해 발생된 사회문제는 정상적인 사회조직이나 사회질서를 유지하는 데 역기능적으로 작용하는 제반 사회현상이라 할 수 있다. 오늘날 대부분의 국가사회는 상이한 산업화의 정도, 상이한 이데올로기, 사회환경변화, 다양한 가치관 등의 요인으로 수많은 사회문제를 발생시켰다. 따라서 사회문제를 바라보는 시각도 매우 다양하게 논의되고 있다.

1) 사회병리론

1890년에서 1910년 사이에 출현한 사회병리론(social pathology theory)적 시각[이 이론의 이론적 기초를 확립한 학자는 앤더슨(Anderson)과 스미스(Smith)]은 사회유기체의 정상적 운영을 방해하는 사람이나 상황을 사회문제로 간주하였으며, 이러한 방해 혹은 장애 요인은 일종의 질병 또는 병리 상태로 취급하였다. 따라서 초기 사회병리론자들의 시각에서는 개인적 부적응은 물론 제도적인 기능마비까지 모두 사회적 진보(발전)에 있어 장애물로 간주되었다.

사회병리론적 시각에서 볼 때 사회문제는 곧 도덕적 기대에 위배된다. 바람직한 사회적 조건과 장치들은 건전한 것으로 보이나, 도덕적 기대에서 이탈하는 사람들 내지 상황은 병들고 나쁜 것으로 간주된다. 이들은 사회문제의 궁극적 원인을 사회화의 실패(구조기능주의 관점)에서 찾는다. 그러나 후기 사회병리론자들은 사회문제의 발생을 잘못된 가치가 학습된 결과로 파악한다. 그러나 환자로 간주되든 범죄자로 취급되든 간에 도덕적으로 문제가 있다는 생각은 초기나 후기 모두 마찬가지이다.

초기 사회병리론자들은 인간의 선천적 결함에 주목하였으나, 후기 사회병리론자들에 이르면 사회환경이 사회병리에 기여하는 중요한 조건으로 파악되기 시작한다. 초기 사회병리론자들이 개인의 비도덕적 속성(즉, 개인적 부적응 등 사회화의 실패)에 초점을 맞춘 데 반해, 최근의 사회병리론자들은 사회의 비도덕적 속성에 초점을 맞추면서 여러 가지 문제가 과학기술이나 인구밀도와 같은 사회적 힘인 산업화, 도시화의 결과에서 비롯된다고 보는 성향이 있다.

사회문제의 해결에 대해서 초기 사회병리론자들은 문제의 근원을 발생학적인 유전의 탓으로 돌린 까닭에 우생학 운동에 관심을 보였으나, 최근의 사회병리론자들은 사회 자체를 병든 것으로 간주하는 경향이 강함에도 불구하고 병든 제도에 대한 치유책을 사람들의 가치를 변화시키는 일인 도덕교육에서 찾고 있다.

2) 사회해체론

1920년대 전후부터 1950년대까지 출현한 사회해체론(social disorganization theory)적 시각은 도시화, 산업화, 이민 등과 같은 사회변동 요인에 의해 사회문제가 발생한다고 본다. 사회해체란 사회의 여러 가지 요소나 기능이 조화롭게 작동하지 않음을 의미하는 것으로, 집단구성원 간의 관계 붕괴, 사회세력 간의 불균형(사회구조 붕괴로 사회통제가 효과적이지 않게 기능)과 같은 것을 말한다. 여기서 해체란 인간성(인간의 도덕성, 양심 등)과 제도의 부조화로 질서나 규율의 결여에서 발생하는 것이다(즉, 반사회적 태도가 발달함을 의미함).

남북전쟁 후 또는 제1차 세계대전 이후부터 미국은 도시화, 산업화, 이민 등의 사회변동으로 인해 빈곤, 범죄, 청소년비행, 정신병, 알코올중독 등과 같은 다수의 사회문제의 규모가 훨씬 커지고 보다 더 만연하게 되었다. 그리고 문제의 심각성도 더해 갔다. 그 결과, 소규모 사회문제에 대해 어느 정도 설명력을 가졌던 사회병리학적 시각에 의문이 제기되기 시작했다. 따라서 사회해체론적 시각은 사회가 급속하게 변화하는 시기에 사회적 · 학문적 요청에 의하여 출현하였다.

사회해체론적 입장의 연구자들은 사회의 규칙에 대한 검토를 바탕으로 사회문제를 연구해 왔다. 즉, 인간의 일상적인 행동양식은 사회의 규칙에 의해 인도되는데, 이때 사회조직이 인간관계의 질서와 규칙을 부여하는 원리가 된다. 요컨대, 사회해체란 사회의 여러 가지 요소가 조화롭게 작용하지 못하는 상태이며, 이로 인해 집단구성원 간의 관계가 붕괴되는 과정이다. 사회해체는 사회세력의 균형에 변화가 있을 때, 즉 사회구조가 붕괴될 때 발생하며, 그 결과 기존의 행동양식은 이미 적용되지 않고 기존의 사회통제 형태들이 효과적으로 기능하지 않게 되는 상황을 말한다. 다시 말해, 사회해체란 산업혁명에 따른 산업화 · 도시화 · 세속화의 심화 등 사회변동의 원인에서 비롯된다고 할 수 있으며, 더 나아가 전쟁, 불황, 출산율과 사망률의 변동, 물리적 재앙과 같은 위기요인에 의해서도 발생한다고 할 수 있다.

사회해체론적 입장에 있었던 쿨리(Cooley), 토머스(Thomas), 즈나니에키(Znaniecki), 오그번(Ogburn) 등은 사회를 하나의 체계로 보는데, 이때 사회체계란 부분(각각의 하위체계)들이 통합되어 있는 역동적인 복합체를 말한다. 어떤 사건으로 인해 체계의 한 부분이 변화하게 될 때는 체계의 다른 부분에서도 그에 상응하는 적응이 요구된다. 결국 사회해체란 부분들 간의 적응이 결여되거나 적응이 잘못된 상태를 의미한다. 사회해체는 이전에 존재한 상태의 붕괴를 의미하는 것이기 때문에 다른 각도에서 보면 사회변동과 별반 다를 것이 없다. 따라서 사회해체에 대한 판단에는 주관적인 가치가 개입되어 있다는 점을 간과해서는 안 된다.

3) 가치갈등론

가치갈등론(value conflict theory)적 시각[이 이론을 주장한 학자들은 프랭크(Frank), 월러(Waller), 풀러(Fuller), 마이어스(Myers)]은 1935년에서 1950년대 사이에 등장하였다. 이 시각은 다른 집단의 이해나 가치에 대해 반대하는 대신 자신들의 이해와 가치를 당연한 것으로 여기는 것을 매우 정상적이라고 생각한다. 따라서 가치갈등의 산물에 의해 사회문제가 발생한다고 본다.

풀러는 사회문제가 규정되고 해결되는 과정에서 거치게 되는 일련의 단계를 언급하면서, 처음에 사람들이 어떤 사회적 조건이 바람직하지 못하다는 것을 잘 알지 못하더라도 그것이 제기되고 논의되면 점차 사회 전체로 확대되고, 그것을 해결하기 위해 무엇을 어떻게 해야 할지의 대책이 논의되고 합의가 이루어지면 정책결정이 이루어진다고 보았다. 이러한 해결책이 결정되면 남은 정책문제는 사람들의 의지를 수행하는 개혁의 단계로 들어간다는 것이다. 가치갈등론적 입장에서의 사회문제에 대한 명제를 살펴보면 다음과 같다.

- ◆ 사회문제는 특정 사회집단의 가치와 양립할 수 없는 사회적 조건으로서, 그 집단성원들이 사람들로 하여금 이러한 조건에 어떤 조치가 필요하다는 인식을 갖게 하는 데 성공한 경우이다.
- ◆ 사회문제의 근원은 가치 혹은 이해관계의 갈등에서 비롯된다. 사회문제의 양상, 빈도, 기간 그리고 결과에 영향을 미치는 배경적 조건들은 집단 간의 경쟁과 접촉이다. 그리고 일단 문제가 발생한 연후에 그 경쟁적 집

단은 문제의 해결방법에 대해서도 갈등을 일으킬 수 있다.

◆ 이해관계와 가치의 충돌에 의해 야기되는 사회문제의 해결책으로 합의, 타협 그리고 적나라한 권력행사 등이 제시된다. 만일 당사자들 모두가 공유하고 있는 보다 높은 가치체계를 위해 갈등을 해소할 수 있다면 합의나 타협이 이루어질 수 있다(예: 안락사, 낙태, 노사관계 등).

4) 일탈행위론

1950년에서 1970년 사이에 출현한 일탈행위론(deviant behavior theory)적 시각은 사회해체론적 시각에서 발전하였다. 일탈행위론적 시각이 발전하는 데 있어 머튼(R. Merton)은 많은 공헌을 했다고 할 수 있다. 머튼은 뒤르켐 이론의 한 측면을 발전시키면서 문화적 목표가 지나치게 강조되고 이러한 목표 성취의 합법적이고 제도적인 기회와 수단이 제한될 때, 사회의 특정한 층에 있는 사람들, 즉 일탈을 저지르는 사람들에 있어서 아노미는 지극히 정상적인 상태일 수 있다고 보았다.

일탈행위의 특징으로는, 첫째, 상이한 다수의 사회문제에 적용될 수 있는 일반이론적 성격을 가지고 있다. 둘째, 아노미 그리고 몇몇 형태의 일탈행위는 비정상적이거나 병적인 반응이라기보다는 비정상적인 상황에 대한 정상적인 반응으로 간주될 수 있다. 셋째, 일탈행위의 계층적인 편차가 발생하는 것은 목표의 성취를 가능케 하는 합법적인 기회구조가 모든 사람에게 개방되어 있는 것이 아니기 때문이다. 따라서 하층계급과 같이 특정 계층에서 높은 일탈률을 보일 수밖에 없음을 이해할 수 있다.

반면, 서덜랜드(E. Sutherland)는 사회해체가 일탈의 발생에 중요한 역할을 수행한다는 점을 인정하지만, 사회조직의 분화 개념을 사용하여 일탈을 촉발시키는 사회구조적 조건보다는 한 인간이 일탈자가 되어 가는 과정에 보다 많은 관심을 기울였다. 그가 주장한 차별접촉이론에서 볼 수 있듯이, 사람들은 일탈유형과의 접촉을 통하여 일탈자가 되어 간다. 본질적으로 사회적 상호작용론에 기초한 서덜랜드의 이론은 왜 특정한 사람이 일탈적 행위유형을 학습하게 되는지를 잘 설명해 주고 있다.

5) 낙인이론[10]

사회의 전문화와 복잡성의 증대와 관련하여 일탈이론의 설명력에 한계가 있음에 주의한 낙인이론(labeling theory, 사회반응론이라고도 함)에 따르면 복합적인 집단으로 구성된 사회에서 자기 집단의 규칙에 동조하게 되면 다른 집단의 규칙을 어기게 되는 경우가 발생한다. 또 그들의 범법행위가 만연해 있지만 범법자 모두가 붙잡히거나 처벌받는 것은 아니다. 더욱이 공식적으로 검거된 사람들이 모두 똑같은 방식으로 처리되지는 않는다. 따라서 낙인이론에서는 위법적 행위가 언제 제재를 받게 되며 누가 누구를 향한 것이고 그것은 어떠한 사회적 결과를 초래할 것인가 하는 문제를 제기하였다.

낙인이론은 바로 이러한 질문에서 출발하며 상징적 상호작용론에 그 뿌리를 두고 있다. 낙인이론에서는 사회문제를, 첫째, 일탈을 정의하는 사람들의 관점에서뿐만 아니라 타자로부터 일탈자라는 사회적 규정(낙인)을 받은 사람들의 입장에서 바라본다. 둘째, 법률이나 조직체의 정의 등 이른바 사회적 규칙의 제정과정과 규칙의 집행에 관련된 관행들 입장에서 바라본다.

결국 낙인론적 시각에서는 사회문제와 일탈이라는 것이 보는 사람의 관점에 따라 달라진다는 점을 강조한다. 다시 언급하면, 상징적 상호작용론에서

---

10) 1970년대 중반 이후 낙인이론에서 출발한 급진주의적 시각이라고 할 수 있는 사회구성주의(social constructionism)적 시각에서는 기존의 낙인론적 시각이 낙인의 적용과 낙인이 부여되는 것에 대한 개인의 대응에 지나치게 집중한 반면, 낙인이 어떻게 만들어지는지에 대해서는 무관심하다고 비판한다. 사회구성주의 시각에서는 객관적 조건은 중요하지 않으며, 오직 주관적으로 사람들이 각자 나름대로 사회문제라고 생각하게 되면(구성) 사회문제가 된다고 본다.

볼 수 있듯이 상호작용하며 살아가는 사람들이 공유하고 있는 규범, 가치, 의미 등에 준거하여 어떤 문제된 상황, 즉 바람직하지 않은 상황을 문제라고 보게 되면 그것이 사회문제로 규정될 수 있다는 것이다.

6) 아노미이론

기존의 규범이 타성을 잃고 새로운 규범이 정립되어 있지 않을 때, 즉 무규범상태(normlessness)일 때 아노미현상이 발생한다. 개인과 집단, 사회 간에 있어 상대적 무규범상태(준거집단 부재, 준거규범 상실, 집단 결속력 약화), 목표상실감, 불안감, 자기소외감 및 욕망의 사회적 한계가 상실된 상태를 아노미라고 한다.

프랑스의 사회학자 뒤르켐은 아노미란 사회적 조건(상황)에 의해 발생되는 것으로 한마디로 상대적 무규범상태라고 하였다. 이 규정을 기초로 하여 아노미이론(anomie theory)의 체계화를 시도한 머튼은 아노미를 사회문화구조의 특징을 가리키는 용어로 설명한다. 이를 심리학적 개념으로 사용하려는 매키버(MacIver)와 리스먼(Riesman)은 아노미란 목표의 상실감 등 불안감에 싸이는 자기소외의 정신상태를 의미한다고 주장한다.

뒤르켐은 『사회분업론』(1893)과 『자살론』(1897)에서 아노미를 논하면서 기존의 대다수의 사회학자가 분업의 경제적 효과에 관심을 두어 왔음에 비해 분업의 도덕적 효과에 관심을 두었다. 그러면서 그는 자살 건수가 경제의 급격한 번영기에 증대(이 시기에 사회적 결속력 약화, 사회의 응집성 결여로 더 이상 추구할 목표가 없어 자살함)한다는 특이한 사실에 주목하여 위기의 원인은 사회적 상황(조건)에 의해 발생하는 아노미에 있다고 설명하였다.

뒤르켐의 아노미이론에서는 사회의 통제가 약화되면 욕망은 무한히 팽창하고 그 결과 멈추기 어려운 갈망이 사람들을 괴롭힌다는 공리주의 입장과는 반대되는 독자적인 인간관을 가지고 있다. 따라서 아노미란 지위나 역할의 돌연한 변화에 동반하여 발생하는 무규범상태 혹은 전통적 기준이 권위를 유지하지 못하게 되어 욕망의 사회적 한계가 상실된 상태를 의미하였다.

머튼은 뒤르켐의 자살론 개념이 자살 이외에 각종 일탈행동의 통합적인 이해에도 도움이 된다고 언급하였다. 그는 문화적으로 규정된 열망 목표와 제도화된 규범(수단) 사이의 종적 관계가 파탄된 상태를 아노미로 구분하고 있다.

7) 사회부적응론

사회적 부적응은 사회적 적응의 반대 개념으로, 개인이 공존하고 있는 사회 혹은 사회의 여러 제도 중 하나의 변화에 따라 순응할 수 없음을 의미한다(적응실패를 의미). 만과 퀸(Mann & Queen)은 『사회병리학』에서 부적응이란 사회가 변화할 때 실패하기도 하고 새로운 위기에 직면하여 그 문제를 해석하지 못하고 기력까지 없어지고 적응능력이 떨어지게 되는 것을 의미한다고 언급한다. 그리고 사회병리학이란 인간 상호 간 관계의 장해, 환경에의 적응 또는 동화의 실패, 교화하기 힘든 집단과 타락한 개인에 대해 부적응의 개념을 중심으로 연구하는 것이라고 규정하고 있다.

한편, 사회부적응론에서 길린(Gillin)은 기본적으로 사회병리는 개인과 사회구조 사이의 부조정관계에서 발생한다고 보고 있다. 어느 특정한 사회체계에서 생활하는 경우 개인과 사회구조 사이에 집단의 존속과 개인의 기본적 욕구충족이 현저하게 저해되어 문화의 구성요소 사이에 충돌이 발생하기도 하고 기능적으로 사회적 결합이 파괴되는 상태가 일어난다. 길린은 바로 이러한 상태를 부적응이라고 언급하였다. 그는 부적응 현상을, 첫째, 개인 상호 간의 부조화, 둘째, 개인의 환경에의 부적합, 셋째, 환경과 개인의 부적합, 넷째, 환경 상호 간의 부적응으로 나누고 있다.

일반적으로 사회구조는 그 사회가 지켜야 할 것과 상정되어 있는 행동양식과 풍속, 습관, 전통, 제도 등으로 구성된다. 안정된 사회와 같이 사회구조가 사회구성원의 요구에 합치되고 개인의 이익과 사회규범 사이에 조화가 이루어져 있으면 사회병리 현상은 발생하지 않는다. 그러나 변동이 심한 사회에서와 같이 사회구조가 개인의 요구에 적합하지 않게 되면 개인은 사회구조 전체에 대해서도 다른 개인에 대하여 서로 왜곡된 의식을 갖게 된다.

이와 같이 사회병리 현상은 개인 내지 사회 차원에서 사회조직과 문화구조 차원 간의 조건상관에서 발생되어 나온다. 개인으로부터의 원인에는 개인이 심신장애와 무학, 범죄 전과 등과 같이 정신적·사회적인 결함을 갖는 것 등이 있다. 사회조직, 문화구조로부터의 원인에는 사회 자체의 변동과정에서 발생하는 문화지체와 사회조직 결함, 제도의 결함 등이 있다.

그러나 길린 같은 학자들은 사회적 부적응 현상의 지표가 개인이 속한 사회 혹은 하위집단이 가진 특성에 의해 반드시 사회병리로 생각될 수는 없는 것을 지적하고 있다. 예를 들면, 이혼이 자유로이 허용되는 쪽이 허용되지 않는 쪽보다도 반드시 사회적으로 유해하다고 말할 수는 없다. 언제나 불화와 다툼으로 괴로워하는 부부에게 이혼이 허용되지 않을 경우 그 가족관계는 점점 붕괴되어 부부의 상해나 자살 등 이혼 이상의 복잡한 문제가 일어나지 않는다고 할 수 없는 것이다. 따라서 사회병리를 측정할 때는 사회와 집단의 가치체계를 충분히 검토한 후 고찰할 필요가 있음을 강조하고 있다.

이와 같이 사회병리의 측정은 사회구조의 변화에 의해 달라지기 때문에 부적응현상과 병리란 언제나 일치하는 것이 아니며 부적응이라는 개념으로 모든 사회병리 현상을 해명하는 것이 가능하다는 주장은 위험하다. 그러나 사회부적응론은 현재에도 사회병리학의 기본적인 개념으로서 중요시되고 있다.

8) 사회참가론

개인의 신체적·지리적·생물학적·사회적·문화적 조건 등에 의해 사회참가가 제한되는 경우, 이를 사회문제로 본다. 사회참가란 사람들이 생활욕구를 충족시키기 위하여 집단활동에 참가하고 사회조직을 이용하는 것을 의미한다.

인간들의 행동은 사회집단에 참가할 때 개인이 처해 있는 지리적 · 생물학적 · 사회적 · 문화적 조건에 의해 사회참가의 형식과 정도가 상이하다. 어떤 사람은 다수의 집단에 소속되어 있고, 어떤 사람은 둘 혹은 셋의 집단에 소속되는 것으로 만족하고 있다. 그러나 어떤 사람들은 개인적 심신의 특성과 사회적 배경에 의해 사회참가가 저지되기도 한다. 예를 들면, 시각장애인은 영화매체에 무반응하고, 지적장애인은 수학과 같은 추상적 이론의 이해가 불가능하며, 매춘부는 직업적 행위로 수치심이 적어지는 것과 같은 것이다. 이와 같이 개인이 신체적 · 정신적 · 문화적인 측면에서 무언가 결함을 가지고 있으면, 개인이 사회집단 구성원으로서 사회참가를 하는 데 있어 여러 가지 제약을 받게 되는 경우가 많다.

9) 사회긴장론

사회긴장론에서는 개인 내지 집단 간의 지속적 불화, 대립, 알력, 투쟁으로 해결 곤란한 상황이 지속될 경우 이를 긴장으로 본다. 즉, 경제적 불안정, 집단 간의 편견으로 인한 대립, 민족 간의 대립, 문화갈등, 계급대립 등이 사회적 긴장을 초래할 경우 이를 사회문제로 보게 된다.

사회긴장론에서 엘리엇(Elliot)은 개인 내지 집단 간의 지속적인 불화, 대립, 알력, 투쟁에 동반되는 긴박한 상태를 의미하는 용어로, 특히 갈등 속에서 해결 곤란한 상태가 지속되는 경우를 긴장이라고 하며 갈등과 구별하고 있다. 따라서 거기에는 일정한 사회적 조건의 기본으로 심리적 요소가 포함된다.

레빈(Lewin)은 집단 내에서 개인 간 긴장 발생의 원인으로, 첫째, 욕구 충족의 정도, 둘째, 사람의 자유활동 공간의 크기, 셋째, 외부의 장벽, 넷째, 목표의 불일치 정도 및 타인을 고려하는 마음의 준비 등이 제약되는 경우를 말하고 있다. 이것은 그가 집단 내의 심리역동(혹은 정신역동)적인 관계에 의해서 심리적 긴장요인이 발생한다고 생각하고 있음을 보여 준다. 더구나 집단 간의 긴장 발생에 있어서는 사실을 왜곡하는 편견과 선전, 외집단을 배척하는 신화와 전설 등이 계기가 되는 경우도 있다.

그리고 역사적 · 사회적 제 조건과 결합되어 소수집단과 일반집단 사이에 편견으로 발생하는 대립으로 인한 긴장, 경제적인 불안정과 불평등에서 발생하는 계급 간의 대립으로 인한 긴장, 민족문화의 몰이해에서 발생하는 민족 간의 대립으로 인한 긴장 등과 같은 사회적 긴장이 있다. 이와 같이 사회적 긴장에는 욕구불만, 증오, 편견, 경제적 불안 등 심리적 · 사회적 · 경제적 제 요인이 단발적 또는 중복적으로 작용하는 경우가 많기 때문에 포괄적 · 다의적인 측면이 있음을 알 수 있다.

참고문헌

강정한, 김문조, 김종길, 김홍중, 유승호, 하홍규(2013). 현대사회학 이론. 서울: 다산출판사.

고영복 편(1992). 현대사회문제. 서울: 사회문화연구소 출판부.

고영복 편(2000). 사회학사전. 서울: 사회문화연구소 출판부.

고영복, 한균자(1992). 사회학개론. 서울: 한국방송통신대학 출판부.

권태환, 홍두승, 설동훈(2006). 사회학의 이해. 서울: 다산출판사.

김경동(1980). 현대의 사회학: 사회학적 관심. 서울: 박영사.

김광기, 김대희, 김왕배, 김정선, 김정희, 문창진, 연성진, 이경용, 장세진, 전신현, 정진주, 조영태(2010). 현대사회문제론. 서울: 파란마음.

김영모 편(2007). 현대사회문제론(개정증보판). 서울: 고헌출판부.

김윤태(2006). 사회학의 발견. 서울: 새로운사람들.

김응렬(2005). 사회조사방법론의 이해. 서울: 고려대학교 출판부.

김진호(2008). 괴짜 통계학. 서울: 한국경제신문사.

김태헌, 손병노, 박강용, 유종렬(2004). 사회 · 문화. 서울: 금성출판사.

김태현, 이문숙(2009). 사회문제론. 경기: 교문사.

박길성(2013). 갈등은 사회를 만들고 사회는 갈등을 만든다: 한국사회의 갈등 지형과 연대적 공존의 모색. 서울: 고려대학교 출판부.

박철현(2010). 사회문제론: 이론, 실태, 지구적 시각. 서울: 박영사.

비판사회학회 편(2012). 사회학. 경기: 한울.

안계춘 외(1992). 현대사회학의 이해. 서울: 법문사.

양춘, 박상태, 석현호(2003). 현대사회학. 서울: 민영사.

이만갑, 한완상, 김경동(1980). 사회조사방법론. 서울: 한국학습교재사.

이장현, 김영이(1985). 사회문제의 연구. 서울: 경문사.

이철우(2004). 사회복지이론과 연구방법론. 사회복지학에의 초대(김응렬 편저). 서울: 고려대학교 출판부.

정대연(2004). 사회통계학. 제주: 제주대학교 출판부.

정헌주, 김상호, 유해미, 이택면, 박창남, 박현수, 이혜경, 민웅기, 이해진, 유문무, 김영선(2011). 사회문제의 이해. 서울: 대왕사.

주현성(2013). 지금 시작하는 인문학: 우리 시대를 읽기 위한 최소한의 인문 배경지식 2.

경기: 더좋은책.

차경수, 송대영, 이미나(2000). 현대사회의 제문제. 서울: 한국방송통신대학교 출판부.

최선화 외(2009). 사회문제와 사회복지(제3판). 경기: 양서원.

최일섭, 최성재 편(2000). 사회문제와 사회복지(개정판). 서울: 나남출판.

표갑수(2010). 사회문제와 사회복지(개정판). 경기: 나남출판.

한국산업사회학회 편(2010). 사회학. 경기: 한울.

한완상, 권태환 편(2005). 전환기 한국의 사회문제. 서울: 민음사.

홍승직, 임희섭, 노길명, 정태환, 김문조(1995). 사회학개설. 서울: 고려대학교 출판부.

황성동(2007). 알기 쉬운 사회복지조사방법론. 서울: 학지사.

綾部恒雄(2011). 문화인류학의 20가지 이론(유명기 역). 서울: 일조각.

Abel, T. (1970). *The foundations of sociological theory*. New York: Random House.

Aiden, E., & Michel, J.-B. (2015). 빅데이터 인문학: 진격의 서막(김재중 역). 경기: 사계절.

Babbie, E. R. (1975). *The practice of social research*. Belmont, CA: Wadsworth Publishing Company Inc.

Babbie, E. R. (2005). 사회조사방법론(고성호 외 역). 서울: 그린.

Becker, H. S. (1999). 사회과학자의 글쓰기(이성용, 이철우 공역). 서울: 일신사.

Berger, P. L. (1963). *Invitation to sociology: A humanistic perspective*. Garden City, NY: Doubleday & Company Inc.

Berger, P., & Kellner, H. (2005). 사회학의 사명과 방법(임현진, 김문조 공역). 서울: 한울.

Blau, P. M. (1964). *Exchange and power in social life*. New York: Wiley.

Bottomore, T. B. (1971). *Sociology: A guide to problems and literature*. Bombay: George Allen & Unwin Ltd.

Clyde, W. Franklin II. (2005). 이론으로 본 사회심리학(정창수 역). 서울: 도서출판 그린.

Collins, R. (1975). *Conflict sociology*. New York: Academic Press.

Coser, L. (1956). *The functions of social conflict*. New York: The Free Press.

Coser, L. A. (2003). 사회사상사(신용하, 박명규 공역). 서울: 시그마프레스.

Dahrendorf, R. (1958). Toward a theory of social conflict. *Journal of Conflict*

Resolution, 2, 170-183.

Dawkins, R. (2010). 이기적 유전자(홍영남, 이상임 공역). 서울: 을유문화사.

Durkheim, É. (2008). 에밀 뒤르켐의 자살론(황◯종우 역). 경기: 청아출판사.

Durkheim, É. (2012). 사회분업론(민문홍 역). 서울: 아카넷.

Giddens, A. (2007). 현대사회학(김미숙 외 공역). 서울: 을유문화사.

Giddens, A., & Sutton, P. W. (2015). 사회학의 핵심개념들(김봉석 역). 경기: 동녘.

Ginsberg, L. (2000). *Understanding social problem, policies and programs*. Columbia: University of South Carolina Press.

Henslin, J. M., & Fowler, L. A. (2010). *Social problems: A down-to-earth approach*. Boston: Allyn & Bacon.

Homans, G. C. (1961). *Social behavior: Its elementary forms*. New York: Harcourt, Brace, Jovanovich, Inc.

Horton, P. B., & Leslie, G. R. (1991). *The sociology of social problems* (10th ed.). Englewood Cliffs, New Jersey: Prentice-Hall.

Jahoda, M., Lazarsfeld, P. F., & Zeisel, H. (1983). 사회학조사방법론의 역사 및 사례 연구(이홍탁 편역). 서울: 탐구당.

Lauer, R., & Lauer, J. (2008). *Social problems and the quality of life*. New York: McGraw-Hill.

Lemert, C. (Ed.). (1993). *Social theory: The multicultural and classic readings*. Boulder, Colo.: Westview Press.

Lemert, E. M. (1951). *Social pathology: A systematic approach to the theory of sociopathic behavior*. New York: McGraw-Hall.

Leon-Guerrero, A. (2009). *Social problems: Community, policy and social action* (2nd ed.). Thousand Oaks, CA: Pine Forge.

Macionis, J. J. (2005). *Sociology*. Harlow: Pearson Prentice Hall.

Maris, R. W. (1988). *Social problems*. Belmont, CA: Wadsworth.

Mead, G. H. (1968). *Mind, self and society*. Chicago: University of Chicago Press.

Merton, R. K. (1968). *Social theory and social structure*. New York: The Free Press.

Mouzelis, N. (1995). *Sociological theory: What went wrong?* London: Routledge.

Mouzelis, N. (2013). 사회학 이론, 무엇이 문제인가: 진단과 처방(정헌주 역). 서울: 아카넷.

Osborn, R. (2001). 사회학(윤길순 역). 서울: 김영사.

Parsons, T. (1951). *The social system*. Glencoe, Ill.: The Free Press.

Ritzer, G. (1987). 현대사회학이론(최재현 역). 서울: 형설출판사.

Ritzer, G. (2010). 현대사회학이론과 그 고전적 뿌리(한국이론사회학회 역). 서울: 박영사.

Rubin, A., & Babbie, E. (2002). 사회복지조사방법론(성숙진, 유태균, 이선우 공역). 서울: 나남출판.

Rubington E., & Weinberg, M. S. (1977). *The study of social problems: Five perspectives*. London: Oxford University Press.

Sanderson, S. K. (1999). 사회학: 인간사회의 구조와 변동(김정선 외 공역). 서울: 그린.

Thorpe, C., Yuill, C., Hobbs, M., Todd, M., Tomley, S., & Weeks, M. (2015). 사회학의 책: 인간의 공동체를 탐구하는 위대한 사회학의 성과들(박유진, 이시은, 최윤희 공역). 서울: 지식갤러리.

Timasheff, N. S., & Theodorson, G, A. (1985). 사회학사(박재묵, 이정옥 공역). 서울: 풀빛.

Turner, J. H., Beeghley, L., & Powers, C. H. (1997). 사회학이론의 형성(김진균 외 공역). 서울: 일신사.

Wallace, W. L. (1984). 사회학방법론(김영정, 남기봉 공역). 서울: 한울.

Zeitlin, I. M. (1985). 사회학이론의 발달사: 사회사상의 변증법적 과정(이경용, 김동노 공역). 서울: 한울.

제2부

인구와 가족문제

제3장

저출산문제

1. 서론

현재 우리 사회는 세계적으로 유례가 없는 급격한 저출산사회의 덫에서 벗어나지 못하고 있다. 인구는 다른 재화나 서비스와 같이 단시간에 대량생산이 가능하지 않다는 데 문제가 있다.

원래 우리 사회의 출산율은 매우 높았다. 1960년대 초 우리나라의 출산율은 6.0명으로 서구사회에 비해 매우 높았다. 당시 경제 발전을 위해서는 높은 인구증가율을 억제해야 한다는 정부 기조에 따라 경제개발 5개년 계획과 함께 출산억제정책이 도입되었다. 이는 효과적으로 작용하여 1983년대에는 인구대체수준[1] 2.1명에 도달하였으며, 약한 감소세는 이후에도 계속 유지되어 왔다. 그러나 IMF를 기점으로 2001년에는 합계출산율이 1.3명 이하로 낮아지면서 초저출산 현상이 나타났다. 초저출산은 보건의료 수준의 발달과 더불어 나타난 저사망과 상호작용하여 인구고령화를 야기하였고, 우리 사회로 하여금 잠재적 인구구조의 불균형이라는 폭탄을 안게 하였다.

이와 같이 낮은 출산율로 인한 인구불균형은 상당한 비용과 위험을 초래한다. 개인의 복지를 희생하지 않고는 쉽게 치유될 수 없기 때문이다. 예컨대, 저출산과 함께 고령화가 진행될 경우 비용이 높은 의료 및 복지 서비스의 수

〈표 3-1〉 **연도별 출생률**

연도	1960	1970	1980	1990	2000	2010
평균 출생아 수(명)	6.20	4.53	2.70	1.63	1.28	1.18

출처: 통계청(2010).

---

1) 인구대체수준은 인구를 현상유지하는 데 필요한 합계출산율 수준인 2.1명을 의미한다. 또한 합계출산율은 출산 가능한 여성이 15세부터 49세까지 낳을 수 있는 자녀의 수를 의미한다.

요는 늘어나지만, 이를 부양할 생산가능인구는 줄어들어 사회의 발전과 복지는 더 이상 지속불가능해지며 세대 간 통합마저 해칠 것이다.

　프랑스의 경우 저출산 현상이 심각한 사회 문제로 부각된 시기인 19세기 말부터 출산장려정책을 도입하였으며, 그 일환으로 1900년부터 일정한 자녀 수를 둔 가족(정상가족은 물론, 미혼모가족이든 동거가족이든 상관없이)에게 가족수당을 지불하였다. 이를 계기로 서구의 많은 국가도 저출산에서 비롯된 노인 증가와 노동력 감소로 인한 문제를 근본적으로 해결하기 위해 지속적인 정책적 노력을 기울였다. 일본과 싱가포르는 아시아 국가 중 이러한 모델을 비교적 일찍 받아들인 편에 속한다.

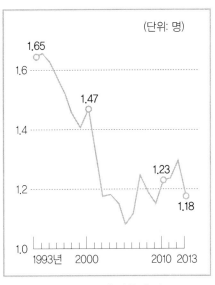

[그림 3-1] 출산율 추이

출처: 보건복지부.

　이들 국가의 경험에서 볼 때, 출산율이 낮으면 낮을수록 정책의 실행에 막대한 사회적 비용이 소요되지만, 정책의 효과는 아주 더디게 나타나거나 불확실하다는 특징이 있다. 뒤집어 말하면, 초저출산 경향이 고착되기 이전에 적극적으로 대처할 때 상대적으로 적은 비용으로 높은 효과를 기대할 수 있는 것이다. 따라서 저출산문제에 적극적으로 대처하지 못하면, 사회경제적으로 큰 충격이 있음은 물론, 국가의 존립마저 위태로워진다. 알다시피 저출산의 심화는 생산 가능한 인구의 급격한 감소로 인한 노동 가능한 인구의 감소, 그로 인한 소비 위축을 필연적으로 수반한다. 즉, 국가의 성장잠재력을 약화시키고 미래의 성장기반동력을 상실하게 만든다. 따라서 이 장에서는 국가의 흥망성쇠를 결정짓는 저출산문제의 해결을 위해 그에 대한 원인 파악 및 현황, 문제점, 대응방안 마련 등에 관해 살펴보고자 한다.

2. 이론적 배경

1) 소득과 출산력의 상관관계이론

소득 수준의 향상이 출산력을 높이는 요인으로 작용을 하는바, 정의 상관관계를 가진다는 이론이다. 즉, 소득이 증가하면 결혼시기가 빨라지게 되어 자연스레 출산력이 증가하고, 소득이 늘어날수록 자녀에 대한 욕구도 늘어난다는 것이다.

2) 기회비용이론

기회비용이론(opportunity cost theory)은 자녀양육과 관련된 직접비용 및 간접비용의 상승이 출산율의 감소로 이어진다는 견해이다. 이 이론에서는 교육비와 같은 직접비용이 자녀양육에 대한 부담으로 이어지고, 여성의 사회진출의 증가는 자녀양육과 관련된 기회비용을 증가시켜 출산자녀 수의 감소로 이어진다고 본다.

3) 합리적 선택이론

합리적 선택이론(rational choice theory)은 개인의 출산행위를 비용과 효용이라는 측면에서 바라보는 이론이다. 이 이론은 자녀양육과정에서 비용의 변화에 주목하여 저출산 현상을 설명한다. 합리적 선택이론의 입장에 있는 학자들은 양육비용이 자녀를 출산함으로써 얻게 되는 효용보다 높아 출산을 기피하는 현상으로 나타났다고 주장한다. 대표적으로 콜드웰(Caldwell, 1981)은 자녀양육비용의 증가로 인해 각 개인이 출산기피라는 합리적 선택을 추구했다고 주장한다. 그는 자녀비용이 19세기 유럽에서의 의무교육의 시작과 더불어 자녀의 질적 측면에 관심을 두는 현상과 함께 증가하기 시작했다고 한다. 또한 노동시장의 경쟁화로 인하여 자녀비용이 지속적으로 상승해 왔음을 지적한다. 콜드웰은 자녀비용이 양육을 위한 주택비와 같은 직접적 비용뿐 아니라 일과 육아의 양립불가로 인한 경력단절과 같은 간접적 비용까지 포함한다고 보았다. 그러나 콜먼(Coleman)은 자녀출산은 경제적 비용-효용 측면보다 심리적 비용-효율 측면에서 고려해야 한다는 관점을 제시했다. 그에 따르면 자녀를 하나 더 갖게 됨으로 인해 얻는 심리적 혜택, 즉 효용보다 다른 재화로 효용함수가 선회할 때 또는 자녀비용이 증가할 때 개인은 자녀출산을 포기한다고 보았다.

4) 선호이론

선호이론(preference theory)을 제시한 하킴(Hakim, 2000)은 가족의 출산 및 일과 취업이라는 갈림길에서 현대사회 여성들이 겪게 된 변화를 설명하며 저출산 현상의 설명기반을 제시했다. 즉, 라이프스타일 선호의 이질성이 가족과 출산에 핵심적인 역할을 한다고 주장한다. 그러면서 그는 여성의 라이프스타일 형태를 크게 가족지향적, 일지향적, 적응적의 3가지로 나눈다. 먼저, 가족지향적 여성들은 과거의 여성들처럼 일을 하지 않으면서 가족생활과 자녀들을 생활에서 가장 우선적으로 고려한다. 그 결과, 이러한 성향(지향)은 자연적으로 다출산을 발생시킨다. 또한 현대사회의 교육수준이 높은 일지향적 여성은 일에 중요한 가치를 두기에 미혼이거나 무자녀 가정을 갖는 경우가 많다. 한편, 적응적 여성은 특별한 선호 없이 두 형태 모두를 갖기 원하는데, 첫아이를 출산한 후 경력단절을 겪거나 아르바이트를 하는 경우가 많다. 결국 이것이 저출산으로 이어지게 됨을 의미한다. 그는 이러한 라이프스타일이 나타난 역사적 배경으로 피임혁명, 동등한 기회혁명, 화이트칼라 직종의 확산, 2차 소득원으로서의 직장 출현, 개인적 가치관의 강조 등을 언급했다. 이러한 여성들의 가치관 변화로 인해 저출산 현상이 나타났다고 본다.

5) 위험회피이론

맥도널드(McDonald, 1996)는 합리적 선택이론에서 진일보한 위험회피이론(risk avoidance theory)으로 저출산 현상을 설명한다. 합리적 선택이론은 개인이 비용과 효용을 확실히 안다는 전제 아래 이루어지는 데 반해, 위험회피이론은 개인이 비용과 효용을 알 수 없는 상황을 가정한다. 즉, 비용과 혜택은 미래의 것에 해당하므로 개인이 이를 확실히 알 수 없다는 것이다. 그러므로 개인은 근본적으로 위험을 피하기 위하여 출산을 기피하게 된다는 것이다. 한편, 한국 사회의 저출산 현상에 대해 장혜경(2004)은 자녀투자비용이 증가하고 유교적 규범이 변화하여 부모의 노후에 대한 자녀의 의무나 물질적 제공이 어려워짐에 따라 노후의 위험을 회피하기 위한 선택으로 출산율 저하가 나타난다고 설명한다. 이와 달리, 김혜영(2008)은 탈물질주의적 가치이론에 이론적 기반을 두고 가치관의 변화에 따라 가족 형성이 지연되고 약화된다고 주장한다. 이와 별개로 IMF 경제위기와 신자유주의의 확산으로 인하여 미래에 대한 불확실성이 높아진 상황 또한 저출산 현상을 가속화시킨다고 보았다.

6) 탈물질주의적 가치이론

탈물질주의적 가치이론(post-materialism values theory)은 사회적 가치관의 변화로 물질주의적 가치보다 탈물질주의적 가치가 더욱 중요시되는 이론으로 제2차 인구변천이론과 밀접하게 연결되어 있다. 잉글하트(Inglehart)는 제2차 인구변천이론이 출산력 저하의 원인을 가치관 변화로 본 것에 영향을 받아 탈근대적 시기에 나타나는 탈물질주의 개념을 제시하였다. 그에 따르면 제2차 세계대전 이후 선진국에서의 경제적 풍요는 대중의 삶의 목표에 변화를 가져왔고, 이러한 과정에서 경제적·물질적 안전을 강조해 왔던 물질주의적 가치관은 점차 사라지고 개인의 자유, 자아실현 그리고 삶의 질을 강조하는 가치관이 지배적으로 등장하게 되었다. 전통적 권위로부터의 자유와 같은 탈물질주의적 가치관은 혼인과 출산에 대한 가치관의 변화를 낳고, 이러한 혼인 및 출산의 가치관 변화는 출산력의 저하로 이어진다는 것이다. 즉, 탈물질주의적 가치관은 이혼율의 증가, 동거의 증가, 혼외출산의 증가 등 전통적·보수적 가치와 반대되는 현상의 증가와 밀접하게 관련된다고 할 수 있다. 물질주의에서 탈물질주의로의 변화는 기성사회에 반발하고 개인과 자유의 중요성을 강조할 뿐만 아니라 자아발전과 자아성취의 생각이 강함으로써 그것이 저출산에 크게 영향을 미침을 알 수 있다.

7) 양성평등이론

양성평등이론(gender equity theory)은 사회제도에 적용되는 양성평등 수준이 서로 불일치함으로써 출산을 꺼리게 된다는 이론이다. 고용과 교육 부문에서 양성평등이 높으나 가족지원제도나 사회복지제도 부문에서 양성평등수준이 낮음으로써 출산을 기피한다는 것이다. 즉, 임신과 출산으로 교육과 고용에 있어서 동등한 기회가 박탈당한다고 느끼면 출산을 기피한다는 것이다. 또한 양성평등이론은 출산력에 관한 이론적 접근의 하나로 양성평등수준이 출산수준을 결정하는 역할을 한다고 보는 관점이다. 체스네이스(Chesnais, 2008)는 성평등 수준이 높을수록 출산율이 낮게 나타나는 것을 페미니스트 패러독스로 명명하였다. 그는 사회의 성평등 수준이 동등한 기회, 평등한 성역할, 규범, 가치 등을 포함한 젠더관계를 함의하는 것으로 보고, 성평등 수준과 출산율의 관계를 U자형 그래프로 제시했다. 이를 더욱 발전시킨 토르와 쇼트(Torr & Short, 2004)는 미국의 맞벌이가구를 대상으로 부부 간 가사분담률과 둘째 자녀의 출산가능성의 관계를 검증하였다.

8) 성역할이론

성역할(sex role)이란 성별에 따라 그 사회의 문화권 내에서 인정되고 기대 되는 일체의 행동기준을 말한다. 성역할은 각 문화마다 다르고 동일한 문화 권 내에서도 시대에 따라 변화된다. 성역할이론에서는 과거 남편이 생계부 양자이고 부인이 전업주부였던 사회에서 시대가 변화함에 따라 성역할이 달 라짐을 저출산 현상과 상호 관련지어 설명한다.

9) 질적관심증대이론

질적관심증대이론은 현대사회에 들어서면서 부부가 자녀를 많이 낳기보 다는 소수의 자녀를 출산함으로써 질적으로 우수하게 키우고자 한다는 이론 이다. 이 이론은 소득과 수요의 개념을 사용하여 출산율을 분석한다는 점에 서 매우 독특하다. 이 입장을 가진 듀젠베리와 오쿤(Dusenberry & Okun)은 소 득이 증가할수록 내구소비재와 마찬가지로 자녀에 대한 욕구도 증가한다고 주장한 베이커(Baker)의 주장에 대한 반론으로서 이를 주장하였다. 즉, 그들 은 자녀가 기펜재(Giffen재: 가격이 내렸음에도 불구하고 수요량이 줄어드는 재화) 와 유사하다고 보았는데, 소득이 증가할수록 그 수를 줄이고 더 좋은 것을 선 택한다는 것이다. 다시 말하면, 다산으로 인해 질적으로 떨어지는 기존의 자 녀양육보다는 소산을 통해 질적으로 우수한 자녀양육을 선택한다는 것이다.

3. 저출산문제의 원인

우리나라의 저출산문제는 정부의 '산아제한정책(인구억제정책)'의 영향이 가장 큰 것으로 생각된다. 서구사회의 경우 특별한 산아제한정책이 시행된 적이 없었다. 그러나 인구 현상은 해당 시대의 사회적 결과물로서, 가족제도와 유교적 전통을 비롯한 문화적 조건, 급속한 경제발전 및 산업구조의 변화를 비롯한 경제적 조건이 산아제한정책과 동반되었다는 것은 중요한 의미를 가진다. 한국 사회의 저출산문제의 원인 분석을 위해서는 정부정책은 물론이고 인구학적 요인, 경제적 요인, 사회문화적 요인 등을 살펴보아야 한다.

1) 인구학적 요인

저출산문제와 관련된 가장 영향력 있는 인구학적 요인은 결혼연령, 출산연

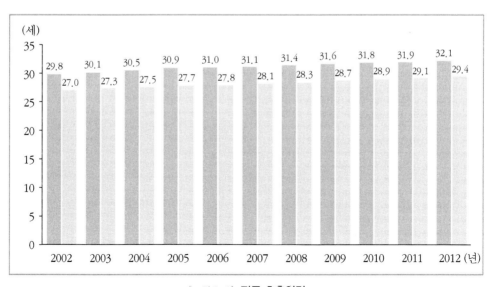

[그림 3-2] 평균 초혼연령

출처: 통계청(2013).

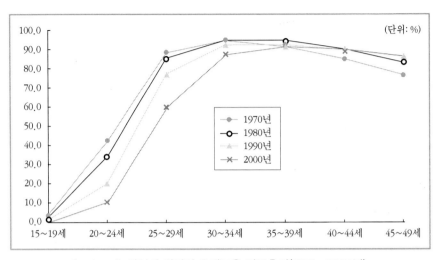

[그림 3-3] 여성의 연령별 유배무율 변동추이(1970~2000년)

출처: 통계청(각 연도).

령의 상승이다. 초혼연령의 증가는 가임시기를 단축시키며 첫아이 출산연령
을 증가시킨다. 현재 남녀 초혼연령은 남자 33세, 여자 30세로 결혼하는 연령
이 점점 높아지고 있다.

보건복지부 산하 한국보건사회연구원의 '저출산 원인 및 종합대책 연구'
에 따르면 초혼연령 1세 상승 시 합계출산율은 평균 0.16명 감소한 것으로 나
타났다. 시간의 변화에 따라 그래프는 대부분의 연령대에서 우하향하였으므
로 이러한 주장을 뒷받침해 준다.

2) 경제적 요인

과거에는 저출산문제에서 인구사회학적 요인이 주요한 원인일 것으로 생
각했으나, 현재는 경제적 요인에 보다 초점을 맞추고 있다. 이는 여성의 경
제활동 증가와도 관련 있으며 출산이 단순한 개인의 선택이 아닌 가정의 경
제적 안정성 여부에 달려 있다는 '합리적 선택이론'의 핵심 주장과 유사하다.

〈표 3-2〉 미혼 남녀(20~44세)의 결혼을 하지 않는 주된 이유   (단위: %, 명)

성별	결혼을 하지 않는 주된 이유							명(계)
	경제적 상황	결혼비용	결혼생활 어려움, 자아성취 방해	결혼나이	마땅한 배우자 없음	결혼생각 없음	기타	
남자	465 (31.7)	168 (11.5)	168 (11.5)	406 (27.7)	140 (9.6)	38 (2.6)	80 (5.5)	1,405 (100.0)
여자	123 (10.2)	92 (7.6)	248 (20.6)	433 (35.9)	171 (14.2)	71 (5.9)	67 (5.6)	1,204 (100.0)

* 무응답은 분석에서 제외되었으며, 승수적용으로 합이 일치하지 않을 수 있음.
출처: 한국보건사회연구원(2005).

경제적 측면에서 출산을 기피하는 이유로는 고용과 소득의 불안정, 일-가정 양립이 어려운 노동환경, 양육 인프라 부족, 과도한 교육비 지출 등이 있다.

우선 고용시장에서 고용과 소득의 불안정성이 높아짐에 따라 여성은 물론 남성 역시 경제활동에 어려움을 겪게 되었다. 남성이 가족의 경제를 책임져야 한다는 전통적인 인식은 여전히 강하게 남아 있기 때문에 자신과 자신의 배우자 및 가족의 생계에 대한 경제적 능력을 형성하지 못한 남성은 그러한 능력을 형성할 때까지 결혼을 연기하거나 포기하기 쉽다.

역으로, 남성뿐만 아니라 여성을 모두 포괄하는 청년실업문제 역시 심각하다. 고용노동부에 따르면 청년실업은 2016년에 9.8%로 사상 최대치를 기록하였으며, 연애-결혼-출산을 포기한 '3포 세대' 등의 신조어가 탄생하기도 했다. 이러한 사회상 역시 경제적 문제가 저출산의 중요한 원인이라는 점을 입증한다.

일-가정 양립이 어려운 노동환경은 저출산의 경제적 요인을 심화시킨다. 〈표 3-3〉은 출산으로 인해 여성들이 직장을 그만두려는 이유를 잘 보여 준다. 여기서 이유로 제시된 원인들은 출산을 계획하는 여성들에게 압박적 요소로 작용한다고 할 수 있다. 따라서 여성들은 이러한 일-가정 양립의 방해

〈표 3-3〉 취업유배우여성(20~44세)이 향후 (추가)출산과 함께 직장을 그만두려는 이유

(단위: %)

	전체(N=67)	무자녀(n=30)	1명(n=19)	2명(n=18)
직접 양육	64.3	68.4	65.8	56.4
사람/시설 무	11.7	7.1	16.0	14.8
가정 외 보육비용	6.5	-	4.7	18.4
직장에서 불이익	3.9	2.5	5.1	5.1
직장에서 눈치	1.4	3.2	-	-
본인 건강	2.7	3.3	4.5	-
양립(시간)불가	9.5	15.5	4.0	5.3
계	100.0	100.0	100.0	100.0

출처: 한국보건사회연구원(2005).

요인들이 제거되지 않으면 출산과 동시에 직장을 그만두도록 압박을 받게 되며, 직장 생활을 지속하는 것은 출산을 포기하는 결과로 이어지게 된다.

양육인프라 부족 역시 기혼 여성으로 하여금 직접 양육에 대한 압박을 심화시킨다. 이는 국공립 유치원에 대한 시민 인식에서도 나타나는데, 영유아가 있는 가구의 70~80%는 국공립 유치원이 부족하다고 한다. 급하게 인프라가 확충되더라도 서비스의 질적 수준이 기대에 부응하지 못할 가능성이 높으며, 특히나 보육시설의 경우 그 정도가 심각하다. 민간 보육시설의 경우 시장논리로 운영될 가능성이 높고, 관리부실로 사건사고가 발생하는 등 교육의 질과 비용에서 국공립 유치원과 큰 차이가 있다. 따라서 국공립 유치원의 혜택을 보지 못하는 것은 직접 양육에 나서게 되는 원인으로 작용하게 된다.

마지막으로, 망국적인 과도한 사교육비 지출이 경제적 부담의 원인으로 작용한다. 보건복지부의 '2011년 저출산 · 고령화 국민인식 조사' 결과에 따르면, 국민 10명 가운데 6명은 저출산문제의 원인으로 양육 · 교육비 부담을 꼽았다. 일반적으로 부모들은 자녀양육에 소요되는 경제적 부담을 출산기피의 가장 큰 이유로 들고 있다. 높은 사교육비의 부담은 가구의 소득 수준에 관계없이 출산 중단이나 포기에 커다란 영향을 미친다.

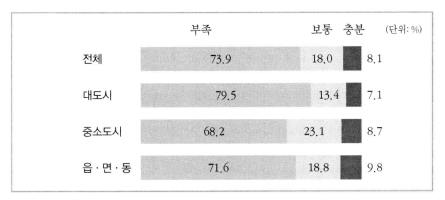

	부족	보통	충분	(단위: %)
전체	73.9	18.0	8.1	
대도시	79.5	13.4	7.1	
중소도시	68.2	23.1	8.7	
읍·면·동	71.6	18.8	9.8	

[그림 3-4] 국공립 유치원에 대한 시민 인식

출처: 육아정책연구소(2014년 영·유아가 있는 1250가구 조사).

3) 사회문화적 요인

결혼가치관의 변화와 양성평등수준의 향상으로 젊은 여성들에게 있어 결혼은 필수가 아닌 선택으로 바뀌었다. 즉, 결혼을 통해 가족을 형성하는 것이 더 이상 필수적인 상황이 아니게 되었다. 특히 양성평등이론에 따르면 여성이 노동시장에 동등하게 참여할 수 있는 기회가 제공되었고 여성의 의식수준도 향상되었으나, 가족 내에서 여성이 여전히 가사 및 양육의 일차적 책임을 갖게 될 때, 여성은 불평등한 삶을 선택하기보다는 다른 대안적인 삶을 선택할 가능성이 높아진다는 것이다.

통계청과 여성가족부에서 발표한 '연례통계로 보는 여성의 삶' 자료에 따르면, 여성의 가사노동과 자원봉사를 포함한 무급노동시간은 2시간 53분으로 36분에 불과한 남성에 비해 4.8배나 높게 나타났다. 이러한 격차는 비교 국가 중 한국이 가장 높았으며, 이탈리아(남성의 3.4배), 일본(남성의 3배), 폴란드(남성의 3배) 순으로 나타났다. 이와 같은 가사노동에 대한 여성 편중성은 여성에게 '이중부담(dual labor)'으로 작용하여 저출산문제를 악화시키는 요인이 된다.

또한 이러한 요인은 앞서 제시한 여성이 결혼을 꺼리는 원인으로 출산이 높은 순위를 차지한 사실과 직장에서 여성이 출산과 함께 일자리를 포기하려 하는 많은 이유로 뒷받침된다. 따라서 양성평등의 실현이 한국 사회의 저출산 현상을 극복하는 데 근본적인 해결책으로 제시된다.

4. 저출산문제의 현황

〈표 3-4〉에서 보듯이, 합계출산율과 출생아 수를 통해 '저출산' 현황의 추이를 살펴볼 수 있다. 합계출산율은 1970년대의 경우 4.53으로 매우 높은 수준이었다. 이는 1960년대부터 실시된 지속적인 산아제한정책(출산억제정책)으로 1980년대 중반부터는 인구대체수준이 2.0명 이하로 떨어지다가 1990년에 가서는 1.57로 현저하게 떨어져 지금까지 그러한 기조를 계속 유지하고 있다. 즉, 한 사회가 유지·존속하기 위해 필요한 인구대체수준인 합계출산율 2.1명 이하를 지속적으로 보여 주고 있다.

〈표 3-4〉 **출산력 주요 지표**(1970~2015년)   (단위: 만 명, 가임여자 1명당 명, 세, 여아 1백 명당 명)

	1970	1980	1990	2000	2005	2010	2011	2012	2013	2014	2015
출생아	101	86	65	63	44	47	47	48	44	44	44
합계출산율	4.53	2.82	1.57	1.47	1.08	1.23	1.24	1.30	1.19	1.21	1.24
평균출산연령	-	-	-	29.0	30.2	31.3	31.4	31.6	31.8	32.0	32.2
출생성비	109.5	105.3	116.5	110.2	107.8	106.9	105.7	105.7	105.3	105.3	105.3

출처: 통계청(2015).

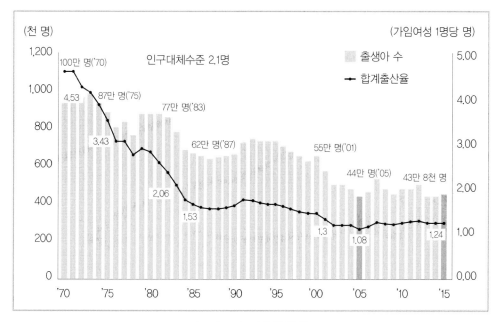

[그림 3-5] **저출산 현황**

출처: 통계청(2015).

　1996년에 정부는 출산억제정책을 공식적으로 폐지하였으나, 출산율은 지속적으로 하락하였으며 2005년에는 합계출산율 1.08의 최저치를 기록하게 된다. 비슷한 시기인 2004년에 정부는 저출산문제의 심각성을 인식하고 출산율 회복을 위해 '고령화 및 미래사회위원회'를 설치하였으며, 국가 로드맵을 설정하였다. 이러한 노력의 결과로 2012년까지 합계출산율이 소폭 상승하였으나 2015년까지 미미한 등락이 보일 뿐 인구대체수준인 2.1명은 물론, OECD 평균인 1.7명에조차 미치지 못하고 있다.

　합계출산율뿐만 아니라 출생아 수도 2005년까지 지속적으로 감소하였다. 1970년대와 1980년대는 비교적 출산이 많았으나, 1990년대부터 2005년까지는 1970년대의 절반 수준의 출생아 수를 보였다. 2005년부터 2012년까지는 소폭의 증가세를 보였으나 2013, 2014, 2015년은 출생아 수가 최저점을 찍었던 2005년과 동일한 양상을 보였다.

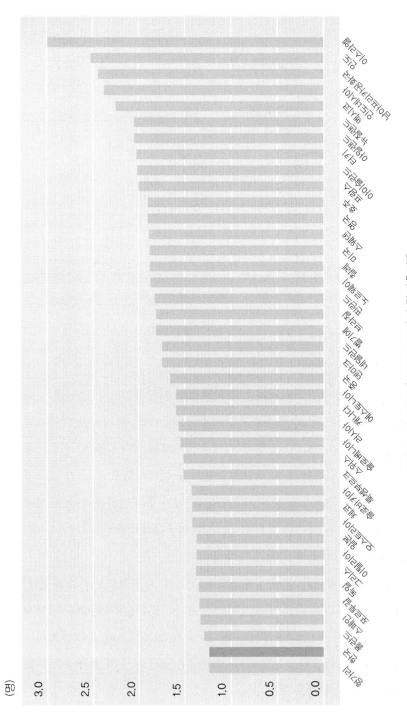

[그림 3-6] 2011년 OECD 국가의 합계출산율

출처: www.oecd.org/els/family/database.htm

〈표 3-5〉 OECD 회원국 합계출산율   (단위: 가임여자 1명당 명)

국가	합계출산율	국가	합계출산율	국가	합계출산율
이스라엘	3.08	OECD 평균	1.68	독일	1.47
멕시코	2.20	노르웨이	1.76	오스트리아	1.46
터키	2.17	벨기에	1.72	일본	1.42
프랑스	1.98	네덜란드	1.71	헝가리	1.41
아일랜드	1.95	핀란드	1.71	이탈리아	1.37
아이슬란드	1.93	덴마크	1.69	슬로바키아	1.35
뉴질랜드	1.92	캐나다('12)	1.61	스페인	1.32
스웨덴	1.88	슬로베니아	1.58	그리스	1.30
미국	1.86	에스토니아	1.54	폴란드	1.29
영국	1.81	스위스	1.54	한국('15)	1.24
호주	1.80	체코	1.53	포르투갈	1.23
칠레('13)	1.79	룩셈부르크	1.50		

OECD 평균은 34개 국가의 가장 최근 자료를 이용하여 계산
(캐나다는 2012년, 칠레는 2013년이 가장 최근 수치)
출처: OECD, Family Database.
자료: 통계청(2016. 8. 24.).

우리나라의 출산율은 2014년 기준 OECD 평균(1.68명)에 크게 못 미친다. OECD 34개국 중 우리나라보다 출산율이 낮은 나라는 포르투갈(1.23명)이 유일하다. 또한 앞에서 제시하였던 서구 유럽의 나라들은 저출산문제를 해결하기 위한 정책적 노력을 우리나라에 비해 오랜 기간 했음에도 불구하고 '인구대체수준'인 2.1명에 미치지 못한다. '출산율이 낮으면 낮을수록 정책의 실행에 막대한 사회비용이 소요되지만 정책의 효과는 아주 더디게 나타나거나 불확실하다'는 것에 비추어 볼 때, 우리나라의 저출산문제는 절망적 수준이라는 것을 알 수 있다.

그럼에도 불구하고 우리나라의 저출산 대책은 상당히 미흡한 수준이다. 따라서 저출산 관련 대책 예산이 합계출산율에 긍정적인 영향을 미친다는 OECD의 보고를 충분히 이해하여 정부가 적극적으로 노력하는 것이 필요함을 시사한다.

5. 저출산문제의 영향

1) 노동 공급 감소와 경기 침체

저출산 현상의 심화는 노동력 공급 감소로 이어진다. 특히 15~64세의 생산가능인구, 즉 경제활동인구는 2016년 3,619만 명을 정점으로 감소하며 25~49세의 핵심 근로계층은 2007년 2,066만 명을 정점으로 감소하고 있다.

또한 전체 인구의 고령화에 따라 생산가능인구의 평균연령이 증가하며, 산업현장에서 40대 이상 근로자의 비중이 증가했지만, 20대 근로의 비율은 감소하였다. 이처럼 노동력의 고령화가 예상됨에 따라 노동생산성 증가율도 2000년대의 1.8%에서 2040년대에는 1.1%로 감소할 전망이다. 따라서 노동력의 질 저하로 생산성이 하락될 것이며 고령화로 인해 저축률의 감소와 투자의 위축 역시 동반될 것이다. 이는 국가의 미래성장기반 동력을 상실하게 만드는 요인으로 작용할 것이다.

또한 전체 인구 감소로 인해 주택, 교육시장 등에서의 수요가 감소해 내수시장이 위축될 가능성도 높다. 학령인구의 지속적 감소로 인해 교사, 학교 수도 감소하여 공급 과잉이 예상된다. 또한 IMF의 분석에 따르면 1인당 실질 GDP는 생산가능인구가 1% 증가하면 0.08% 증가하며, 노인인구가 1% 증가하면 0.041% 감소한다.

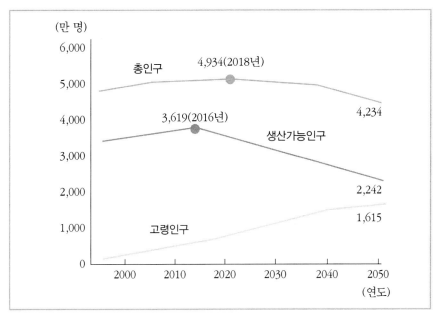

[그림 3-7] 총인구 대비 고령인구 및 생산가능인구

2) 노인인구 부양 부담 증가

앞서 제시했듯이, 젊은 층의 노인인구 부양 부담이 감당하기 어려운 수준으로 증가하여 세대 간 갈등이 야기될 가능성이 있다. 또한 연금가입자는 2014년을 정점으로 감소하는 반면, 연금수급자는 증가하여 연금재정의 지속가능성이 저하될 것으로 전망되며, 국민연금 당기적자가 2044년부터 발생하고 기금은 2060년에 소진될 것으로 추계된다. 이는 국가재정에 큰 타격을 주어 대한민국이 복지국가로 나아가는 것을 막는 장애요인으로 작용할 것이다.

또한 미시적으로는 노인 부양 부담이 증가하고, 사회적 분배의 축이 청년층, 중장년층에서 노년층으로 옮겨 가며 세대 간의 갈등이 심화될 것이다. 조세를 부담하는 쪽과 그 혜택을 받는 쪽이 다르다는 인식이 확산될 것이며, 사회를 이루는 기초단위에 해당하는 가정 수준에서 이러한 불만의 폭발이 예상된다.

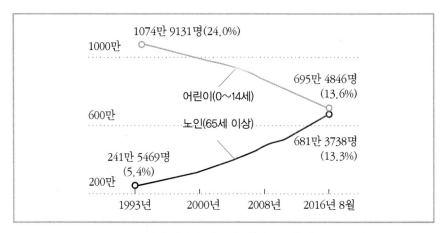

[그림 3-8] **노인과 어린이 인구 추이(괄호는 총인구 중 비율)**

※ 현재 추세라면 2017년에 노인 인구가 어린이 인구를 사상 처음으로 추월할 것으로 전망됨.
출처: 통계청 주민등록연앙인구(2017).

3) 공동화 현상

저출산의 경제적 영향에서 지적했듯이 교육기관을 중심으로 구성원의 일부가 사라지는 '공동화 현상'이 빠르게 나타날 것이다. 예컨대, 초등학교 학생 수가 급격히 줄어들어 결국 폐교되는 학교가 증가할 것이다. 도서지역이나 산간지역 등의 농촌은 고령인구가 주를 이루기 때문에 출산을 기대하기 힘들고, 출산 및 육아에 필요한 인프라 역시 부족하기 때문에 이러한 지역에서 출생아를 전혀 기대할 수 없을 뿐만 아니라, 초등학교의 공동화 현상이 더욱 두드러질 것이다.

6. 저출산문제의 대책

앞의 이론에서 제시하였듯이, 인구학적 요인으로 초혼연령과 출산연령의 증가는 저출산으로 이어진다. 또한 초혼연령과 출산연령의 증가에는 경제적 요인과 사회문화적 요인이 상당 부분 관여된다. 따라서 인구학적 요인을 해소하기 위해서 가정이 짊어져야 하는 경제적 요인과 사회문화적 요인의 해소 및 경제적 안정, 일자리의 안정성, 가정의 안정성을 높이는 방안에 대하여 정부와 민간의 종합적 대책이 필요하다.

1) 경제적 요인 해소

(1) 고용과 소득불안정에 대한 경제적 지원

가장 중요한 것은 경기 침체가 지속되고 있을 때는 경기 회복을 위해 경기 부양 정책이 필요하다는 것이다. 이와 더불어 단기적으로 주거 및 출산 비용을 지원해야 한다.

주택 구입으로 대표되는 결혼준비 비용의 증가는 초혼연령의 증가와 저출산의 주요 원인으로 작용한다. 실제 많은 미혼청년이 소득의 부족, 고용 불안정으로 인하여 주거 마련에 어려움을 겪고 있다. 이를 해결하기 위해 경제적 능력이 상대적으로 낮은 저소득층 부부를 대상으로 보금자리 임대주택을 특별 공급하고 있다. 그러나 보금자리 주택의 공급이 수요에 비해 한참 부족한 현실을 고려하여 전세난, 전월세 임대료 동결, 부동산 투기 등을 해결할 정책적 보완이 필요하다.

또한 안전한 임신과 출산을 위하여 산전검사, 산후조리 등의 경제적 부담을 줄여 주는 것이 중요하다. 프랑스의 경우 임신 8개월이 되면 출산준비 비용으로 약 130만 원에 해당하는 금액을 지원하며, 아이가 만 3세가 될 때까지 약 81만 원을 지원한다. 우리나라의 경우 현재 산모의 건강관리를 지원하기 위해 산과 진료비를 지원하고 난임부부에 대해서도 난임시술 비용을 지원하고 있으나, 부가적으로 발생하는 비수가 진료 영역에 대한 지원은 전무한 실정이다. 따라서 임신, 출산 진료비 지원을 단계적으로 확대해야 하며, 국립 산후조리원 등의 확충을 통해 출산 후의 여성의 건강도 보호해야 한다.

(2) 일-가정 양립을 위한 가족친화적인 근로환경

2001년「남녀고용평등법」의 개정으로 직장에서 육아휴직은 의무화되었으며, 육아휴직 후 복귀보장, 고용보험에서 육아휴직급여 지급 등의 관련 규정이 강화되었다. 그러나 비정규직의 경우 지원을 받지 못하거나, 이러한 규정이 위반되고 있는 근로사업장이 여전히 남아 있다. 실제로 5인 이상 1,000개 사업장을 대상으로 한 고용노동부의 조사 결과에서는 40.8% 정도의 사업장만이 육아휴직 관련 제도를 갖추고 있는 것으로 나타났다. 이러한 미흡한 현실적 상황에 대한 대안 마련이 필요하다.

또한 대체인력풀제, 사업장 내 상시대체인력 운영, 직업훈련기관의 연계방안 등 육아휴직제도와 관련된 대체인력 지원체계가 운영 중에 있으나, 여성의 휴직기간이 길수록 고용시장 복귀율이 낮아지는 것을 해결하지는 못한다. 출산 이후 여성의 취업알선, 직업상담을 돕는 여성센터가 설치되어 있는 일본 등의 선진국을 본받고, 출산 이후 여성에 대하여 점진적으로 유연근로제를 도입하여 여성의 근로단절이 경력단절로 이어지는 것을 막을 정책적 보완이 필요하다.

(3) 양육인프라 지원

보육에 대한 기업의 책임을 강화하고 근로자의 보육부담 경감을 위해 일정 규모 이상의 사업장에 대하여 직장보육시설제도의 적용을 강화해야 한다. 현행 직장보육시설 설치의무 사업장의 경우 설치기준과 불이행에 대한 제재가 미흡해 의무 이행이 상당히 저조한 상황이다. 또한 일부 사업장은 비용부담을 우려하여 제도를 이행하지 못하고 있다. 따라서 정부는 설치비용을 지원하거나 단속을 적극적으로 강화하는 등의 대책을 마련해야 한다.

또한 공립 및 민간 보육시설의 질 개선을 위해 현재 시행되고 있는 제도적 허점을 보완해야 한다. 공립보육시설은 수요에 비해 공급이 매우 부족하며, 민간육아시설은 공립보육시설에 비해 상대적으로 공급이 수요를 따라가는 편이지만, 이에 대한 부모만족도가 국공립 시설에 비해 낮아 적극적인 개선 노력이 필요하다.

(4) 교육비 지출 경감

일정 수준의 만족을 목표로 하는 양육과 달리, 교육은 질적 측면에서 다양한 층위의 대안이 필요하다. 초·중등 교육기관은 보충학습 지원 및 사교육 기관 의존도를 낮추기 위해 공교육 경쟁력을 향상시키고 방과후학교의 질적 수준을 높일 필요가 있다. 또한 사회문제의 커다란 축의 하나인 입시를 담당하는 고등학교 교육의 정책입안자들은 공교육 정상화 방안 및 EBS와 같은 수준별 학습 프로그램을 강화해야 한다.

2) 사회문화적 요인 해소

(1) 양성평등의식의 제고

2013년 통계개발원의 발표에 따르면, 현재 우리나라 기업들의 여성고용 비율은 38.2%에 불과하며 중간관리자 이상의 비율은 20%에 불과하다. 여성의 사회참여율은 세계 86위로 매우 낮은 편이며, 여성 고위임원 비율은 세계 113위로 매우 낮다. 이러한 유리천장이 형성되는 데에는 사회에 뿌리 깊은 유교의식 및 권위주의와 육아, 출산으로 인한 여성의 경력단절 등을 개인의 책임으로 돌리는 사회적 양태가 작용한다. 이는 저출산의 사회문화적 요인으로 지적되었던 '미흡한 여권신장'과 결합되어 여성이 불평등한 삶을 살기 보다는 다른 대안적 삶을 살도록 하는 외부의 압력요인으로 작용한다. 따라서 우리 사회의 왜곡된 여성관 개선 및 기업 차원의 실질적 여권신장과 사회적 양성평등을 위한 실질적 대책이 필요하다.

(2) 양성평등 실현을 위한 제도적 지원

2012년 통계청 자료에 따르면, 여성의 가사노동과 자원봉사를 포함한 무급노동시간은 남성의 4.8배로 비교 국가 중 한국을 제외하고 가장 높았던 이탈리아(3.4배), 일본(3배)에 비해서도 월등히 높은 것으로 나타났다. 앞서 제시했던 양성평등의식의 제고와 더불어 '정시 퇴근' '육아휴직' 등의 권리가 기업문화에 따라 선택적으로 수용되지 않고, 기업경영에 실질적으로 반영될 수 있도록 제도적 압력을 가할 것이 요구된다.

7. 결론

우리나라는 세계적으로 전례를 찾아보기 힘들 정도로 급속한 저출산, 고령화를 겪고 있다. 특히 저출산문제는 단기적으로 해결될 수 없으며 국가를 구성하는 모든 기층 단위에 심각한 영향을 줄 수 있는 중대한 문제이다. 다행히 산아제한정책이 시행된 과거와는 달리 민간과 정부 모두 이에 대한 관심도가 높으며 정책적·정서적 동기가 과거보다 강력하게 형성되어 있다.

저출산의 책임은 여성에게만 전가할 수 없으며, 그 문제의 원인을 해결하기 위해 정책적·사회구조적 변화가 필요하다. 민주주의의 실현 및 진정한 의미의 복지국가를 위해, 국가의 미래성장을 위해, 국민의 기본권에 중대한 영향을 미칠 것이 당연한 저출산문제의 해결을 위해 정부를 중심으로 국가를 구성하는 모든 기층 단위에서 저출산문제의 인구학적, 경제적, 사회문화적 원인을 충분히 숙고하여 출산을 장려할 수 있도록 기존 대책을 보완하고 추가적 대책을 마련할 것이 요구된다.

또한 국가의 최소 기층 단위인 개인과 가정은, 부모에게 일과 가정이 양립할 수 없고 선택의 문제가 아님을 인지해야 한다. 가족 구성원 모두가 육아의 책임을 분담해야 한다는 의식으로 전환하고 정책적으로 관심을 갖고 보다 적극적으로 참여할 필요가 있다. 더불어 남성과 여성의 대립구도를 벗어나 인권과 행복이 보장된 진정한 민주주의 국가를 형성하기 위하여 부단한 노력을 기울여야 할 것이다.

따라서 저출산문제는 앞으로 다가올 한국 사회의 여러 문제의 시발점이 될 것이 명백하다. 저출산문제에 대해 적기에 대응하지 못할 경우에는 사회적·경제적으로 큰 타격을 입게 되며, 문제가 심화될 경우 노동력 질과 양의 저하, 소비위축으로 인한 성장잠재력 약화, 미래 재정부담 증가 등이 나타난다. 저출산 해소는 국가 차원에서 사회경제적 편익을 확대할 수 있는 전략이기 때문에 저출산문제는 단순히 개인의 선택문제로 바라볼 것이 아니라 국가와 사회의 문제로 상정하고 정부가 적극적으로 개입하여 해결해 나아가야 한다.

참고문헌

고려대학교 인구교육위원회 편(1978). 인구폭발과 미래. 서울: 고려대학교 출판부.

김승권, 박종서, 김유경, 김연우, 최영준, 손창균, 윤아름(2012). 전국 결혼 및 출산 동향 조사. 한국보건사회연구원.

리기성(1999). 인구학 개론. 서울: 한국문화사.

서태열, 임은진(2013). 저출산, 고령화 시대에 대응한 사회과 인구교육의 방향과 전략. 한국사회과교육연구학회.

송유미, 이제상(2011). 저출산의 원인에 관한 연구-산업사회의 변화와 여성의 사회진출을 중심으로. 서울: 한국보건사회연구원.

송태복(2003). 자본론 발췌 해석. 대전: 한남대학교 출판부.

유영성, 임영광(2012). 저출산 고령화의 사회경제구조 분석 및 정책방안. 경기연구원.

윤종주(1982). 인구학. 인구문제연구소.

이삼식(2006). 가치관의 변화가 결혼 및 출산 행태에 미치는 영향. 한국보건사회연구원 연구보고서.

이삼식, 신인철, 조남훈, 김희경, 정윤선, 최은영, 황나미, 서문희, 박세경, 전광희, 김정석, 박수미, 윤홍식, 이성용, 이인재(2005). 저출산 원인 및 종합대책 연구. 서울: 한국보건사회연구원.

이삼식 외(2012). 저출산 원인 및 종합대책 연구. 서울: 한국보건사회연구원.

이철우(2017). 新사회학 초대(5판). 서울: 학지사.

이희연(2003). 인구학: 인구의 지리학적 이해(전면개정5판). 서울: 법문사.

임승수(2008). 원숭이도 이해하는 자본론. 서울: 시대의창.

장지연(2005). 고용평등과 저출산. 서울: 한국보건사회연구원.

장혜경(2004). 저출산 시대 여성과 국가의 대응전략. 서울: 한국여성개발원.

전성원(2011). 프리츠 하버(Fritz Haber, 1868~1934): 녹색혁명에서 육식혁명으로 이어진 풍요를 발명한 비운의 과학자. 인물과사상, 2011년 6월호.

전영수(2014). 인구충격의 미래 한국: 인구감소가 불러올 10가지 트렌드. 경기: 프롬북스.

정성호(2009). 저출산에 관한 이론적 접근. 한국인구학회, 32(2), 161-183.

조혜종(2006). 새 인구론. 서울: 푸른길.

통계청(각 연도). 인구주택총조사 보고서.

통계청(2015). 장래인구추계.

한국보건사회연구원(2005). 2005년도 전국 결혼 및 출산 동향조사.

한국보건사회연구원(2005). 저출산대책 수립을 위한 국제공동정책 연구.

니혼게이자이신문사(2008). 인구가 세계를 바꾼다(강신규 역). 서울: 가나북스.

Brown, L. R., Gardner, G., & Halweil, B. (2000). 맬서스를 넘어서: 인구 도전의 19가지 측면(이상훈 역). 서울: 따님.

Chesnais, J.-C. (2008). 인구학 입문(박은태, 전광희 공역). 경기: 경연사.

Dent, H. S. (2015). 2018 인구절벽이 온다(권성희 역). 서울: 청림출판.

Longman, P. (2009). 텅 빈 요람: 저출산이 불러올 전 지구적 재앙과 해법(백영미 역). 서울: 민음인.

Malthus, T. R. (2011). 인구론(이서행 역). 서울: 동서문화사.

OECD (2004). Social Expenditure Database.

Weisman, A. (2015). 인구 쇼크: 과잉 인구 시대, 지구와 인류를 위한 최선의 선택(이한음 역). 서울: RHK.

뉴시스(2016. 8. 24.). [그래픽] OECD 회원국 합계출산율. http://www.newsis.com/ pict_detail/view.html/?pict_id=NISI20160824_0012105016

제4장

노인문제

1. 서론

21세기 들어 대한민국에서 가장 심각한 사회문제는 빠르게 진행되고 있는 저출산과 고령화 문제라고 할 수 있다. 알다시피 저출산은 선택의 문제이지만, 고령화는 선택의 문제가 아닌 심각한 사회문제이다. 이와 같이 고령화문제는 이미 상당 부분 진행되었으며 더욱더 가속되고 있는 사회문제이다.

일반적으로 전체 인구에서 65세 이상 노인인구 비율이 7% 이상인 사회를 고령화사회(aging society), 14% 이상인 사회를 고령사회(aged society), 20% 이상인 사회를 초고령사회(super aged society)라고 정의한다. 우리나라의 65세 노인인구는 전체 인구에서 차지하는 비율이 1960년 2.3%, 1970년 3.2%, 1980년 3.8%, 1990년 5.2%였던 것이 2000년에는 7.2%를 기록하여, 우리나라는 이

연도	65세 이상 노인인구(%)		평균수명 (세)
1960	2.9		52.4
1970	3.1		63.2
1980	3.8		65.8
1990	5.1		69.8
2000	7.2	고령화사회로 진입(7% 이상)	75.6
2010	10.1		81.0
2018	14.3	고령사회로 진입(14% 이상)	·
2020	15.7		81.5
2026	20.0	초고령사회로 진입(20% 이상)	·
2030	24.1		81.9
2050	37.3		83.3

[그림 4-1] 저출산 · 고령화율과 평균수명

출처: 통계청(2010).

미 고령화사회에 진입하였다. 2010년에는 11%, 2015년에는 13%를 기록하였는데, 이러한 증가추세가 지속된다면 2018년에는 14.5%에 이르러 고령사회에 진입하게 되고, 2026년에는 20.8%를 기록하여 초고령사회에 진입할 전망이다. 인간의 평균수명 역시 1960년에 52세였던 것이 2015년에 80세로 불과 50년 사이에 약 30세가 늘어났는데, 이로써 노인인구가 급증함을 알 수 있다.

이는 의약의 발달, 보건위생 관념의 향상, 영양상태의 호전으로 인간의 수명이 늘어난 결과라고 할 수 있다. 바야흐로 호모 헌드레드(Homo Hundred) 시대, 즉 100세 시대의 노인인구 증가는 심각한 사회문제이다. 노인세대들에게 있어 가장 큰 문제는 경제적 문제인 빈곤문제와 부양문제, 건강문제라고 할 수 있다. 고령화가 심각한 사회문제인 이유 중 하나는 우리나라의 노인빈곤이 심각한 수준이기 때문이다. 우리 사회의 노인은 우리나라가 이만큼 발전하는 데 기여한 존재로서 세대의 뿌리이자 한 가정의 버팀목, 경험이라는 교과목의 교사라고 할 수 있는데, 이러한 노인들의 빈곤문제가 심각한 사회적 이슈로 등장하고 있다. 경제개발협력기구(OECD)에서 2015년에 발표한 우리나라의 노인빈곤율은 무려 50%를 기록하였는데, 노인 2명 중 1명이 빈곤선 이하의 삶을 살고 있는 것으로 나타났다. 이와 같이 노인빈곤문제는 잠재적인 사회문제가 아니라 이미 실존하고 악화되고 있는 사회문제인 것이다.

더욱이 우리나라 노인들 소득의 50%가량이 자녀 등 지인으로부터의 사적이전소득에 의존하고 있으며, 타 OECD 국가에 비해 취약한 공적 사회 안전망을 가지고 있지만, 시간이 지남에 따라 부양책임 의식 또한 변화하고 있다. 소득의 대다수를 차지하고 있는 사적이전소득은 시간이 지남에 따라 감소할 기미를 보이는데, 그러한 소득을 보충할 공적 사회 안전망의 확대는 이루어지지 않고 있는 실정이다.

이는 타 OECD 국가와는 궤를 달리하는 수준의 노인 자살률로 이어지는 등 심각한 사회문제가 되어 가고 있다. 노인문제는 다가오고 있는 문제가 아니라 이미 들이닥친 심각한 사회문제인 것이다.

2. 이론적 배경

1) 기능주의이론

노인문제는 상당수의 노인이 사회체계의 유지와 발전에 기여하는 기능을 수행하지 못하거나 노인집단의 새로운 욕구에 사회가 적절하게 대응하지 못하는 상태라 할 수 있다. 또한 노인 개인이 사회구조적 변화에 성공적으로 적응하지 못함에 따라, 즉 자신에게 주어진 역할을 제대로 수행하지 못함에 따라 노인문제가 발생한다는 것이다. 이 이론은 노인문제를 구조적 수준의 문제라기보다 개인적 차원의 사소한 문제로 이해한다는 점에서 비판받고 있다.

2) 갈등이론

사회는 권력, 힘, 재화, 돈 등의 자원을 통제하고 있거나, 자신들이 결핍되어 있고 통제받고 있다고 생각하는 경쟁집단들로 구성되어 있다. 특히 산업사회가 될수록 노인은 희소자원을 소유하거나 희소자원에 접근할 수 있는 기회를 상실하여 희소자원을 더 많이 소유한 집단으로부터 위협이나 괴롭힘을 당하는 상태가 된다. 사회는 희소자원을 둘러싸고 가진 자와 가지지 못한 자가 투쟁하는 장인데 연령을 기준으로 나뉜 집단 간에도 갈등이 일어난다. 이때 희소자원을 소유한 연령층은 중년층이고, 노년층은 희소자원을 가지지 못한 집단으로 이해된다. 노년층들은 권력과 자원, 부의 배분과정에서 소외되는 경우가 많으며, 이에 따라 노인은 무능하고 쓸모없는 존재로 전락함으로써 문제가 발생하는 것이다.

3) 상징적 상호작용론

인간은 언어라는 상징을 통해서 상호작용하며 살아가는 존재인데, 이를 통해서 사회현실을 만들어 가고, 세상 사람들이 공유하는 규범을 만들고, 협동도 가능하다. 또한 인간은 상징을 통해 다른 사람과 상호작용하는 과정에서 행위의 의미를 주관적으로 해석한다. 그리고 자기 자신의 정체성을 타인이라는 거울을 통해 형성하는데, 노인도 마찬가지로 사회적 거울을 통해 자신을 인식한다. 상호작용하며 살아가는 사람들이 자신들이 공유한 의미와 규정에 따라 어떤 문제가 되는 상황에 대해 개선이 필요하다고 이구동성으로 말할 때 문제로 규정된다는 것에서 알 수 있듯이, 사회의 주요 집단이 노인에게 늙고 병들고 가난하고 외롭고 의존적이고 쓸모없는 사람이라는 의미를 부여하여 노인을 문제가 많은 사람으로 낙인찍는 것이 노인문제라 할 수 있다.

4) 교환이론

교환이론에서는 인간관계를 끊임없이 주고받는 상호작용 관계, 즉 교환관계로 이해한다. 호혜성의 원리를 기초로 인간들은 최소한의 비용으로 최대한의 보상을 추구한다. 노인들은 이러한 사회적 교환관계에서 제공할 수 있는 자원이 축소되고 감축되어 있는 상태이다. 따라서 교환이론에 따르면 노인들이 사회적 관계에서 교환할 수 있는 교환자원의 가치가 약해지거나 고갈되어 대등한 교환관계를 이루지 못하게 되는 예속적 관계, 굴종적 관계로 인해 비인간적인 상황이 초래된다. 이때 노인들은 존재 가치 저하, 교환할 자원의 부족, 단절 등에 따른 주종적 관계로 인해 문제를 발생시키는데, 이러한 연유로 노인문제가 발생한다고 볼 수 있다.

5) 현대화이론[1]

현대화이론은 한 사회의 현대화 정도가 높을수록 노인의 지위는 더욱 낮아지게 된다는 이론이다. 카우길(Cowgill)은 현대화 현상을 나타내는 핵심적 요소로서 건강기술의 발전, 생산기술의 발전, 도시화, 교육의 대중화를 들고 있다. 즉, 건강기술의 발전은 수명의 연장을 가져오고 이로 인해 고령인구가 증가하여 제한된 직업을 두고 젊은 세대와 고령세대 간의 경쟁이 일어난다. 직업적 기술과 지식이 뒤떨어지는 노인들은 경쟁의 결과로 퇴직을 감수하는데, 이는 곧 노인의 지위를 하락시키는 요인으로 작용한다. 또한 생산기술의 발전은 새로운 직업을 양산하고 그에 대해 젊은이들이 먼저 참여하여 개척하게 된다. 이는 곧 노인의 퇴직으로 이어지고, 노인의 지위 하락이 일어난다. 또한 도시화가 진행됨에 따라 젊은이들은 농촌에서 도시로 직업을 찾아 지리적으로 이동한다. 거주지역이 달라짐으로써 생긴 자녀와 노부모 간의 지리적 분리 현상은 사회적 상호작용을 약화시켜 사회적 관계의 분리를 초래하며, 이는 노인의 지위가 하락되는 데 영향을 미친다. 또한 도시에서 새로운 직업을 찾게 된 젊은이들은 사회적 지위의 상승을 경험하고, 이는 노인보다 자녀의 지위가 높아지는 지위 전도 현상으로 이어진다. 그리고 이는 또다시 사회적 상호작용에서 거리감을 주어 사회적 관계로부터의 분리에 영향을 미치며, 노인의 지위 하락으로 이어진다. 더 나아가 교육의 대중화로 인해 자녀세대는 부모세대보다 더 많은 교육을 받게 된다. 이는 사회적 지위를 전도시켜 자녀세대와 부모세대의 지적 · 도덕적 분리를 촉진시키고 노인의 지위를 낮게 만든다. 현대화이론에서는 이러한 요인들이 노인들의 지위를 약화시키거나 역할을 무의미하게 만듦으로써 노인문제가 발생한다고 본다.

---

1) Cowgill, D. O., & Holmes, L. D. (1974). *Aging and modernization: A revision of the theory*. New York: Appleton-Century-Crofts.

6) 연령계층화이론

사회는 연령등급에 따라 구분되는 연령층으로 구성되어 있고 서열화되어 있다. 한 연령계층에 속하는 사람들은 서로 비슷한 역사적인 경험을 하면서 성장해 왔기 때문에 비슷한 태도, 가치 또는 전망을 가지게 되며, 다른 역사적 경험을 하며 성장해 온 다른 연령집단과는 구별된다. 따라서 노인 연령집단은 어떤 주어진 시기에 있어서 다른 연령집단과 구분되며, 노인은 개인적으로도 다른 젊은이와 구별된다. 이에 따라 각 연령계층은 서로 다른 문화로 인해 갈등을 겪을 수 있으며, 이는 사회문제로 이어질 수 있다. 노인은 다른 젊은 연령층과의 관계에서 그들의 지위와 역할을 찾아야 하고, 그 속에서 그들에게 활용 가능한 여러 지위와 역할, 기회 등을 선택하여 이용해야 한다.

3. 노인빈곤의 원인과 현황, 문제점

1) 원인

(1) 노인빈곤의 개인적 요인

노인빈곤의 첫 번째 발생요인은 바로 개인적 요인이다. 노인빈곤은 여러 요소로 인하여 노인이 빈곤에 빠지지 않거나 혹은 빈곤에 빠지더라도 탈출할 수 있는 능력을 갖추지 못하기 때문에 발생한다. 국가에 의한 공적제도가 마련되어서 개인적 능력과 관계없이 모든 노인이 빈곤에 빠지지 않을 수 있다면 좋겠지만, 이는 현실적으로 어렵다. 따라서 개인이 빈곤에 빠지지 않을 만한 능력을 갖추는 것이 선행되어야 한다.

개인이 적절한 수준의 교육을 받지 못해 좋은 직업을 얻지 못하는 상황은 노인빈곤의 발생요인이라고 할 수 있다. 대개의 경우 이러한 상황은 성별과

간접적 연관은 있을지언정 직접적인 연관은 존재하지 않으나, 우리나라에서
는 이러한 노인빈곤의 발생요인이 성별과 직접적인 연관성을 보인다.

현재 우리나라에서 노인층의 성별과 교육 수준은 분리하여 생각할 수 없
다. 물론 시간이 지남에 따라 베이비부머 세대이자 산업화 초기 세대가 노인
인구로 진입하고 있어 노인가구의 학력이 증가하고 있는 추세이다. 그러나
가장 심각한 빈곤 위험 계층인 노인단독가구는 전체 가구의 80%가량이 여성
단독가구로 구성되어 있으며, 이는 과거 우리나라에서 여성에게 적절한 교육
을 제공하지 않던 풍토로 인해 노인단독가구의 80%가량이 초등학교 이하의
학력 수준을 가지는 현실로 이어진다. 노인비포함가구의 80%가량이 최소 고
등학교 수준의 교육을 제공받았다는 사실을 감안한다면, 적절한 교육을 제공
받지 못해 좋은 직업을 선택할 수 없었던 우리나라의 노인들이 현재 심각한
빈곤 위험 계층으로 전락한 것은 당연한 결과라고 할 수 있다.

〈표 4-1〉 **가구유형별 여성 가구주 비율**   (단위: %)

구분	가구유형별 분포	노인단독 가구	노인부부 가구	노인포함 복합가구	노인비포함 가구	전체 가구
가구유형별 분포 1	2005년	5.8	6.8	11.3	76.2	100.0
	2009년	9.1	8.6	11.4	70.8	100.0
가구유형별 분포 2	2005년	24.2	28.7	47.2	-	100.0
	2009년	31.3	29.6	39.2	-	100.0
평균 가구원 수	2005년	1.0	2.0	3.9	3.0	2.9
	2009년	1.0	2.0	3.8	3.0	2.8
여성가구주 비율	2005년	83.3	1.6	14.6	16.2	18.9
	2009년	81.3	1.4	15.6	16.2	20.8
가구주 평균연령	2005년	73.6	71.5	53.4	43.2	48.0
	2009년	74.1	72.1	56.4	45.5	51.7

〈표 4-2〉 가구유형별 가구주 학력 수준   (단위: %)

연도	가구유형	노인단독 가구	노인부부 가구	노인포함 복합가구	노인비포함 가구	전체 가구
2005년	초졸 이하	85.5	49.4	25.1	10.5	19.2
	중졸 이하	6.0	15.5	13.9	10.6	11.1
	고졸 이하	5.8	19.1	34.4	40.4	36.3
	대학 이상	2.7	16.0	26.5	38.4	33.4
	계	100.0	100.0	100.0	100.0	100.0
2009년	초졸 이하	81.0	46.3	23.9	9.3	20.7
	중졸 이하	9.2	17.8	15.0	10.9	11.8
	고졸 이하	6.8	19.8	35.2	39.5	34.3
	대학 이상	3.0	16.1	26.0	40.3	33.1
	계	100.0	100.0	100.0	100.0	100.0

(2) 지나친 자녀부양비용

개인이 적절한 수준의 능력을 갖춰 생계에 필요한 자산을 구축하더라도 미래의 노인빈곤에서 자유로울 수 없다. 개인이 가정을 꾸려 자식을 기르게 되면 육아비용에 많은 자산을 투자하게 된다. 우리나라는 부모가 자식에게 많은 자산을 투자하는 것이 당연시되고 있는데, 이는 현재의 자산을 자녀에게 투자한다면 향후에 사회적으로 성공한 자녀가 부모를 봉양할 것이라는 믿음이 존재하기 때문이다.

많은 부모는 자녀들에게 자신들의 노후자금을 아끼지 않고 투자한다. 우리나라 신혼부부의 평균 결혼비용은 2억 5천만 원에 달한다. 1억 8천만 원가량의 주택마련비용을 제외하더라도 평균 결혼비용은 7천만 원에 달한다. 갓 사회에 진출하여 가정을 꾸리고자 하는 우리나라 대부분의 신혼부부는 이러한 거액의 비용을 감당할 수 없기 때문에 필연적으로 양가 부모에게 일정 부분 의존하게 된다. 부유한 장년층은 미래의 노후자금을 건드리지 않고서도 자녀의 결혼비용을 지원할 수 있지만 평균적인 부모들은 자녀의 결혼비용을

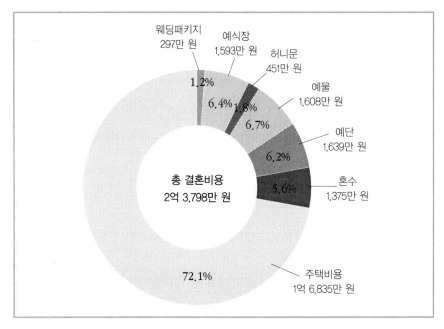

[그림 4-2] **신혼부부 평균 결혼비용**

참고: 듀오 휴먼라이프연구소 '결혼비용 실태 보고서'(2015)

　　　설문조사 전문회사 온솔커뮤니케이션 2013년 12월 17~31일 조사.

　　　최근 2년 이내 결혼한 당사자 총 1,000명(남성 485명, 여성 515명)을 대상으로 진행.

지원하기 위해 자신의 노후자금을 일정 부분 사용하게 된다. 이뿐만 아니라 우리나라의 사교육문제는 사회문제로 대두된 지 오랜 시간이 지났는데, 불법적인 개인 과외비용을 제외한 공식적인 사교육비용마저도 부모 소득의 5%를 차지하는 실정이다. 이렇듯 우리나라의 많은 부모는 자신들의 노후자금을 자녀에게 투자하고 있다.

　문제는 부모의 노후자금이 투입된 자녀들이 부모를 부양해야겠다는 책임의식을 가지고 있지 않다는 점이다. 1990년대에 대다수의 사람이 노부모 부양은 가족이 담당해야 한다고 생각했던 것과 달리, 2010년대에는 다수의 사람이 노부모 부양을 가족과 국가, 사회가 분담하여 담당해야 한다고 여기는 것으로 나타났다. 부모는 현재 자신들의 노후자금을 투자하는 대신 미래에

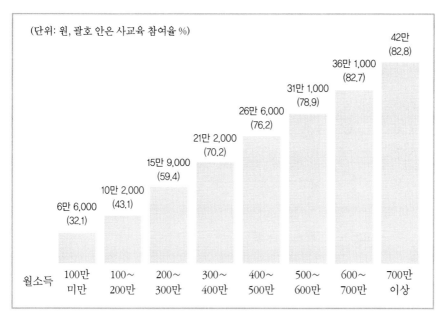

(단위: 원, 괄호 안은 사교육 참여율 %)

42만
(82.8)

36만 1,000
(82.7)

31만 1,000
(78.9)

26만 6,000
(76.2)

21만 2,000
(70.2)

15만 9,000
(59.4)

10만 2,000
(43.1)

6만 6,000
(32.1)

| 월소득 | 100만
미만 | 100~
200만 | 200~
300만 | 300~
400만 | 400~
500만 | 500~
600만 | 600~
700만 | 700만
이상 |

[그림 4-3] 2015년 가구 소득 수준별 학생 1인당 월평균 사교육비

자료: 통계청(2015).

자녀들이 자신들의 노후를 도와줄 것이라고 여겼지만, 정작 자녀들은 부양에 대한 책임의식을 갖고 있지 않으며, 그로 인해 노후자금이 부족해진 노인은 곧 빈곤층으로 전락하게 된다. 노인부양에 대한 책임의식의 변화가 노인빈 곤을 초래하는 요인으로 작용하고 있는 것이다.

(3) 기초소득보장제도의 미흡

노인이 빈곤에 빠지지 않고 여생을 행복하게 보내기 위해서는 개인적인 노후 준비와 함께 공적지원제도가 필수적이다. 개인의 인생은 어느 시점에 위기가 다가올지 아무도 예측할 수 없을뿐더러, 청·장년기에 노동에 종사한 이후 노년기에 접어들면서 직업에서 은퇴하며 발생하게 되는 소득의 공백을 메워야 하기 때문이다. 선진국의 경우 고령화와 노인빈곤을 대비하기 위해 다양한 공적지원제도를 마련하여 노인빈곤을 방지하고 있다.

그러나 우리나라는 노인의 소득 가운데 공적이전소득이 차지하는 비율이 노인단독가구는 28%, 노인복합가구는 22.7%에 불과하다. 노인빈곤의 발생을 예방해야 할 공적지원제도가 제대로 구축되지 못한 것은 우리나라 고유의 인구학적 특성에 기인한다. 서구 선진국은 서서히 고령화가 진행되었기 때문에 상대적으로 인구 노령화에 대한 대비를 할 수 있었지만, 우리나라는 인류 역사상 전례가 없는 속도로 고령화가 진행되고 있기 때문에 인구 노령화에 대한 대비가 이루어지지 않았다.

〈표 4-3〉 OECD 주요 국가별 고령화 속도

	독일	미국	일본	한국
고령화사회	1932년	1942년	1970년	2000년
고령사회	1972년	2015년	1994년	2017년
초고령사회	2009년	2036년	2006년	2026년
고령화사회~초고령사회 소요기간	77년	94년	36년	26년

※ 고령화사회: 총인구 비율 중 65세 이상 노인 비율 7% 이상 14% 미만
　고령사회: 총인구 비율 중 65세 이상 노인 비율 14% 이상 20% 미만
　초고령사회: 총인구 비율 중 65세 이상 노인 비율 20% 이상
출처: 국제연합기구(UN).

2) 현황

2015년 경제협력개발기구(OECD)에서 발표한 자료에 따르면, 우리나라의 노인빈곤율은 OECD 국가에서 가장 높은 수준인 50%가량으로 나타났다.

현재 우리나라의 노인에게 어느 정도의 소득이 있는지를 살펴본다면 노인빈곤 실태가 더욱 선명하게 드러날 것이다. 2012년에 실시된 국민노후소득보장 패널 조사를 분석한 연구 결과에 의하면, 50세 이상의 중·고령자들이 노후에 최소 생활비로 살 경우, 노인단독가구는 최소 76.3만 원, 노인부부가구는 121.5만 원을 필요로 하는 것으로 나타났다. 50세 이상의 중·고령자

들이 표준적인 노후생활을 영위하기 위해서는 노인단독가구는 최소 112만 원, 노인부부가구는 최소 174.6만 원이 필요한 것으로 나타났다. 한국보건사회연구원이 2012년에 실시한 노인빈곤의 현황에 대한 분석 보고서에 의하면, 2009년 노인단독가구의 경상소득은 70.8만 원으로 노인비포함 청장년 가구 소득의 19%에 불과한 것으로 나타났다. 동일한 시기에 노인부부가구는 163.8만 원의 경상소득을 거둔 것으로 조사되었다. 노인단독가구의 경상소득은 노후표준 생활비인 112만 원이나 최저생계비인 76.3만 원에도 못 미치는 금액이며, 노인부부가구의 경상소득은 최저생계비보다는 높지만 노후표준생활비보다는 낮은 수준의 금액인 것으로 나타났다.

전체 노인가구의 31.3%가 최저생계비보다 낮은 수준의 소득을 거두며 살아가고 있으며, 60.9%가 표준적인 생활에 필요한 소득보다 낮은 수준의 소득을 거두며 살아가고 있는 것이다. 이러한 수치는 전체 인구 집단과 비교해

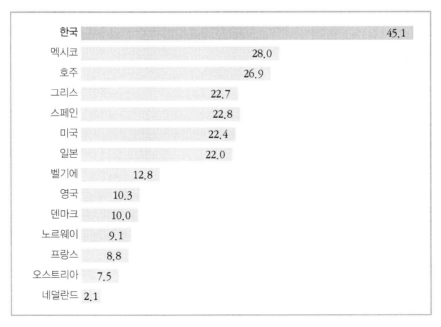

[그림 4-4] OECD 국가별 노인빈곤율(2011년)

출처: OECD 보고서.

서도 절대로 낮은 수치가 아닌데, 노인단독가구는 우리나라에서 9.1%를 차지하고 있고 노인단독가구와 노인부부가구를 합하면 우리나라 전체 인구 중 17.7%를 차지하고 있기 때문이다. 우리나라 사람 9.1%가 최저생계비보다 낮은 소득으로 생활을 영위하고 있고 17.7%는 표준적인 생활을 영위하지 못하고 있으며, 이들의 상황이 개선될 확률보다는 지속적으로 악화될 확률이 더욱 크다는 것은 노인빈곤이 심각한 상황인 것을 나타낸다고 할 수 있다.

〈표 4-4〉 가구유형별 소득 금액   (단위: 만 원)

구분		노인단독 가구	노인부부 가구	노인포함 복합가구	노인비포함 가구	전체 가구
근로소득	2005년	7.9	37.6	238.1	273.2	237.8
	2009년	8.9	59.4	277.2	339.4	278.0
재산소득	2005년	4.6	15.6	14.9	8.9	9.8
	2009년	7.3	24.8	18.3	10.5	12.3
사적이전소득	2005년	27.5	32.8	14.9	9.9	13.0
	2009년	34.7	42.5	20.1	13.1	18.4
공적이전소득	2005년	12.3	25.1	18.5	6.1	9.2
	2009년	20.0	37.1	31.9	10.5	16.1
경상소득	2005년	52.3	110.4	286.7	297.9	269.7
	2009년	70.8	163.8	347.6	373.5	324.8

3) 문제점

노인빈곤은 여러 노인문제를 야기하는 근본적인 요소로 작용한다. 인간은 노년기에 접어듦에 따라 신체적으로 의존적이 되며, 노년기의 질병은 만성적이고 장기적인 치료가 요구되며 합병증을 유발하는 경우도 많다. 노인의 와병률은 청년층의 2~3배에 달하기 때문에 의료비의 지출이 커질 수밖에 없다. 노인빈곤층은 이러한 질병을 감당할 만한 경제적인 여유가 없어서 신체적으로 더욱 쇠퇴하고 병약한 생활을 강요받게 된다.

또한 노인빈곤은 안정적인 노후생활을 방해하는 요소로 자리 잡는다. 경제적으로 여유롭지 못한 노년층은 생계유지를 위해 지속적으로 노동시장에 참여할 것을 강요받게 되며, 소득이 상실된 노인은 그로 인해 사회적 역할의 상실을 동시에 겪는 경우가 많다. 노인빈곤층은 자연스럽게 피부양계층으로 전락하게 되어 권한과 책임을 일정 부분 상실하기 때문이다. 게다가 발전된 의료기술과 생활수준 향상으로 인해 노인들의 평균수명은 증가하였으나 마땅한 소득이 없는 노인빈곤층은 취미생활을 즐기지도 못한 채 즐거움이 없는 무위의 삶을 강요받는다. 흔히 노인문제는 가난, 질병, 고독, 무위라는 '노인의 4고'로 압축하곤 한다. 그런데 빈곤은 그 자체가 중대한 노인문제일 뿐만 아니라 다른 노인문제를 발생시키거나 심화하는 기능을 수행하는 것이다.

이렇게 높은 수준의 노인빈곤은 심각한 수준의 노인 자살률과도 연관이 있다고 할 수 있다. 2009년에 OECD에서 발표한 국가별 자살률 통계를 살펴보자면, 우리나라는 전 세계적으로 유래를 찾아볼 수 없는 자살률 지표를 보이

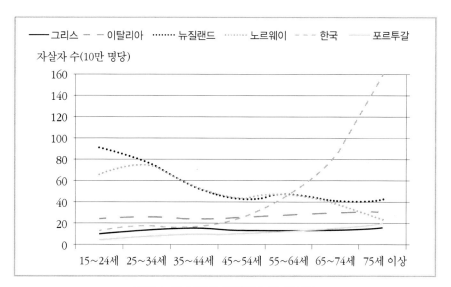

[그림 4-5] OECD 국가별 노인 자살률

출처: OECD (2009).

고 있다. 우리나라의 10만 명당 자살률은 25~34세의 청년층에서는 18.3명이지만 연령대가 증가함에 따라 자살률 또한 폭발적으로 증가하는 추세를 보인다. 55~64세에서는 42.7명, 65~74세에서는 81.9명, 75세 이상은 160.4명으로 자살률이 급증하는 추세를 보이는 것이다. 이러한 현상은 그리스나 이탈리아와 같이 연령이 증가함에 따라 자살률이 매우 미미하게 증가하는 국가들이나, 뉴질랜드나 노르웨이와 같이 연령이 증가함에 따라 오히려 자살률이 감소하는 국가들과 대조적이라고 할 수 있다. 이러한 현상은 급속한 근대화와 산업화에 가려진 흔히 '노인의 4고'라고 불리는 가난, 질병, 고독, 무위가 빚어낸 결과라는 점을 부인하기 어렵다.

4. 노인부양문제의 원인과 현황, 문제점

1) 원인

(1) 기대여명의 상승

의료기술의 발달 및 생활수준의 전반적인 향상으로 65세 이상 노인들의 기대여명이 높아졌다. 이는 곧 부양기간의 연장으로 직결되는데, 오늘날의 노인부양자들은 과거보다 훨씬 긴 기간 노인들을 부양하게 되었으며, 이는 부양자의 신체적·정신적 부담을 배가시켰다.

(2) 여성의 경제활동 참여 증가

전통적인 가족 가치관에서 노부모 부양은 며느리나 여성 자녀가 그 책임을 지고 있었다. 그러나 여성의 경제활동 참여가 증가하고 맞벌이가정이 늘어남에 따라 더 이상 여성이 부양의 책임을 질 수 없는 상황이 되었고, 그 결과 노인부양을 가족 내에서 해결할 수 없게 되었다.

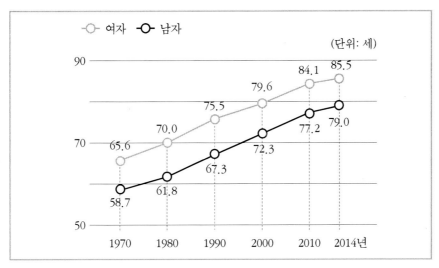

[그림 4-6] 남녀 기대수명 추이

출처: 통계청(2015).

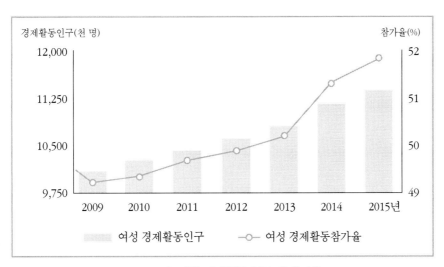

[그림 4-7] 여성 경제활동 인구 및 참가율

출처: 통계청(2015).

(3) 부양책임에 대한 의식의 변화

우리나라 노인부양은 대부분이 가족구성원에 의해 이루어지고 있으며 친구나 지인 등의 지역사회 인력이나 장기요양보험 및 노인돌봄 서비스 등의 공적제도에 의한 수발이 차지하는 비율은 상대적으로 낮다. 그러나 노인부양에 대한 책임의식은 실태와 다른 양상으로 나타나고 있다. 통계청의 자료에 따르면, 노부모 부양책임에 대한 인식을 조사하는 문항에 대해 2000년대 초반부터 현재까지 '가족'이라고 답한 비율은 급속하게 줄어든 반면 '가족과 정부, 사회가 함께'라고 답한 비율은 증가하여 2014년에는 가장 높은 비율을 차지하였다. 이처럼 노인부양 실태와는 달리, 노인부양에 대한 책임의식은 가족이 중심이 되어야 한다는 인식에서 가족 및 정부와 국가의 공동부담이 바람직하다는 인식으로 옮겨 가고 있는 추세이다.

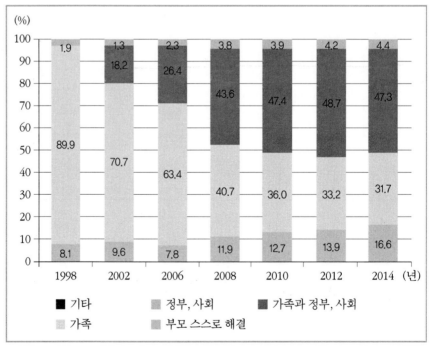

[그림 4-8] **노부모 부양의 책임의식 변화(1998~2014년)**

출처: 통계청(각 년도).

(4) 공적제도의 미흡

노인부양의 부담이 가족에게 집중되어 있는 실태는 노인부양을 위한 공적 차원의 제도가 부실하다는 점과도 연관된다. 일상생활을 혼자서 해결하기 힘든 노인들을 위해 가사활동 및 신체활동을 지원하는 노인장기요양보험제도가 시행되고 있으나, 공급이 수요를 따라가고 있지 못한 상황이다. 국민건강보험에서 발행한 노인장기요양보험 통계연보에 따르면, 2015년 기준 장기요양보험 누적 신청자 수는 78만 9,024명이며, 그중 보험의 수급자로 인정된 수는 46만 7,752명으로 신청자의 59.2%에 그친다. 또한 노인장기요양보험에 대한 홍보가 제대로 이루어지지 않아 이 제도에 대해 인지하지 못하고 있는 노인인구를 포함한다면 제도의 수혜자 비율은 더욱 낮을 것으로 예상된다.

또한 민간노인요양시설에 대한 질적인 문제가 지속적으로 지적되고 있는 상황이다. 노인장기요양보험제도가 시행된 이래로 민간노인요양시설의 수도 크게 늘었으나, 그에 대한 관리 및 평가가 제대로 이루어지지 않아 서비스의 질이 저하된 것이다. 요양원의 원장이 보호사의 월급을 깎는 경우도 존재하고 노인요양시설 간의 지나친 가격경쟁 등은 시설에서 노인돌봄 서비스의 양적·질적 저하로 이어지고 있다. 게다가 요양보호사에 대한 처우가 좋지 않은 것도 돌봄의 질을 떨어뜨리는 요인으로 지적된다. 이는 노인돌봄의 질을 떨어뜨리는 것으로 끝나지 않고 요양시설 내에서의 노인학대 및 노인폭행

〈표 4-5〉 **노인장기요양보험 신청자, 인정자, 판정자 추세**　　　　　　　　(단위: 명)

	2011년	2012년	2013년	2014년	2015년
노인인구(65세 이상)	5,644,758	5,921,977	6,192,762	6,462,740	6,719,244
신청자	617,081	643,409	685,852	736,879	789,024
판정자(등급 내+등급 외)	478,446	495,445	535,328	585,386	630,757
인정자(판정 대비 인정률)	324,412 (67.8%)	341,788 (69.0%)	378,493 (70.7%)	424,572 (72.5%)	467,752 (74.2%)
노인인구 대비 인정률	5.7%	5.8%	6.1%	6.6%	7.0%

등의 새로운 문제로 이어진다는 점에서 더욱 심각하다고 할 수 있다.

2) 현황

2014년 한국보건사회연구원 노인실태조사에 의하면, 신체기능 제한 노인의 수발자와의 관계를 복수응답으로 설문한 결과 가족원이 91.9%, 친척, 이웃, 친구 및 지인이 7.3%, 개인간병인 및 가사도우미가 1.3%, 장기요양보험 서비스가 15.4%, 노인돌봄 종합서비스가 6.4%인 것으로 나타났다. 이는 오늘날 돌봄이 필요한 노인에 대하여 그들의 부양을 주로 가족이 부담하고 있다는 것을 보여 준다.

노인돌봄이 가족에 의해서 이루어지는 경우 배우자를 제외했을 때 여성 수발자(딸 및 며느리)가 차지하는 비율이 약 33%고 남성 수발자(장남 및 차남 이하)가 차지하는 비율은 25.2%였다. 이에 더해 남성 노인의 수발에서 배우자가 차지하는 비율이 76.5%인 반면 여성 노인의 수발에서 배우자가 차지하는 비율은 21.9%라는 점을 고려한다면 노인돌봄의 부담이 특히 여성에게 집중되어 있다는 것을 알 수 있다.

2012년 한국여성정책연구원에서 수행한 100세 시대 대비 여성 노인의 가족 돌봄과 지원방안 연구에 의하면 노년기 배우자 돌봄으로 인해 여성 노인들의 신체적·정서적 부담이 상당한 수준인 것으로 드러났다. 전체 응답자 중 약 75%가 배우자를 돌보느라 육체적으로 피곤한 느낌이 든다고 답했으며, 배우자 돌봄의 상황에서 벗어나고 싶은 생각이 든다고 답한 비율도 약 56.3%에 달해 배우자 돌봄을 두고 많은 여성 노인이 고통을 받고 있다는 것이 드러났다.

특히 또 다른 연구에 의하면, 부양자들이 부양 이외의 사회적 활동을 전혀 할 수 없게 되는 사회적 제약이 가장 큰 부담으로 나타났으며, 신체적으로 힘들다는 육체적 부담뿐만 아니라 심리·정서적인 측면에서의 부담 역시 큰 것

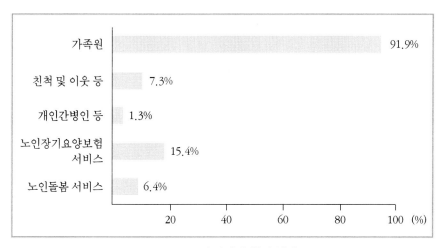

[그림 4-9] **수발자 유형별 실태**

주: 총 응답자 수는 1,557명이며, 중복응답으로 조사된 결과이다.
출처: 한국보건사회연구원(2015).

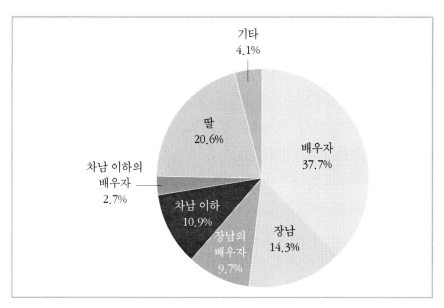

[그림 4-10] **가족 수발자와의 관계**

주: 총 응답자 수는 1,430명이다.
출처: 한국보건사회연구원(2015).

으로 나타났다. 또한 부양의 비용이 많이 들어 경제적인 부담을 토로하는 비율도 상당하여, 가족구성원이 장기요양 필요 노인의 부양을 맡게 되었을 때 그들이 겪는 부양부담은 그 사람의 일상생활의 총체적인 면에서 고통으로 이어진다는 것을 알 수 있다.

3) 문제점

(1) 부양자와 피부양자에게 고통만 주는 부양

우리나라 노인의 수발이 가족 중심으로 이루어지고 있다는 사실을 앞서 살펴보았다. 그러나 노인부양의 책임에 대한 사람들의 인식은 가족과 정부, 사회가 함께 부담해야 한다는 것이 다수인 것 역시 확인할 수 있었다. 노인부양을 분담해 줄 공적인 제도와 기관이 미비한 결과, 어쩔 수 없이 가족이 전적으로 노인부양을 부담하게 되지만 그것이 부양자와 피부양자의 선택에 의해 이루어지는 것이 아니기 때문에 부양과정에서 부양자가 느끼는 부담뿐만 아니라 피부양자의 미안함도 크다고 할 수 있다. 가족이 노인을 부양해야 한다는 인식이 엷어지고 여성의 사회참여 증가로 가족이 노인부양의 기능을 더 이상 수행할 수 있는 여력이 되지 않은 상황임에도 불구하고, 여전히 가족 중심으로 이루어지고 있는 노인부양은 제대로 이루어지지 않고 있다고 할 수 있다. 그 과정에서 부양자 및 피부양자의 신체적·정서적 부담감이 증가하고 그로 인해 노인학대, 노인유기, 노인자살 및 가족갈등의 문제 등이 발생한다.

(2) 노인의 독거

노인부양의 과정에서 부양자와 피부양자의 부담이 쌓이고 부양이 제대로 이루어지지 않아 노인들은 부양받기를 포기하기도 한다. 2014년 노인실태조사에 따르면, 노후에 자녀와 동거를 희망하는 비율이 전체 노인의 19.1%에 그쳤다. 2008년의 노후 자녀동거 희망률이 32.5%였다는 것을 고려할 때 불과 6년 사이에 자녀와 동거를 원치 않는 노인이 급격하게 증가했다는 것을 알 수 있다.

　독거노인의 증가추세도 노인부양이 제대로 이루어지고 있지 않음을 보여준다고 할 수 있다. 보건복지부의 고령자 통계에 따르면, 2012년 우리나라 독거노인의 수는 약 118.7만 명으로 꾸준히 증가추세를 보이고 있다. 독거노인의 절대적인 수가 증가하고 있을 뿐만 아니라 전체 노인인구에서 차지하는 상대적인 비율까지 높아지고 있는 추세이며, 특히 2000년대에서 2010년도로 넘어오면서 그 비율이 폭발적으로 증가하였다. 이러한 독거노인의 증가추세는 앞으로 계속될 전망이다. 이러한 독거노인의 증가는 노인부양이 제대로 이루어지고 있지 않은 현실을 반영할 뿐만 아니라, 노인부양을 둘러싼 부양자와 피부양자의 부담이 막중한 것의 결과로서 나타나기도 한다. 부양을 원치 않는 가족의 부양을 받으며 눈치 보며 살기보다는 불편하더라도 혼자 살겠다는 것이다. 그러나 노인은 신체적 노화에 따라 일상생활에서 도

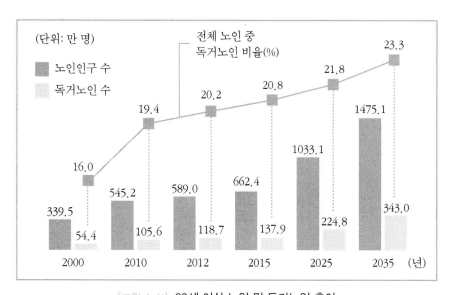

[그림 4-11] 60세 이상 노인 및 독거노인 추이

출처: 보건복지부(2012).

움을 필요로 하는 상황이 불가피하게 찾아오기 마련이다. 특히 치매와 같은 노인성 질병은 매 순간 보호자의 도움이 필요한 경우가 많기 때문에 노인이 부양자 없이 홀로 사는 것은 그들에게 위험을 불러일으킬 수 있다.

5. 대책

1) 노인빈곤 대책

(1) 긴급복지지원제도의 보완

노인빈곤문제를 해결하기 위한 대책 중 하나는 긴급복지지원제도라고 할 수 있다. 긴급복지지원제도는 소득양극화 해소를 위한 제도라고 할 수 있는데, 2006년 3월 24일부터 시행된 제도이다. 이 제도는 선지원 후처리 원칙, 단기지원 원칙, 타 법률 지원 우선의 원칙, 현물지원 우선원칙, 가구단위 지원원칙, 민간지원 등을 기본으로 한다. 즉, 기존의 사회복지제도가 대상자 선정에 소요되는 기간이 길어 즉시 도움이 필요한 계층에게 도움을 주지 못했던 한계를 극복한 것이다.

긴급지원 대상자는 주 소득자의 소득 상실, 질병 또는 부상, 가정폭력 등으로 인해 생계 유지가 어렵게 된 자들이다. 「긴급복지지원법」은 의료기관 종사자, 교사, 사회복지시설 종사자 등이 직무수행 과정에서 긴급지원 대상자가 있음을 알게 된 경우에는 관할 지자체장에게 이를 신고하도록 하고 있어 긴급지원 대상자 발굴을 위한 민간협력체계의 활용을 제시하고 있다.

긴급복지지원제도의 문제는 바로 이러한 점에서 발생하는데, 노인 등과 같이 소외된 계층의 대상자 발굴이 현실적으로 누락되고 있으며, 대상자들에 대한 홍보가 미비하여 수혜자가 적다는 점이다. 따라서 모니터링 기능을 강화하여 누락자를 최소화하고 적극적인 홍보 정책을 펼쳐 위기상황에 처한 소외계

충이 적절한 지원을 받을 수 있도록 제도적 안전장치를 견고히 해야 한다.

(2) 기초노령연금제도의 활성화

기초노령연금제도는 국민연금과 경로연금의 한계를 극복하기 위해서 시행된 제도이다. 전체적인 노후소득보장체계의 재구축이라는 측면에서 2007년 4월에 도입된 제도인데, 65세 이상의 노인 중 생활이 어려운 소득인정액 하위 70%의 노인들을 대상으로 연금이 지급되고 있다. 또한 이 제도는 노인가구 단위로 적용되어 단독가구와 부부가구를 구분하여 적용하고 있다.

기초노령연금제도는 본래 70세 이상의 노인을 대상으로 시행하던 것을 2008년 7월부터 65세 이상으로 기준을 완화하였다. 그러나 조기퇴직, 재취업 부족 등으로 상징되는 우리나라의 고용상황을 감안할 때 수급대상 기준을 60세까지 낮출 필요성이 존재한다. 또한 물가상승률을 고려하여 기준연금액 또한 상향 조정할 필요성이 있고, 기초노령연금 시스템에 구축된 공적 자료에 대한 철저한 모니터링과 업데이트를 통해 연금액 및 수급자격 변동자 등에 대한 사후관리가 철저히 이루어져야 한다. 이뿐만 아니라 단순히 가구 단위를 구분하여 지급기준을 세분화하는 데에서 그치지 않고, 대부분의 노인 단독가구가 여성단독가구라는 점을 착안하여 가구별 특성에 맞는 세분화된 지원을 해야 한다.

(3) 노인 일자리 마련

노인이 노동시장에 참여하고 있는가의 여부는 노인빈곤율을 결정하는 중요한 요소 중 하나이다. 따라서 퇴직 이후에도 다시금 노동시장에 참여할 수 있도록 지원책을 마련해야 한다. 정부는 다양한 유형의 노인 일자리를 제공하고 있으나 노인에게 제공되는 일자리는 수익성이 낮아 민간시장에서 배제되고 있는 실정이다. 국가에서 창출하는 일자리는 한계가 있기 때문에 민간시장을 통해 일자리를 창출하지 않고는 노인의 빈곤문제를 해결할 수 없다. 따라서 노인에게 일자리를 제공하는 기업체에 대해서는 세제상의 혜택이나 노인 인건비를 부분적으로 지원하고, 교육기관을 통해서 재취업을 위한 재교육 등의 서비스를 제공하여 산·학·관의 협력체계를 강화할 필요성이 존재한다.

2) 노인부양 대책

(1) 노인장기요양보험제도 확대 및 질적 수준 제고

일상생활에서 돌봄이 필요한 노인들의 가족에 대해 노인장기요양보험제도를 이용하기 전과 후의 부양부담 변화를 분석한 연구(모선희, 최세영, 2013)에 의하면, 이용 전보다 이용 후 가족의 신체적·정서적·사회적 측면의 부담이 유의미한 수준으로 줄어들었다. 이에 따라 가족들의 관계 역시 좋아졌다고 하는데, 특히 재가요양 서비스보다 시설요양 서비스를 이용한 가족에게서 부양부담이 더 크게 줄어든 것으로 드러났다. 이 연구를 바탕으로 할 때 노인장기요양보험은 가족의 부양부담을 줄이는 데 어느 정도 실효성이 있는 제도로 이해된다.

그러나 앞서 지적되었듯이 노인장기요양보험의 신청자에 비해 노인장기요양보험 가입조건을 충족하여 등급을 판정받은 신청자와 실제 장기요양보험의 혜택을 받게 되는 인정자의 비율은 높지 않다. 따라서 보다 많은 재원을 투입하여 노인장기요양보험 가입자 수를 늘림으로써 제도를 확대 시행하는 것이 필요한 것으로 보인다. 또한 재가요양 서비스보다 시설요양 서비스가 부양부담을 더 많이 줄인다는 점을 고려했을 때, 시설요양 서비스를 이용할 수 있는 1등급에서 3등급까지의 인정자 수를 늘려야 한다.

노인장기요양보험제도의 시행 이후 많은 민간 노인요양시설이 들어서게 되었으나 민간시설이 제공하는 서비스의 질에 대해 비판이 꾸준히 제기되고 있다. 나아가 민간시설에서 노인들을 방치하고 폭행하는 사건들이 잦아지고 있는 상황이다. 이는 노인요양을 시장의 논리에 맡긴 결과라고 할 수 있다.

민간요양시설은 그 설립의 목적이 애초에 요양 서비스를 통해 이윤을 추구하는 것이기 때문에 서비스 제공 과정에서 과도하게 비용을 줄임으로써 질을 저하시킬 위험이 내재해 있다. 따라서 정부는 노인장기요양보험만을 운영할 것이 아니라 공공 노인요양시설을 확충함으로써 노인요양을 직접 제공하는 데 보다 힘써야 할 것이다. 또한 일본처럼 허가제를 도입함과 동시에 주기적인 조사와 관리를 통해 민간 노인요양시설의 서비스 질을 제고하고 요양보호사 교육 시스템의 구축을 통해 전문성 있는 보호사 인력을 확충해야 한다.

(2) 지역사회 기반 돌봄체제 구축과 노인공동체 형성

우리나라보다 일찍 초고령사회에 진입한 일본의 경우, 노인돌봄 문제를 해결하기 위해 지역포괄케어센터를 전국적으로 설립하였다. 노인들이 자신이 살던 곳을 떠나 요양시설에서 지내게 될 경우, 평생 동안 쌓아 왔던 지역적 유대를 잃으면서 존엄성을 침해받을 수 있다. 이를 방지하고 노인들이 기존에 살던 지역에서 여생을 보낼 수 있도록 지원하기 위한 정책으로 지역 현실에 맞는 노인돌봄 서비스를 지원하는 지역포괄케어센터를 설립한 것이다. 지역포괄케어센터는 노인에 대한 단순수발에서 더 나아가 지역 고령자들에게 종합상담을 해 주고 지역협동조합에서 일자리를 찾아 주고 주치의와의 연계를 지원하는 등 노인들의 안정적인 생활을 위해 지역 자원을 최대한으로 활용한다. 지방자치단체 중심의 노인부양체제는 노인들에게 보다 적절한 방향의 돌봄이 가능하다는 점에서 정부 차원의 부양체제보다 장점이 있다. 또한 노인들이 함께 모여 생활할 수 있는 노인공동체 공간을 국가 차원에서 제공하여 입주한 노인들이 각자의 공간을 가짐과 동시에 비슷한 나이대의 노인들과 소통하며 지낼 수 있도록 만들 필요도 있다.

6. 결론

세계에서 가장 빠른 고령화를 보이고 있는 우리나라는 그만큼 고령화사회를 대비할 시간이 부족했다. 미국이나 유럽 등의 선진국들이 초고령사회까지 도달하는 시간이 70년 이상 정도인 반면, 우리나라의 경우 30년이 채 되지 않는 기간 내에 초고령사회를 맞을 것으로 예상된다. 그리고 2017년 올해, 우리나라는 초고령사회의 전 단계인 고령사회에 진입할 것으로 전망된다.

고령사회가 코앞에 들이닥친 상황인데도, 우리나라는 고령사회, 초고령사회를 맞을 준비가 전혀 안 되어 있다. 우리나라 노인의 빈곤율은 다른 OECD 국가에서 가장 높은 수치를 기록하고 있으며 노인의 소득 수준이 가장 낮은 것으로 드러났다. 노인빈곤의 심각한 수준은 건강문제, 삶의 질 저하, 높은 자살률로 이어진다. 또한 그동안 우리나라 노인부양은 주로 가족이 전담하여 왔는데, 특히 여성가족의 육체적, 정서적, 정신적 부담이 심각한 수준인 것으로 드러났다. 이는 노인부양이 노인의 안정적인 삶을 위해 제대로 기능하지 못한 채 부양자와 피부양자 모두에게 고통을 주는 것으로 변질되게 만들었으며, 이로 인해 노인의 독거는 날로 증가하고 있다.

그러나 살펴보았듯이 노인빈곤과 노인부양을 둘러싼 문제에 대한 사회적·제도적 차원의 대비가 미비한 실정이다. 노인들의 기본적인 소득을 보장하고 그들의 삶의 질을 높일 방안을 적극적으로 찾기는커녕 노인과 젊은 세대 간의 정치적·경제적 갈등의 골만 깊어져 가고 있는 것이다.

고령화 문제와 노인문제는 결코 세대 간의 갈등으로 이어져서는 안 될 문제이다. 모든 사람이 결국에는 노화를 겪게 된다는 점에서 노인문제는 노년 세대만의 것도, 젊은 세대만의 것도 아닌 우리 모두의 문제이자 보편적인 사회문제인 것이다. 따라서 노인문제를 해결하기 위한 전 세대적 및 전 사회적인 관심과 노력이 필요하다.

참고문헌

국민건강보험(2015). 노인장기요양보험 통계연보.

권중돈(2015). 노인복지론. 서울: 학지사.

김동선(2004). 야마토마치에서 만난 노인들. 경기: 궁리.

모선희, 최세영(2013). 노인장기요양서비스 이용가족의 부양부담 변화. 비판사회정책, 40, 7-31.

서문진희, 정여주(2011). 장기요양필요노인 부양자의 부양부담 경험에 관한 질적연구. 사회과학연구, 22(4), 3-30.

여유진, 최준영, 김미곤, 권문일, 최옥금(2012). 현세대 노인의 빈곤 실태 및 소득보장 방안 연구. 한국보건사회연구원.

이철우(2006). 한국사회의 고령화현상과 사회정책적 대응방안. 경기: 한국학술정보.

이철우(2017). 新사회학 초대(5판). 서울: 학지사.

이현승, 김현진(2004). 늙어가는 대한민국: 저출산 고령화의 시한폭탄. 서울: 삼성경제연구소.

전용호(2012). 한국 노인장기요양보험의 주요한 문제점과 개선방안. 한국지역사회복지학, 43, 345-384.

최성재, 장인협(2010). 고령화사회의 노인복지학. 서울: 서울대학교출판문화원.

최인희(2014). 노년기 가족 돌봄의 위기와 지원방안 연구. 서울: 한국여성정책연구원.

최인희, 김영란, 염지혜(2012). 100세 시대 대비 여성노인의 가족돌봄과 지원방안 연구. 서울: 한국여성정책연구원.

최점숙(2009). 노인의 빈곤 원인과 개선방안. 한국자치행정학보, 23(1).

통계청(1998~2014). 사회조사.

통계청(2014). 노인실태조사.

Cowgill, D. O., & Holmes, L. D. (1974). *Aging and modernization: A revision of the theory*. New York: Appleton-Century-Crofts.

Magnus, G. (2010). 고령화시대의 경제학(홍기수 역). 서울: 부키.

제5장

청소년 가출문제

1. 서론

청소년은 미래의 주역이다. 청소년(adolescent)은 아동과 성인의 중간단계에 있는 자로서, 심신의 성장 또는 성숙의 의미를 가지는 라틴어 adolescere에서 유래된 용어이다. 어느 사회에서나 청소년이 신체적·정신적으로 건강하지 못하면 그 사회의 미래는 밝지 않다고 할 수 있다. 청소년문제에 대한 관심은 바로 미래에 닥칠 문제적 상황을 예방하는 것이라고 할 수 있다.

청소년 비행이란 청소년에게 기대되는 규범에서 벗어난 일탈행동 일체를 의미한다. 특히 청소년 비행 중 최근 그 심각성이 더해지고 있는 것이 청소년 가출이다. 청소년 가출은 대개 가정 내에서의 문제, 즉 부모와의 불화, 부모의 이혼, 부모의 학대 등이 주된 동기가 된다. 또한 학교에서의 소외, 학업에 대한 심한 압박감 등이 가출의 원인이 되기도 한다. 특히 또래집단과의 교류과정에서 가출을 결행하는 경우도 많다.

청소년 가출의 개념은 학자들 사이에서 합의된 정의가 있지 않으나, 자신 및 자신을 둘러싼 주변 환경의 문제적 상황으로 인해 가정에서 떠밀려 나와 도움을 필요로 하는 청소년으로 이해하려는 시각으로 전환되고 있다. 가바리노(Garbarino, 1986)는 가출청소년을 부모의 허락 없이 집을 나간 청소년으로 적어도 하룻밤 이상 부모의 인식이나 통제로부터 벗어나고자 행동을 한 청소년이라고 정의하였고, 로버츠(Roberts)는 부모나 보호자의 동의 없이 집을 떠나서 24시간 이상 집에 들어가지 않는 18세 미만의 청소년으로 개념화하였다(나동석, 이용석, 1991; 정헌주 외, 2011)

최근 청소년 가출은 시작시기가 초등학교 시기로까지 저연령화되고 있으며, 장기가출과 상습가출의 빈도가 증가하고 있는 특징을 보이고 있다. 청소년 가출은 여타 일탈행위로 이어져 사회적 문제를 일으킬 뿐만 아니라, 청소년의 성장과정에서 교육의 기회를 박탈하게 만들어 올바른 사회구성원으로 성장할 수 없게 한다는 점에서 더욱 큰 심각성을 지니고 있다. 또한 불규칙한 식사, 술, 담배, 성 관련 문제 등으로 건강상의 문제를 일으키기도 한다.

2015년 여성가족부의 조사 결과에 따르면, 국내 청소년 가출인구는 22만 명으로 추정된다. 이는 전체 청소년인구(약 1000만 명)의 약 2%에 이르는 규모이다. 이렇게 집에서 나온 청소년들의 대부분은 모여서 가출팸을 만들게 된다. 주로 공원 등의 특정 공간에서 또래를 만나거나 인터넷 채팅 사이트 등을 통해 '팸'을 이루게 되는 것이다. 처음에는 2~3명씩 모이지만 기간이 길어짐에 따라 30명 가까이 되는 대규모 집단을 형성하게 된다.

일반적으로 청소년 가출은 당장의 잘 곳과 먹을 것을 구하는 생존의 문제로 이어지기 때문에 이렇게 집단을 형성한 가출청소년들은 생존을 위한 자금과 더불어 유흥비 등의 마련을 위해 범죄에 가담하는 등 위험한 상황에 노출된다. 따라서 이 장에서는 청소년 가출에 따른 원인 및 배경, 행동양상, 문제, 대안에 대해서 알아보기로 한다.

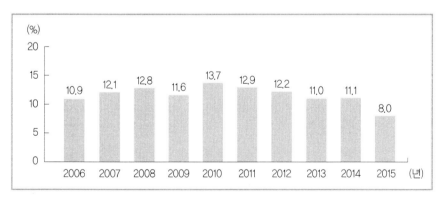

[그림 5-1] **연도별 가출 청소년 실태**

출처: 여성가족부(2016).

2. 이론적 논의

1) 청소년 가출의 개념 정의

가출이란 사회구성의 가장 기초적 단위인 가정으로부터 이탈하는 현상으로, 자신의 보금자리를 떠나는 것을 말한다. 이러한 의미에서 청소년 가출은 '개인·가정·학교·사회 환경 등이 원인이 되어 이루어지는 자기 현실도피 행위로서 집을 나가는 행위'라고 규정할 수 있다.

청소년 가출에 대한 정의들은 집을 떠난 가출청소년들의 다각적 상황인 가출 횟수, 가출기간, 가출 원인, 가출동기, 가출목적 등에 따라 학자들이 중점적으로 생각하는 방향이 다르며 시대에 따라서도 달라지기에 현재까지도 정의에 대한 합의는 이루어지지 않고 있다. 그러나 국내외의 청소년 가출에 대한 정의를 살펴보면, 웰시(Welsh, 1995)는 가출청소년에 대해 부모 허락 없이 집을 떠난 지 48시간 이상이 되어 가족에 의해 신고된 18세 미만의 청소년이라고 정의 내리고 있다. 또한 베이커(Baker, 2003)는 사회사업사전에서 자신들의 요구나 희망과는 반대로 부모나 법적 보호자의 가정을 떠났거나 혹은 그들의 통제에서 벗어나 독립적인 생활을 유지하고자 하는 미성년자로 규정하였다. 김준호와 박정선(1993)은 자신 및 자신을 둘러싼 주위 환경에 대한 불만이나 갈등에서 비롯된 문제점에 대한 반발이나 해결을 위해 보호자의 승인 없이 최소한 하룻밤 이상 무단으로 집을 나가 돌아오지 않는 충동적 혹은 계획적 행위로 정의하였다.

가출청소년에 대한 개념을 나름대로 종합해서 정의하면, 첫째, 가족구성원인 부모나 법적 보호자의 허락 없이 가정의 보호, 관심으로부터 이탈, 둘째, 적어도 하룻밤 이상 집 밖의 다른 장소에서 머무르는 것, 셋째, 청소년 가출의 나이 규정은 18세 미만의 청소년이라고 이야기할 수 있다.

2) 이론적 배경

(1) 사회유대이론

허쉬(Hirschi)의 사회유대이론에서는 기본적으로 개인과 사회 사이의 유대가 약하거나 단절되었을 때 범죄가 발생한다고 본다. 허쉬는 모든 사람이 범죄 성향을 가지고 있지만, 사람들이 범죄를 저지르지 않고 법, 도덕 등을 준수하는 이유는 친구나 부모와 같은 원초집단의 구성원들과의 관계가 약화되거나 깨지는 것을 두려워하기 때문이라고 설명한다. 이를 통해 사회통제와 사회유대가 약화되거나 나빠졌을 경우 일탈이 발생한다고 본다.

사회유대이론은 구성 개념인 애착, 관여, 참여, 신념에 초점을 맞추어 범죄와 비행 등을 설명한다. 먼저, 애착(attachment)은 부모, 교사, 또래 친구와 같은 원초집단과 관계를 맺는 애정적 결속관계를 의미한다(Hirschi, 1969). 애착은 부모에 대한 애착, 친구들에 대한 애착, 부모의 감독, 종교적 애착의 네 가지 요소로 구성된다.

두 번째로, 관여(commitment)는 사회에서 요구하는 전통적인 교육이나 직업에 얼마나 많은 비중을 두고 참여하는지에 대한 것이다. 이는 주로 교육에 대한 열망, 직업에 대한 열망, 학교 평균성적의 세 가지 지표로 측정된다. 청소년의 경우 학생 신분에서의 관여 정도가 높으면 높을수록 비행이나 불법행위를 저지를 가능성이 통제되기 때문에 '학생의 신분에 맞게 학교 공부를 얼마나 중요하게 생각하는지' 혹은 '학교 성적이 얼마나 뛰어난지'에 대한 것이 관여를 측정하는 중요한 잣대가 된다.

세 번째로, 참여(involvement)는 관여와 연관된 개념으로 자신이 중요하다고 생각하는 인습적인 활동에 얼마나 열중하는가를 뜻한다. 청소년이 중요하게 생각하는 활동에 참여할수록 비행 친구들과 만나 범죄를 저지를 시간이 줄어들기 때문에 인습적 활동에 참여하는 것 자체가 비행을 억제하거나 차단하는 효과를 지닌다.

마지막으로, 신념(belief)은 일반적이며 통상적인 사회의 가치를 받아들이고 이를 지켜야 한다는 믿음을 측정하는 개념이다. 신념은 두 가지 지표로 구성되는데, 그것은 부모세대의 법 준수에 대한 신념과 종교적 신념이다. 청소년의 법 준수에 대한 신념과 종교적 신념이 강할수록 비행이나 범죄를 저지를 가능성은 낮아진다고 본다.

(2) 사회학습이론

에이커스(Akers)의 사회학습이론은 '비행이나 일탈은 사회구성원들 간의 상호작용을 통해 학습된다.'는 명제로부터 시작한다. 사람들은 타인과의 상호작용을 통해 스스로의 행동을 평가하게 되는데, 타인이 비행 또는 범죄에 우호적인 경우 자신도 그에 따라 범죄에 우호적인 태도 및 가치관을 가지게 되고, 범죄를 합리화하는 과정을 거쳐 결국 범죄행위를 하게 된다. 또한 인간은 보상과 처벌의 원리에 따라 행동하는 경향이 있는데, 청소년들은 비행 친구와의 접촉 또는 행동관찰을 통해 범죄행동에 어떠한 보상과 처벌이 주어지는지를 학습하게 되며, 범죄행동이 범죄가 아닌 행동보다 나은 보상이 주어진다는 믿음이 생겨난다면 범죄를 저지르게 된다는 것이다. 이와 같은 과정은 사회학습이론의 핵심 개념인 '차별적 접촉' '정의' '차별적 강화' '모방'으로 구성된다(유순화, 2003; Akers, 1998).

먼저, 차별적 접촉은 '개인이 위법행동이나 준법행동을 선호하거나 선호하지 않는 규범적 정의에 노출되는 과정'인데, 개인은 범죄자들과의 접촉을 통해 일탈의 정의를 배우고, 이런 일탈적 정의를 지닌 개인은 법을 위반할 가능성이 높아진다. 차별접촉의 집단 가운데서도 가장 중요한 집단은 가족, 친구와 같은 원초집단이며, 원초집단 구성원과의 접촉에서 접촉의 우선성, 지속성, 빈도, 강도가 높을수록 개인이 일탈행위에 빠지는 데 있어 그 영향력이 커진다.

두 번째로, 정의(definition)란 행위에 대한 옳고 그름, 정당함 또는 부당함 등에 대해 개인이 부여하는 의미와 태도라 할 수 있다. 정의를 구성하는 세 가지 지표는 중화적 정의, 법 순응/위반 정의, 긍정적/부정적 정의이다. 청소년들이 비행행동에 대해 우호적인 태도를 가질수록(중화적 정의), 법과 도덕을 지킬 필요가 없다고 생각할수록(법 순응/위반 정의), 일반 사람이 비행행동을 하는 것에 대해 나쁘다고 생각하지 않을수록(긍정적/부정적 정의), 자신도 비행행동을 할 가능성이 높아지게 된다.

세 번째로, 차별적 강화(differential reinforcement)는 어떤 행위의 결과로 얻어지는 보상과 처벌 간의 균형을 의미한다. 비행행위로 얻어지는 보상이 부정적인 처벌보다 클 경우에 비행행위가 강화된다는 것이다. 이러한 차별적 강화는 다섯 가지 지표로 구성되어 있는데, 부모의 반응, 친구들의 반응, 공식적 저지, 보상-처벌, 강화 균형이다. 차별적 강화 개념에서 청소년들은 비행행위에 대해 부모의 반응이 무비판적일수록(부모의 반응), 친구들의 반응이 호의적일수록(친구들의 반응), 처벌보다 보상이 크다고 판단할수록(보상-처벌), 친구들과의 우정이 더 공고해지거나 경제적·정신적 이득을 얻을수록(강화 균형), 경찰 등에 발각될 가능성이 낮다고 판단할수록(공식적 저지) 자신의 비행행동 가능성을 높게 평가한다.

네 번째로, 모방(imitation)은 타인의 행동을 관찰한 후 그것과 유사하게 행동하는 것을 의미한다. 원초집단이 주로 모방의 대상이 되긴 하지만, 언론이나 미디어를 포함한 대중매체를 통해서도 모방은 발생한다.

(3) 낙인이론

1960년대에 등장한 낙인이론은 사회구조나 문화보다는 특정인의 행동에 대한 주위 사람들의 낙인이 일탈을 생성하는 가장 결정적 요인이 된다고 설명한다. 이에 따르면, 일탈이란 개인의 행위 자체와 직결된 것이라기보다 그에 관한 타인들의 인식이나 평가에 따른 결과일 뿐이다. 즉, 이 이론에서 일탈 혹은 범죄행동은 심리적 성향이나 환경적 조건 때문에 객관적으로 발생한다기보다 특정 행동에 대한 사회문화적 평가와 소외의 결과로 인해 규정되는 것이다.

낙인이론에서의 주요 논점은 다양한 원인과 영향에 의해 야기되는 범죄행위의 결과로 붙게 된 공식적 낙인이 그 행위자를 기존 사회와 기회로부터 격리·소외시킨다는 것이다. 그로 인해 불법적 기회가 증대되고 이로 인해 지속적인 범죄행위가 야기된다고 보았다.

(4) 차별접촉이론

차별접촉이론은 미국의 범죄학자 서덜랜드(Sutherland)에 의해 고안된 이론이다. 범죄는 타인과의 접촉으로 학습되는 것을 전제로 한다. 범죄인이 되는 데는 접촉하는 사람들이 누구며, 또 그들과의 접촉 빈도나 강도가 어떠하냐에 달려 있다는 것이다. 그러므로 이 이론은 '차별적 교제'에 범죄의 원인을 둔다. 범죄행위의 사회화는 비범죄행위의 사회화와 비교하여 좋고 나쁨을 평가할 수 있는 것이 아니라 단지 '다른 사회화'로 파악해야 한다.

서덜랜드는 범죄행위로 사회화하는 과정을 다음과 같이 설명하였다. 우선, 대전제는 범죄행위는 학습되며 범죄행위의 학습은 사람들 간의 의사소통 과정을 통해 일어난다는 것이다. 이때 주로 친밀한 집단 속에서 학습이 좀 더 원활하게 일어난다. 학습내용에는 범죄행위의 기술뿐 아니라 동기, 충동, 합리화 방법, 태도 등이 모두 포함된다. 범죄 동기나 충동은 현행 법률을 긍정적으로 정의하는가 혹은 부정적으로 정의하는가에 따라 학습된다. 어떤 사람은 법률을 반드시 지켜야 할 규칙으로 정의하는 사람들 속에 있을 수 있으며, 반면 다른 사람은 법률을 위반하는 것이 바람직하다고 정의하는 사람들 속에 있을 수 있기 때문이다. 그렇기에 법 위반에 대해 비우호적인 인식보다 우호적인 인식이 앞서도록 학습된 사람은 비행으로 나아가게 된다. 차별적 교제는 만남의 빈도, 기간, 선호, 강도 등에 따라 다양하게 나타나며, 범죄행위를 학습하는 과정에는 일상생활 속 다른 행위의 학습과정에서 작용하는 기제들이 동일하게 영향을 준다.

(5) 비행하위문화이론

하위문화란 특정 계층이나 집단의 성원들이 공유하는 문화를 의미한다. 특히 코헨(Cohen)은 불량청소년 집단의 하위문화란 근본적으로 지위 상승 이동이 차단되거나 제한된 빈곤층 청소년들에게 팽배한 지위획득 문제와 관련된 것이라고 보았다. 비행청소년들이 범죄를 저지르는 이유는 중산층의 삶과 방식과 가치를 선호하고, 상승이동을 간절히 원하지만 구조적인 장벽에 의해 좌절하여 비행문화에 빠지는 데 있다. 그렇기에 좌절감을 느낀 빈곤층 청소년들은 지배적 사회 가치나 규범 대신 대항적 일탈하위문화를 구성하고 체득함으로써 비행하위문화에 쉽게 몰두하게 된다. 이와 같은 비행하위문화는 대도시 하류계층 지역의 비행집단에 전형적인 것이며, 비행하위문화이론에서 코헨은 비행하위문화를 내면화하고 있는 사람들은 주어진 처지를 감안할 때 비행이 정당화될 수 있다고 느끼며 그에 관한 자부심도 느끼는 경향이 있다고 지적한다.

3. 청소년 가출 배경과 과정, 유형

1) 가출 형성 배경

가족이라는 집단은 사회적 동물인 인간이 정상적으로 생활할 수 있게 해주는 기초가 되는 곳이다. 원만한 가족관계는 청소년의 인격 발달의 자양분이 될 수 있지만 그렇지 못한 가족관계는 스트레스, 불화 등 많은 문제를 일으킨다. 가족문제는 급격한 산업화와 물질만능주의로 인해 가족의 형태, 기능, 구조 등이 변화하면서 등장하게 되었다. 이로 인해 가족 간에도 제반 문

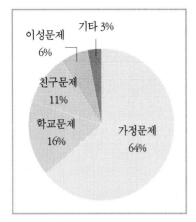

[그림 5-2] **청소년 가출 원인**
출처: 여성가족부(2015).

화에 대한 인식의 차이와 가치관의 변화로 인해 혼란과 갈등이 초래되었고, 가족 간의 관계에 균열이 발생하게 되었다. 특히 1990년대 후반 IMF 구제금융 관리체제 이후 신빈곤층이 급증하여 가족기능 및 가족 가치관의 변화로 가정불화, 가정 스트레스, 부모-자녀 간 의사소통의 문제, 가족으로부터의 고립, 과잉보호 등 가족 내에서의 관계설정이 불안정해졌다. 해체된 가정 속에서 아동·청소년은 성인 역할의 수행을 요구받거나 가정폭력과 아동학대의 피해자가 되는 경우가 발생했고, 이는 청소년의 가출로 이어졌으며 그 이후에도 지속적으로 증가하게 되었다. 2011년 노숙인 실태조사에서 29세 이하 청년 노숙인은 거리노숙인의 3.7%, 노숙인시설 거주자의 2.5%, PC방이나 사우나 등 비숙박용 다중이용시설 거주자의 5% 등 3천 명을 넘어선 것으로 파악되었다. 이와 같이 가정해체는 이후에 설명되는 청소년 가출의 가족 원인에 큰 부분을 차지하게 된다. 즉, 산업화, 도시화, 경제적 어려움과 같은 사회구조적인 요인들이 가정해체를 부추겨 청소년 가출에까지 영향을 줄 수 있다는 것을 암시한다.

2) 가출팸

가출팸이란 '가출'과 '패밀리(family)'의 합성어로, 가출한 청소년이 가출 이후 여러 명의 일행을 구해 함께 생활하는 집단을 의미하는 청소년 사이의 은어이다. 가출청소년들은 주로 인터넷 카페나 스마트폰의 채팅 어플을 통해 가출팸을 구성하며, 아빠, 엄마, 오빠, 동생 등으로 역할을 분담하기도 한다.

한국청소년쉼터협의회가 2016년에 쉼터 내 가출청소년 909명을 대상으로 조사해 발표한 내용에 따르면, 가출청소년 가운데 160명(17.6%)이 가출팸을 경험한 것으로 나타났다. 가출팸 구성 후에는 절반에 가까운 43.6%가 모텔에서 생활한 것으로 나타났고, 가출팸 생활 도중 혼숙을 했다는 청소년은 무려 53.7%에 달했다. 또한 가출팸 경험 청소년들은 평균적으로 가출팸에 속한 경험의 횟수가 9.1회에 달했다.

가출팸은 생존을 위한 생계형 범죄를 일으키거나 가출팸에 소속된 여학생들의 경우 성매매를 강요당하곤 한다. 이러한 부분으로 인하여 10대 가출청소년들이 저지르는 범죄의 온상으로 지목되고 있는 실정이다.

3) 가출의 유형

청소년 가출의 유형을 살펴보면 다음과 같다.

첫째, 시위형 가출은 부모와의 갈등 혹은 가족 내의 갈등을 해결하기 위한 수단으로서 가출을 하는 유형으로 청소년들이 자신들의 요구를 관철시키기 위한 수단적 가출유형이다. 이들은 부모와의 관계가 지속되기를 원하며, 가정이 안정되기를 희망하고 있다. 충동적이지도 않고 비합리적이지도 않은 가출유형으로 이들의 가출은 단기적이고 가정복귀 가능성도 높으나 부모의 미숙한 대처방식으로 반복적 가출로 발전할 가능성도 있다.

둘째, 도피형 가출은 부모의 과도한 통제나 기대로부터 자유롭기 위한 일시적 피난행위로서의 가출유형이다. 이들은 부모의 과도한 기대에 대한 자신의 무기력을 인정하나 적대적 감정은 별로 없으며, 주변 환경에 따라 유희형 가출로 변화될 가능성이 높다. 자신의 잘못으로 인한 부모의 처벌이 두려워 일시적으로 집을 나오는 경우라고 할 수 있다.

셋째, 탈출형 가출은 가정 내 폭력을 피하기 위한 가출유형으로 폭력을 행사하는 가족에 대한 적대감정이 많다. 즉, 부모의 알코올중독, 학대 등 신체적·심리적 피해로부터 벗어나기 위한 가출로 가정의 심리적 지원체제가 붕괴된 경우 자신을 보호하기 위한 가출로 볼 수 있다.

넷째, 탐험적 가출은 가족 내의 갈등에서 야기되기보다는, 학교나 가정으로부터 충족할 수 없는 자신의 성장욕구를 실현시키기 위한, 즉 자기완성을 추구하기 위한 가출유형으로 독립심, 자기완성욕구가 강한 편이다.

다섯째, 유희추구형은 가정 내의 갈등이 가출의 주된 원인이라기보다는 유희추구가 일차적 목적인 경우이며, 개인적인 가출보다는 또래들과 집단적으로 가출하는 경향이 높다. 단기적으로 반복적인 가출 경향을 보인다.

여섯째, 자아상실형 가출은 삶의 의미나 목적의식을 상실함으로서 목적의식 없이 떠도는 가출유형이다. 이들은 지속적인 좌절로 인해 자아정체성을 잃어버린 상태에서 방황하며, 쉽게 비행에 빠지는 경향이 있다(유성경, 송수민, 이소래, 2000).

4. 청소년 가출 요인

1) 개인적 요인

청소년기는 '질풍노도의 시기' '제2의 성장기'로 급격한 신체적 성숙, 지적 성장, 사회적 지식을 발달시켜야 하는 시기이다. 이 시기는 아동기를 마치고 성인기로 진입하는 과도기로서 체격은 커졌으나 심리적으로는 취약하며 현실을 탈피하여 강압적이고 간섭이 많은 부모에게서 벗어나 독립하려는 욕구가 강해지는 시기이다. 또한 이 시기에는 청소년이 처한 현실에서 자신의 발달단계 과업 수행에 따른 욕구불만이 많이 발생하기도 한다.

이러한 현상은 억압된 욕구의 비정상적인 외부 표출방법으로 가출로 이어지게 된다. 그러므로 가출이라는 행동을 선택한 것이 청소년 자신의 결정이기 때문에 청소년의 가출요인은 일차적으로 청소년 자신의 개인적 요인이라

할 수 있다(강소라, 2001; 이은정, 2000). 이 외에도 가출청소년의 부모로부터 의 학대 경험과 우울의 관계에 대한 연구에서 알 수 있듯이 외부적 요인, 즉 사회적 지지요인이 높을수록 자아존중감이 높고 심리적 · 정서적 안정감과 정신적 건강을 찾을 수 있는 것으로 나타났다. 부모의 학대는 청소년들의 자 아존중감, 우울감과 상관관계가 높으며, 특히 자아존중감은 청소년의 개인적 요인 중 가출에 영향을 미치는 것으로 보고되고 있다.

이처럼 선행연구에서 제시된 청소년 가출의 개인적 요인들에 대한 설명에 따르면 청소년들은 불안한 자신의 미래와 무의미한 삶 속에서 깊은 혼돈을 경험하고 자아발견을 위한 내면의 심리적 갈등을 겪으면서 가출에 대한 충동 에서 벗어나려 한다. 그러나 낮은 자아존중감과 통제력을 비롯하여 심리 · 정서적인 문제 및 낮은 소속감과 부족한 인내력, 폐쇄적 성격 등으로 인하여 충동을 이기지 못하고 가출이라는 선택을 하게 된다는 것이다.

2) 가족적 요인

가정은 한 가족이 부부와 자녀 그리고 기타 가족을 중심으로 생활하게 되는 자연적으로 이루어진 생활 안식처이며, 개인의 인성발달에 있어서 가족 내 경 험은 매우 중요하다. 특히 청소년 시기의 가족은 매우 중요한 환경체계로서 청 소년의 가치관 확립과 대인관계 및 올바른 성격 형성에 영향을 미치게 된다.

청소년 가출의 가족적 요인에 대해 자세히 살펴보면 다음과 같다. 먼저, 청 소년의 가출 충동과 가출 경험에 영향을 미치는 요인에 대한 연구에서 부부 간의 불화, 부모와 자녀 간의 갈등, 부모의 학대, 지나친 간섭이나 방임은 청 소년 가출문제의 출발점이고 유인요인으로 밝히고 있다. 또한 부모의 교육 정도, 부모의 직업, 가정의 수입 등 청소년을 둘러싼 가정의 사회경제적 지위 도 가출과 관련이 깊다. 그리고 가족의 해체 그 자체보다는 그로 인해 2차적 으로 발생하는 방임과 갈등, 불안 등 심리적 요인으로 가족이 제 기능을 하지 못하는 기능적 해체가 가출에 더 큰 요인으로 작용하는 것으로 알려져 있다.

하지만 가족은 보호요인도 되기 때문에 가출 후 원가정 복귀를 꿈꾸는 청소년들에게 가족의 지지는 청소년문제 해결의 출발점이라고 제언되고 있다(문재우, 2012). 또한 부모의 가정폭력이 청소년 가출 충동에 미치는 영향에 대한 연구에서도 부모의 가정폭력 행사가 많을수록 가출 충동을 많이 느끼며 이러한 가족적 요인이 청소년들의 보호 욕구를 충족시켜 주지 못하고 오히려 파괴적이고 과격한 반사회적 성격을 형성하는 것으로 나타났다(김옥숙, 2008). 더욱이 부모로부터의 신체적·정신적·언어적 학대, 가정의 빈곤으로 인한 개인의 성취동기나 자아실현 등 심리적 차원의 상실감과 박탈, 문화적 가치로부터의 소외, 부모의 방탕과 무기력 및 생활상의 무질서 등 2차적으로 파생되는 방임과 갈등에 의해서도 가출이 유도되기도 한다(천정웅 외, 2013).

이와 같은 가정환경적 요인들은 주로 구조적·기능적 측면으로 구분될 수 있다. 가정의 구조적인 부분은 가족구성원 간의 이혼, 별거, 사별, 질병, 결손가족 등 객관적으로 나타나는 물리적 결원이나 결함의 유무를 의미한다. 반

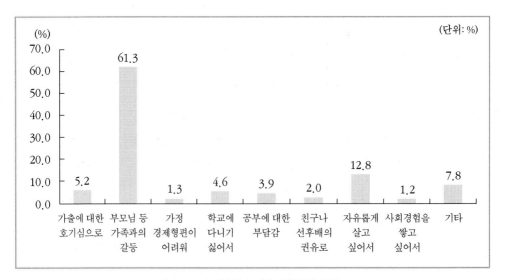

[그림 5-3] 청소년 가출 경험 및 이유

출처: 통계청(2013).

면, 기능적인 측면은 외형적으로는 가족의 형태를 유지하더라도 내부적으로 존재하는 애정, 관심 등 가정 내의 분위기, 가족구성원 간의 갈등, 의사소통의 단절, 가족의 지역사회와의 단절, 저연령대의 부모의 학대 경험, 강압적인 가족 분위기, 가족 간 상호관계 등의 정도를 의미한다.

3) 학교 및 또래 요인

청소년기의 가족이 개인의 1차적 사회화를 담당하는 곳이라면, 학교와 또래 친구들은 제2의 사회화, 자아실현의 장으로서 청소년기에 큰 영향을 미치는 환경체계이다. 그러므로 청소년 시기의 학교 및 또래는 가출에도 큰 영향을 미치게 되며, 실제 학교생활에서 입시 위주의 경쟁적 분위기, 교사의 학생에 대한 비인간적인 처우를 비롯하여 원만하지 못한 또래관계는 상처가 되어 낮은 자아존중감, 분노, 공격성, 우울, 자신감 상실 등으로 이어지고, 이러한 심적 상처는 학업 포기나 가출의 원인으로 작용한다. 또한 친구의 비행 경험이나 친구의 높은 애착과 압력 등도 가출을 유발하는 원인으로 작용한다.

청소년 가출에 영향을 미치는 학교 및 또래 요인을 살펴보면, 먼저 청소년의 학교생활에서 학업의 흥미, 또래관계, 교사의 지지는 부모만큼이나 건강한 청소년을 만드는 결정적 역할을 한다. 하지만 학교 밖 비행 또래와의 어울림은 청소년 절도, 폭행, 약물남용, 윤락행위 등의 심각한 또래집단 범죄행위로 나타나게 된다. 더 나아가 비행 또래 친구와 함께하는 가출생활로 이어진다고 보고되고 있다. 특히 청소년들이 학교 밖의 일탈 또래, 비행 또래와의 부정적 접촉과 동조 압력, 애착이 높을수록 문제행동으로 연결되고, 이런 친구의 지지는 오히려 가출의 핵심요인으로 작용하는 것으로 나타났다.

한편, 학생이 낮은 성적이나 불건전한 생활태도 등으로 인해 문제아로 낙인찍히면 비인간적인 처우와 처벌 위주의 징계로 인하여 분노와 공격심이 일어나고, 학교에서의 잦은 결석, 꾸중으로 인한 자신감 상실, 우울 등으로 이어져 학교라는 울타리 내의 또래 친구보다는 학교 밖의 비행 또래 친구와의 생활을 찾아 재가출하는 악순환이 이어지게 된다.

이상과 같이 청소년 가출의 학교 및 또래 요인은 이미 오래전부터 청소년 가출의 원인으로 규명되었다. 즉, 학업부담과 교사의 부정적 관계, 또래갈등 등은 청소년들이 가출을 통해 거리생활에서 유사 가족을 찾게 되는 계기가 되며, 이러한 거리생활은 교육, 인격, 정신적 발달의 기회를 박탈해 청소년을 사회의 낙오자로 전락시킨다. 더 나아가 가출이라는 낙인은 성인 범죄로까지 이어질 수 있기 때문에 학교 내의 교사와 또래는 부모만큼이나 청소년에게 중요하고 영향력을 끼치는 위험요인이면서 동시에 보호요인이라 할 수 있다.

4) 사회환경적 요인

오늘날의 급격한 산업화와 도시화 속에 범람하는 향락적이고 퇴폐적인 유흥문화, 유해 영상매체, 인터넷 사이버환경, 과소비 문화는 청소년들이 쉽게 접하는 유해환경이다. 이러한 폭력적이고 선정적인 환경에 그대로 노출되는 청소년은 아직 온전한 판단력을 지니지 못한 경우가 많기에 부정적인 가치체계 변화를 겪으며 비행과 범죄의 유혹에 노출된다. 또한 그러한 문화를 추구하기 위해 가출행위를 취하게 된다.

현대사회의 개인주의, 이기주의 풍조는 자신의 목적달성을 위한 어떤 수단이라도 정당화하고 있으며, 황금만능주의는 현실에 불만을 지닌 청소년을 집밖으로 유혹하며 일시적으로 의식주 해결수단을 제공하는 PC방, 노래방, 찜질방, 유흥업소 등 향락산업으로의 어두운 손길을 뻗치고 있다. 이에 청소년들은 가출을 선택하게 되고, 한 번의 가출 경험은 계속적으로 반복되어 가출 횟수와 가출기간의 증가로 이어지게 된다.

이러한 사회환경적 요인들은 가족과 학교의 강압적인 통제의 틀로부터 벗어날 수 있다는 환상을 심어 주며, 거리의 청소년들에게 은밀한 도피처를 제공하여 숙식문제와 강압적 통제를 해결해 줄 것이라는 인식을 제공한다. 즉, 이러한 부정적인 사회환경적 요인들이 청소년에게 몰인간화와 자기경시 풍조를 심어 줌으로써 정신적 공황상태를 만들어 가출에 대한 정서적 배경을 형성하는 데 기여하게 된다.

5. 가출청소년 유형과 행동양상

1) 가출청소년 유형

가장 고전적인 가출유형의 구분으로 호머(Homer, 1973)는 가출목적에 따라 그 유형을 탈출형과 추구형으로 나누었는데, 탈출형은 가정의 문제로 인해 더 이상 머무를 수 없어 어쩔 수 없이 집을 떠나는 유형인 반면, 추구형은 쾌락과 모험을 즐기기 위해 집을 떠나는 유형이라고 할 수 있다. 그러나 그의 모델은 다양한 가출 동기와 특성을 종합적으로 고려하지 않은 채 가출유형을 단순히 양분화하였다는 점에서 비판받고 있다. 밀러와 그의 동료들(Miller, Hoffman, & Duggan, 1980)은 문제의 주요 원인이 부모와 자녀 중 어디에 있느냐에 따라 가출유형을 구분하였는데, 가출 원인이 부모에게 있는 경우는 희생자, 추방자, 반항자로 분류하였고, 자녀에게 있는 경우는 도망자, 떠난자, 이민자로 분류하였다.

우리나라의 경우 청소년 가출 특성에 맞게 가출청소년 유형을 다음과 같이 분류하는데, 가출 인원에 따라 단독으로 감행하는 개인적 가출, 또래들과 함께 하는 집단가출, 한 사람의 가출 후 또래들이 줄지어 가출하는 연쇄적 가출, 한 청소년이 반복적으로 가출하는 재가출로 구분하고 있다. 홍봉선 등(2007)은 가출목적에 따라 가족이나 주변 환경을 변화시키거나 그들로부터 관심을 끌기 위해 하는 시위성 가출, 또래들과 어울려 놀고 싶은 충동에 따른 유희성 가출, 밖에서 생활하는 것이 좋아 떠돌며 사는 방랑성 가출, 가족들의 무관심과 방임 등에 의해 가정에서 떠밀려 나온 추방성 가출, 가족으로부터 학대를 받고 생존을 위해 도망쳐 나온 생존형 가출로 나눈다.

한편, 이용교 등(2005)은 가출청소년을 여섯 가지로 분류하는데, 장기가출로 거리에서 생활하는 것이 익숙한 노숙형 가출, 구속을 거부하며 자유를 추구하는 거부형 가출, 자립과 재활에 대한 의지가 있고 규칙적인 생활에 대한 이해도 있지만 귀가에 대한 확신이 없어 쉼터에서 생활하는 탐색형 가출, 안정된 가정에서 살다 갑작스러운 위기상황으로 집을 떠나게 된 경우로 안정적인 거주지와 보호가 제공된다면 큰 문제가 없는 안정형 가출, 정신적인 문제나 약물남용이나 인터넷 중독, 성격장애, 행동장애, 우울증 등 심각한 문제를 안고 있는 치료형 가출 유형이 있다.

2) 가출청소년 행동양상

가출청소년은 가정불화, 학교문제 등으로 인하여 가출행동을 하게 되며 청소년 보호기관으로 가서 도움을 요청하는 경우도 있지만, 규율이 있는 쉼터에서의 생활을 원하지 않는 경우 거리를 배회하며 가출을 한 또래끼리의 집단인 '가출팸'을 형성하게 된다. 가출팸은 많은 문제점을 지니는데, 가장 큰 문제는 집단적 일탈행위의 기반이 되기에 범죄의 온상이 된다는 것이다. 또한 경제적 여건이 안 되기에 행하는 혼숙으로 문제가 발생하게 된다. 가출팸 구성 후 생활한 청소년의 53.7%가 혼숙을 경험했으며, 혼숙으로 인해 가출팸 안에서 성 관련 문제가 발생하는 경우가 많다.

가출청소년의 가출 후 행동양상은 가출동기와 개인의 인성적 특징 등에 따라 차이가 있으며, 성별에 따라 구분 짓기에도 모호한 측면이 존재한다. 하지만 가출청소년의 대부분은 가출팸을 형성하고, 주로 남자 청소년은 금품 갈취, 절도, 자동차털이, 성매매, 유흥업소 접객원 등의 비행행동을 행하며,

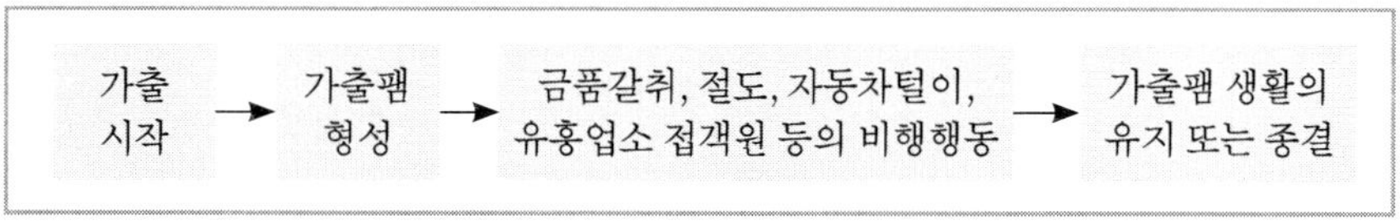

가출 시작	→	가출팸 형성	→	금품갈취, 절도, 자동차털이, 유흥업소 접객원 등의 비행행동	→	가출팸 생활의 유지 또는 종결

[그림 5-4] 남자 청소년의 가출 이후 행동양상

가출 시작	→	가출팸 형성	→	노래방 도우미, 원조교제, 키스방 접객원, 성매매 등	→	가출팸 생활의 유지 또는 종결

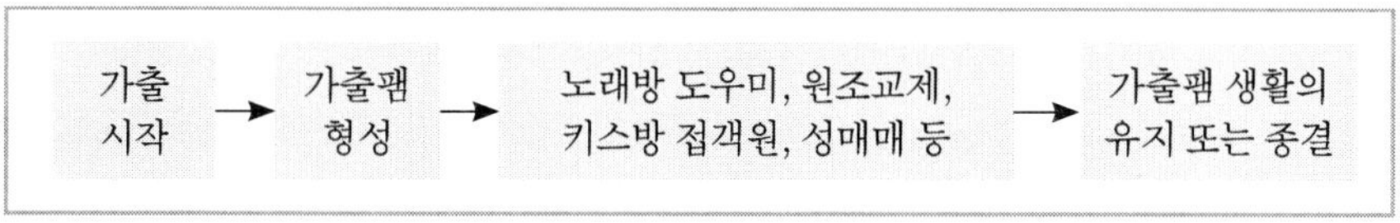

[그림 5-5] 여자 청소년의 가출 이후 행동양상

여자 청소년은 주로 의식주의 해결을 위하여 성매매의 유혹에 빠지는 경향이 존재한다는 것을 알 수 있다. 성별에 따른 행동양상을 도식화하면 [그림 5-4], [그림 5-5]와 같다.

청소년의 가출 이후 행동양상 중 큰 사회적 문제로 대두되는 청소년 성매매에 대한 2008년 보건복지가족부의 청소년 성매매 단속 사례집에 의하면 청소년의 성매매 접촉 경로의 95.4%는 인터넷이었고, 아는 사람의 소개는 4.6%였다. 또한 성매매의 이유는 생계비 마련이 44.4%로 가장 많았고, 용돈과 유흥비 마련이 38.2%로 뒤를 이었다. 청소년 성매매는 여자 청소년의 가출 이후 행동에서 더욱 두드러지게 나타나긴 하지만, 남자 청소년 또한 어플이나 유흥업소 등을 통해 성매매의 위험에 노출되고 있다는 사실을 알 수 있다.

6. 대책

1) 한국 사회의 대책 현황

가출청소년은 가정 밖, 학교 밖 비행청소년으로 취급되어 생존과 자립지원이 우선적으로 제공되어야 하는 청소년임에도 불구하고 이들에 대한 정책적인 지원이 협소하다. 가출청소년에 대한 실질적인 지원정책은 '청소년쉼터 운영지원'에 국한되어 있다.

〈표 5-1〉 청소년쉼터의 종류

구분	일시쉼터	단기쉼터	중장기쉼터
보호기간	24시간~7일 이내 일시 보호	3개월 이내 단기보호 * 3개월씩 2회에 한하여 연장 가능(최장 9개월)	2년 이내 중장기보호 * 1회 1년에 한하여 연장 가능(최장 3년)
이용대상	가출·거리배회 청소년	가출청소년	자립의지가 있는 가출 청소년
핵심기능	일시보호 및 거리상담 지원(아웃리치)	사례관리를 통한 연계	사회복귀를 위한 자립
기능	• 위기개입상담, 진로 지도, 적성검사 등 상 담서비스 제공 • 가출청소년 조기구 조·발견, 단기청소 년쉼터와 연계 • 먹거리, 음료수 등 기 본적인 서비스 제공 등	• 가출청소년 문제해결을 위한 상담·치료 및 예 방활동 • 의식주, 의료 등 보호서 비스 제공 • 일시·중장기 청소년쉼 터와 연계 • 가정 및 사회복귀 대상 청소년분류, 연계서비스 * 저연령 청소년(13세 이 하)은 아동복지시설, 아 동보호전문기관 등에 연 계 권장	• 가정복귀가 어렵거 나 특별히 장기간 보 호가 필요한 위기청 소년을 대상으로 학 업·자립지원 등 특 화된 서비스 제공 * 저연령 청소년(13세 이 하)은 아동복지시설, 아동보호전문기관 등 에 연계 권장
위치	이동형(차량), 고정형 (청소년유동지역)	주요 도심별	주택가
지향점	가출예방, 조기발견, 조 기개입 및 보호	보호, 가정 및 사회복귀	자립지원
비고		반드시 남녀용 쉼터를 분리 운영하여야 함	

출처: 여성가족부 청소년사업안내(2014).

'청소년쉼터'란 여성가족부에 의해 주로 운영되고 있으며 다양한 원인으로 인해 가정의 도움을 받지 못하고 있는 가출청소년들을 위한 생활보호시설로 가출청소년들에게 의식주 제공 등 대체가정의 역할부터 필요로 하는 서비스를 맞춤형으로 제공하는 가출청소년 특화시설이다. 이곳에서는 의식주 생활보호, 건강검진, 의료비 지원, 생활법률 자문 등이 제공되며, 부모·가족과의 집단상담도 제공되고 있다. 또한 학교로부터 멀어진 가출청소년을 위하여 검정고시, 학업상담에 대한 도움을 받을 수 있으며 다양한 문화·여가활동 등을 지원받을 수 있다. 청소년쉼터에서 일하는 사람들 대다수는 가출청소년을 보호하고 지원하는 국가자격증을 소지하고 일정한 실무경력을 갖춘 전문보호상담원들이 담당하고 있다. 청소년쉼터를 이용할 수 있는 청소년의 나이는 9세부터 24세까지로 제한하고 있으며, 이용기간에 따라 일시쉼터, 단기쉼터, 중장기쉼터로 구분하여 운영하고 있다.

그러나 청소년쉼터는 운영이나 정책적 지원 부문에서 많은 미흡한 점을 보이고 있다. 우선, 청소년쉼터의 평가 지표에도 가정복귀가 들어가 있는 만큼, 그들에게 있어 가출청소년은 곧 '가정으로 돌아가야 할 청소년'이며 청소년쉼터는 그 기간에 청소년을 임시적으로 보호하는 장소인 것이다. 그렇기에 가출이 단순한 비행이 아니며 정말 돌아갈 곳이 없는 생존형 가출청소년, 즉 홈리스 청소년들을 대상으로 하는 정책적인 지원 부분은 아직까지도 제도가 제대로 마련되지 않은 상황이다. 그렇기에 이들은 거리에서 배회하면서 집으로 돌려보내는 경찰을 피해 다니거나 쉼터를 떠돌게 된다. 18세 이상의 가출청소년의 경우 「노숙인 등의 복지 및 자립지원에 관한 법률」(이하 「노숙인지원법」)에 따른 지원을 받을 수도 있으나 노숙인시설은 일반적으로 중·장년층 노숙인을 주요 대상으로 만들어졌다.

왜 연령대에 따라 가출청소년의 상황이 달라지는 것인가? 이는 가출청소년의 불명확한 구분에 의해 발생하게 된다. 입소대상자를 따져 보면, 9세에서부터 24세로 제한하고 있으나 그 나이대의 모든 가출청소년이 우선적으로 시설을 이용할 수 있는 것은 아니다. 19세 미만 가출청소년이 쉼터 우선입소 대상자로 정해졌으며, 이는 곧 청소년쉼터 자리가 부족한 현실에 미루어 보아 성인에 접어든 20세 이상 24세 미만 청소년의 보호에는 공백이 생기는 것을 의미한다. 이는 곧 정책대상인 가출청소년의 개념이 모호하고 이로 인해 가출, 실종, 홈리스 등을 정책대상으로 하는 다른 법률과 정책대상의 중복이 발생하고 있다는 것을 의미한다.

그다음 문제점으로는 중장기쉼터의 부족 현상이다. 청소년쉼터가 일시쉼터, 단기쉼터, 중장기쉼터로 나뉜다는 것은 곧 한 도시 내에서 세 기관이 모두 있어야 한다는 것을 전제로 한다. 하지만 남녀 중장기쉼터가 각각 1곳 이상 설치되어 있지 않은 시·도가 5곳에 달하고 있어 장기보호가 필요한 청소년 보호에는 한계가 있다. 이를테면, 중장기쉼터의 경우 갈 곳 없는 청소년의 입소를 거부해서는 안 되며 3일 이내에 적격조치를 취해야 하지만 일시보호가 필요한 청소년을 적극 보호하기는 쉽지 않은 것이 현실이다. 그렇기에 한 도시 내에서 일시쉼터와 중장기쉼터가 함께 있지 않을 경우, 청소년 보호에 적극적으로 나설 수 없게 된다.

마지막으로, 중앙지원기관이 부재하여 정책의 전달체계가 부실하다. 그 결과, 다수의 쉼터가 민간위탁 혹은 개인시설로 공공성과 효율성이 담보되기 어렵다고 한다. 여성가족부가 가출청소년의 지원 정책의 주무부처로, 운영방향을 설정하고 지침과 서비스 개발, 평가 및 이행상황 점검 수행의 역할을 맡아서 하고 있기는 하지만, 중앙지원기관이 없다는 것은 타격이 크다. 청소년쉼터의 설치는 신고제로 운영되며 특별자치도 및 시·군·구 담당자가 신고기준에 따라 시설설비와 종사자 요건을 확인하고 신고증을 발부한다. 이러한 신고제 방식으로 생긴 개인시설은 상대적으로 영세한 규모로 운영되는 경우가 많으며, 운영주체는 다양한 반면에 이를 조정하는 기능 또한 미흡하다.

여성가족부 이외에도 다양한 주체, 이를테면 법무부, 가정형 wee센터에서도 청소년쉼터와 유사한 복지 서비스를 제공하고 있다. 그러나 어느 시설에 입소하느냐에 따라 지원 내용에는 상당한 편차가 발생하게 된다. 예를 들어, 공동생활가정에서 생활하다 퇴소할 경우에는 법적 근거에 따라 지원을 받을 수 있으나, 청소년쉼터를 포함하여 자립생활관, 청소년회복센터 등에 입소했다면 아동복지시설과 근거법이 다르므로 퇴소 시 지원대상에서 배제되고 있다.

요약하자면, 현재의 가출청소년 지원정책 전달체계는 미흡하고, 개인 운영시설로 인해 정부 재정이 과감하게 투입되기 어려운 구조이다. 특히 지역사회 내 쉼터 간의 서비스 연계가 쉽지 않고 인프라의 설치에서도 지역 간 편차가 발생하고 있다. 또한 중앙정부기관이 부재하여 정책 취지가 양질의 서비스로 연결되는 것이 쉽지 않으며 일부 기관이 이와 유사한 역할을 시도하고는 있으나 비회원기관까지 아우르기는 어렵다.

2) 대안 제시

청소년쉼터가 제대로 운영되지 않는 원인 중 큰 비중을 차지하는 것은 중앙정부기관이 부재하다는 것이다. 중앙정부와 지방정부, 그리고 정부와 시설을 연계하고 개별 시설에 대한 지원과 지도감독을 수행하는 통일된 체계가 이루어지지 않는다면 청소년쉼터의 양적인 그리고 질적인 발전을 이루기에는 힘들어 보인다. 청소년쉼터에 대해 통일성 없는 서비스가 이루어지고 있다는 것은 공통적으로 청소년 가출에 대한 심각성을 공유하고 있다는 것을 의미한다. 하지만 그것이 중앙정부기관의 설립으로까지 이어지지 않는 원인은 개인적으로 관련자들만의 의식 공유에서 그치고 있기 때문이라고 본다. 그렇기에 이와 관련하여 청소년 가출이 적극적으로 개입해야 할 사회적인 문제라는 의식의 공유가 필요하다고 여겨진다. 이 외에도 앞서 언급했던 개인적 요인, 가족적 요인, 주변 환경적 요인에 대한 후속적인 연구와 그에 대한 제도적인 대책도 마련되어야 할 것이다.

해외의 성공적인 사례로는 우리나라의 청소년쉼터와 유사하지만 좀 더 차별적인 복지 시스템을 가지고 있는 프랑스의 가출청소년을 위한 위탁가정 및 시설보호로 아동대상 사회복지 서비스(ASE)와 시설보호를 들 수 있다. ASE는 미성년자가 자신의 가족 내에서 더 이상 일상적인 생활이 불가할 경우 승인된 위탁가정 혹은 공공복지시설로 위탁하며, ASE는 매달 수당형태로 재정적으로 지원하거나 전문인력이 해당 가정에 서비스 형태로 지원하는 방법을 병행한다.

시설보호로는 13세에서 21세까지의 청소년을 대상으로 하는 시설이 있는데 교육적 주거와 아파트 거주 서비스가 대표적이다. 교육적 주거는 13세에서 18세까지의 미성년자가 거주하며 다양한 위기상황에 직면해 있거나 가족관계가 단절 및 고립된 경우가 대표적으로 해당된다. 2년간 장기 거주할 수 있으며, 여자 청소년을 위한 일시 주거형 시설도 있는데, 시설의 운영목적은 개별화된 접근을 통해 각 아동의 일상생활 지원, 해당 아동ㆍ청소년이 원 주거지 혹은 관계와 다시 연결될 수 있도록 지원, 학업중단 예방 및 훈련 프로그램 지속 지원, 가정복귀 및 자립 지원 등이다. 이곳에서는 청소년이 시설 내 다른 청소년과 만날 수 있는 기회를 제공하고, 시설생활이 가능한지 스스로 생각해 볼 수 있도록 하루 정도의 생활기회를 제공하며, 시설 내 심리상담가와의 면담을 통해 청소년의 현재 상황, 개인적 생활사, 가족 내에서의 청소년 위치 등을 이해할 수 있도록 돕는 과정을 가진다.

아파트 거주 서비스는 17세부터 21세까지의 청소년을 대상으로 하며, 정부의 아동보호서비스 감독관이 해당 청소년의 입소를 요청한 경우에 한한다. 아파트 거주지는 공동 혹은 원룸 형태로, 두 경우 모두 담당 교육전문가의 사무실과 근접한 곳에 지정된다. 해당 청소년의 생활과 관련하여 다양한 부분에서 개별적인 지원이 가능하며 학업, 진로, 직업, 건강 등 문제에 대한 지원과 사후관리를 제공한다. 이와 함께 일상생활 지원과 자립지원 훈련을 실시하며 해당 청소년과 담당 사회복지사가 정기적으로 목표를 설정하고 평가한다. 시설에 들어가기 앞서 해당 청소년과 시설 책임자의 면담이 이루어지며, 면담에서는 청소년의 시설에서의 적응과 시설생활이 적절한지 여부를 검토하게 된다.

프랑스의 가출청소년 보호 정책은 가출한 청소년을 임시 보호하고 문제가 있는 가정에 되돌려 보내는 것이 주목적이 아니며 사회에 복귀할 수 있는 방법에 대해 고심하고 있다. 또한 퇴소 후에도 사후관리가 이루어진다는 점이 우리나라 정책과는 차별된 점이라고 하겠다. 우리나라 가출청소년 중 20세 이상의 청년들이 일자리 연계를 원하고 있으며 20세 미만의 청소년들은 그저 편히 쉴 수 있는 공간을 원한다는 면접 결과를 통해, 프랑스의 이와 같은 위탁가정 및 시설보호 서비스는 우리나라 가출청소년 정책에 좋은 본보기가 될 것이다.

7. 결론

청소년 가출은 단순한 사춘기 학생들의 비행이 아니며 그 안에는 사회구조적인 문제가 있음을, 그리고 사회는 이 현상에 대해 관심을 기울여야 한다는 것을 알 수 있다. 보호를 받아야 하는 청소년들이 거리를 배회하는 것뿐만 아니라 성매매 등 범죄에 직접적으로 노출된다는 것은 미래의 소중한 젊은이들을 잃게 된다는 것을 의미한다.

가출청소년에게 집은 안전한 울타리로서의 본래적 기능을 상실한 공간이 되어 버렸다. 이들에게 가족은 피를 나눈 혈연관계보다는 신체적·정서적 학대 및 방임의 제공자이며, 그러한 행위가 가정을 이탈하는 원인이 된다. 또한 그들의 가정환경은 사회경제적으로 지위가 낮아 구조적으로도 열악한 경우가 많다. 집을 나온 이후에도 생존 자체가 위협받는 상황에서 가출청소년이 범죄의 피해자 혹은 가해자가 되는 것은 어찌 보면 당연한 수순일지 모른다. 가출청소년에 대한 정책을 알고 있는 학생들이 적기 때문에 그들이 가출을 하자마자 바로 청소년쉼터나 노숙인 쉼터에 연락을 하는 경우도 드물었다. 게다가 노숙 원인 제공자의 동의가 필요한 쉼터 규정에 대한 반발심과 청소년쉼터의 생활규율, 프로그램은 노숙 청소년에게 오히려 부담으로 다가왔을 것이다. 하지만 그럼에도 불구하고 의식주의 해결에 필수적인 장소를 제공하는 청소년쉼터가 우리 사회의 중요한 복지 시스템이라는 것을 부정할 수는 없을 것이다. 그러나 그러한 장소 제공의 한계로 인하여 이마저도 충분치 않은 것이 현실이다.

청소년 가출이 정책적으로 조명을 받은 1990년대 초반 이후에도 청소년 가출은 지속적으로 증가하고 있다. 하지만 사회의 각 기관에서 청소년 가출의 심각성에 공감을 하고 있음에도 불구하고 문제를 해결하기 위한 통합된 정책을 내놓지는 않고 있으며, 그 관리자로서의 중앙정부기관의 부재는 곧 가출청소년 보호 정책의 부실로 이어졌다.

가출청소년 문제는 우리 사회의 무관심을 단편적으로 보여 준다고 할 수 있다. 그렇기에 이들에 대한 정책적 개선을 위한 노력이 우리 사회의 약자들을 보호하고 재조명할 수 있는 기회로 이어져야 한다. 가출청소년 문제의 해결을 위해서는 단순히 청소년 가출의 대책을 각 가정에 떠넘길 것이 아니라 사회적 노력과 따뜻한 관심이 필요하다.

참고문헌

고순청(2016). 청소년 가출에 영향을 미치는 요인. 동국대학교 경찰사법대학 석사학
　　위논문.

김지연(2014). **가출청소년 보호지원 실태 및 정책과제 연구**. 세종: 한국청소년정책연구원.

박현동(2014). 현장 전문가의 관점에서 본 청소년쉼터의 문제점과 개선방안. 명지대
　　학교 청소년지도학과 박사학위논문.

서보람(2011). 청소년쉼터 이용청소년의 가출팸 경험 실태조사.

손기미(2010). 가정환경이 청소년의 가출행동에 미치는 영향. 동아대학교 교육대학
　　석사학위논문.

심영희(2001). 청소년 성매매 담론의 문제와 대책. **형사정책**, 13(2). 한국형사정책학회.

여성가족부(2012). 청소년 유해환경 접촉종합실태 조사보고서.

유성경, 송수민, 이소래(2000). 청소년의 가출. 한국청소년상담원.

유은주(2005). 청소년 성매매의 과정. KSI한국학술정보.

윤양숙(2013). 청소년의 가출경험에 대한 사례연구: 쉼터 보호 중인 가출청소년 중심
　　으로. 한북대학교 지식복지대학 석사학위논문.

이철우(2017). **新사회학 초대(5판)**. 서울: 학지사.

정헌주 외(2011). **사회문제의 이해**. 서울: 대왕사.

최은숙(2000). 청소년들의 가출충동 및 가출행동에 관한 연구: 개인, 가정 학교 요인
　　을 중심으로. 이화여자대학교 사회복지대학 석사학위논문.

통계청(2013). 청소년 통계 보도자료.

황성현(2015). 청소년 비행이론의 상대적 영향력 검증: 아동, 청소년 패널자료를 중심
　　으로. **한국경호경비학회지**, 제44호.

서상범, 이슬기, 석지현(2013. 4. 30.). 그들은 왜 패밀리를 만들었나? 가출청소년 팸
　　(familly). 헤럴드경제.

박영우(2015. 3. 18). SNS 채팅앱서 벌어지는 청소년 성매매…충격적 실태. http://
　　news.joins.com/article/17378119

최연진(2013. 4. 16.). 10代 성매매 온상 된 스마트폰 '랜덤채팅' 해보니… 특별한 가입
　　절차 없이 10초 만에 접속, 1분 만에 40여명이 '性매매 대화' 신청. http://news.
　　moyiza.com/131341

유대근(2014. 8. 8.). 범죄 악용의 소굴 된 '청소년 가출팸'. http://tyyouth.or.kr/bbs/
board.php?bo_table=bodo&wr_id=7

제6장

이혼문제

1. 서론

가족은 사회를 구성하는 근간이 되는 가장 기초적인 집단이다. 가족은 두 사람 이상의 남녀가 혼인이나 입양을 통하여 동거하면서 그들의 경제적 욕구를 충족시키고 협동하는 비교적 영구적인 혈연공동체라고 할 수 있다. 또한 가족은 한 지붕 밑에서의 동거를 원칙으로 하는 거주공동체, 생사고락을 같이한다는 점에서 운명공동체, 피로 맺어졌다는 점에서 혈연공동체라고 할 수 있다. 가족은 또한 한 개인의 생명이 태어나 양육되며 최초의 사회화 과정이 시작되는 집단이기도 하다. 그러나 산업화, 자본주의제도의 발달과 같은 사회변화에 따라 가족의 모습은 가족구조의 단순화, 가족기능의 변화, 가족주기상의 변화, 및 가족가치관의 변화를 거듭해 왔다. 이러한 변화과정 중에 다양한 가족문제가 발생했다. 가족갈등, 가정폭력, 가족해체 등과 같은 문제가 폭증하게 되었다.

그중에서도 부부갈등으로 인한 이혼문제가 가장 심각한 사회문제로 등장하게 되었다. 이혼은 당사자에게는 물론 자녀에게도 심각한 충격과 혼란을 가져온다. 아무리 시대적 변화에 조응하는 것이라 할지라도 많은 복잡한 문제를 안고 있는 것이 이혼이다. 따라서 이 장에서는 한국 사회에서 결혼하는 세 쌍의 부부 중 한 쌍의 이혼으로 가족이 해체되는 이혼의 현황과 실태 그리고 그 원인을 논의하고자 한다. 또한 이혼이 초래하는 다양한 문제점을 부부, 자녀, 사회 측면으로 나누어 검토한 후, 그에 대한 해결방안과 대책을 고찰해 보고자 한다.

2. 이론적 논의

1) 이혼의 정의

이혼이란 법률상으로 유효하게 성립된 혼인에 있어 결혼 당사자들이 생존한 동안에 그 결합관계를 협의 혹은 재판상 절차를 거쳐 소멸시키는 것을 말한다. 결혼생활은 본래의 목적인 부부의 영속적 공동생활을 파괴하는 예외적·병리적 현상이지만, 이혼을 억제함으로써 오히려 더 큰 폐해와 비극을 초래할 수 있으므로 오늘날 대부분의 법제는 이 제도를 인정한다. 이혼은 더이상 극히 예외적인 사람들에게만 일어나는 사건이 아니며, 부부 두 사람이 자신들의 관계를 해소하는 것이다. 하지만 그 영향은 두 사람뿐만 아니라 가족 전체, 더 나아가 사회 전체의 문제로 파급된다.

우리나라 「민법」은 협의이혼과 재판상 이혼의 두 가지 이혼 방법을 인정하고 있다. 협의이혼은 부부가 이혼에 합의한 경우이며, 합의가 이루어지지 않는 경우에는 당사자의 일방적 청구에 의해 법원의 재판으로 이혼하는 재판상 이혼을 할 수 있다.

2) 이혼 관련 이론

(1) 구조기능주의이론

구조기능주의이론은 1930년대 가족의 역동성을 설명하기 위해 처음으로 사용된 이론으로 사회학에서 가장 오래된 이론이다. 이 이론의 기본적인 전제는 사회가 유기체처럼 상호 의존하는 여러 부분으로 되어 있고, 각 부분은 사회 전체가 유지될 수 있도록 각각의 기능을 수행한다는 것이다. 구조기능주의이론에서 가족은 사회의 기초가 되는 원초적인 제도로, 가족이 사회에서 담당하고 있는 기능들이 무엇인지를 알고자 했다. 가족은 사회를 유지하기 위해 기능하는 사회구조의 한 집단이다. 가족은 가족 밖의 더 큰 사회체계에 의해 둘러싸여 있다. 가족을 둘러싸고 있는 사회체계들을 가족의 상위체계라고 한다면, 가족은 하위체계라 할 수 있다. 사회를 유지하기 위해서는 경제체계, 정치체계, 가족체계, 교육체계 등이 상호 의존적으로 기능해야 하고, 이와 마찬가지로 가족도 그 안에서 남편과 아내, 부모와 자녀의 역할이 상호 의존적으로 기능해야 한다고 하였다.

과거에 가족이 성적 · 정서적 기능, 성원의 재생산, 양육, 경제적 기능, 교육적 기능, 종교적 기능 등 다양한 기능을 수행했다면, 사회의 발달에 따라 가족이 갖고 있던 고유 기능들이 각종 사회제도나 사회기관에 이양되어 가족의 구조와 기능이 근본적으로 변화했다는 것이다. 이와 같이 급속한 사회변화에서 가족의 전통적인 역할과 기능이 쇠퇴하는 것이 가족문제를 일으키게 되며, 가족이 더 적은 기능을 수행하게 될수록 가족의 유대는 약해져 부부갈등으로 인한 이혼, 가출, 가정폭력 등의 문제들을 일으키게 된다.

(2) 갈등이론

갈등이론에서는 가족문제를 가족구성원 간의 갈등이 표출된 상태로 보며, 그 원인을 희소한 자원과 권력을 둘러싼 구성원 간의 불평등한 관계로 본다. 갈등이론적 관점에서는 가족을 하나의 작은 사회로 보고, 가족이 보다 큰 사회와 마찬가지로 갈등을 통해 발전해 나가고 안정되어 나간다고 생각한다. 갈등론자들은 갈등을 가족생활의 본질로 파악한다. 갈등론적 관점에 의하면 가정은 평화롭고 안락한 휴식의 공간이기보다는 늘 긴장이 끊이지 않는 곳으로, 가족구성원들 각자가 서로를 자신의 통제하에 두려는, 즉 지배와 피지배가 일상화되는 억압관계의 장이다. 이러한 관점은 이혼이라는 문제가 발생하는 중요한 원인으로 부부갈등을 설명하는 것과 가족해체로 인한 자녀와 부모 사이의 갈등을 설명하는 것에 주요한 틀을 제공한다.

(3) 상징적 상호작용론

가족에 대한 상징적 상호작용론은 가족구성원 간의 상호작용과 가족구성원 개인이 이러한 상호작용에 부여하는 의미에 초점을 맞추고 있다. 즉, 가족은 하나의 사회집단으로서 그 구성원들이 상호작용하며 살아가는 자아정체성의 집합체이며 일정한 사회적 역할을 수행한다. 이 이론은 가족 내적인 과정에 중점을 두면서 배우자 선택, 세대 간 가치관의 전이, 역할과 지위관계, 가족 스트레스, 가족 내 권력, 결혼의 질, 의사소통 등에 관심의 초점을 두고 있다. 가족에 대한 상징적 상호작용론자들의 연구는 가족구성원들 간의 상호작용과 개인들이 이러한 상호작용에 부여하는 의미에 초점을 맞추고 있다. 즉, 상호작용하며 살아가는 사람들이 자신들이 공유하는 규범이나 의미, 가치에 토대하여 어떠한 문제상황을 정의한다는 것이다. 아무튼 이 이론은 가족현상을 가족의 내적 과정이라는 측면에서 해석하려고 한다. 상징적 상호작용론자들은 가족의 제도적 측면보다는 가족 내에서의 역할 수행, 지위관계, 의사소통 문제, 의사결정, 긴장관리 그리고 사회화와 같은 가족의 내적 과정을 주로 다룬다.

(4) 교환이론

인류의 역사가 끊임없는 주고받는 관계에서 비롯된다는 데서 착안된 교환이론은 비용(cost)과 보상(reward)을 평가하고 이익을 극대화하고자 하는 인간의 행동 원리에서 출발하였다. 또한 이 이론은 가족구성원 간의 교환뿐만 아니라 사회와의 관계를 통하여 자원과 권력의 창출 또는 갈등상황에 직면했을 때 해결하는 방안 등을 제시하였다. 이 이론은 사회를 미시적인 차원에서 보는 이론으로 개인, 가족, 사회현상에 대해서 분석한다. 인간관계를 주고받는 교환으로 이해하는 이 관점은 사랑, 희생, 보살핌과 같은 정신에 기초를 둔 가족생활에는 적절하지 못하다고 비판받기도 한다. 그러나 가족생활에는 많은 교환적 요소가 내재하고 있는바, 이 관점은 배우자 선택 과정, 부부간의 권력관계나 결혼만족, 이혼 등을 설명하는 데 많이 사용되고 있다. 교환론적 관점은 가족문제를 개인들의 합리적 계산에 따른 선택의 결과로 본다. 또한 가족생활을 통해 기대할 수 있는 보상이 자신의 기대에 미치지 못할 경우에 문제가 발생하며, 그 해결방안으로 사회적으로 바람직한 선택에 대한 보상을 높이고, 부정적 선택에 대한 제재를 강화하는 것이 적절하다고 본다.

(5) 여권론

가족에 관한 전통적인 관점에 따르면 여성과 남성은 각자의 성역할 구분이 있으며 가정은 편히 쉴 수 있는 공간이어야 한다. 그리하여 여성과 남성은 각자 여성이라는 이유로, 남성이라는 이유로 성역할을 수행해야 하는데, 사회가 산업화되고 여성의 인권이 신장됨과 동시에 그로 인해 여성의 사회진출이 늘어나면서 여성의 가사노동과 희생에 대한 비판의식이 생기게 되었다. 즉, 기존의 전통적인 여성과 남성 간 역할분담이 급격히 변화되고 있는 현대사회에서 여성에게 억압적인 상황으로 인식되기 시작한 것이다.

여권론자들은 가정에서의 여성에 대한 억압이 존재한다는 점에 동의를 하고 있지만, 아직 그 원인과 해결방법에 관해서는 다양한 의견과 주장을 하는 상황이다. 특히 여성의 희생과 억압이 남성 개인의 문제라기보다는 가부장적 이데올로기와 자본주의의 산물이라는 입장과 달리, 급진적 여권론자들은 남성과 여성의 화합을 회의적으로 보고 있어 결혼제도 자체에 문제가 있다는 급진적 성향을 보인다. 반면에, 자유주의 여권론자들은 결혼제도의 점진적인 변화를 주장한다.

(6) 가족발달이론

가족발달이론은 가족생활주기에 따라 가족이 한 조직으로서 거치는 각 단계에서 직면하는 역할인 발달적 과업에 초점을 맞춘다. 가족은 상호작용하는 개인들의 집합체이며, 따라서 한 구성원의 역할변화는 다른 구성원의 역할변화에 영향을 미친다. 대표적 가족발달이론가로서 듀발(Duvall)은 일정 가족생활주기 단계에 따라 발달과업을 제시했다. 여기서 가족의 발달과업이란 가족생활의 특정 단계에서 발생하는 성장에 대한 책임으로서, 성공적으로 발달할 시 만족과 함께 이후의 발달을 성공적으로 이끈다. 그러나 실패할 시 가족이 불행해지고 사회적으로 인정을 받지 못하며 이후의 발달에 어려움이 따른다.

(7) 사회부적응론

길린(Gillin)은 기본적으로 사회병리는 개인과 사회구조 사이의 부조정 관계에서 발생한다고 보고 있다. 인간이 어느 특정한 사회체계에서 생활하는 경우, 개인과 사회구조 사이에 집단의 존속과 개인의 기본적 욕구 충족이 현저하게 저하되어 문제가 발생하기도 하고, 기능적으로 사회적 결합이 파괴되는 상태, 즉 부적응이 일어나기도 한다는 것이다. 많은 가족은 언제나 자연적이고 사회적 환경에서 오는 위협 아래서 생활하는데, 이러한 사회적 위기와 충격을 내부적 단결로 무난히 극복해 내는지 또는 내부적 파괴로 연결되는지에 따라 가족문제가 발생하기도 하고 잘 넘어가기도 한다. 현대사회는 빠르게 변화하고 있으며 사회부적응론은 이러한 변화에 적응하지 못해 오는 가족해체 문제를 분석하고 대처방안을 모색하는 관점이다.

3. 한국 사회의 이혼 현황과 실태

1) 사회문제로서의 이혼

(1) 이혼 건수 추이

통계청의 자료에 따르면 우리나라 이혼율은 1970년대 이후 지속적으로 상승해 2003년에 최고치인 16만 건을 상회하며 정점을 찍었다. 그 후에는 감소 추세로 들어갔으나 여전히 높은 이혼율을 보이고 있다.

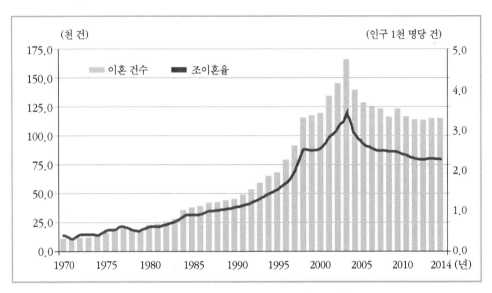

[그림 6-1] 이혼 건수 및 조이혼율 추이

출처: 통계청(2014).

(2) 이혼율 감소의 원인

한편, [그림 6-1]에서 볼 수 있듯이 이혼율은 최근 하락세로 들어갔는데, 이를 2008년부터 도입된 이혼숙려제도의 영향으로 보기도 한다. 하지만 현재 이혼에서 황혼이혼 다음으로 많은 비중을 차지하는 부분이 동거기간 5년 미만 부부들의 이혼이다. 혼인 건수가 감소하면 몇 년

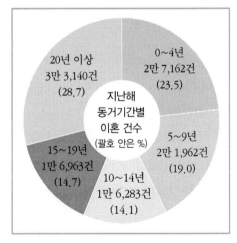

[그림 6-2] 동거기간별 이혼 건수

출처: 2015 사법연감.

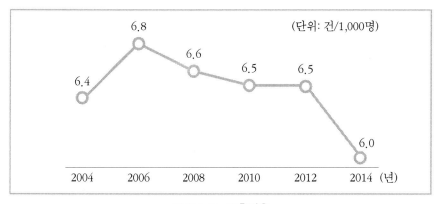

[그림 6-3] 조혼인율

정도 시차를 두고 이혼 건수도 감소하기 마련인데, 최근 4년 전부터 혼인 건수가 계속 감소하고 있기 때문에 '최근 4년간의 혼인 건수 감소' 자체가 전체 이혼 건수 감소에 영향을 주었다고도 볼 수 있다. 즉, 이혼율의 감소만 가지고는 긍정적인 변화라고 판단하기 어렵다.

2) 개인문제로서의 이혼

(1) 연령차이별 이혼

〈표 6-1〉에서 알 수 있듯이 연령차가 6세 이상 나는 부부의 이혼 구성비는 전체 이혼이 감소하는 2004년부터 오히려 증가하는 추세를 보인다. 남자가 6세 이상 연상인 부부의 이혼 구성비는 전체 이혼이 증가하는 1982~2003년에 감소했으나, 2004년부터 증가하였다. 한편, 여자가 6세 이상 연상인 부부의 이혼 구성비는 1982~2012년에 꾸준한 상승을 보인다. 반면에, 동갑 및 연령차 5세 이하 부부의 이혼 구성비는 1982~2003년에 증가한 후 2004년부터 감소하여 전체 이혼 건수의 변화양상과 비슷하다.

〈표 6-1〉 **연령차이별 이혼 건수 및 구성비**   (단위: 천 건, %)

	연령차	1982	1985	1988	1991	1994	1997	2000	2003	2006	2009	2012
이혼건수	남자 6세 이상 연상	9.5	13.2	14.2	15.8	19.7	26.3	32.3	42.3	34.0	35.2	32.3
	동갑 및 연령차 5세 이하	16.3	24.6	28.1	32.7	44.5	63.5	85.6	122.0	88.7	86.8	80.0
	여자 6세 이상 연상	0.2	0.4	0.4	0.6	0.7	1.1	1.6	2.3	1.8	2.0	2.0
구성비 *	남자 6세 이상 연상	36.5	34.6	33.2	32.2	30.3	29.0	27.0	25.4	27.3	28.4	28.3
	동갑 및 연령차 5세 이하	62.6	64.4	65.8	66.6	68.6	69.8	71.6	73.2	71.2	70.0	70.0
	여자 6세 이상 연상	0.9	1.0	1.0	1.2	1.1	1.2	1.3	1.4	1.5	1.6	1.8

* 연령 미상을 제외한 전체에서 구성비

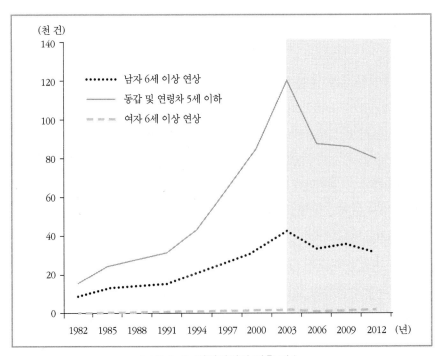

[그림 6-4] **연령차이별 이혼 건수**

* 음영 부분은 2003년도부터 상승 추세가 꺾임을 의미함.

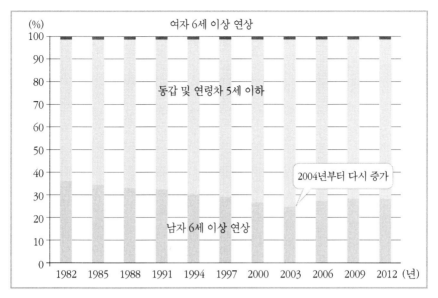

[그림 6-5] **연령차이별 이혼 구성비**

(2) 혼인지속기간별 이혼

통계청의 자료에 따르면, 이혼부부의 혼인지속기간별 구성비는 20년 이상 부부(황혼이혼이라고 함)가 1982년에 4.9%로 가장 낮았으나, 이후 매우 크게 증가하여 2012년에는 26.4%로 가장 높은 수치를 기록했다. 1982년에 47.4%로 가장 높은 비중을 차지하던 4년 이하 부부는 2012년에 그 구성비가 24.7%로 20년 이상 부부보다 낮게 나타났다. 전체 이혼이 감소하는 2004년 이후에도 혼인지속기간이 20년 이상인 부부의 이혼 건수는 2004~2006년에 약간 감소한 후 다시 증가하였다. 이혼부부의 평균 혼인지속기간은 1982년 이후로 꾸준히 증가하여 2012년에 13.7년으로 6.6년이 증가하였다.

〈표 6-2〉 혼인지속기간별 이혼 건수 및 구성비   (단위: 천 건, %, 년)

		1982	1985	1988	1991	1994	1997	2000	2003	2006	2009	2012
이혼건수	4년 이하	12.4	16.6	17.4	18.5	21.9	28.2	35.0	40.9	33.0	33.7	28.2
	5~9년	7.0	11.2	13.1	13.8	16.5	22.1	26.6	38.5	27.3	23.6	21.5
	10~14년	4.0	5.8	7.0	9.6	13.9	17.8	22.4	32.7	22.4	20.0	17.7
	15~19년	1.5	2.7	3.3	4.4	7.5	13.3	18.3	24.8	18.0	18.4	16.6
	20년 이상	1.3	1.8	1.9	2.8	4.7	8.9	17.0	29.7	23.8	28.3	30.2
구성비*	4년 이하	47.4	43.6	40.7	37.6	33.7	31.0	29.3	24.6	26.5	27.2	24.7
	5~9년	26.6	29.4	30.7	28.0	25.4	24.3	22.3	23.1	21.9	19.1	18.9
	10~14년	15.2	15.2	16.5	19.5	21.3	19.5	18.7	19.6	18.0	16.1	15.5
	15~19년	5.9	7.1	7.6	8.9	11.6	14.6	15.4	14.9	14.5	14.8	14.6
	20년 이상	4.9	4.7	4.5	5.7	7.2	9.8	14.2	17.8	19.1	22.8	26.4
평균 혼인지속기간		7.1	7.4	7.7	8.3	9.2	10.0	10.9	11.9	12.1	12.9	13.7

* 혼인지속기간 미상을 포함한 전체에서 구성비

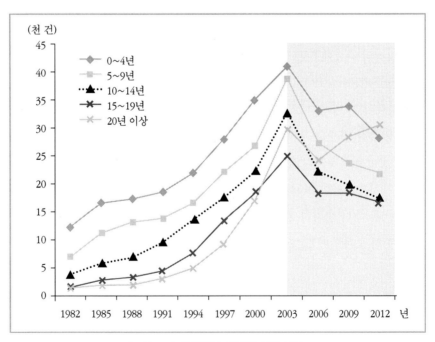

[그림 6-6] 혼인지속기간별 이혼 건수

* 음영 부분은 2003년도부터 상승 추세가 꺾임을 의미함.

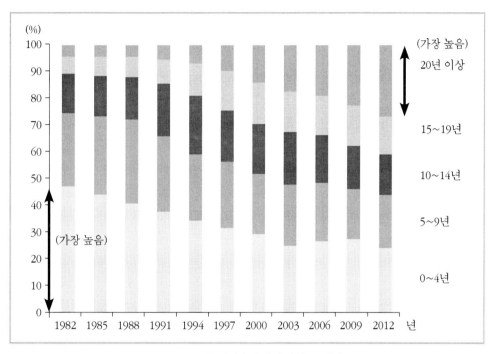

[그림 6-7] 혼인지속기간별 이혼 구성비

(3) 미성년 자녀 수별 이혼

미성년 자녀가 있는 경우의 이혼은 그 수에 관계없이 1993~2003년에 상
승하였으나 2004년 이후 하락세를 보인다. 이는 전체 이혼 건수의 변화 양상
과 흡사하다. 한편, 미성년 자녀가 없는 경우의 이혼은 전체 이혼 건수가 감
소하는 2004년 이후에도 꾸준히 상승한다. 혼인지속기간이 20년 이상인 부
부의 이혼 건수의 변화 양상과 흡사한 것으로 보아, 황혼이혼의 증가가 미성
년 자녀가 없는 이혼의 증가에 영향을 주었다고 볼 수 있다.

1993년과 비교해 2015년에는 미성년 자녀가 없는 경우의 이혼 건수는 3배
가까이 증가하였으며, 구성비 역시 전체의 절반을 차지할 만큼 상승하였다.
반면에, 미성년 자녀가 있는 경우의 이혼 건수는 모두 1993년 대비 상승하였
으나, 구성비는 모두 감소하였다.

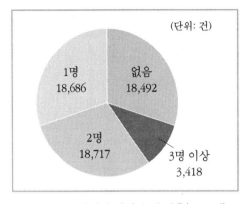

[그림 6-8] 미성년 자녀 수별 이혼(1993년)

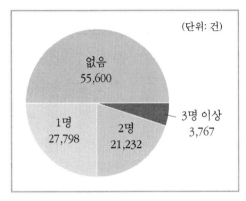

[그림 6-9] 미성년 자녀 수별 이혼(2015년)

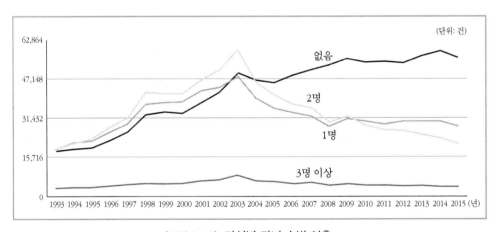

[그림 6-10] 미성년 자녀 수별 이혼

(4) 이혼고려 경험이 있음에도 결혼을 지속하고 있는 이유

이혼고려 경험이 있음에도 결혼을 지속하고 있는 이유로는 전체적으로 '자식 때문에'라는 대답이 가장 많았으며, 예외적으로 20세 미만 부부들은 모두 가족 등 주변 사람들을 실망시킬 수 없기 때문이라고 대답하였다.

남성은 여성보다 '혼자서 자녀양육과 살림을 하기 어려워서'라는 대답의 비율이 높으며, 여성은 남성보다 '경제적으로 혼자 살 자신이 없어서'라고 대답한 비율이 높았다. 20세 이상 30세 미만 부부들에게서 '주변 사람들을 실망

〈표 6-3〉 결혼생활을 지속하고 있는 이유(성별/연령별)

구분	항목	성별 남성	성별 여성	성별 전체	2015 전체	연령 20세 미만	연령 20세 이상 30세 미만	연령 30세 이상 39세 미만	연령 40세 이상 49세 미만	연령 50세 이상 59세 미만	연령 60세 이상 69세 미만	연령 70세 이상
주변의 시선 때문에	인원(천 명)	143	175	318	318	0	5	27	101	126	37	21
	비율(%)	7.2	6.2	6.6	6.6	0	4.3	2.6	6.2	9.1	7.9	15.8
부모, 형제 등 주변 사람들을 실망시킬 수 없어서	인원(천 명)	259	310	569	569	6	25	79	181	198	63	17
	비율(%)	13.1	11	11.8	11.8	100	20.3	7.6	11.1	14.3	13.2	12.9
경제적으로 혼자 살 자신이 없어서	인원(천 명)	100	262	362	362	0	4	69	84	152	40	13
	비율(%)	5.1	9.3	7.5	7.5	0	2.9	6.6	5.2	10.9	8.5	10
혼자서 자녀양육과 살림을 하기 어려워서	인원(천 명)	159	130	289	289	0	14	80	110	73	9	4
	비율(%)	8	4.6	6	6	0	11.4	7.6	6.7	5.2	1.9	3.3
이혼한다고 내가 더 행복할 것 같지 않아서	인원(천 명)	344	381	725	725	0	10	115	207	266	110	18
	비율(%)	17.4	13.5	15.1	15.1	0	8	10.9	12.7	19.2	23.1	13.7
이혼하면 외로울 것 같아서	인원(천 명)	37	33	70	70	0	0	5	36	19	8	2
	비율(%)	1.9	1.2	1.5	1.5	0	0	0.5	2.2	1.4	1.7	1.8
자식 때문에	인원(천 명)	859	1,456	2,315	2,315	0	65	648	852	518	180	51
	비율(%)	43.5	51.5	48.2	48.2	0	53.1	61.7	52.2	37.3	38	39.5
사회생활을 하는 데 불리할 것 같아서	인원(천 명)	13	15	27	27	0	0	0	11	8	7	0
	비율(%)	0.6	0.5	0.6	0.6	0	0	0	0.7	0.6	1.6	0
결혼생활의 실패자로 여겨질 것 같아서	인원(천 명)	51	38	88	88	0	0	13	40	24	12	0
	비율(%)	2.6	1.3	1.8	1.8	0	0	1.2	2.4	1.7	2.5	0
기타	인원(천 명)	12	28	40	40	0	0	13	11	4	8	4
	비율(%)	0.6	1	0.8	0.8	0	0	1.3	0.7	0.3	1.8	2.8
전체	인원(천 명)	1,976	2,826	4,803	4,803	6	123	1,050	1,632	1,388	474	130
	비율(%)	100	100	100	100	100	100	100	100	100	100	100

시킬 수 없어서' '혼자서 자녀양육과 살림을 하기 어려워서'라는 의견이 다른 연령보다 높게 나타났으며, 70세 이상 부부들은 주변의 시선 때문에 결혼을 지속하고 있다는 답변의 비율이 다른 연령보다 높게 나타났다.

경제적으로 혼자 살 자신이 없다고 대답한 사람들 중 50세 이상 59세 미만 부부의 비율이 가장 높으며, 그 뒤로 70세 이상 부부와 60세 이상 69세 미만 부부의 순이다. 즉, 고령일수록 경제적인 독립에 자신이 없다는 사람들이 많았다.

4. 이혼의 원인과 견해

1) 이혼의 원인

(1) 이전 배우자와의 이혼/별거사유 순위

여성가족부의 가족실태조사에 따르면, 성별과 연령으로 구분된 대부분의 영역에서 성격 차이가 이전 배우자와의 이혼/별거 사유 중 수치가 가장 높다. 예외적으로 20세 이상 30세 미만 부부와 70세 이상 부부의 이혼/별거 사유에서 가장 높은 비율로 나타나는 것은 외도 등의 애정문제이다.

대체적으로 성격 차이와 애정문제, 경제적 문제가 주류를 차지하며, 70세 이상 부부들에게는 자녀문제가, 20세 이상 30세 미만 부부들에게는 술이나 도박 등에 대한 중독문제 또한 잦은 것으로 보인다. 남성의 이혼/별거 사유 중 폭력문제가 없다는 것도 주목할 만한데, 이는 대부분의 가정폭력의 가해자가 남성이거나, 남성이 폭력을 당하더라도 자존심 때문에 밝히기를 꺼리기 때문인 것으로 보인다.

한편, 한국가정법률상담소의 이혼상담통계에 의하면, 최근 들어 가정의 유지보다 개인의 행복을 위해 이혼을 선택하는 사람이 많아지는 만큼, 이혼의 사유 역시 복잡하고 다양해졌다. 이에 따라 추상적이고 입증하기 어려운 이

〈표 6–4〉 이혼 사유(성별/연령별)

구분	항목	성별			2015							
		남성	여성	전체	전체	20세 이상 30세 미만	30세 이상 39세 미만	40세 이상 49세 미만	50세 이상 59세 미만	60세 이상 69세 미만	70세 이상
						연령						
외도 등의 애정문제	인원(천 명)	103	228	331	331	5	72	76	109	33	36
	비율(%)	12.2	18	15.6	15.6	29.6	25.9	11.8	14.2	11	32.5
성격 차이	인원(천 명)	541	575	1,115	1,115	4	134	361	414	169	33
	비율(%)	63.8	45.4	52.8	52.8	22	48.1	55.8	54.2	57	30.3
경제적 문제 (실직, 빚보증, 가난)	인원(천 명)	158	236	393	393	4	25	123	162	66	14
	비율(%)	18.6	18.6	18.6	18.6	23.6	9.1	19	21.2	22.1	12.7
자녀문제	인원(천 명)	8	16	25	25	0	6	0	6	0	13
	비율(%)	1	1.3	1.2	1.2	0	2.2	0	0.8	0	11.6
친인척문제	인원(천 명)	12	16	28	28	0	4	17	7	0	0
	비율(%)	1.4	1.3	1.3	1.3	0	1.5	2.6	1	0	0
폭력	인원(천 명)	0	60	60	60	0	23	17	16	4	0
	비율(%)	0	4.7	2.8	2.8	0	8.1	2.6	2.1	1.5	0
중독(술, 도박)	인원(천 명)	16	113	128	128	4	14	47	35	16	12
	비율(%)	1.8	8.9	6.1	6.1	24.8	5	7.3	4.5	5.5	10.6
나이 차이	인원(천 명)	2	9	11	11	0	0	0	4	5	2
	비율(%)	0.3	0.7	0.5	0.5	0	0	0	0.6	1.5	2.2
기타	인원(천 명)	8	13	21	21	0	0	6	12	4	0
	비율(%)	1	1.1	1	1	0	0	0.9	1.5	1.3	0
전체	인원(천 명)	848	1,266	2,113	2,113	17	279	647	764	297	109
	비율(%)	100	100	100	100	100	100	100	100	100	100

1950~1960년대	사실혼 해소 외도, 간통, 혼인빙자간음 등의 사유
1970년대	생사 불명 한국전쟁 · 베트남전쟁 등으로 오랜 기간 배우자 생사 불명
1980년대	가정 폭력 남편의 가정 폭력으로 집을 나간 '아내 가출'
1990년대	가정 폭력 남편의 폭력에 대한 부당 대우 호소
2000년대	부당 대우, 경제문제 배우자의 부당한 대우, IMF로 인한 경제문제
2010년대	성격 차, 삶의 질 애정 상실 · 대화 단절 등 추상적이고 입증 어려운 사유, 부모 부양 갈등, 유언 · 상속, 파산

[그림 6-11] 60년간 이혼 사유의 변천사

출처: 한국가정법률상담소(2016).

혼 사유의 비율이 높아져 객관적으로 정확하게 분류하기가 어려운 상황이다.

2) 이혼에 대한 견해

(1) '자녀가 있어도 이혼할 수 있다'는 견해에 대한 기혼여성(15~49세)의 태도

15~49세 결혼한 여성 10명 중 6명은 자녀가 있어도 이혼을 선택을 할 수 있다고 밝혔다. 보건사회연구원 2015년 전국 출산력 및 가족보건 · 복지실태조사에 따르면 15~49세 결혼한 여성 1만 2,009명 중 60.9%가 '부부간 갈등을 해결할 수 없다면 이혼하는 게 낫다'고 답했다. 이 중 8.3%는 '전적으로 찬성'한다고 밝혔다. 또한 '전혀 찬성하지 않는다'는 응답은 7.5%에 불과했다.

〈표 6-5〉 '자녀가 있어도 이혼할 수 있다'는 견해에 대한 기혼여성(15~49세)의 태도

응답자의 일반특성별(1)	응답자의 일반특성별(2)	2015					
		응답자 수(명)	계 (%)	전적으로 찬성(%)	대체로 찬성(%)	별로 찬성하지 않음(%)	전혀 찬성하지 않음(%)
기혼여성 전체	소계	11,009	100.0	8.3	52.6	31.7	7.5
연령	30세 미만	540	100.0	7.0	48.3	35.2	9.4
	30~34세	1,724	100.0	9.0	50.5	32.9	7.5
	35~39세	2,451	100.0	7.5	53.2	32.3	7.0
	40~44세	3,048	100.0	7.8	52.4	31.8	8.0
	45~49세	3,244	100.0	9.2	54.2	29.8	6.8
교육수준	중졸 이하	343	100.0	7.9	52.5	32.4	7.3
	고졸	4,554	100.0	9.0	54.6	29.1	7.4
	대졸	5,672	100.0	7.9	51.2	33.4	7.5
	대학원졸	440	100.0	7.0	49.5	35.2	8.2
혼인상태	유배우	10,323	100.0	7.5	51.9	32.7	7.8
	사별	138	100.0	12.3	53.6	29.0	5.1
	이혼·별거·미혼모	547	100.0	22.7	65.1	11.7	0.5

(2) '자녀가 있어도 이혼할 수 있다'는 견해에 대한 미혼남녀(20~44세)의 태도

또한 '자녀가 있어도 이혼할 수 있다'는 견해에 대해 미혼남녀(20~44세)는 기혼여성에 비해 더 보수적인 태도를 갖는 경향을 보였는데, 이는 자녀양육 문제로 이혼 후 곤란한 상황에 처할지도 모른다는 염려가 크기 때문이라고 학자들은 내다봤다. 자녀가 있을 때의 이혼에 대해 미혼남성은 49.3%의 반대 의견을 보였고, 미혼여성은 27.9%의 반대 의견을 보였다.

〈표 6-6〉 '자녀가 있어도 이혼할 수 있다'는 견해에 대한 미혼남녀(20~44세)의 태도

응답자의 일반특성별(1)	2015					
	응답자 수(명)	계 (%)	전적으로 찬성(%)	대체로 찬성(%)	별로 찬성하지 않음(%)	전혀 찬성하지 않음(%)
미혼남성 전체	1,096	100.0	8.4	42.3	37.1	12.2
미혼여성 전체	1,287	100.0	14.6	57.5	24.2	3.7

(3) '사별이나 이혼 후에는 재혼을 통해 새 삶을 시작하는 것이 좋다'는 견해
에 대한 기혼여성(15~49세)의 태도

또한 '사별이나 이혼 후에는 재혼을 통해 새 삶을 시작하는 것이 좋다'는 견
해에 대해 기혼여성은 65.6%가 동의를 하는 입장으로, 이혼을 새로운 시작으
로 보는 견해를 가진 여성들이 대다수임을 알 수 있었다. 결혼은 시대의 가치
관을 반영한다. 즉, 현대사회에 팽배해 있는 개인주의 문화 때문에 결혼을 과

〈표 6-7〉 '사별이나 이혼 후에는 재혼을 통해 새 삶을 시작하는 것이 좋다'는 견해에 대
한 기혼여성(15~49세)의 태도

응답자의 일반특성별(1)	응답자의 일반특성별(2)	2015					
		응답자 수(명)	계	전적으로 찬성(%)	대체로 찬성(%)	별로 찬성하지 않음(%)	전혀 찬성하지 않음(%)
기혼여성 전체	소계	11,009	100.0	12.3	53.3	28.7	5.7
거주지	대도시	4,797	100.0	12.8	53.8	27.8	5.7
	중소도시	4,589	100.0	12.0	52.8	29.8	5.3
	농촌	1,622	100.0	11.8	53.1	28.1	7.0
연령	30세 미만	540	100.0	10.4	54.1	28.5	7.0
	30~34세	1,725	100.0	12.1	54.6	28.2	5.0
	35~39세	2,451	100.0	11.9	53.2	29.6	5.3
	40~44세	3,049	100.0	11.8	52.6	29.0	6.5
	45~49세	3,243	100.0	13.5	53.2	27.9	5.4
교육수준	중졸 이하	342	100.0	13.2	51.2	29.8	5.8
	고졸	4,554	100.0	13.1	52.9	28.3	5.7
	대졸	5,672	100.0	11.5	53.6	29.2	5.7
	대학원졸	440	100.0	14.5	54.8	24.8	5.9
혼인상태	유배우	10,324	100.0	11.4	52.8	29.8	6.0
	사별	139	100.0	23.0	51.1	21.6	4.3
	이혼 · 별거 · 미혼모	546	100.0	26.6	61.9	10.1	1.5

거처럼 '전체적인 필요성'이라는 측면이 아닌 그들 자신의 '개인적 성장'이라
는 측면에서 바라보게 되었다는 것인데, 이러한 변화 속에 두 개인은 상대방
의 성장과 변화의 속도를 쫓아가면서 동시에 상대방의 욕구를 충족시켜야 하
기 때문에 결혼생활을 더 버겁게 느끼기도 한다. 여기에다 오늘날 만연하고
있는 남성과 여성의 역할분담에 대한 혼란이 가세하면서 이젠 더 이상 어디
에서도 우리의 안정적 결혼을 지지하거나 보장해 주는 근거나 장치를 찾기가
더 어렵게 되었다고 생각해 볼 수 있다.

5. 이혼의 문제점

1) 부부에게 미치는 영향

(1) 역할상의 문제

이혼으로 인하여 가족구성원은 기존의 규정된 역할, 활동 등이 붕괴되어
상호작용과 생활방식을 상실하게 되는 상태에 이른다. 이혼 후 일상적으로
부모가 하는 과업을 한쪽 부모가 해야 하므로 과업의 과부담을 겪게 된다.
즉, 가정관리, 주택관리, 재정관리, 시간관리 등의 현실적 문제를 처리하는
데 어려움을 겪는다.

(2) 경제적 문제

양육권을 가진 부모에게 지급해야 하는 양육비나 위자료도 이혼으로 인한
경제적 문제에 해당한다. 이혼은 여성에게 있어서 양육비, 위자료 이외의 경
제적 문제를 동반하는 경우가 많다. 이혼 후 노동시장에서 여성들은 임시적
이고 불안정한 직업을 갖는 경우가 많다. 이는 경제적인 불안정의 원인이 되
며, 나아가서는 하나의 사회문제가 될 수도 있다. 물론 남성도 경제적 어려움

을 겪지만 여성과는 그 양상이 다르다.

남성의 경우는 재산분할, 불규칙한 생활로 인한 지출과다 등으로 상대적 빈곤을 느끼는 경우가 많지만, 여성의 경우는 경제력을 가지고 있는 여성이 상대적으로 적으며 절대적 빈곤에 처하게 되는 경우가 많다. 게다가 아이까지 양육해야 할 경우 경제적 문제는 생존의 문제와 직결된다. 변화순의 연구에 따르면, 이혼을 전후로 하여 여성가구의 빈곤율 변화를 보면 이혼 전 19.1%이던 빈곤율은 이혼 당시 24.6%로 5.5% 증가한다. 이혼을 경험한 여성가구 셋 중 한 가구는 절대빈곤 상태에 놓여 있다고 할 수 있다. 그리고 이혼 후 자녀를 양육하고 있는 여성의 빈곤율이 훨씬 높은 것으로 나타났다.

(3) 신체 · 건강적 문제

이혼 과정을 겪는 당사자는 극심한 스트레스에 시달리고, 지속되는 긴장 속에서 육체적인 건강이 악화되기도 하며, 우울증 등의 정신적 질환을 앓기도 한다. 또한 이혼자들은 이혼 직후 극도의 정서적 불안정, 분노, 우울, 불안, 충동적 행동 등을 나타내기도 한다. 최근의 연구에 의하면, 심지어 이혼한 사람들은 면역체계의 변화로 질병, 감염, 임상적인 문제나 심각한 의학적 문제에 더 취약해지고 심지어 죽음에까지 더 쉽게 도달한다.

(4) 대인관계 문제

이혼자들은 사회에서 자신들의 삶을 지지해 줄 공간이나 집단이 없다는 것으로 고통받게 된다. 가족, 친지, 친구의 경우에도 이혼자의 상황과 경험을 잘 이해하지 못하며, 심지어 부담스러워하게 되기 때문에 이혼을 지지하기보다는 말리며 피하게 된다.

2) 자녀에게 미치는 영향

(1) 정서적 문제

보통 이혼하는 가정의 60%가량이 자녀가 있다고 한다. 어른들에게 있어서 이혼은 하나의 세계의 끝에 불과하지만, 아이에게 있어서 이혼은 유일한 세계의 끝을 의미한다. 이혼이나 별거와 같은 상황은 아이에게 극심한 스트레스를 유발한다. 부모가 이혼할 때 느끼는 감정은 부모가 사망하였을 때 느끼는 슬픔의 정도와 비슷하다. 이러한 충격을 완화하고 안정을 찾는 기간은 대략 10년 정도에 달한다고 한다.

가족해체에 따른 가족기능의 약화와 역할의 미학습에 의한 불안, 갈등, 긴장 등 정서적 문제는 인간성 발달에 있어서 가장 감수성이 예민한 단계에 있는 한부모가정 청소년들에게 있어 또 하나의 커다란 문제이다. 아버지의 부재가 자녀들에게 높은 신경증을 유발하며, 아버지의 부재 이유에 따른 불안 정도를 비교해 보면 사망에 의한 부재보다 이혼, 별거에 의한 부재인 자녀들이 신경증상 불안이 더 높다.

또한 정서적으로도 주된 기능을 담당하는 부부가 이혼에 이르기까지 그 자녀들은 부부간의 갈등과 가정불화를 경험하면서 심리적으로 큰 타격을 입게 되어 타 학생보다 자기 자신의 가치에 대해서 회의적이며, 자기를 무가치한 인물로 보고, 종종 불안을 느끼고 불행하다고 생각한다. 실제로 연구 보고에서는 이들의 정서적 불안이 경제적 문제보다 두 배 이상 어려운 문제라고 지적한다.

(2) 행동 · 사회적 문제

자녀의 정서적 문제는 행동 · 사회적 문제로 이어진다. 정체성을 형성하고 가족들과의 관계 속에서 사회화를 거쳐야 할 아이가 이러한 불안정 상태에 노출되면 아이의 정서적 발달이 악영향을 받게 된다는 점에서 이혼을 비롯한 가족의 심한 갈등상황은 크나큰 문제라고 할 수 있다. 또한 정서의 불안정한 발달은 아이의 성장기 동안 여러 가지 일탈행동을 유발하는 한 원인으로 작용한다.

청소년들의 정서적 불안은 대인관계에서 자존심이 낮고 만사에 소극적인 사회성 결여를 유발하게 한다. 그리하여 한부모가정 청소년들은 열등의식과 사회적 편견 등으로 인하여 대인관계 의사소통에 있어 난점을 보인다. 또한 이들은 일반 가정에 비해 책임감이 부족하고, 의존적이며, 비행률이 높다. 변화가 많은 청소년 시기에 자신의 역할에 충실하고 부나 모의 심리적 동일시의 대상이 있는 청소년들은 사회화를 습득함에 있어서 매우 용이하다. 그러나 한부모가정의 청소년들은 가족의 부재로 인하여 부나 모의 역할을 대신해야 하는 의무감 속에서의 갈등과 부나 모 혹은 부모의 부재로 야기되는 심리적·정서적 동일시의 불안감 속에서 자신의 생활을 통제, 조정함에 곤란함이 발생하므로 문제아의 성격을 띠거나 비행을 하게 될 수 있다.

실제로 윤안진 외 2명이 '가족 구조에 따른 청소년 비행'에서 중학교 2학년과 고등학교 2학년에 재학 중인 청소년을 대상으로 청소년 비행에 관해 조사한 결과, 한부모가정 청소년의 비행 수준이 양부모가정 청소년의 비행 수준보다 높았다. 이는 한부모가정의 경우 청소년을 양육하는 부모가 부양과 양육의 부담을 혼자서 감당하게 되므로 상대적으로 훈육에 어려움을 경험하기 때문인 것으로 해석될 수 있다. 특히 한부모가정의 경우 청소년의 생활을 모니터할 시간이 부족하기 때문에 부모의 감독에서 상대적으로 자유로운 한부모가정 청소년들의 비행행동이 더 높게 나타난 것으로 보인다. 일반적으로 이혼 후 자녀들은 행동문제를 일으키고 사회적 역량이 감소하여 사회적으로 덜 유능하고 더 공격적이며, 부모에게 불복종하고 약물이나 술을 많이 즐기는 성향이 있다.

(3) 학업문제

자녀들은 부모의 이혼 후 친부모와의 관계가 원만하지 않거나 계속되는 갈등으로 인해 스트레스와 긴장에 빠지게 된다. 이렇게 정서적으로 불안정하게 되면 공부에 전념할 수가 없기 때문에 학업성적이 떨어지는 경우가 많다. 이혼하지 않은 가정의 자녀들의 낙제와 관련된 주요인은 낮은 학업성취인 반면, 이혼가정의 자녀들의 낙제는 사회적 문제 및 행동문제와 연결되는 것으로 밝혀졌다. 자녀들은 부모의 이혼 후 친부모와의 관계가 원만하지 못하거나 계속되는 갈등으로 스트레스와 긴장에 빠지고 정서적으로 불안정하게 되면 심리적 에너지가 분산되어 공부에 전념할 수 없기 때문에 학업성적이 떨어진다.

(4) 형제자매관계, 친척관계

이혼결과는 부부 및 가족의 해체만을 의미하는 것이 아니며 지금까지 인위적으로 맺어 온 가족과 가족의 결합을 끊는 것이다. 따라서 부모가 이혼한 가족은 친척과의 교류관계가 소원해지는 경향이 있다. 그러나 손자녀와 조부모의 관계는 혈연관계로 법적으로 해소되지 않았기 때문에 가족에 대한 관계, 가치관에 혼란을 불러올 수 있다. 또한 이혼은 형제간의 갈등, 공격, 라이벌의식, 이탈 등에 관여하게 되고, 이것은 아동의 문제행동에도 영향을 미친다.

3) 사회에 미치는 영향

가족은 가족의 기능 중 가장 중요한 본질적 기능인 생리적 욕구(성적 욕구)의 충족 기능, 사회성원의 재생산, 즉 자녀의 출산을 통해 사회에 새로운 성원을 충원시키는 기능을 한다. 또한 새로운 성원들을 양육하고 연소자 및 노약자를 보호하고 보살피는 기능을 담당하며 가정교육을 통해 개인의 인성 특성 및 가치관 등이 올바르게 형성되게 한다. 하지만 가족이 해체되면 이러한 기능에 문제가 생기고 노인문제, 아동문제 등이 발생한다. 사회의 기본단위로서 사회를 유지하고 존속시키는 기능의 일부를 하는 가정이 망가지는 것은 결국 엄청난 사회적 비용을 발생시킨다고 할 수 있다. 또한 이혼으로 인해서 발생하는 사회적 총비용은 2004년 기준 연간 5,300억 원으로 국가예산인 115조의 0.46%이다. 그 지출내역을 보면 한부모가정에 대한 복지비용, 이혼재판상의 조정비용, 상담센터 운영비용 등이 있다.

6. 대책

1) 이혼 발생 이전의 가족해체 예방적 측면

(1) 결혼 전 가족생활에 대한 교육 실시

일반적으로 결혼을 앞둔 사람들이 결혼을 통해 자신들이 이루게 되는 가족에 대해서 막연한 생각을 갖고 결혼을 한다. 따라서 결혼 후 가족에 대한 책임의식이나 역할의식 없이 가족생활을 하게 된다. 이렇게 형성된 가족이 가족 내적·외적 사건으로 인해 위기를 만나게 되면 부부관계 및 가족은 쉽게 흔들릴 수 있다. 이것을 예방하기 위해 결혼을 앞둔 예비부부에 대한 가족 관련 교육이 실시되어야 한다.

(2) 빈곤가정의 지원

가정의 경제적 어려움은 이혼의 주된 사유가 되어 가족해체를 가져오고, 가족해체는 빈곤으로 이어지는 악순환이 반복된다. 빈곤이 가족해체로 이어지는 주된 원인은 양육, 봉양, 간병 등 가족복지의 1차적 책임을 모두 해당 가족에게 온전히 맡기고 있기 때문이다. 따라서 충분한 일터의 제공 및 취업 지원을 통해 가정의 경제력을 증진시킴과 동시에, 사회가 양육비 지원 등과 같은 방식을 통해 빈곤의 심화 및 빈곤으로 인한 가족해체를 완화시켜야 한다.

자녀, 부부, 가족을 대상으로 한 다양한 상담 프로그램의 개발 및 서비스 강화를 통하여 가족문제를 예방한다. 또한 위기가족에 대해 치료 서비스를 제공하여 가족 내 갈등을 해소하고 가족 간의 의사소통과 상호 역할을 원만히 조정함으로써 가족해체를 방지해야 한다. 이뿐만 아니라 해체가정을 위해서도 지속적인 가족관계 강화 프로그램을 실시하여 이후에라도 다시 가정이 회복될 수 있는 가능성을 열어 놓아야 한다.

2) 이혼 과정의 정책적 대책

(1) 이혼 전 상담 및 숙려기간의 제도화

협의이혼이 실제 이혼율의 대부분을 차지하는데, 협의이혼의 경우 그 절차가 너무 쉽고 간편하여 즉각적이고 충동적인 이혼을 하게 될 가능성이 있으므로 이를 막기 위한 제도적 검토와 보완이 필요하다. 따라서 이혼에 앞서 충분한 검토의 시간과 상담을 거치도록 보다 실질적인 차원의 이혼숙려 프로그램을 개발하여 부부가 숙려기간에 더욱 신중하게 생각할 수 있도록 해야 한다. 이를 위해서 국가가 공인하는 전문인력의 양성이 필요하다.

(2) 자녀에 대한 배려

이혼과정은 길고 까다롭고 복잡한 과정이다. 이 상황에서 극도의 스트레스와 심리적 불안을 느끼는 것은 부모뿐만 아니라 자녀 역시 마찬가지이다. 자녀가 이러한 외적인 심리적 스트레스에 더 취약하지만, 이혼이 진행 중인 가정의 자녀들을 위한 대책은 없다. 이러한 자녀들에게는 부모의 세심한 배려가 필요하기 때문에 부모역할 프로그램을 활성화시키거나, 또는 국가기관에서 자녀에 대한 심리적 상담, 치료 등을 이 단계에서도 역시 진행해야 한다.

3) 부양의 사회화를 통한 이혼 이후의 사후적 대책

(1) 이혼가정을 위한 사회적 지원체계 확충

한부모가족은 빈곤가족으로 전락할 위험이 높기 때문에 그들을 위한 구체적이고 현실적인 세제지원, 주거지원, 아동수당이나 가족수당의 도입이 절실하다. 우리나라는 현재 빈곤아동에게「국민기초생활보장법」「한부모가족지원법」「아동복지법」에 규정하고 있는 아동수당을 지원하고 있는 정도이다. 이혼 후 여성에게는 빈곤화 경향에 따른 자녀양육의 어려움이, 남성에게는 생활상의 어려움이 있음이 지적되고 있다. 따라서 이혼여성을 위한 취업교육 기회의 확대, 아동보육시설의 우선 입소, 급식의 실시 등과 같은 자녀양육의 사회화 확대와 더불어 이혼남성을 위한 자녀양육 교육 및 가사도우미 제도가 실시되어야 한다.

(2) 가족 차원의 심리상담 및 치료 프로그램 개발

사회적·국가적 차원에서 심리상담 및 치료 프로그램이 활성화되어, 이혼 과정을 거치면서 상처받은 가족들의 마음을 치유하고 그들에게 자아성장을 할 수 있는 기회를 주어야 한다. 이혼 후 개인이 경험하는 심리적 충격은 대단히 크며, 이는 남성, 여성 모두에게 해당된다. 그러므로 적응단계에 대한 올바른 이해의 확산과 상담기관에서의 이혼자 적응 프로그램의 활성화가 요구된다. 또한 이혼이 자녀에게 미치는 심리적 상실 역시 대단히 크기 때문에 이혼자녀를 위한 상담의 활성화 역시 요구된다.

4) 사회의 인식 개선을 위한 노력

다양한 유형의 가족들을 비정상적이고 문제 있는 가족으로 바라보는 시각에서 탈피하여 다양성을 존중하고 인정하는 개방적인 시각으로의 발전을 통해 이혼 당사자와 자녀들이 겪는 2차적 심리 피해를 최소화해야 한다. 또한 이혼의 한 원인이 되기도 하는 남성들의 가부장적 태도를 타파해야 한다. 가부장적 의식은 가족구성원들이 남성 가장에게 무조건 복종해야 하고, 가족 내에서 남성가장이 가장 우월한 존재라는 사고를 하게 해 가정불화의 주원인이 되고, 이는 이혼으로 이어진다. 제도적·사회적 노력을 통해 이혼의 원인이 되는 부정적이고 불합리한 인식과 이혼가정에 대한 편견 있는 인식의 개선을 불식시켜 이혼을 예방하고 2차적 심리 피해를 줄여야 한다.

7. 결론

앞서 제시한 자료에 의하면 최근 우리나라의 이혼율은 하락세를 보이지만 꾸준히 증가해 왔고, 다른 OECD 회원국과 비교해 봐도 2008년 34개의 OECD 국가 중 9위를 차지했으며 아시아 회원국 중에선 1위에 해당할 정도로 이혼이 심각한 사회문제로 대두되었다.

여성가족부의 가족실태조사에 따르면, 이러한 이혼의 원인은 성별과 연령으로 구분된 대부분의 영역에서 성격 차이가 이전 배우자와의 이혼/별거 사유 중 수치가 가장 높다. 또한 한국가정법률상담소의 이혼상담통계에 의하면 최근 들어 가정의 유지보다 개인의 행복을 위해 이혼을 선택하는 사람이 많아지는 만큼, 이혼에 대한 인식 역시 변화하고 있다고 볼 수 있다.

이혼은 부부에게는 경제적, 정서적, 건강 문제, 자녀에게는 정서적, 사회·행동적, 학업 문제를 발생시키는 것으로, 이는 사회적으로 볼 때 커다란 손실이다. 따라서 앞서 지적한 이혼으로 발생하는 여러 가지 문제점을 방지하기 위해서는 이혼의 사전적 예방과 더불어 이혼 후의 해체가정에 대한 사회적인 관심과 케어가 필요하다.

참고문헌

고정자, 전효정(2014). 행복한 결혼과 가족. 서울: 형설출판사.

권연수, 강선경(2016. 6. 30.). 이혼 사유 변천사, 1980년대 '폭력'에서 2010년대 '성
　　격 차'. 통플러스.

김두섭, 김정석, 송유진, 최양숙(2005). 가족구조와 관계의 변화 및 전망. 경기: 정보통
　　신정책연구원.

김미숙, 원영희, 이현송, 장혜경(2005). 한국의 이혼 실태와 이혼가족 지원정책 연구.
　　연구보고서 2005-13. 한국보건사회연구원.

김미애(2016). 가족연습: 93가지 상담 사례를 통해서 연습해보는 우리 가족 행복 프로젝
　　트. 서울: 시그마북스.

박응순, 문순영, 임원선, 임종호(2008). 사회문제론. 서울: 학지사.

보건복지부, 저출산 · 고령사회위원회, 한국보건사회연구원(2005). 저출산 실태조사
　　및 종합대책연구.

어수영(1997). 가치 변화와 삶과 정치: 한국 · 일본 · 미국 · 멕시코 4개국 비교연구. 서울:
　　이화여자대학교 출판부.

여성가족부(2015). 가족실태조사.

이재원, 정호석(2013). 우리나라의 이혼 · 재혼 현황. 통계청 보도자료.

이철우(2017). 新사회학 초대(5판). 서울: 학지사.

전병재 외(1998). 위기에 선 가족: 한국가족의 변화와 전망. 서울: 다산출판사.

조정문, 장상희(2002). 가족사회학: 현대사회에서 가족은 무엇인가. 서울: 아카넷.

최광현(2012). 가족의 두 얼굴. 서울: 부키.

최광현(2014). 가족의 발견: 가족에게 더 이상 상처받고 싶지 않은 나를 위한 심리학. 서
　　울: 부키.

통계청(1993~2015). 인구 동향 조사.

통계청(2014). 혼인 이혼 통계.

한남제(1999). 현대가족의 이해. 서울: 일지사.

EBS 가족쇼크 제작팀(2015). 가족쇼크. 경기: 월북.

上野千鶴子(2012). 싱글, 행복하면 그만이다: 혼자서도 주눅들지 않고 누구보다 멋지고 행
　　복하게 살기(나일등 역). 서울: 이덴슬리벨.

奧田祥子(2015). 남성표류(서라미 역). 서울: 메디치미디어.

Blood, R. O., Jr. (1962). *Marriage*. New York: The Free Press.

Burgess, E. W., & Lock, H. J. (1953). *The family*. New York: John Wiley & Sons.

Elkind, D. (1999). 변화하는 가족: 새로운 가족 유대와 불균형(이동원, 김모란 공역). 서울: 이화여자대학교 출판부.

Fursteinberg, F., & Cherlin, A. (1991). *Divided families*. Cambridge: Harvard Univ. Press.

Goode, W. J. (1964). *The family*. Englewood Cliffs, NJ: Prentice-Hall Inc.

Hochschild, A. R. (2016). 가족은 잘 지내나요?: 현대 가족의 일과 삶과 사랑의 공감 지도 그리기(이계순 역). 서울: 이매진.

Klinenberg, E. (2013). 고잉솔로 싱클턴이 온다: 1인가구 시대를 읽어라(안진아 역). 서울: 길벗.

Parke, R. D., & Brott, A. A. (2010). 나쁜 아빠: 신화와 장벽(박형신, 이진희 공역). 서울: 이학사.

김용식(2015. 4. 23.). 늦추고… 포기하고… 작년 혼인율 역대 최저. 한국일보.

김청환(2015. 11. 3.). '황혼 이혼' 매년 증가… 작년 사상 최다. 한국일보.

민정혜(2016. 7. 12.). 기혼여성 60% "자녀가 있어도 이혼할 수 있다". NEW1 뉴스.

박성준(2015. 5. 17.). 무너지는 가계, 흔들리는 가정. 아주경제.

이지현(2016. 4. 7.). 2015 혼인건수 전년대비 감소/통계청.

허은아(2016. 12. 25.). 모든 사람은 이혼 예정자다. 중앙SUNDAY.

제3부

교육과 불평등문제

제7장

교육문제

1. 서론

공자나 칸트는 인간은 비로소 교육을 통해서 사회에서 필요한 인간이 된다고 했다. 이와 같이 인간이 성장하는 데 있어 가장 중요한 교육은 인간의 잠재력을 끌어내어 완성된 인간으로 이끌어 가는 과정 전반이라고 할 수 있다.

우리 사회에서 교육은 많은 것 중에서 단연 중요한 화두이다. 많은 사람이 교육 관련 정책들이 발표될 때마다 그것에 큰 관심을 보이며, 특히 수학능력시험이나 각 대학교의 입시와 관련된 시험정책들이 변화할 때마다 사회적으로 많은 논쟁이 발생한다. 교육열 역시 매우 높아 교육에 대한 투자에 적극적이고, 특히 가계의 지출 중에서 사교육을 위한 지출이나 대학 등록금 지출의 비중이 상당히 높다. 또한 서열화된 대학구조 속에서 명문대학에 들어가기 위한 입시 위주의 교육과 과도한 경쟁, 청소년들의 극심한 학업 스트레스 등은 우리나라 교육의 문제점으로서 지속적으로 제기되고 있다.

이처럼 많은 교육 관련 쟁점 중 특히 사회적으로 큰 문제를 일으키는 것이 사교육 관련 쟁점이라고 할 수 있다. 국가적인 수준에서 공식적인 기관을 통해 보편성, 평등성, 공공성, 의무성, 정치적 중립성 등의 특성을 보이며 집단적으로 이루어지는 것을 특징으로 하는 공교육과 달리, 사교육은 초·중·고등학교 학생들이 학교의 정규 교육과정 이외에 사적인 수요와 공급에 의해서 학교 밖에서 받는 보충교육을 의미한다. 구체적인 예로는 각종 학원에서 이루어지는 강의, 개인 및 그룹과외, 학습지, 인터넷 및 통신 강의 등을 들 수 있다.

과도한 사교육은 사회적으로 많은 문제를 야기한다. 우선, 천문학적인 사교육비 규모는 한국 사회가 안고 있는 심각한 사회문제 가운데 하나이다. 이러한 사교육비는 국민의 삶의 질, 사회의 지속가능성과도 밀접하게 관련되어 있는 사안이다. 전반적으로 사교육비 부담이 증가하면 교육기회의 형평성에 문제가 발생하고, 계층 간 교육 격차가 심화될 수 있다. 또한 국내 연간 사교육시장 규모가 OECD 국가 평균의 3배인 33조 원에 달하고 있는데, 이것이 과도한 가계지출을 초래해 빈곤한 노년층을 양산하는 요인이 된다는 분석도 나오고 있다. 그리고 과도한 사교육은 청소년들의 학업 스트레스가 증가시킴은 물론, 삶의 질을 떨어지게 하고, 공교육 본연의 기능을 수행하는 데 어려움을 주는 요인으로 작용하고 있기도 하다.

2. 이론적 배경

1) 기능이론

뒤르켐(E. Durkheim)은 교육을 사회화와 동일시하며 학교교육이 전체 사회의 지배적인 행위유형들을 의도적으로 전달함으로써 한 사회의 존속과 발전에 기여하는 수단이라고 보았다. 그는 교육체제의 기능으로 한 사회의 공통적 감성과 신념, 즉 집합의식을 새로운 세대에게 내면화시키는 일반적 사회화와 특수집단이 요구하는 지적·도덕적 특성을 개인에게 함양시키는 특수 사회화를 지적하였다. 그러면서 그는 사회화의 원활한 수행을 위해 학교교육에서 도덕교육의 중요성을 강조하였다. 도덕교육을 통해 사회구성원 간 합의가 형성되고 개인은 자신이 속한 집단에 충실하게 참여하게 된다고 본 것이다. 뒤르켐에게 있어 교육의 주된 기능은 새로운 세대에서 도덕적 자질을 갖게 하는 것이며, 따라서 교사는 그 나라의 도덕적 관념을 해석하는 역할을 맡게 된다고 했다.

한편, 파슨스(T. Parsons)는 뒤르켐이 강조한 사회화 외에 학교교육이 수행하는 인력배치 또는 사회적 선발 기능을 강조하였다. 그에 따르면 학교는 개인의 능력을 성적에 따라 판정하는 기관이다. 전통사회에서는 가족 배경, 신분, 인종, 성과 같은 귀속적 특징에 근거하여 직업이 정해졌으나 현대사회에서는 개인의 능력에 기초하여 직업이 정해진다고 본 것이다. 즉, 학력과 능력에 기초한 사회적 희소가치의 분배를 전망하였다.

2) 갈등이론

갈등이론 관점에 따르면, 교육제도는 희소가치를 중심으로 갈등하는 사회관계의 반영이며 갈등관계에서 우위적인 힘을 가진 상층에 유리한 불평등체계를 형성하고 유지한다는 점이 강조된다. 그리고 학교는 객관성, 공정성, 중립성 그리고 기회균등이라는 환상을 심어 줌으로써 기존 정치·경제적 구조를 사회적으로 재생산하여 특권층의 계급지배에 공헌하는 장소이다. 즉, 특권층이 기존 지배체제를 영속화시키는 데 필요한 가치, 태도, 성향을 학교가 재생산한다는 것이다.

갈등이론에 따르면 기능주의의 가장 심각한 문제점은 지배집단이 가지고 있는 것과 동일한 이해관계와 관점을 취하고 그것을 보편적인 규범으로 승화시키는 것이다. 기능주의에서는 이러한 규범들을 사용하여 다른 집단성원들의 성취도를 측정하고, 특정 계급의 이익이 사회 전체의 이익에 해당한다고 호도한다.

(1) 베버와 콜린스의 고전적 갈등이론

학교교육의 팽창은 사회적 희소가치인 지위, 권력, 명예의 획득을 위한 집단 간 경쟁의 결과이다. 학교는 직업을 수행하는 데 필요한 지식과 기술보다는 사회적 지위의 획득을 위한 경쟁의 공간이다. 즉, 학교는 사회에서 보다 높은 소득, 권력, 명예를 획득하기 위한 자격증을 생산하는 장이고 사회계층이동의 수단이 되는 것이다. 모든 사람이 사회적 지위의 경쟁에서 유리한 위치를 차지하기 위해 더 높은 학력을 원하므로 학교는 점점 팽창한다.

(2) 보울스와 긴티스의 경제재생산론

자본주의 사회는 불평등한 경제구조로 이루어져 있으며, 학교교육은 이러한 불평등한 구조를 정당화하기 위한 수단이다. 자본가 계급은 학교교육을 통해서 자본주의 사회의 불평등한 구조를 정당화시킨다. 자신들이 취하는 경제적 이익이 사회의 공정한 원칙에 의해 획득된 것이라고 피지배계급에게 내면화시키는 것이다. 교육은 자본주의 가치에 순종하는 기술자와 헌신적인 노동자를 공급하여 사회에 존재하는 불평등현상을 정당화하고 합리화한다. 외견상으로는 학교교육이 모든 사람에게 개방되어 있고, 능력과 학업성취에 따라 보상이 돌아가는 것처럼 보이며, 누구나 능력과 업적에 따라 높은 지위에 오를 수 있는 기회가 개방되어 있는 것으로 가르치지만, 이는 하나의 신화에 불과하다. 교육은 사회평등에 장애요소가 되며, 교육기회는 모든 사람에게 평등하게 분배되지 않고 상층의 자녀들에게 보다 많이 주어져 사회적 불평등이 재생산된다.

(3) 부르디외와 번스타인의 문화재생산론

문화재생산론은 학교교육과 불평등한 문화구조 사이의 계급적 관계를 규명하는 데 관심을 가진다. 학교는 지배계급의 문화를 전수하는 기관인바, 이러한 역할을 통해 지배계급에게 유리하게 편성된 불평등구조를 영속적으로 재생산한다. 계급에 따라 선호하는 문화적 형태가 다르며, 이러한 문화는 그것을 선호하는 계급에 따라 사회적 가치가 달리 규정되는 상대적 특징을 지닌다. 자본주의 사회에서 지배계급이 선호하는 문화는 사회적 가치가 높고 중심적 위치에 있는 '문화자본'의 성격을 띠게 된다는 것이다.

3) 교환이론

교환이론은 기능이론, 갈등이론과는 달리 사회를 미시적으로 바라본다.

이론을 창시한 조지 호먼스(G. Homans)는 사람들이 이윤이 기대될 때 상호
작용에 참여하여 물질적 또는 비물질적 보상을 교환한다고 보았다. 즉, 사람
들은 항상 계산하면서 행동하는 것이다. 교환이론 관점은 교육을 교사와 학
생 간의 사회적 교환관계로 본다. 이 두 주체는 보상능력을 가지고 있는데,
교사는 학생이 필요로 하는 지식을 소유하고 있고 학생은 세금을 통해 교사
에게 보수를 제공할 수 있다. 이 교환관계가 점차 복잡해져 일반화된 보상체
계와 그에 따른 행동을 요구하는 규범이 성립되고, 교환관계의 망이 더 확대
되어 이를 규제하는 규범체계와 사회제도가 형성된다. 교사와 학생의 사회
적 교환관계가 학교제도를 만드는 것이다. 현대 학교제도는 행위주체가 자
기 이익을 추구하는 동시에 호혜성 규범을 실천하기 때문에 유지되며, 이를
실천하지 못할 때 새로운 제도가 수립되어 사회가 변화한다. 교사와 학생은
사회적 교환관계에서 같은 보상을 교환하지 않으므로 좀 더 나은 보상능력을
가진 교사는 권력을 가지고 있고, 이 권력은 나아가 합법화·정당화된다.

4) 그 외 다른 논의들

(1) 학문자본주의

최근 고등교육 변화에서 핵심을 이루고 있는 단어는 '대학의 시장지향적
행위'로 일컬어지는 학문자본주의이다. 대학에서의 경쟁적 환경이 심화되고
새로운 수입원의 확보가 대학발전의 핵심 과제가 되면서, 대학은 교육·연
구·서비스 기능을 통해 수입을 창출하는 데 우선권을 두게 되었다. 즉, 비영
리기관으로서의 대학과 영리추구기관으로서의 기업의 경계가 흐려지며, '대
학의 수입 창출을 위한 시장지향적 행위'가 일어나게 되었다. 이런 현상에 대
해 슬러터(Slaughter)와 레슬리(Leslie)가 학문자본주의(academic capitalism)라
는 용어를 사용한 이후, 이는 고등교육의 변화를 설명하는 대표적인 용어로
사용되어 왔다.

학문자본주의의 효과와 기능에 대해서는 다양한 의견이 존재한다. 우선, 기업이 대학의 연구 결과를 독점적으로 사용함에 따라 발생하는 대학의 자율권 상실과 공공적 이익의 침해, 연구에 우선을 둠에 따라 학부생 교육에 소홀해질 우려, 등록금 납부 가능성이 있는 학생 유치에 주력함에 따라 나타나는 소외계층의 고등교육 접근권 제한 등과 같은 역기능이 지속적으로 거론되고 있다. 학문자본주의로 인해 학생들의 등록금 부담이 더 심화될 가능성도 제기된다. 반면에, 학문자본주의가 산업계의 경쟁력 강화는 물론 교수와 학생에게도 교육 및 연구 환경 개선이라는 긍정적 효과를 가져온다는 반론도 제기되고 있다(오승현, 2009).

(2) 인간자본론

인간자본은 학교, 가정, 노동시장 등에서 교육이나 훈련을 통해 습득한 가치 있는 지식, 기능, 능력 등을 가리킨다. 인간자본이라는 개념이 학문적 논의의 대상으로서 본격적으로 대두되기 시작한 것은 1950년대 후반 및 1960년대 초반이다. 경제성장 요인을 분석하는 과정에서 종래 방식으로 측정된 노동 및 자본 투입량의 증가분이 실제로 실현된 경제성장률의 증가 수준을 설명하지 못하는 한계가 나타났으며, 이로써 인간자본에 대한 논의가 시작되었다. 이러한 현상을 이해하기 위해 자본의 범주를 물적자본에만 한정시키고 노동력을 모두 동질적인 것으로 간주했던 기존의 발상을 전환시킨 것이다.

인간자본론(human capital theory)의 관점에서는 교육을 소비가 아닌 투자 행위로 본다. 즉, 교육을 통해 미래 소득창출의 원천인 자본을 축적한다고 보는 것인데, 교육을 통해 생산성이 향상되면 임금 및 소득이 증가할 것이라고 전망하는 것이다. 인간자본론에 따르면 사람들은 당장의 만족이 아닌 미래의 금전적·비금전적 보상을 기대하여 교육이나 직업훈련과 같은 활동에 지출을 하는데, 이러한 성격의 지출은 소비라기보다는 다분히 투자로서의 성격이 강하다. 교육을 투자로 간주한다면 투자 주체의 입장에서는 무엇보다도 투자의 수익성이 투자 결정을 내리는 데 가장 중요한 관심사가 될 것이다. 사람들이 상당한 비용을 감수하면서 보다 많은 교육을 받고자 하는 이유는, 교육을 받지 않았을 경우와 비교하여 교육을 마치고 난 후에 장차 비용을 능가하는 추가적 소득을 얻게 될 것이라고 기대하는 데 있다.

(3) 동기부여이론

동기부여이론에서는 교육이 개인의 만족을 향상시키고 자발적인 참여를 유도해야 함을 강조하고 있다. 이때 학습동기를 크게 내적 동기와 외적 동기로 나누어 살펴보고 있다. 먼저, 내적 동기는 학습자의 자발적인 동기이다. 이는 가치, 신념, 책임감, 성취감 등으로 이루어지는데, 내적 동기에 따른 학습은 학습 그 자체에서 만족감을 느끼는 것을 의미한다. 다음으로, 외적 동기는 학습 그 자체에 대한 흥미는 없지만 학습을 통한 보상을 받거나 불이익을 피하려는 것이다.

이와 같은 관점에서는 학생들이 학습을 하는 데 있어 동기부여가 될 수 있는 유인책을 통해서 교육격차를 해소할 수 있다고 볼 수 있다. 물론 학생들에 따라 동기부여가 되는 요인들이 다를 수 있겠지만, 공통적으로 학생들이 수업이나 학업에 흥미를 느낄 수 있는 환경이나 분위기를 조성해 주는 것이 중요하다. 이러한 동기부여가 가정에서 이루어질 수도 있고, 학교나 다른 장소에서 이루어질 수도 있다. 핵심은 학생들이 공부에 집중하고 흥미를 느낄 수 있도록 동기부여를 해 주어야 한다는 것이다. 이렇게 되면 학생들의 학업성취 향상에 도움이 될 수 있다.

하지만 동기부여이론의 관점은 개인이 지닌 사회·경제적 배경으로 인해 어쩔 수 없이 나타나게 되는 교육격차를 설명하기에는 한계가 있다. 특히 사교육은 개인의 사회·경제적 배경에 가장 많은 영향을 받는 것으로 볼 수 있는데, 사교육을 받는 것뿐만 아니라 사교육의 질적인 측면에서도 그러하다. 특히 사교육의 질적인 측면은 개인의 사회·경제적 배경에 따라 그 격차가 심각하다고 볼 수 있다. 이와 같이 동기부여이론은 교육격차 감소에 부분적인 해결책은 될 수 있겠지만, 자본 및 사회적 격차가 급격히 커지고 있는 현실 속에서 근본적이고 본질적인 답이 될 수는 없다(임다희, 권기헌, 2013).

3. 교육의 정의와 교육제도의 본질

1) 교육의 정의

교육은 무엇인가에 대하여 여러 가지 정의가 있다. 교육이란 인간의 잠재력을 끌어내어 완성된 인간으로 이끌어 가는 과정 전반이라고 정의되기도 하고, 지식의 창출과 전달을 제공하는 사회제도라고 정의되기도 한다. 그 밖에도 다양한 정의가 있지만, 어쨌든 교육은 지식, 기술, 해당 문화의 가치를 가르치는 공식적 · 비공식적 노력이라는 말로 종합적 정의가 가능하다.

교육이란 말은 계발한다(leading out)는 뜻의 라틴어 어원에서 나왔다고 한다. 산업화 이전의 사회에서 학교교육은 실용성에 따른 것이 아니고 자신의 교양을 넓히기 위해 여가를 활용한 것이었으며, 대부분의 사람은 부모나 친족과의 일상적인 접촉을 통해서 필요한 모든 지식과 기술을 습득하였다. 그러나 산업사회에서 교육은 사회화를 담당하는 중요한 기관이다. 교육은 지식, 기술 및 가치를 체계적으로 전달함으로써 인간의 잠재력을 끌어내고 인격을 도야시키는 과정이라 정의할 수 있다.

2) 교육제도의 본질

또한 교육제도는 그 사회의 질서를 유지하고 개인의 삶을 보장하기 위해 성립된 교육을 위한 수단으로서, 교육목적 달성을 위해 수립된 것이다. 따라서 교육제도는 온 국민에게 교육의 기회를 균등하게 보장하고 개인의 자아실현과 국가발전을 촉진할 수 있도록 그 방향이 설정되어야 한다. 또한 교육제도는 인간의 사회적 생활에서 가장 중요한 것 가운데 하나로, 사람들에게 자신의 삶을 꾸려 나가고 가치를 추구하게 하며 사회를 성립시키고 사회에 참여하는 원리를 학습할 기회를 제공하기도 한다.

다시 말하면, 교육제도는 사회를 이끌어 가고 구성할 사람들에게 현존 사회의 문화, 가치, 생활양식을 전달하여 인간의 사회화에 큰 기여를 함은 물론, 개인의 성장·발달에 필요한 지식과 기술 등 능력을 학습시켜 사회발전에 기여하도록 한다. 또한 교육은 사회 고유의 문화유산을 계승·발전시켜 정체성의 유지 및 문화 창조에 기여한다. 교육은 또한 사회의 유지와 존속을 위해 유능한 인재를 선발·교육시켜 사회를 큰 무리 없이 정상적으로 굴러가도록 하는 질서유지 및 사회통합 기능을 수행한다.

역사적으로 보면, 교육제도는 점차로 비형식적인 것에서 형식적인 것으로, 또 단순한 형식에서 복잡한 형식으로 발달해 왔다. 그리고 교육을 베푸는 입장에서의 제도에서 교육을 받는 입장에서의 제도로 중심축이 바뀌면서 그 성격이 점차로 변화되어 갔다. 이렇게 교육이 소수의 지배계급의 손에서 다수 대중의 품으로 옮겨 오게 되면서 교육제도에 있어서 기회균등과 정의의 문제가 새롭게 대두되게 되었고, 교육제도는 근본적으로 학생의 교육에 그 목적과 존재 의의를 두게 되었다.

4. 한국 교육 전반의 문제

1) 입시 위주의 교육과 과도한 경쟁

한국 교육이 안고 있는 다양한 문제는 직간접적으로 입시 위주의 교육과 관련되어 있다. 입시 위주의 교육이 발생하는 가장 큰 원인은 극심한 입시 경쟁이라고 할 수 있다. 고등교육이 신분상승의 수단으로 여겨지고 대학에 진학하지 않으면 여러 불이익을 받을 것이 예상되는 사회 분위기 속에서 대학교육에 대한 수요가 급증하는 학력 인플레이션 현상이 발생하였고, 대학들간에도 위계서열이 생겨나게 되었다. 이러한 상황 속에서 명문대학으로 분류되는 대학에 들어가기 위한 경쟁은 더욱 치열해졌다. 입시 위주의 교육과 과도한 경쟁의 배경으로는 학력에 따른 임금 및 고용의 차별문제가 있고, 학력과 학벌에 의한 사회계층 의식 및 이동의 문제가 있다. 이러한 요인들이 대학교육에 대한 수요를 급증시켰다고 볼 수 있다.

입시 위주의 교육과 과도한 경쟁은 다음과 같은 문제점들을 낳는다. 첫째, 교사 중심의 획일적인 수업방식은 교육에서 학생들의 참여를 막고 창의력 개발에 부정적인 영향을 미친다. 주입식 교육으로 인해 학교에서 자유로운 토론이나 학생들의 질문은 사라졌으며, 다양하고 창의적인 의견을 표시하는 것

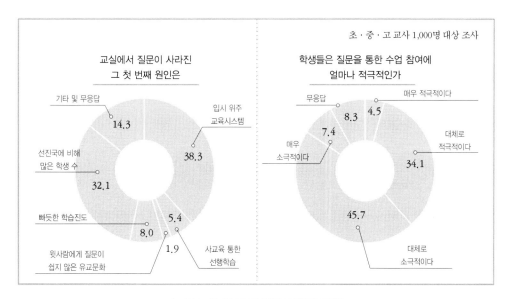

[그림 7-1] 학교 교육의 문제점 현황

출처: 한국일보(2011).

도 어려운 일이 되어 가고 있다. 조사에 따르면 대학 교실에서 질문이 사라진 첫 번째 원인으로 입시 위주의 교육이 지적되며, 공교육이 불충분하다고 느끼는 첫 번째 원인으로 역시 창의력 개발이 부족한 천편일률적인 입시 위주의 교육이 지적되고 있다. 둘째, 입시와 관련이 없는 교육은 무시당하고 학생들의 적성이나 다양성이 존중받지 못하는 것이다. 학년이 올라갈수록 학교에서 입시와 관련되지 않은 과목들에 대한 교육은 제대로 이루어지지 않으며 인성교육과 같이 학생들에게 필요한 자질을 갖추게 하는 교육도 실현되기 어려운 실정이다. 또한 학생들은 자신의 적성을 살릴 수 있는 기회를 상실하고, 입시 위주의 교육에 적응하지 못하는 경우 학교로부터 소외된다. 셋째, 교사와 학생 간의 관계나 학생과 학생 간의 관계에서 심각한 왜곡이 일어난다. 입시 위주의 교육으로 인해 중등교육은 대학 입학을 위한 준비단계로 전락했다. 이에 따라 학생들이 교사를 존경하지 않고 교사들의 수업에 집중하지 않는 문제들이 발생한다. 또한 극심한 경쟁으로 인해 학생들은 다른 학생들을 경쟁상대로 대하게 되며 많은 학생의 다양성이 존중받지 못하는 상황 속에서 학교폭력의 문제 등 교우관계가 왜곡되는 현상이 나타난다.

2) 학업 스트레스

앞서 살펴본 입시 위주의 교육과 과도한 경쟁이 원인이 되어 나타나는 문제들 중 사회에 많은 부정적인 영향을 주는 것으로 청소년의 학업 스트레스를 지적할 수 있다. 우리나라 청소년의 사망 원인 중 가장 높은 비율을 차지하는 것은 자살인데, 통계청에서 청소년들이 자살 충동을 느끼는 원인을 조사한 결과, 성적과 진학 문제가 압도적인 1위를 차지하기도 했다. 또한 과도한 학업 스트레스가 청소년 비행이나 범죄의 원인이 되기도 하는 등 개인의 삶의 질을 저하시킬 뿐 아니라 사회에 큰 영향을 미칠 수 있기 때문에, 청소년의 학업 스트레스는 사회적으로 많은 관심을 가져야 할 요소이다.

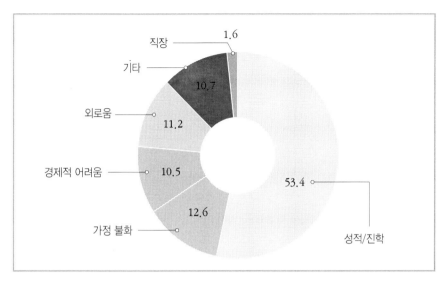

[그림 7-2] 청소년(15~19세)의 자살 충동과 그 이유

출처: 통계청(2010).

　　대학입시 위주의 교육에서는 청소년들이 입시와 관련된 공부 이외의 활동을 수행하기 힘들고 다른 학생과의 경쟁에서 이기는 것이 공부의 목적이 되기 때문에 학업 스트레스가 심화될 수밖에 없다. 입시전형에서 높은 점수를 받기 위해서는 조금이라도 더 등수를 올려야 하며 계속되는 경쟁을 이겨 내야 한다. 따라서 학생들은 입시 관련 공부로부터 벗어날 수 없고 학교교육 이외에 사교육을 통해 보다 더 많은 학습량을 감당해야 한다. 이러한 상황 속에서 학생들은 체육활동이나 여행 등 취미·여가생활을 즐길 수 있는 기회를 박탈당하고 스트레스를 적절히 다룰 수 있는 방법을 찾지 못해 고통받게 된다.

　　여러 통계 지표가 현재 한국에서 청소년들의 학업 스트레스가 심각한 수준이라는 것을 보여 준다. '청소년의 삶에 대한 만족도'를 주제로 한 설문조사에서 한국 청소년들의 만족도는 73% 정도로 나타났는데, 이는 OECD 국가들 중 가장 낮은 수치이며 OECD 국가들의 평균 수치인 85.2%에 크게 미치지 못하는 결과이다. 또한 한국보건사회연구원에서 조사한 '한국 사회의 사회·

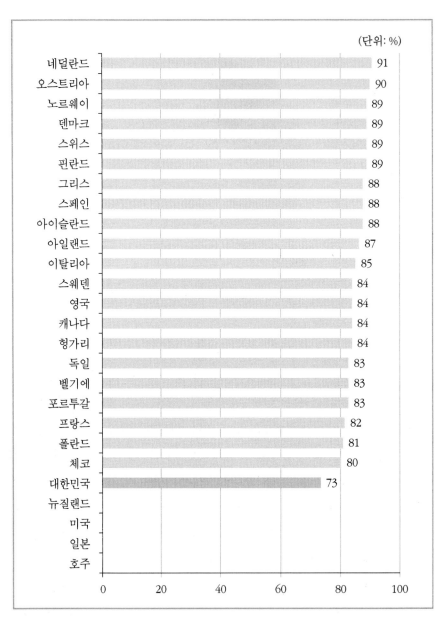

[그림 7-3] **청소년 삶 만족도 OECD 비교**

출처: 연세대 사회 발전 연구소(2016).

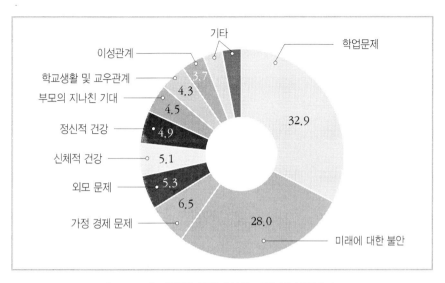

[그림 7-4] 개인적 측면에서의 가장 큰 불안요소

출처: 한국보건사회연구원(2015).

심리적 불안의 실태조사'에 따르면 전체 중·고교생의 60%가 개인적인 불안 요인으로 학업요인(32.9%)과 진로문제(28%)를 꼽았다. 앞서 언급했던, 청소년들이 자살충동을 느끼는 원인에 대한 통계청의 조사에서도 학업 스트레스는 53%가 넘는 비중을 차지했다.

3) 교육격차

교육격차는 교육에 접근할 수 있는 기회의 격차, 실제 교육활동이 이루어지는 조건과 과정에서의 격차, 그리고 교육을 통해 얻어지는 결과의 격차를 포괄하는 개념으로 정의할 수 있다(이혜영, 강태중, 2004). 한국 사회는 불평등의 수준이 높기 때문에 본질적으로 지역 간 및 계층 간 교육격차가 심화될 수 있는 소지를 많이 가지고 있다. 실제 연구 결과에서도 교육에 대한 접근기회나 교육결과 측면에서 격차가 발생함을 확인할 수 있다.

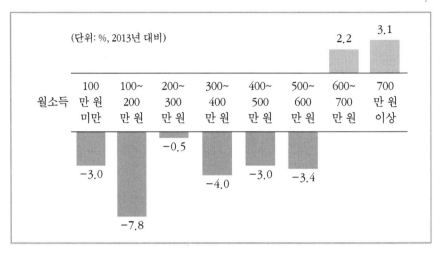

[그림 7-5] 소득 수준별 1인당 사교육비 증감

출처: 통계청, 교육부(2015).

김경근(2005)에 따르면 우선 지역별로 사교육비 지출액에서 뚜렷한 차이가 존재하여 서울 지역이 다른 지역들에 비해 상당히 많은 사교육비를 지출하고 있었다. 또한 아버지의 교육수준, 가계소득, 그리고 남성 보호자의 직업과 사교육비 지출 사이에는 비교적 뚜렷한 정적 상관관계가 존재한다. 이는 일정 수준의 학력을 가진 고소득층이 한국 사회에서 사교육비 지출경쟁을 주도하고 있을 가능성이 높다는 사실을 보여 주는 것이다. 한편, 아버지의 교육수준과 자녀의 수학능력시험 점수 사이에는 대체로 매우 분명한 정적 상관관계가 존재하며 소득 수준과 수학능력시험 점수는 정비례관계에 있었다.

교육격차 문제는 사교육과의 관계에서 많은 시사점을 드러낸다고 할 수 있다. 사교육이 학업성취에 직접적인 영향을 줄 수 있는가에 대한 논의는 다양한 의견을 낳고 있지만, 전반적으로 사교육비 부담이 증가하면 교육기회의 형평성에 문제가 발생하고, 계층 간 교육격차가 심화될 수 있다. 통계청 조사에서도 부모의 교육수준이 높을수록 사교육비 지출이 증가한다는 사실을 알 수 있다. 예컨대, 2015년에 중졸 이하 학력의 아버지는 10.2만 원을 지출한 반면, 대학원졸 학력의 아버지는 36.5만 원을 지출했다. 사교육비 지출은 가구소득별로도 가시적인 차이가 있었는데, 소득 수준이 높을수록 일관되게 사교육비 지출도 많았다. 구체적으로 2015년의 경우 월평균 소득 수준 100만 원 이하 가구에서는 6.6만 원을 지출한 반면, 소득 수준이 700만 원 이상인 가구에서는 42.0만 원을 지출하였다. 교육부의 2015년 통계자료도 소득이 600만 원 이상의 가구의 사교육비는 증가한 반면, 600만 원 미만 가구의 사교육비는 감소한 양상을 보여 주고 있어 사교육의 빈익빈 부익부 현상이 심해짐을 알 수 있다.

4) 공교육 위기 현상

우리나라에서 공교육 위기 현상에 대한 논의는 1990년대 말부터 '학교가 붕괴되었다.' '교실이 무너지고 있다.'는 등의 말이 나오며 본격적으로 시작되었다. 신문과 방송 등 언론보도를 통해 학력 저하, 사교육 과열, 교권 실추, 학교 이탈 등의 이슈가 대중에게 알려지면서 공교육 위기에 대한 사회적인

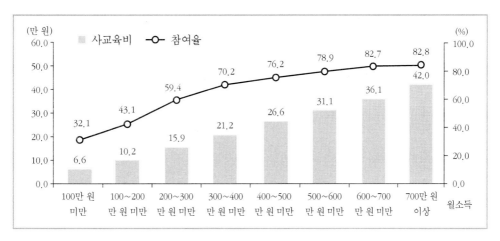

[그림 7-6] 가구소득 수준별 학생 1인당 월평균 사교육비 및 참여율

출처: 통계청, 교육부(2016).

관심이 집중되었다(박균열, 2006). 공교육의 위기로 인해 교사의 전문적 권위 붕괴, 공교육체제에 대한 불신과 같은 현상이 발생하였고, 그에 따라 공교육의 붕괴가 더 심화되는 악순환이 나타나고 있다. 공교육 위기 현상의 구체적인 양상을 살펴보면 다음과 같다. 첫째는 수업 붕괴로 수업 중 무질서나 교사의 통제력 상실, 학생들의 수업참여 부진 등의 양상이 나타난다. 둘째는 생활지도 붕괴로 가출 등과 같은 일탈행위, 학교폭력, 집단따돌림, 교사의 생활지도에 대한 불응 등의 양상이 나타난다. 셋째는 학교교육 거부로 무단결석이나 이탈, 자퇴 등의 양상이 나타난다. 넷째는 학교교육의 부실로 인성교육이나 진로교육과 같은 학교교육의 본질적인 부분들이 실현되지 않는 양상이 나타난다(최희선, 2003).

공교육 위기 현상의 원인에 대해서는 다양한 분석이 가능하다. 첫째는 학교교육이 사회의 빠른 변화에 맞추어 적절한 대응을 못하고 있기 때문에 학교에서 가르치는 지식이나 학교교육에 대한 불신과 거부가 발생한다는 것이다. 둘째는 학교체제 자체가 사회 및 학생들의 변화와 교육적 요구에 유연하게 대응하기 어려울 정도로 경직되어 있고 권위적이기 때문이라는 분석이다. 셋째는 정부 주도의 타율적 교육개혁과 하향식 접근방식으로 문제가 발생한다는 분석이다. 이러한 접근방식으로 인해 학교현장과 교사의 주도적 교육개선 노력의 부실화와 교사의 사기 저하 및 교권의 위축 현상이 일어날 수 있다. 넷째는 한국 사회 전반에 뿌리내리고 있는 학력주의와 학벌주의 풍토, 그로 인해 과열되는 망국적인 사교육이 원인이 된다는 분석이다. 이는 학교사회의 교육적 의미와는 관계없이 경쟁에서 앞서야 하고 명문대학에 진학하여야 한다는 의식을 부추기고 있으며, 이러한 풍토 속에서 학교교육은 대학 진학을 위한 도구로만 여겨지며 사교육 의존 현상이 심화된다.

5. 사교육문제 현황

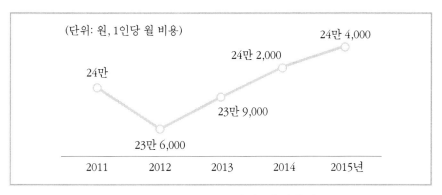

(단위: 원, 1인당 월 비용)

24만 4,000

24만 2,000

24만

23만 9,000

23만 6,000

2011   2012   2013   2014   2015년

[그림 7-7] 초 · 중 · 고생 사교육비 추이

출처: 통계청, 교육부(2016).

앞서 살펴본 한국 교육의 전반적인 문제점들은 모두 사교육문제와 깊은 관련이 있다. 입시 위주의 교육과 과도한 경쟁으로 인해 사교육이 성행하게 되었고, 사교육으로 인한 학업부담의 가중은 학생들로 하여금 또 다른 학업 스트레스의 원인으로 작용하고 있다. 또한 사교육비 부담의 증가가 교육기회의 형평성에 문제를 발생시키고, 계층 간 교육 격차를 심화시키기도 한다. 이뿐만 아니라 사교육으로 인해 가계의 부담이 커지고 삶의 질이 저하되는 문제도 발생한다.

한국의 학부모가 부담하는 사교육비는 세계에서 가장 높은 수준이다. 교육에 대한 우리의 투자 수준은 세계적으로 상위권이지만, 민간 부문의 교육 지출이 막대해 가계가 떠안는 교육비 부담이 매우 높다. 우리의 전체 교육 지출은 GDP 대비 7.6%로, 세계 1위 아이슬란드 다음으로 0.1%p 차이밖에 나지 않는다. 복지 선진국 핀란드의 교육비 총지출은 GDP 대비 6.5%이고, OECD 평균은 6.3%로 우리보다 낮다. 그러나 전체 교육비 중에 공교육비 비중은 4.8%로, OECD 평균 5.4%에도 도달하지 못하고 있다. 대신 우리의 민

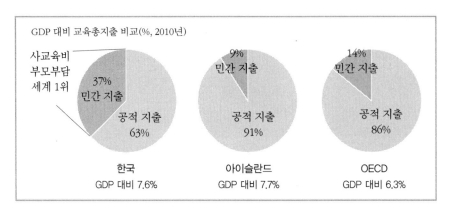

GDP 대비 교육총지출 비교(%, 2010년)

사교육비
부모부담
세계 1위

37%
민간 지출

공적 지출
63%

한국
GDP 대비 7.6%

9%
민간 지출

공적 지출
91%

아이슬란드
GDP 대비 7.7%

14%
민간 지출

공적 지출
86%

OECD
GDP 대비 6.3%

[그림 7-8] 교육에 대한 지출은 얼마나 할까?

출처: OECD (2013).

간 교육투자는 2.8%로 OECD 평균 0.9%의 3배 이상으로 높다. 우리의 민간 교육비 지출은 초·중등 과정에서 발생하는 높은 사교육비와 대학 이상의 고등교육비에서 발생하고 있다. 특히 사교육을 의미하는 한국의 초·중등 민간 교육투자 비중은 21.47%로, OECD 평균 8.48%의 3배에 가깝다. 한국개발연구원(KDI) 역시 최근 공교육 재정투입 규모는 OECD 회원국 평균의 70% 수준인 반면, 사교육비 규모는 OECD 평균의 3배에 달한다고 지적했다. 통계청 조사 결과, 2015년 사교육비 총액은 약 17조 8,000억 원이었다.

이처럼 사교육비 지출이 심각한 수준이기 때문에 정부 차원에서도 사교육 억제를 위해 많은 정책을 만들고 있지만, 지출 규모나 비중에 큰 변화는 없으며 오히려 더 증가하기도 한다. 대학 입시와 관련이 큰 중학생과 고등학생의 경우 시간이 흐를수록 사교육비 지출이 꾸준히 증가하고 있다. 구체적으로 중학생은 2007년에 월평균 23.4만 원을 지출했지만, 2015년에는 27.5만 원까지 사교육비 지출이 늘어났다. 고등학생도 2007년에는 19.7만 원을 지출했지만, 2015년에는 23.6만 원을 지출한 것으로 나타났다. 이처럼 중등교육 단계에서 사교육비 지출이 줄지 않고 오히려 늘어나는 한, 당분간 큰 폭으로 전체 사교육비 지출이 감소하기는 어려울 것으로 예상된다.

　한편, 가계소비 부진의 근본적 원인의 하나로 학원비 등 과도한 사교육비 부담이 꼽히고 있다. 2017년 발표된 통계청의 가계동향조사 결과에 따르면, 작년 3분기 전국 도시근로자가구(2인 이상)는 한 달 평균 학원 · 보습교육에 22만 6,576원을 지출했다. 1년 전 2015년 3분기(21만 4,492원)보다 6% 정도 늘어난 것으로, 증가율이 같은 기간 가처분소득 증가율(1%)의 6배에 이른다. 아울러 이는 1년간 소비자물가지수 평균증가율(1%)의 6배이기도 하다.

　이처럼 학원 · 보습 교육비 지출이 소득 증가에 비해 월등히 빨리 늘면서, 가처분소득 가운데 학원 · 보습 교육비 등 사교육이 차지하는 비중도 5.4%에서 5.7%로 높아졌다. 사교육비 지출이 6% 늘어나는 동안, 식료품 · 비주류음료(-4%), 주류 · 담배(-1%), 보건(-8%), 통신(-3%), 오락 · 문화(-1%) 등의 소비는 오히려 일제히 줄었다. 결국 소득이 제자리걸음을 하고 경기가 침체한 상황에서 가계가 먹는 것, 입는 것, 휴대전화 요금, 술 · 담배, 유흥 등 다른 소비 품목에서는 모두 허리띠를 졸라매면서도 자녀나 가족의 입시 · 취업을 위한 사교육비 씀씀이는 더 늘렸다는 얘기이다. 그리고 한 달 22만 7,000원 수준이라는 사교육비 지출 규모도 평균 통계의 '함정'일 뿐, 실제로 소득 수준에 따라 각 가정에서는 훨씬 더 많은 사교육비(학원 · 보습 교육비)를 쓰고 있었

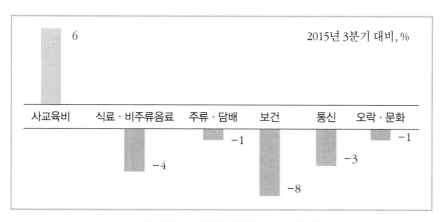

[그림 7-9] 2016년 3분기 항목별 가계소비 증감률

출처: 통계청(2017).

다. 월소득 100~200만 원인 가정의 사교육비 월지출액은 작년 3분기 기준으로 4만 5,000원 정도였지만, 소득이 400만 원을 넘는 가정의 사교육비 지출액은 14배인 61만 8,000원에 이르렀다.

가처분소득 중 사교육비 비중도 월소득 100~200만 원인 가정에서는 1.6%에 불과한 데 비해, 소득이 400만 원을 넘는 가정에서는 10%까지 치솟았다. 이는 저소득층에서는 아예 사교육을 엄두도 내지 못하는 반면, 중산층 이상은 가처분소득의 10%를 사교육에 쏟는 '빈익빈 부익부' 현상이 뚜렷하다는 뜻이다.

6. 사교육문제 분석 및 대안

1) 기능론적 관점

기능론적 관점에서는 사회계층화 현상과 학교차별화를 문제로 보지 않고 능력에 기초한 자유경쟁을 강조한다. 사교육은 공교육이 제 역할을 하지 못한 동시에 자유경쟁에서 승리하기 위한 효율적·효과적 수단으로 기능하기 때문에 그 열풍이 부는 것이라고 볼 수 있다. 이에 따라 기능론적 관점에서 사교육문제는 갈등론적 관점에서만큼 심각한 것으로 여겨지지 않으며 사회계층차에 따른 교육불평등 문제를 간과한다. 오히려 기능이론은 고교평준화 정책이 비효율적이라고 지적해 학생들의 경쟁력, 실력을 향상시키기 위해 차별화되고 자율적인 학교형태로 바뀌어야 한다고 본다(황갑진, 2004). 그러나 이는 사교육 성행을 부추길 수 있다는 비판을 받아 왔으며, 결론적으로 기능론적 관점에서 한국의 사교육문제를 진단하는 데에는 분명한 한계가 있다고 할 수 있다.

2) 갈등론적 관점

갈등론적 관점에서 사교육이 성행하게 된 배경을 분석해 봤을 때, 이는 공교육의 장인 학교를 기준으로 파악할 수 있다. 학교 내적 측면에선 교육의 과정과 운영이, 학교 외적 측면에서는 입시제도와 사교육기관 그리고 학부모 및 사회가 사교육을 둘러싼 발생구조라고 볼 수 있다. 그런데 학교 외적 측면에 주목하여 그 배경을 살펴보자면, 한국 사회에 만연한 학력·학벌주의를 제일 먼저 들 수 있다. 한국인들은 자기 자신을 차별화할 수 있는 수단으로서 학벌을 우선시한다.

또한 학력자본을 가진 개인들끼리 그들만의 커뮤니티를 생성한다는 점이다. 동일한 대학을 다니는 동문이라는 점에서 동질성을 갖고 같은 문화생활을 누리며 돈독해지고 후일 인간관계에 있어서 서로에게 큰 도움이 될 수 있다. 학생과 학부모는 이 점을 알고 학력자본을 획득하는 것이 좀 더 상위 계층의 문화로 향하는 길이라고 확신한다. 좋은 직장을 다니기 위한 목적도 분명히 있지만 앞으로 살아감에 있어서 마주하게 될 인간관계를 중요시하는, 즉 학연이 중요한 한국 사회 내에서는 대학이라는 장이 그저 학문을 위한 곳은 아니기 때문이다.

학부모의 교육열은 사교육을 둘러싼 주요 배경 중 일부이다. '개천에서 용난다.'는 믿음이 학부모들에게 아직 남아 있기 때문에 사교육으로써 학력자본을 얻어 자녀의 계급상승의 의지를 다지는 경우를 흔히 찾아볼 수 있다. 학부모들은 그들의 지인이나 미디어로부터 학력자본 획득이 계급 상승으로 이어진 것 같은 여러 사례를 접하면서 노력주의와 사교육에 대한 믿음을 확고히 하고 사교육시장에 뛰어든다. 이 외에도 이미 상위 계층에 속한 학부모들도 자녀에 대한 교육열을 불태우고 있다고 볼 수 있는데, 그들에게 학력자본은 그들의 출신계급을 유지시켜 줄 핵심적 수단들 중 하나이다.

이와 같이 사교육은 시장원리에 따라 그 자신의 경쟁력을 견고하게 높이

는 중이다. 사교육시장 종사자들은 학교 교사가 학생에게 충분히 제공해 주
지 못하는 개별 진로지도, 내신과 대학수학능력시험에 출제되는 고난도 문제
를 위한 수업, 논술 대비 수업 등 공교육에서 충족시켜 주지 못하는 것들을 파
악하여 준비하고 철저한 마케팅 전략으로 학생과 학부모를 불러 모은다. 그
들이 대체로 많은 고객이 학력자본 획득의 내면적 욕망을 갖고 있다고 가정
하고 그에 최적화된 마케팅을 하기 때문에, 학부모와 학생들은 적극적인 반
응을 보인다. 특히 학부모들 사이에서의 입소문의 영향력을 무시할 수 없는
데, 그들의 네트워크가 학교 또는 동네를 중심으로 형성되어 있기 때문에 이
를 잘 활용하여 고수익을 창출하기도 한다. 사교육시장이 커져 감에 따라 학
원이 기업화되고 특정 유명강사가 학생들을 독점하는 등 새로운 양상의 사교
육이 등장하고 있는데, 이는 사교육 성행을 부추기는 촉매제 역할을 하기도
한다.

3) 해결방안

(1) 학벌과 능력을 동일시하는 인식 타파를 통한 학력자본의 영향력 약화

먼저, 학력자본의 힘을 약화시키기 위해서 학벌중심주의에서 능력중심주
의로 사회 풍조가 변화해야 한다. 즉, 학벌과 능력을 동의어로 여기는 것을
지양하고 능력은 능력으로 평가받아야 한다는 것이다. 특히나 한국 사회에
서 학력자본이 큰 영향력을 발휘하는 곳은 취업시장이다. 외부 노동시장에
비해 상대적으로 임금과 안정성이 보장된 내부 노동시장에 취업준비생들의
관심이 쏠려 있는데 그곳에서 능력 위주의 채용을 실시해야 한다. 경쟁률이
높기 때문에 채용과정의 효율성을 높이고자 기존에는 학력을 중요한 지표로
활용했다면, 이제는 개인이 가진 역량을 위주로 평가해야 한다. 그로 인해 취
업준비생들과 청소년들은 자신의 진로에 있어서 그들이 중시해야 하는 것이
학력이 아닌 능력과 경험임을 알게 될 것이며, 학력이 능사가 아니라는 점을

깨닫고 사교육을 줄일 수 있을 것이다. 능력 위주의 선발방식은 회사 자체의 신입사원 연수비용을 줄여 줄 수 있을뿐더러 업무 효율을 높일 수 있다는 장점을 갖고 있어서 현재 많은 기업이 채택하고 있는 중이다. 미래에 기업의 채용방식 변경으로 인한 연쇄효과를 기대해 볼 수 있을 것이다.

물론 학벌과 능력이 전혀 무관한 것이라고 볼 수는 없다. 하지만 대학수학능력시험 자체가 갈등론적 관점에서 지배계급의 가치를 잘 익히고 있는지 아닌지를 평가하는 시험인 이상 그것이 완벽하게 개인의 능력을 대신할 수 있는 평가방식이 될 수 없다. 또한 개인의 능력은 단지 높은 성적을 받는 것에 국한된 것이 아니라 광범위한 범위에서 발휘될 수 있는 것이다. 미용, 요리, 예체능 등에 특출한 재능을 갖고 있는 학생들이 분명히 있을 것인데, 그저 획일화된 공부로만 몰아간다면 그에 대한 사회적 비용은 만만치 않을 것이다. 개인의 다양한 능력의 존재 가능성을 무시한 채 그저 공부만 하면 사회에서 성공할 수 있을 것이라는 학벌중심주의에서 비롯한 신념은 고쳐져야 하며, 공교육은 학생의 발달과정에 맞춰서 진로교육이 효과를 볼 수 있는 시점을 찾아 그 자신 본연의 능력으로 성공할 수 있는 기회를 제공해야 한다.

(2) 공교육의 재정비

공교육은 학생들을 사회의 올바른 구성원을 길러 내는, 즉 개인의 사회화에 존재 의미를 둔다. 그렇기 때문에 사회가 추구하는 건전한 신념, 규범, 가치 그리고 기본적인 지식을 가르쳐야 한다. 사교육 현장에서 학원 교사가 학생들에게 절대 인성교육을 시키지는 않는다. 경쟁을 추구하고 결과에 목매기만 하는 사교육시장은 학생을 올바르게 성장시키지 못한다. 공교육은 공교육만이 할 수 있는 기능이 분명히 있다. 그런데 학교교육이 지배계급에 의해 또는 사회의 힘에 휩쓸려 그 존재 이유를 잃고 방황하며 획일적이고 성과주의적인 교육체계를 운영하게 되니 철저히 시장원리를 따르는 사교육이 기승하기 시작한 것이다.

　　입시 성공만이 인생의 전부라고만 단순하게 생각하고 있는 학생들에게 공교육은 그것을 부추기는 것이 아니라 사교육에 제동을 거는 역할을 해야 한다. 사교육이 공교육의 손이 닿지 못한 곳에 틈새시장을 형성하여 학생과 학부모들을 유혹한다고 하더라도, 공교육은 이것저것 다 하려고 애쓰기보다는 기본에 충실해야 한다.

(3) 한국 사회의 재구조화

　　마지막으로 제안할 수 있는 방안은 한국 사회의 재구조화이다. 가장 이상적이고 받아들여지기 힘든 대안이지만 그 어떤 해결책보다도 가장 효과적이라고 생각한다. 한국은 학벌주의와 학연, 지연의 힘이 막강하다. 이를 바꾸려는 시도 또한 적극적으로 일어나고 있지만 상류 계층만이 형성하고 있는 문화자본과 상류 계층이 공유하고 있는 의식은 굳건하다. 상류 계층이 향유하고 있는 쾌락적인 삶은 많은 이의 부러움을 사는데, 그들은 그저 말한다. 노력하면 된다고. 운동선수나 아주 소수의 연예계 톱스타의 성공 신화를 계속적으로 강조하며 개인의 노력만이 사회적 성공을 이끌 것이라고.

　　하지만 상류 계층은 이 발언을 하면서도 사실은 노력만이 전부가 아니라는 것을 알고 있다. 상류 계층은 이미 노력으로써 얻을 수 없는 다른 출발선 위에 있었고, 남들 다 하는 정도의 노력으로 상대적으로 쉽게 성공을 얻어 냈다. 그리고 그들이 자라 온 환경은 그들만의 아비투스를 심어 뱁새가 황새를 따라가지 못하도록 했다. 분명히 다른 국가에 비해 영리하고 특출한 재능을 가진 개인이 많이 모여 사는 국가임에도 한국은 그저 공부라는 재능에만 큰 가치를 두었다.

　　사회경제 구조가 점점 모래시계 형태로 나아가고 개인은 인간다운 삶의 질을 얻어 내기 힘들어졌다. 결혼도 연애도 취직도 이제는 더 이상 잃을 것이 없는데도 잃어 가고 있는 청년세대들과 노후가 불안해진 기성세대들, 어느 누구도 고민 없이 살아갈 수는 없지만 사회구조가 만들어 낸 심각한 생존문제는 시정되어야 한다. 아래로부터의 변화가 지배계급의 견고한 영역을 얼마만큼 바꿔 낼 수 있을지 혹은 과연 위로부터의 변화가 있을 수 있을지는 확신할 수 없지만, 현상유지를 하고 그저 사회의 흐름에 따라 사교육에 몰두하는 것처럼 휘둘리기만 할 것이 아니라 최소한 사회구조에 대한 분명한 인식과 그것이 개인에게 미치는 통제력을 깨달아야 한다.

7. 결론

자본주의 사회를 살아가고 있는 한국인들에게 있어 교육은 그 본연의 의미를 잃었고 그저 생존전략으로서 기능하고 있다. 교육과 한국 사회의 결합으로 많은 교육문제가 탄생하고 있으며, 이는 청소년들로 하여금 중·고등학교 시절에 나아가 성인이 된 이후에도 계속 방황하게 한다. 한국 청소년들이 느끼는 학업 스트레스는 OECD의 다른 국가들과 비교했을 때 심각한 수준이며 학업 문제로 인한 심리적 불안감 또한 높은 편이다. 또한 입시 위주의 교육과 그에서 비롯된 과도한 경쟁은 학력 인플레이션 현상, 학교폭력, 청소년 비행, 사제관계와 교우관계의 왜곡, 일부 학생이 학교로부터 소외되는 것과 같은 여러 사회문제를 초래했다. 이에 대해 공교육이 위기 국면을 맞고 있다는 지적이 나오고 있어 공교육에 대한 불신이 양산되고 있다.

여러 교육문제 중에서 사교육이 가장 문제시되는 이유는 교육격차와 맞물려 그것이 누구나 공평하게 받을 수 있는 기회가 아니라 학생 개인의 가정환경에 따라 결정되는 것이기 때문이다. 경우에 따라 사교육을 받는 것은 형편에 맞춰 자신의 의지로 선택한 결정처럼 보일 수도 있다. 예체능 계열의 학생들일 경우, 말 그대로 학교교육에서 그들이 원하는 바를 찾을 수 없기 때문에 어쩔 수 없이 사교육을 찾으므로 그들이 사교육 열풍의 주역은 아니다. 그보다 여기서 말하는 대상은 학력자본에 대한 환상과 열망을 갖고 있는 일반적인 평범한 학생과 학부모들이다. 사교육의 실질적인 효과가 분명하지 않다는 사교육 효과 연구의 결과에도 불구하고 사교육을 많이 받고 학생이 노력하면 된다는 잘못된 인식이 학생과 학부모에게 만연해 있고, 그 구조 내에서의 학생과 학부모 개인들은 그 안에서 나름대로의 고통을 겪고 있다.

사교육 성행의 본질은 사회불평등 구조에서 살펴볼 수 있다. 사회가 점점 모래시계 구조로 변모함에 따라 개인들은 그 안에서 생존전략을 찾아내는데, 그중 하나가 바로 사교육이다. 왜냐하면 학력자본이 한국 사회 내에서 갖는 가치가 막강하고 지배계층으로 진입하기 위한 중요 전제조건들 중 하나이기 때문이다. 중간계급이 점점 약화되면서 원래 이 계급에 속했던 개인과 그들의 자녀들은 계급이동뿐만 아니라 유지까지 힘들어지게 되었고, 어쩔 수 없이 노력하면 된다는 신념하에 자녀를 위해서 사교육을 찾기 시작했다. 많은 현대인은 학력자본이 개인의 능력을 상징해 줄 수 있다고 생각하지만, 이는 실제 학력자본이 사회 내에서 수행하는 기능과는 다르다. 학력자본은 상속된 재산과 학교교육의 투자 정도에 의해서 결정되는 것이기 때문에 문화자본과 같이 계급재생산을 위한 중요 요소이다.

사교육 번창의 본질을 사회불평등 구조에서 찾고 그에 맞는 해결 방법을 찾아보자면 학벌을 중시하는 사회 분위기를 능력을 중시하는 분위기로 바꿔야 한다. 더불어 공교육의 정상화를 위해 공교육이 그것이 본래 수행해야 하는 역할을 다시금 되새기면서 사회의 거대한 흐름에 휩쓸리지 않게 중심을 잡아야 한다. 마지막으로는 사회의 재구조화이다. 사회의 지배계층이 피지배계층에게 끼치는 영향은 계속적으로 현 사회구조를 유지하기 위한 의도로부터 나온 것이다. 비현실적인 노력주의를 강조하고 누군가의 성공 신화를 널리 알리는 등 극복할 수 없는 것들을 극복할 수 있는 것들이라고 위장하고 희망고문을 하는 것이다.

참고문헌

전재성, 이지순, 양승목, 김영식, 곽금주, 구인회, 황익주, 김홍중, 김용창, 김세균 (2012). 사회과학 명저 재발견 3. 서울: 서울대학교출판문화원.

김경근(2005). 한국 사회 교육격차의 실태 및 결정요인. 교육사회학연구, 15(3).

김경근(2015). 사교육에 대한 투자는 합리적인가?. 국가미래연구원.

김순남, 이병환(2014). 사교육 발생구조 탐색. 열린교육연구, 22(1), 41-63.

김신일(2015). 교육사회학. 서울: 교육과학사.

김희삼(2010). 학업성취도, 진학 및 노동시장 성과에 대한 사교육의 효과 분석. 서울: 한국개발연구원.

박균열(2006). 공교육 정상화를 위한 교육정책 결정체제 참여자들의 역할 조명. 教育問題研究, 26.

신현석(2003). 공교육 정상화를 위한 학교와 정부의 역할. 한국 교육학연구, 9(1).

연세대 사회 발전 연구소(2016). 한국 어린이·청소년 행복지수 국제비교연구 조사 결과.

오승현(2009). 학문 자본주의(아카데믹 캐피탈리즘)의 개념모형 및 분석준거 연구. 教育行政學研究, 27(2).

이혜영, 강태중, 김수영(2004). 교육복지 투자우선지역 학교와 타 지역 학교의 교육격차 분석 연구. 서울: 한국교육개발원.

이희수(2011). 학습자에 대한 동기부여 방안. 한국경영자총협회.

임다희, 권기헌(2013). 인적자본·동기부여·교육복지 이론을 통한 교육격차 영향요인에 관한 연구. 한국정책과학학회보, 17(1).

최희선(2003). 공교육 위기의 진단과 처방. 교육논총, 22.

통계청(2010). 사회조사.

통계청(2017). 2016년 3/4분기 가계동향.

통계청, 교육부(2015). 2014년 사교육 조사자료.

통계청, 교육부(2015). 2014년 사교육비 의식조사.

통계청, 교육부(2016). 2015년 사교육 조사자료.

한국보건사회연구원(2015). 한국 사회의 사회·심리적 불안의 실태조사.

한국일보(2011). 초중고 교사 1,000명 대상 조사.

홍성민(2004). 피에르 부르디외와 한국 사회. 서울: 살림.

황갑진(2004). 중등교육문제에 대한 사회학적 고찰. 사회과교육연구, 11(2), 251-275.

Bourdieu, P. (1979). **구별짓기: 문화와 취향의 사회학**(최종철 역). 서울: 새물결.
OECD (2013). Education at a glance 2013.

제8장

빈곤문제

1. 서론

우리나라의 소득불평등과 빈곤 정도가 OECD 국가들 중에 최고 수준이라고 한다. 부익부 빈익빈이라는 말에서 알 수 있듯이, 빈곤은 개인이 통제하기 어려운 사회구조적 조건에 의해 발생하는 것으로 개인문제가 아닌 사회문제라고 할 수 있다. 특히 현대 신자유주의 사회에서 빈곤층이 증가하는 것은 시장경제 내에서 소득의 재분배가 효과적으로 이루어지지 않은 것에 기인한다. 이러한 빈곤문제는 다른 사회문제들을 발생시키는 원인으로 작용하기에, 정부가 앞장서서 해결해야 하는 중점적인 과제이다.

한국 사회는 1960년대 급격한 산업화를 거치며 눈부신 경제성장을 이루었다. 그러나 자본주의 사회의 불완전성과 결함이나 모순으로 인간들의 삶의 조건이 더욱 불안해지고 있다. 그간 우리 사회는 분배주의적 가치관보다는 성장주의적 가치관을 토대로 한 선경제성장·후분배 정책의 결과로 사회 양극화가 심화되어 빈곤층의 증가, 중산층의 붕괴, 청년실업, 노인빈곤 등과 같은 사회문제가 대두되었다. 더 심각한 것은 이러한 상황 속에서 핵가족화에 의해 가족체계가 무너짐에 따라 국민의 생존이 각 개인의 능력에 맡겨지게 되었다.

이러한 상황에서 최소한의 인간다운 삶의 질을 보장하기 위하여 빈곤층으로 전락한 국민들에게 국가가 마련한 사회안전망 장치가 국민기초생활보장제도이다. 특히 그 전까지 생활보호제도로 불리어 왔던 이 제도는 2000년 김대중 정부 때 국민기초생활보장제도로 바뀌었으며, 노동능력이 있더라도 일자리가 없어 빈곤에 처한 자 누구라도 최소한의 생활을 보장받을 수 있도록 하겠다는 것을 목표로 하고 있다. 1997년 IMF 경제위기로 인한 대량실직, 2008년 미국발 글로벌 금융위기 등 복잡다양한 사회현실 속에서 국민기초생활보장제도는 일정 부분 그 역할을 수행하여 왔다. 하지만 최초 도입 때부터 경제위기에 대한 임시대응이라는 측면이 강하였고, 최후의 사회안전망이라는 역할에 걸맞지 않게 제도의 곳곳에 빈틈이 많다. 부양의무 기준 완화, 맞춤형 급여로의 개편 등 보완이 계속되어 왔으나 '세모녀법'이라는 명칭이 무색하게 송파 세 모녀는 여전히 대상자가 될 수 없는 실정이다.

   빈곤은 개인의 문제가 아닌 사회구조적인 불평등으로 인해 발생하는 사회문제이다. 가난한 이들이 많은 사회에서는 부자도 행복할 수 없다. 빈곤으로 인간다운 삶을 영위하지 못하는 이들이 많은 국가에서 국가의 역할이 무엇인

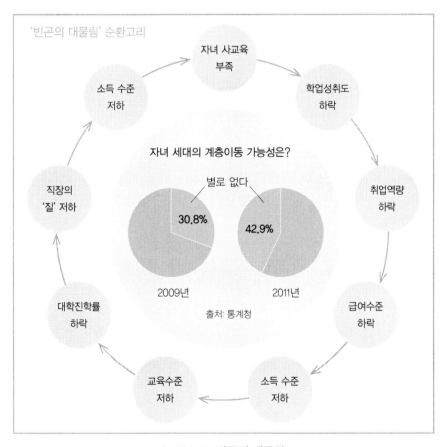

[그림 8-1] 빈곤의 대물림

출처: 경향신문(2012. 11. 6.).

지, 정의란 무엇인지를 말하고 가르치기란 어려울 것이다. 또한 가난한 이들이 자신의 빈곤을 해결하고 사회구성원으로서의 역할을 다할 수 있을 때, 국가의 경제적 수준과 사회의 안전성 또한 높아질 것이다. 이러한 점에서 빈곤문제는 사회구조적으로 발생하는 것으로 국가가 나서서 중점적으로 해결해야 할 과제이다.

2. 이론적 논의

1) 빈곤 개념

빈곤은 최소한의 인간다운 삶을 영위하는 데 필요한 기본적 욕구가 충족되지 않는 것으로 물질적 자원이 부족한 상태를 의미한다. 빈곤에는 다음과 같은 세 가지 유형이 있다.

첫째, 절대적 빈곤(absolute poverty)은 인간의 본능적이고 기본적인 생존욕구를 충족하는 데 필요한 절대적인 자원의 부족한 상태나 조건을 의미한다. 다시 말해, 생활의 기본적 필수품을 획득할 수 없어 최저의 생활수준도 유지하지 못하는 상태를 의미한다. 흔히 신체적 건강과 효능을 최소한 유지할 수 있을 정도의 의식주 등 기본적 욕구를 해결하지 못하는 상태를 말한다. 따라서 절대적 빈곤은 소득불평등이 아닌 생존수준에 초점을 맞춘다.

둘째, 상대적 빈곤(relative poverty)은 현대산업사회의 특징인 경제, 사회, 문화생활 등의 발전과 향상으로 풍요로운 가운데 나타나는 불평등, 상대적 박탈감으로 동일 사회 내의 다른 사람과 비교하여 적게 가지는 빈곤 개념이라 할 수 있다. 따라서 상대적 빈곤은 특정 사회의 구성원 대다수가 누리는 생활수준에 못 미치는 수준을 말하는데, 이것은 특정 사회의 관습, 생활수준 등에 따라 크게 달라진다. 이 개념은 구체적 빈곤선을 설정하기가 매우 어려운

데, 어느 정도를 빈곤선으로 결정하는가가 인위적일 수밖에 없기 때문이다.

셋째, 주관적 빈곤(subjective poverty)은 자신이 충분히 갖고 있지 못하다고 느끼는 것을 말한다. 다시 말해, 욕구 충족을 위한 경제적 자원을 충분히 소유하고 있지 않다고 느끼는 것을 의미한다. 이는 제3자의 판단에 따라 객관적 수준이 정해지는 것이 아니라 개인의 주관적인 판단 수준에서 결정된다.

2) 빈곤이론

(1) 기능주의 관점

기능주의는 사회체계를 사회의 각 부문(하위체계 또는 요소)들이 상호의존적으로 관련되어 있는 하나의 체계로 본다. 사회체계 각각의 기능이 전체를 위해 작동할 때 사회체계는 안정, 통합, 균형을 이룬다고 주장한다. 이에 반대되는 빈곤은 물질적·사회적 보상을 받지 못하는 사람들이 겪는 어려움이자 처벌적 수단이다. 즉, 빈곤은 사회에 긍정적인 기능을 수행하지 않기 때문에 발생하는 일탈적 행위의 결과이자 처벌적 수단이라는 것이다. 결과적으로 빈곤은 그 자체만으로도 사람들이 사회에 긍정적인 기여를 행하도록 동기를 부여한다.

(2) 갈등론 관점

갈등론에 따르면 빈곤은 특정 집단이 빈곤의 존재로부터 이익을 보기 때문에 발생한다. 특정 집단은 자신의 부와 권력, 자원 등을 이용하여 더 많은 몫의 재화를 보장받으려 하고, 자신의 이익을 위해 다른 집단을 착취하기 때문에 착취당한 집단이 빈곤을 경험하게 되는 것이다. 또한 빈곤을 해결하기 위한 복지는 사람들로 하여금 다른 사람들과 경쟁할 능력을 키워 주지 못하고 오히려 복지에 종속시켜 빈곤문화의 부정적 속성을 강화시키는 결과를 초래한다. 따라서 빈곤은 자원의 분배체계가 불공정하게 된 결과로, 빈곤층만을 단죄하는 지배 이데올로기 역할을 수행한다는 것이다.

(3) 상징적 상호작용론 관점

상징적 상호작용론에 따르면, 빈곤은 개인과 개인, 개인과 집단 간 상호작용의 결과로부터 파생된다. 빈곤이 사회문제로 이어지는 이유는 사회의 영향력 있는 집단이 자신들이 공유하는 규범이나 가치체계에 의해 어떠한 현상을 빈곤이라고 규정하고, 한편으로는 풍요로운 사람들과의 끊임없는 비교 속에서 빈곤층의 의식이 생성되기 때문이다. 결국 빈곤층은 타인들의 주장에 따른 자신에 대한 부정적 정의를 받아들이게 되고, 빈곤층이라고 낙인찍힌 바대로 행동하게 된다는 것이다.

3) 빈곤원인이론

(1) 인적자본이론

인적자본이론은 경제학적 입장에서 가장 일반적으로 사용되는 이론으로서, 빈곤이 개인의 낮은 생산성 때문이라고 본다. 개인의 생산성은 인적자본에 대한 투자가 결정하는데, 빈곤층은 학교교육, 기술훈련, 지식, 직업 획득을 위한 정보 등과 같은 인적자본이 없기 때문에 생산성이 낮을 수밖에 없다. 결국 빈곤층은 인적자본에 대한 투자가 미비해져 생산성이 낮아지게 되고, 수입이 적어져 빈곤의 악순환이 발생한다는 것이다.

(2) 선발이론(학력주의)

고용자들은 피고용자들의 생산성에 대한 정보가 불확실하다. 따라서 피고용자들의 배경적 요인을 기준으로 지적 생산성이 높은 근로자들을 선발한다는 것이다. 그 결과, 학력이 높은 사람은 높은 임금직종에 선발(고생산성)되어 높은 임금과 높은 사회적 지위를 누리는 반면, 학력이 낮은 사람은 낮은 임금직종에 선발(저생산성)되어 낮은 임금으로 인한 빈곤자로 전락할 가능성이 높다.

(3) 노동시장 분절이론

노동시장 분절이론은 노동시장은 분절되어 있고, 분절된 노동시장에서의 임금결정 과정은 서로 다르다는 이론이다. 노동시장은 정규직과 관련된 내부노동시장과 비정규직 등과 관련된 외부노동시장으로 분리된다. 내부노동시장은 경제변수와는 분리되어 형성되기 때문에 내부노동시장 노동자들은 좋은 임금, 작업환경, 진급기회가 보장된다. 반면, 외부노동시장 노동자들은 이러한 혜택을 줄 필요가 없게 되어 낮은 임금을 받거나 안전성이 낮고 진급 기회가 없는 직무에 종사하게 된다.

(4) 마르크스의 계급이론

마르크스는 사회계급이 생산수단의 소유 여부에 따라 분리된다고 주장한다. 이러한 서로 다른 계급들은 사회적 관계에서 서로 다른 위치를 차지하게 되는데, 부르주아와 프롤레타리아가 그에 해당한다. 각기 다른 사회적 계층, 관계 속에서 각 계급들의 소득이 결정되며, 생산수단이 없는 프롤레타리아는 부르주아에 비해 빈곤층으로 전락할 개연성이 높다. 또한 빈곤 자체가 프롤레타리아를 억압하는 부르주아의 경제적 수단으로서 작용한다고 설명한다.

(5) 개인선택이론

개인선택이론에 따르면 빈곤은 여가와 노동 간에 어느 것을 택하느냐, 또는 안정을 추구하느냐 아니면 위험부담을 감수하고 도전을 하느냐 하는 개인의 선택에 의해 결정된다. 여가를 많이 누릴수록 노동시간이 줄어들어 소득이 적게 발생하며, 위험부담과 안정 사이에서 서로 간의 소득 격차가 발생하기 때문에 빈곤층은 결국 개인의 선택의 결과이지, 사회적 제도의 결함으로부터 파생된 것이 아니라고 본다.

(6) 빈곤문화론

빈곤문화란 미국의 문화인류학자 루이즈(O. Luise)가 처음 언급한 용어로 빈민집단이나 빈곤계층에서만 볼 수 있는 특유한 생활양식, 태도, 가치관 등의 문화적 특질을 의미한다. 빈곤문화는 출세에 대한 동기의식이 매우 약하고, 의존심이 크며, 열등의식을 가지는 등의 운명주의적 문화로서, 빈곤층은 끊임없이 이 하위문화의 영향을 받을 수밖에 없다. 빈곤문화론에서는 빈곤층이 이 문화의 영향을 계속 받는 한 결국 끊임없이 가난해질 수밖에 없다고 본다.

3. 한국 사회의 빈곤

1) 빈곤자 정의

(1) 국민기초생활수급자

국민기초생활수급자는 「국민기초생활 보장법」에 명시된 조건에 포함된 자로서, 생계가 곤란한 저소득층으로 인정되어 정부에서 생계, 주거, 의료, 교육 등의 급여와 기타 현물지원을 받는 이들을 의미한다. 일반적인 생활이 매우 어렵거나 세금을 납부하기 어려울 정도로 빈곤한 이들, 의료혜택을 받을 수 없는 이들, 고령으로 자체 생활이 매우 어려운 이들 등이 그 대상이다. 신체조건 또는 연령상의 문제로 근로능력이 아예 없는 자가 조건인데, 미성년자와 대학생, 만 65세 이상 노인, 장애인, 심각한 지병으로 인한 근로무능력자 등이 포함된다. 2015년 7월에 기존 통합급여지급에서 생계, 의료, 주거, 교육, 해산, 장제, 자활의 일곱 가지 '맞춤형 개별급여' 형식으로 변경되었다.

〈표 8-1〉 국민기초생활수급자 수급액(최저생계비) vs 차상위계층 소득액   (단위: 원)

가구규모 유형	1인	2인	3인	4인	5인	6인	7인
2015년 최저생계비	603,403	1,027,417	1,329,118	1,630,820	1,932,522	2,234,223	2,535,925
2015년 차상위계층 소득액	730,000	1,240,000	1,600,000	1,960,000	2,320,000	2,690,000	3,050,000
2010년 최저생계비	504,344	858,747	1,110,919	1,363,091	1,615,263	1,867,435	2,119,607
2010년 차상위계층 소득액	605,213	1,030,496	1,333,003	1,635,709	1,938,318	2,240,922	2,543,528

2016년 6월 기준 수급자는 166만 명이며, 개인별 월평균 현금급여 수준은 51만 2,000원이다.

(2) 차상위계층

차상위계층은 국민기초생활수급자보다 상위계층으로 소득이 국민기초생활수급자의 100~120%의 범위 내에 있는 자로서, 생계에 어려움이 있는 저소득층을 의미한다. 수급자보다 경제적 조건은 좋지만, 기초생활 지원이 필요한 잠재적 빈곤계층으로 분류된다. 차상위 자활근로자, 장애수당 대상자, 한부모가족, 우선돌봄, 본인부담경감 대상자 등 다양한 사업의 형태로 관리되다가 2016년부터 차상위계층 확인서를 발급하는 방식으로 변경되었다. 2005년 11월 「국민기초생활 보장법」의 2차 개정 때 차상위계층의 정의가 법률에 규정됨으로써 정책대상이 되었다. 2015년 7월 개정안 기준 '소득인정액이 기준 중위소득의 50% 이하인 자'로 명시되어 있다. '소득인정액'은 개별가구의 소득평가액과 재산의 소득환산액을 합산한 금액을 말하며, '중위소득'이란 전체 가구를 소득기준 1~100으로 나열했을 때 50에 해당하는 가구의 소득을 의미하는데, 1인 가구 기준 월 81만 원, 4인 가구 기준 월 220만 원 수준이다. 차상위계층의 혜택으로는 양곡지원, 일자리지원, 연탄지원, 전기요금 할인, 통신요금 감면 등이 있다. 제도상의 미비로 개정 이전 사업별로 기준이 달랐기에 정확한 인원은 측정되지 않았으나, 2011년 기준 비수급빈곤층 103만 명과 소득인정액 기준 67만 명을 합해 170만 명에 이르는 것으로 추산된다.

2) 빈곤자 실태

통계청 자료에 따르면, 2인 이상 가구소득을 기준으로 2004년부터 2014년까지 평균소득과 중위소득은 계속해서 증가해 왔다. 그러나 평균소득과 중위소득 간 차이가 2004년 279만 원에서 2014년 381만 원으로 늘어난 것을 보아 사회적 양극화가 심화하였음을 알 수 있고, 따라서 중위소득을 기준으로 삼는 상대적 빈곤율 또한 감소할 수밖에 없었다고 볼 수 있다.

또한 빈곤사회연구원(2015)의 자료에 따르면, 1인가구와 다인가구(1인가구 제외)를 비교해 보았을 때 상대적 빈곤율 추이가 2006년에는 1인가구 기

[그림 8-2] 빈곤율 추이(2인 이상 전 가구 기준)

출처: KOSIS(2016).

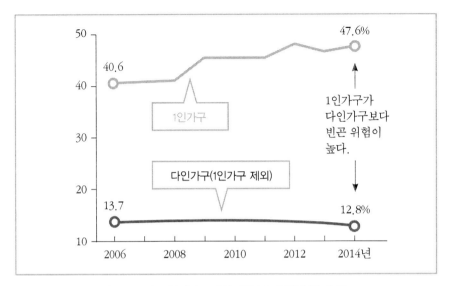

[그림 8-3] 1인가구 · 다인가구 '상대 빈곤율' 추이

※ 가처분소득 기준
출처: 보건사회연구원(2016).

준 40.6%, 다인가구 기준 13.7%로 그 격차가 상당함을 알 수 있다. 나아가 2014년의 경우 각각 47.6%와 12.8%를 기록함으로써 그 격차가 심화되고 있음을 보여 준다. 이는 1인가구가 다인가구보다 상대적 빈곤에 더 취약할 뿐만 아니라 빈곤이 전 가구 세대에 걸쳐 나타나는 보편적 현상이며, 단순히 개인적 문제를 넘어서 사회적 문제임을 시사한다.

절대적 빈곤율을 분석해 보면, 2009년 7%에서 2013년 5.9%로 상대적 빈곤율과 같이 감소하고 있음을 볼 수 있다. 절대적 빈곤율의 경우에는 최저생계비를 기준으로 하기 때문에 이 자료 또한 재점검해 볼 필요가 있다. 첫째로, 실질적으로 최저생계비 이상의 수입을 통해 절대적 빈곤층을 벗어난 것인지, 둘째로 최저생계비가 물가상승률 또는 경제성장률에 비해 낮게 상승했기 때문에 그에 해당되는 절대적 빈곤층의 수가 감소한 것으로 나타난 것인지가 분석 가능하다. 통계청 자료에 따르면 4인가구 기준으로 2006년 1,170만 원

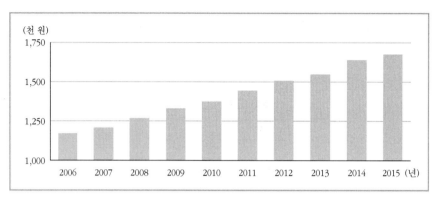

(천 원)

[그림 8-4] **연도별 최저생계비(4인가구 기준)**

출처: KOSIS(2016).

에서 2015년 1,668만 원으로 약 42.5% 늘어났으나, 통계청 자료에 따른 경제
성장률을 대변하는 GDP를 살펴보면 2006년 1만 7,422달러에서 2015년 2만
7,633달러의 약 58.6%로, 최저생계비가 경제성장률에 비해 턱없이 낮게 상
승했다고 볼 수 있다.

4. 국민기초생활보장제도의 현황과 문제점

1) 현황

(1) 역사

「국민기초생활 보장법」은 기존에 존재하던 생활보호제도가 사회안전망의
역할을 다하지 못하여 대안으로 생겨난 공공부조제도이다. 1997년 IMF 경제
위기를 맞아 빈곤층 및 실업자가 대량 발생한 것이 계기가 되었다. 참여연대
를 중심으로 한 시민단체들의 아래로부터의 입법에 의해 2000년 10월에 시
행된 이 법은 기존 생활보호제도가 가지고 있던 선정 기준, 급여 지급 방식

등의 문제를 일부 개선하였다. 생활보호제도에 비해 자격조건이 더 강화되었거나 급여 측면에서 나아진 점이 별로 없다는 비판도 있었으나, 대체적으로 근대적 빈곤정책으로 발전한 공공부조제도라고 평가되어 왔다.

「국민기초생활 보장법」은 제정 이후 9번의 법 개정을 거쳤다. 법 개정 부분은 주로 부양의무자 기준, 재산기준, 최저생계비, 차상위계층 급여 등 포괄성과 관련된 것이었다. 2003년 1월에는 소득인정액제도가 시행되었는데, 이는 재산은 있으나 소득이 적은 이들을 대상에 포함시키기 위함이었다. 2004년 12월 1차 개정이 있었으며 최저생계비 기준이 도입되었다. 2005년 11월 2차 개정에서는 부양의무자 기준이 축소되었으며, 차상위계층을 정책대상으로 명시하였다. 차상위계층에 대한 제도는 2006년 12월 시행된 3차 개정부터 본격화되었다. 2007년 10월 4차 개정에서는 수급자 선정의 정보화 및 중앙정부와

〈표 8-2〉 「국민기초생활 보장법」의 15년간 주요 변화

일시	내용
1999. 9.	「국민기초생활 보장법」 제정
2000. 10.	「국민기초생활 보장법」 시행
2003. 1.	소득인정액제도(재산의 소득환산제) 시행
2004. 3.	「국민기초생활 보장법」 1차 개정(부양의무자 범위 1차 축소)
2004. 12.	법 시행 이후 1차 최저생계비 실계측 후 최저생계비 결정
2005. 7.	부양의무자 범위 1차 축소 시행(수급권자의 1촌의 직계혈족 및 그 배우자, 생계를 같이하는 2촌 이내의 혈족)
2005. 9.	개정된 「기초보장법」에 따른 2006년도 최저생계비 발표
2005. 11.	「국민기초생활 보장법」 2차 개정(부양의무자 범위 2차 축소)
2006. 3.	「긴급복지지원법」 시행
2006. 7.	부양능력 판정기준 변경(최저생계비의 120~130%)
2007. 1.	부양의무자 2차 축소 시행(생계를 같이하는 2촌 이내의 혈족 제외)
2007. 6.	차상위계층에 대한 급여 지급 근거 마련(시행령, 시행규칙 개정)
2014. 12.	「국민기초생활 보장법」 9차 개정(맞춤형 급여체계로 개편)

출처: 허선(2005, 2009) 및 「국민기초생활 보장법」 역대 개정안에서 발췌.

지방정부 간의 재정분담 사항을 명시하였다. 4차 개정 이후에는 2014년 12월 9차 개정으로 급여체계가 개편되기 전까지 주목할 만한 개정사항이 없었다.

(2) 수급 현황

2001년부터 2014년까지의 국민기초생활보장수급자 현황을 분석한 결과는 [그림 8-5]와 같다.

전국적으로 수급자 수는 2002년에 감소하였다가 2009년까지 꾸준히 증가하였다. 그러나 2009년 이후 다시 감소하기 시작하였으며, 2014년에는 역대 최저치를 달성했다. 총인구수 대비 수급자 비율도 유사한 경향을 보이는데, 2002년 2.64%, 2009년 2.98%, 2014년 2.41%이다. 하지만 이러한 수치의 변화는 2008년 금융위기로 인한 실직을 고려하여 볼 때 빈곤층의 감소로 인한

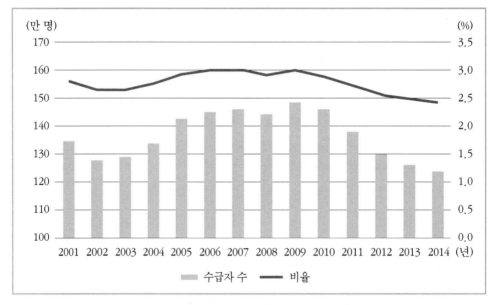

[그림 8-5] 국민기초생활보급자 수 및 총인구 대비 비율(2001~2014년)

※수급자 수: 일반수급자 수(시설수급자 제외)
출처: KOSIS(2016).

것이라기보다는, 기초생활보장제도의 기준에 따른 사각지대인 것으로 추측할 수 있다.

　수급자 분포를 성별과 생애주기별로 나누어 살펴보면 [그림 8-6]과 같이 여성의 경우 노년기 수급자가, 남성의 경우 중년기 수급자가 가장 많은데, 이는 여성에 비해 비교적 짧은 남성의 평균수명에 의한 것으로 추측할 수 있다.

　급여종류별 지급비율은 〈표 8-3〉과 같은데, 생계급여 수급자가 80% 내외로 가장 높다. 교육급여는 점차 감소하고 있는 반면, 주거급여는 지속적으로 증가하여 2011년에는 생계급여 다음으로 많은 비중을 차지하고 있다.

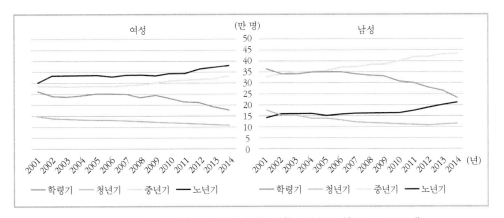

[그림 8-6] 성별 · 생애주기별 국민기초생활보장수급자(2001~2014년)

출처: KOSIS(2016).

〈표 8-3〉 국민기초생활보장 급여종류별 지급비율　　　　　　　　　　　(단위: %)

	2006년	2007년	2008년	2009년	2010년	2011년
생계급여	85.0	86.0	74.0	75.0	77.0	80.7
주거급여	12.0	12.0	25.0	25.0	25.0	23.0
교육급여	37.0	39.0	20.0	20.0	19.0	19.5

(3) 9차 개정안의 주요 내용

「국민기초생활 보장법」 9차 개정안의 주요 내용은 ① 통합형 급여체계를 맞춤형 급여체계로 전환, ② 최저보장수준의 기준을 중위소득으로 변경, ③ 급여운영주체를 개별화한 것으로, 전면적인 개편이라 할 수 있다.

첫째, 맞춤형 급여체계는 소득인정액이 최저생계비 이하인 경우에는 각종 급여가 지급되지만, 탈수급의 경우 모든 급여가 없어서 탈수급을 저해하는 문제를 해결하기 위해 제안되었다. 즉, 탈수급을 하는 순간 각종 지원과 급여가 일괄적으로 사라져서 저소득 근로를 하는 것보다 수급대상자 지위를 유지하는 게 더 유리하여 다시 수급자가 되어 버리는 현실을 방지하기 위해서이다. 예를 들면, 소득으로 인해 생계급여는 탈수급하지만 의료급여는 계속 수급하는 방식이다.

둘째, 최저보장수준은 기존 최저생계비에서 중위소득으로 변경되었다. 최저보장수준이란 '국민의 소득·지출수준과 수급권자의 가구유형 등 생활실태, 물가상승률 등을 고려하여 급여의 종류별로 공표하는 금액이나 보장수준'이며, 중위소득은 '중앙생활보장위원회의 심의·의결을 거쳐 고시하는 국민 가구소득의 중위값'이다. 중앙생활보장위원회는 전문가, 공익대표 그리고 공무원대표의 16명으로 구성되며, 선정기준과 최저보장수준의 결정, 실태조사 및 차상위계층의 지원사업의 조정 등에 관한 사항을 반영하도록 되었다.

셋째, 급여운영주체의 개별화는 각 급여에 따라 소관 행정부처가 달라진 것이다. 생계급여와 의료급여는 보건복지부, 주거급여는 국토해양부, 교육급여는 교육부 소관이 되었다. 수급자 선정 역시 급여별로 이루어지는데, 생계급여는 중위소득의 100분의 30, 의료급여는 100분의 40, 주거급여는 100분의 43, 교육급여는 100분의 50으로 소득 수준에 따라 계단식 급여 지급이 이루어진다.

이처럼 9차 개정안은 급여체계의 변화와 상대적 빈곤선에 대한 새로운 기준을 도입하는 등 기존의 법안과 크게 달라졌다. 이는 2013년에 발생한 '송

파 세 모녀 사건'으로 인한 것으로, '세모녀법'이라고도 불리었다. 하지만 '세
모녀법'이 막상 '송파 세 모녀'는 포함시키지 못하는 등 여전히 대상자 선정과
부양의무자 기준 등에 대한 문제점이 남아 있다.

2) 문제점

(1) 부양의무자 기준

국민기초생활보장제도에 포함되지 않는 빈곤 사각지대를 만드는 가장 큰
요인으로 뽑히는 것이 부양의무자 기준이다. 현실적으로 관계가 끊어졌거나
부양할 능력이 없음에도 불구하고 부양의무자가 있다는 이유로 수급자가 될
수 없는 것이다. 1차 개정 때 직계혈족에서 1촌의 직계혈족으로 축소하고, 2차
개정 때 생계를 같이하는 2촌 이내의 혈족을 삭제하는 등의 진전이 있었다. 하
지만 여전히 기준을 초과하거나 가족에게 도움을 받을 수 없다면 가족관계 해
체를 인정받기 위한 서류를 작성해야 하는 등의 어려움이 있다.

(2) 최저생계비 기준

2004년 1차 개정된 법에 의해 최저생계비는 3년마다 계측 조사되며, 내년
도에 반영하기 위해 매년 9월 1일에 공표한다. 최저생계비를 결정하기 위해
국민의 소득 및 지출 수준, 생활실태, 물가상승률 등을 조사하는 것은 계측연
도에만 진행되기 때문에 비계측연도에는 물가상승률만 고려되는데, 이로 인
해 최저생계비와 국민의 소득지출수준 사이의 격차가 벌어졌다. 최저생계비
가 1999년 일반가구 가계지출 대비 48.7%였지만 2004년에는 38.1%로 하락
하기도 하였다. 또한 이러한 측정방식이 자의성이 강하고 현실을 반영하지
못한다는 비판이 남아 있는데, '최저생계비가 아닌 최소생존비'라는 지적에
서 파악해 볼 수 있다.

9차 개정에서는 최저생계비의 역할이 없어지고 '최저보장수준' 개념이 도

입되었는데, 이는 절대적 빈곤선 방식에서 상대적 빈곤선 방식으로 변화된 것이다. 예를 들면, 생계급여의 경우 수급권자가 중위소득 30% 이하인 사람이며 수급자의 최저보장수준은 생계급여와 소득인정액을 포함하여 생계급여 선정기준 이상이 되도록 하여야 한다는 것이다. 하지만 이 같은 기준중위소득 개념은 '기본 욕구의 미충족'을 해결해 줄 수급권리 인정을 위한 기준선으로 타당하지 않으며, 기존의 최저생계비 기준과 측정방식을 현실화하는 것이 더 적합하다는 부분이 논쟁 지점으로 남아 있다.

(3) 차상위계층 급여

9차 개정의 '맞춤별 급여'의 목표는 차상위계층의 보호라 할 수 있다. 기존 통합급여체계에서는 최저생계비보다 약간 높은 소득인정액으로 인해 수급자 선정에서 탈락한 이들이 급여 기준에 따라 부분적으로 수급이 가능하게 된 것이다. 이번 개정에서 차상위계층은 소득인정액이 최저생계비의 120% 미만인 자에서 기준중위소득 50% 이하인 자로 변경되어 교육급여의 수급이 가능해졌다.

하지만 개별 정책들을 살펴보면, 개정을 핑계로 오히려 후퇴한 변화가 있다. 수급에서 벗어난 이후에도 안정적인 탈수급을 위하여 소득인정액이 최저생계비 150% 이하일 때 최대 2년까지 보장해 주던 의료급여와 교육급여 특례가 폐지된 것이다. 제도를 개편했으니 해당 정책이 필요가 없어졌다는 것인데, 이는 해당 정책의 대상과 목표를 방기한 것이다.

(4) 기준중위소득의 비현실성

9차 개정에 따라 기존 최저생계비가 아닌 기준중위소득으로 급여의 지급 여부를 결정하게 되었다. 하지만 해당 급여의 기준이 현실과 동떨어져 있어서 사실상 기존의 차상위계층도 포함하지 못하고 있다.

2015년 기준 수급자 기준은 소득인정액 61만 7,000원으로, 생계급여는

49만 9,000원 이하일 때 가능했다. 하지만 같은 해 7월 개정안 기준으로 살펴보면, 의료급여는 62만 4,000원이지만 생계급여는 43만 7,000원이다. 만약 혼자 사는 A씨가 48만 원을 벌고 있었다면 개정 이후 오히려 생계급여는 받지 못하게 되는 것이다.

이는 수치에서도 알 수 있는데, 75만 명 늘리겠다던 수급자는 1년 동안 35만 명 늘어나는 데 그쳤으며, 그나마도 주요 급여인 의료급여, 생계급여 수급자는 11만 명이 늘어난 수준으로 10년 전 기초생활보장제도 수급자 수보다 적다. 그 결과, 지난해 주거급여 예산 2,500억 원이 불용되었는데, 이는 150만 원의 소득으로 50만 원의 반지하방 월세를 내야 했던 세 모녀의 사례와 빈곤층의 주거현실을 고려할 때 심각한 문제이다.

〈표 8-4〉 2016년 급여별 선정기준 (단위: 원)

	1인가구	2인가구	3인가구	4인가구	5인가구	6인가구	7인가구
생계급여 (기준중위소득 29%)	471,201	802,315	1,037,916	1,509,116	1,509,116	1,744,717	1,980,317
의료급여 (기준중위소득 40%)	649,932	1,106,642	1,431,608	1,756,574	2,081,540	2,406,506	2,731,473
주거급여 (기준중위소득 43%)	698,677	1,189,978	1,538,978	1,888,317	2,237,656	2,586,994	2,936,333
교육급여 (기준중위소득 50%)	812,415	1,383,302	1,789,509	2,195,717	2,601,925	3,008,132	3,414,340

5. 대책

1) 「국민기초생활 보장법」 개선

(1) 부양의무자 기준의 폐지

「국민기초생활 보장법」은 소득기준액과는 별개로 '부양의무자가 없거나, 부양의무자가 있어도 부양능력이 없거나 부양을 받을 수 없는 사람'일 것을 요건으로 삼고 있다. 하지만 이 같은 기준은 '부양능력' 기준을 충족하는 부양의무자에 의한 부양을 일반적으로 기대할 수 있다는 전제하에서만 성립된다. 하지만 2006년 시행령 개정 이유에 나오듯이 '핵가족화 현상 및 부양의식의 변화에 따른 사회적 부양실태를 고려'할 때 이는 전제로서 유효하지 않음을 알 수 있다. 또한 이 같은 증명을 수급(신청)자에게 요구하고 있어서 오히려 넓은 범위의 비수급빈곤층을 형성하는 원인이 되고 있다. 「국민기초생활 보장법」의 빈곤층에 대한 공공부조 성격을 고려할 때, 현대 핵가족사회에서는 이 같은 부양의무 기준을 폐지하는 것이 더 바람직하다.

현재 9차 개정에 의한 교육급여의 경우 부양의무자 기준이 폐지되었으나 생계, 의료, 주거의 경우 여전히 남아 있다. 하지만 의료급여의 경우 대부분 타인의 도움 없이 본인이 의료비를 감당하기에 「국민기초생활 보장법」의 부양의무자 기준은 의료급여에 적절하지 않다는 지적이 있다.

(2) 차상위계층 급여 신설 및 대상자 선정기준의 조정

〈표 8-5〉에 따르면 2014년 기준 차상위계층을 지원하는 급여 서비스는 116개에 달하지만, 이 중 차상위계층만을 대상으로 한정하는 급여 서비스는 5.2%에 그치며, 학자금, 주거, 자활지원 사업 등으로 국한되어 있다. 따라서 차상위계층만을 대상으로 하는 급여가 필요한데, 9차 개정에서 통합급여 방

식에서 개별급여 방식으로 변경됨에 따라 급여기준의 확대뿐만 아니라 실업급여, 에너지급여 등 새로운 급여를 신설하기에도 용이해졌다.

또한 기존 차상위계층 지원사업의 대상자 선정기준이 재산과 소득액 기준으로 일반화되어 있었는데, 차상위계층의 특성과 급여의 수준 등을 고려하여 그 기준을 다양화하는 것이 바람직하다. 예를 들면, 돌봄, 자활 등 다양한 사회서비스를 제공하는 지원사업과 낮은 급여액의 일시적인 급여 서비스를 제공하는 지원사업의 경우, 행정비용과 효율성 등을 고려하면 재산기준의 적용이 불필요하다. 반면, 생계나 주거 지원과 같이 지속적이고 높은 수준의 급여가 제공되는 사업의 경우 재산상한선 등을 병용하는 방안을 검토해 볼 수 있다.

〈표 8-5〉 급여대상자에 따른 차상위계층 지원사업의 분포

급여대상자	사업 수	예산총액
기초수급자+차상위계층	42	36.2%
차상위계층	6	5.2%
기타	68	58.6%
총합계	116	100%

출처: 류정희(2015).

(3) 최저생계비 및 기준중위소득의 현실화

최저생계비는「국민기초생활 보장법」에서 "건강하고 문화적인 생활을 누리기 위한 최소한의 비용"으로 정의되어 있다. 하지만 지난 몇 년 동안 정부가 발표해 온 최저생계비는 물가상승률에 비해 상대적으로 낮은 인상률로 책정되어 왔고, 평균소득에 비해 상대적 수준은 지속적으로 하락해 왔다.

최저생계비의 기준인 빈곤선을 계측하는 방법으로는 식료품을 비롯한 생필품의 소비에 지출되는 비용을 합산하는 방식(전물량방식)이 시행되고 있다. 이 과정에서 예컨대 해당 항목이 필수적인지 혹은 내구성이 얼마나 되는지 등에 대한 계측자의 수많은 결정과 판단이 필요한데, 이 또한 중앙생활보

장위원회의 예산에 맞춰서 또 한 번 왜곡이 일어나는 실정이다.

한편,「국민기초생활 보장법」에서 새롭게 기준으로 도입한 중위소득은 사회의 상대적 빈곤층을 직관적으로 파악할 수 있다는 장점이 있다. 하지만 이는 근본적으로 불평등의 의미와 빈곤의 의미를 전혀 구분할 수 없다는 단점이 있다. 예를 들면, 전체 경제수준이 하락하게 될 경우에는 빈곤층의 생활수준은 떨어지지만 기준 또한 하락하기에 빈곤층은 전혀 늘어나지 않는 모순이 발생할 수 있다.

우리가 '최소한'이라고 말할 때는 그것이 단지 헐벗고 굶주리지만 않으면 된다는 생존의 의미는 아니다. 그것은 국민의 한 사람으로서 살아가기에 최소한의 도덕과 존엄을 지킬 수 있을 만한 삶의 수준이라고 할 수 있을 것이다. 이를 위한 최저생계비의 적절성을 평가해 보면, 한국의 현행 최저생계비를 100%로 보았을 때 52.8%, 영국의 최소소득표준을 국가별 물가 차이를 고려하여 단순 비교하였을 때는 59.4%가 부족함을 알 수 있다.

2) 기본소득보장제 도입

기본소득보장제는 프랑스의 경제학자 앙드레 고르의 책『경제이성비판』에서 기인한다. 그는 "한 사회의 생산력은 점진적으로 발전하고, 갈수록 같은 양을 생산하기 위해 더 적은 양의 노동이 요구되므로, 노동의 대가로 주어지는 노동비례소득을 유지하는 것은 합리적이지 못하여 사회구성원들의 삶을 지탱할 수 없다."고 주장하며, 그 대안으로 사회의 구성원에게 조건 없이 소득을 지급하는 기본소득을 주장했다.

글로벌 리서치 회사 마크로밀엠브레인(MACROMILLEMBRAIN)의 2015년 기본소득보장제 도입에 대한 찬성 및 반대 이유 설문조사를 보게 되면, 사회적 양극화 문제를 해소하고 미래의 불안감을 없앨 수 있다는 이유를 들어 50%가 넘는 사람들이 찬성하는 것으로 나왔다. 그 밖에도 사회 불안요소 감소,

삶의 여유, 원하는 일을 할 수 있다는 등의 의견이 30% 이상 나타남으로써 기본소득제도가 사회에 어떠한 기여를 할 수 있는가를 눈여겨볼 수 있다. 실제로, 기본소득보장제도를 지지하는 이론가들은 그것이 절대적 빈곤을 철폐하고, 상대적 빈곤을 줄이며, 보다 평등한 사회로 나아갈 수 있게 한다고 본다.

2016년 스위스에서는 2,500프랑(약 300만 원)을 보장하는 기본소득보장제도를 국민투표로 붙인 바 있다. 비록 부결되었으나, 기본소득보장제도에 대한 논의는 유럽으로 확산되는 추세이다. 네덜란드의 20개 지방도시에서도 월 120만 원의 기본소득제 도입에 대한 공청회를 개최하는 등 활발한 논의가 이루어지고 있다. 핀란드는 2017년부터 기본소득보장제도를 단계적으로 실시한다. 생산가능인구 중 2,000명을 무작위로 선발해 월 560유로(약 70만 원)를 지급하며, 그와 같은 정책이 성공적이라고 판단되면 확대할 예정이다. 반면, 알래스카의 경우에는 석유자원을 바탕으로 1982년부터 기본소득보장제를 실시하고 있는데, 매년 1인당 300달러 수준에서 시작해 2008년에는 약 2,069달러를 지급했다. 이 정책의 결과, 알래스카는 소득 상위 20%의 평균소득이 7% 증가한 반면, 소득 하위 20%의 평균소득은 28% 증가함으로써 보다 평균적인 재산분배가 이루어지게 되었다.

현재 기본소득보장제도가 가장 충실히 이행되고 있는 국가는 알래스카와 나미비아, 인도이다. 알래스카는 앞서 제시한 바와 같이 소득 상위계층과 하위계층 간의 소득 격차가 완화되었다는 효과가 있었다. 다만, 알래스카의 경우에는 재원이 석유 말고는 없다는 것이 특징이다. 즉, 알래스카 주의 경우 미국 내에서 유일하게 개인소득세와 주 안에서 판매되는 판매품들에 대한 세금을 부과하지 않기 때문에 더더욱 재정이 투명할 수 있고, 주민들의 복지혜택은 다른 주들에 비해 더욱 확충할 개연성이 높을 수밖에 없다.

나미비아의 경우에는 기본소득보장제도를 위한 재원이 국가가 아닌 유럽과 미국, 그 밖의 후원자들의 기부로 모아진다. 따라서 전 국민을 대상으로 하는 것이 아니라 1,000명을 선별적으로 뽑고, 1명당 100나미비아달러(약

8,700원, 2017년 1월 기준)를 지원한다. 나미비아의 경우에는 기본소득보장제를 통해 복지수혜자를 선별할 때 필요한 사회적 비용이 없어지고, 관료적 병폐가 사라졌다는 효과가 있었다. 2009년 국민일보 자료에 따르면, 수혜 마을의 어린이 92%가 학교에 다니게 되었고, 어린이 영양실조의 비율은 42%에서 17%로 하락했다. 어른의 경우에는 실업률이 60%에서 45%로 15% 감소했고, 평균소득 또한 80% 이상 상승한 효과를 볼 수 있었다.

인도 또한 나미비아를 지원한 후원자들의 기부로부터 기본소득보장제가 실시되기 시작했는데, 우선 나미비아와 같이 어린이 영양실조가 굉장히 개선되었다. 기본소득보장제가 실시되기 전 정상체중의 어린이가 39%에 그친 반면, 시행 후 58%로 증가했다. 또한 기본소득을 받지 않은 일반가정 중 9%만이 소득 수준이 나아졌으나 기본소득을 받은 가정 중에서는 21%가 소득 수준이 향상되어 사회적 빈곤층에 커다란 역할을 하고 있음을 알 수 있다.

기본소득보장제도는 사회의 모든 구성원에게 인간다운 삶을 살아가는 데 필요한 소득을 제공함으로써 차별과 혐오를 줄이고, 사회의 공공성과 연대를 늘려 나가는 데 그 의미가 있다. 당위적인 차원의 재산분배를 통한 빈곤철폐, 사회의 안전성 확보를 통한 공공성 획득뿐만 아니라 정책적인 측면에서도 선별과정에서의 행정비용 절감, 사각지대 제거, 낙인효과 방지 등의 효과가 있다. 그러나 근로의욕이 사라져 일을 하지 않는 사람들이 늘어나고 세금이 막대하게 투입된다는 반대 측의 주장도 있으나, 이러한 제도를 한국 사회의 실정에 맞게 도입하려면 어떻게 해야 할 것인가에 대한 논의 또한 필요하다.

6. 결론

오늘날 빈곤문제는 절대적 빈곤에서 상대적 빈곤으로 그 지평을 넓혀 가고 있다. 그렇다고 절대빈곤 또는 생존을 위협하는 수준의 결핍문제가 사라진 것은 아니다. 오늘날에도 여전히 많은 사람이 생존에 필요한 음식, 물품 그리고 최소한의 서비스를 충당하지 못하고 있기 때문이다. 하지만 전 세계적으로 절대빈곤인구는 비교적 빠르게 감소해 왔으며, 빠르게 증가하는 불평등문제가 새로운 사회갈등의 원인으로 자리 잡아 가고 있다. 이러한 차원에서 이 장에서 다룬 국민기초생활보장제도는 그 자체로서 최후의 사회안전망임과 동시에, 기타 사회복지 관련 법에서도 그 대상자를 기초법 수급자로 한정하는 등 정부정책의 척도라 할 수 있다.

사회보장위원회의 '기초생활보장제도의 맞춤형 급여체계 개편방안'(2013)에 따르면 수급자를 대상으로 하고 있는 정부정책 사업은 2013년 7월 기준 총 184개이며, 이 중 '기초수급자' 및 '최저생계비' 기준을 명시한 사업은 61개 사업, 23개 법령에 달한다. 이는 전 인구의 8.6%에 달하는 절대빈곤층, 14%에 달하는 상대빈곤층 전체를 대상으로 한다. 따라서 국민기초생활보장제도가 "빈곤에 처한 누구라도 최소한의 생활을 보장받을 수 있도록 하겠다."라는 본연의 목표를 수행할 수 있게 하는 것이 한국 사회 빈곤문제 해결의 시발점이 될 것이다. 1997년 IMF 경제위기가 계기가 되어 제정되고 9차 개정에 이르기까지 수차례 보완을 거치면서, 국민기초생활보장제도는 일정 부분 제 역할을 수행해 왔다. 하지만 여전히 부양의무자 기준으로 인한 사각지대 양산, 물가상승률보다도 못한 낮은 인상률로 현실과 동떨어진 최저생계비, 차상위계층에 대한 정책 미흡으로 인한 탈수급의 어려움 등의 한계를 가지고 있다.

이번 9차 개정을 통해 일괄형 급여에서 맞춤형 급여로 체계가 변함으로써 개별 급여에 대한 개선 가능성이 늘어나고, 새로운 급여를 신설하기에 용이한 환경이 되었다. 국민기초생활보장제도가 단지 국민의 생존이 아닌 인간으로서의 존엄을 지킬 수 있는 사회안전망이 되기 위해서는 향후 부양의무자 기준 폐지, 최저생계비 인상 및 기준중위소득 개선을 통한 수급 기준 현실화, 신설 급여를 통한 사각지대 축소 등의 개선이 이루어져야 할 것이다. 나아가 한국형 기본소득제에 대한 활발한 논의를 통해 혐오와 차별을 넘어 사회의 공공성과 연대를 확대해 나가는 방향으로 논의가 이루어져야 한다.

국민기초생활보장제도는 단순히 수급자의 생존을 넘어서 빈곤을 해결하는 동시에 예방할 수 있는 제도가 되어야 한다. 빈곤은 누구에게나 닥칠 수 있고 두려운 것이기에, 국민 누구라도 가난이 굴레가 되지 않는 사회를 만드는 것은 우리 모두에게 달려 있는 의무이다.

참고문헌

김성숙, 권문일, 배준호, 이용하, 김순옥, 박태영, 정해식(2008). 공적연금의 이해. 서울: 국민연금공단.

김용하(2009). 국민기초생활보장법 제정 10년의 성과와 과제. 한국보건사회연구원.

김원득(2016). 기초생활보장제도 맞춤형 급여 개편 1주년 평가와 전망. 한국보건사회연구원.

김윤영(2016). 기초생활보장제도 개정 1년 평가와 과제. 참여연대사회복지위원회.

류정희(2015). 차상위계층 지원사업 현황과 개선방향. 한국보건사회연구원.

박영아(2014). 국민기초생활보장법을 앞으로도 국민기초생활보장법이라 불러도 되는지에 대해. 참여연대사회복지위원회.

박영아(2016). 기초생활보장과 부양의무. 사회보장법학회.

박철현(2016). 사회문제론: 이론, 실태, 지구적 시각(제3판). 서울: 박영사.

보건복지부(2016). 기초생활보장 대상자 중 기초연금 수급자 현황.

서울사회경제연구소 편(2011). 한국의 빈곤 확대와 노동시장구조. 경기: 한울.

신명호(2013). 빈곤을 보는 눈: 한국 사회의 가난에 대한 진실과 거짓. 경기: 개마고원.

심상용(2006). 우리나라 근로빈곤의 사회구조적 원인에 대한 실증 연구. 한국 사회복지학, 58(4). 한국사회복지학회.

우석훈, 박권일(2009). 88만원세대: 절망의 시대에 쓰는 희망의 경제학. 서울: 레디앙.

윤희숙(2013). 근로빈곤층의 빈곤현황과 정책평가. 보건복지포럼.

은민수(2008). 유럽 복지국가의 연금정치. 한국정치학회.

이상일(2011). 대안적 최저 생계비 계측과 최저소득 기준의 구성에 관한 탐색적 고찰. 한국 사회과학연구회.

이승윤, 김윤영(2016). 박근혜정부의 국민기초생활보장법 급여체계 개편 논쟁에 대한 비판적 고찰. 비판과 대안을 위한 사회복지학회.

이승현(2014). 독일의 노령연금제도와 노인빈곤층 현황. 국제노동브리프.

이철우(2017). 新사회학 초대(5판). 서울: 학지사.

이현주, 김미곤, 노대영, 강석훈, 손병돈, 유진영, 임완섭(2006). 우리나라 빈곤실태와 정책적 함의: 구조 분석을 중심으로. 서울: 한국보건사회연구원.

정은희, 이주미(2015). 2015년 빈곤통계연보. 세종: 한국보건사회연구원.

KOSIS(2016). 보건복지부 국민기초생활보장수급자 현황.

NH투자증권(2016). 2017 한국 사회 중산층 보고서. 100세시대연구소.

김윤영(2016). [내가 만드는 복지국가] 빈곤층에게 너무 먼 기초생활보장제. 프레시안.
http://www.pressian.com/news/article.html?no=124053

제9장

중산층 붕괴와 양극화

1. 서론

현재 한국 사회가 직면하고 있는 가장 심각한 문제 중 하나는 중산층 감소와 밀접히 관련되는 양극화(polarization) 현상이라고 할 수 있다. 양극화를 통해 벌어진 계층 간의 격차는 한국 사회를 부와 사회적 지위가 세습되는 전근대사회로 퇴행시키는 결과를 보여 주고 있는 실정이다. 실제로 2016년 9월 4일 국회입법조사처에서 세계상위소득 데이터베이스(WTID)와 IMF의 자료를 분석한 결과, 2012년 기준 한국 소득 상위 10%의 소득집중도, 즉 소득불평등 정도는 44.9%로 상위계층 10%가 전체 국민소득 절반 가까이를 차지하고 있는 것으로 나타났다. 또한 다른 자료에 따르면, 한국은 소득 양극화 정도에 있어서 미국에 이어 2위를 차지했다. 이뿐만 아니라 한국은 1995년부터 2012년 사이 소득 양극화 속도에서 1위를 차지했다.

이처럼 한국이 소득 양극화가 극심한 국가가 된 가장 큰 이유는 1997년의 외환위기 때문이다. IMF 체제 이전 한국의 상위 10% 소득집중도는 29.2%에 불과했다. 그러나 전례가 없는 경제위기를 경험한 이후, 한국은 IMF의 지시에 따라 신자유주의 정책을 도입하기 시작했다. 기업 내에서 구조조정은 상시적으로 이루어졌으며, 비정규직은 빠른 속도로 증가하기 시작했다. 물론 일부 대기업이 세계적 수준의 기업으로 성장하는 등 긍정적인 결과도 있었으나, 기업별, 고용형태별 등 노동자 간의 임금 및 소득 격차는 더욱 벌어지기 시작했다.

이후 양극화는 단순히 경제의 영역에서 그치지 않고 중산층의 급격한 감소는 물론, 주거, 노동, 교육, 의식 등의 차원으로까지 확장되었다. 현재 한국 사회의 양극화는 단순한 경제적 불평등을 넘어서는 다차원적이고 중층적인 현상이 되고 있다. 따라서 경제적인 부분에만 주목하여 소득집중도를 개선하는 것만으로는 현재 만연한 사회 양극화 현상을 근본적으로 해결할 수 없다. 부의 유지와 확대에 있어서 주택 소유, 노동현장에서의 처우 그리고 교육의 기회가 중요한 밑바탕이 된다는 점을 고려하면, 이러한 영역의 문제들을 해결하지 않는 한 부의 양극화는 지속적으로 강화될 가능성이 크다. 이 장에서는 이에 대한 심도 있는 고찰과 건실한 대안 마련을 모색해 볼 것이다.

2. 이론적 논의

1) 중산층 개념 정의

서구 사회의 경우 '중간계급'이라는 개념은 본래 귀족과 농민으로부터 전문직과 상공인들을 구별하기 위해 사용되기 시작했다. 이후 고전적 이론에서는 계급을 정의하는 데 있어서 두 진영으로 나누었는데, 양측의 차이는 중간계급의 독자성을 인정하느냐의 문제에서 비롯되었다. 마르크스는 자본주의 사회의 계급 양극화를 주장하면서, 부르주아지와 프롤레타리아라는 양자의 계급만이 사회의 계급구조를 이룬다고 보았다. 동시에 그는 이 두 계급을 제외한 '중간계급'은 온전히 독립적인 계급을 형성할 수 없으며, 종국에는 해소될 집단이라고 주장했다.

그러나 19세기 말부터 공적 영역과 사적 영역에서 관료제가 확산되었고, 이에 따라 마르크스주의 내부에서도 사회에서 빠른 속도로 성장하는 중간계급의 존재를 부인할 수 없게 되었다. 이후 신중간계급의 존재를 주장한 풀란차스(Poulantzas), 노동계급과 중간계급의 분리를 주장한 카세디(Carchedi), 라이트(Wright) 등 현대의 신마르크스주의자들 사이에서도 '중간계층'은 중요한 위치를 차지하게 되었다(Carchedi, 1977; Poulantzas, 1975; Wright, 1978).

이후 베버주의적 전통에서는 개인과 집단의 시장상황을 강조하고, 동질적인 삶의 기회와 시장 가치를 가진 집단으로서의 계급을 강조하기 시작했다. 따라서 중간계층은 중요한 위치를 차지했는데, 다렌도르프(Dahrendorf, 1959)는 현대사회에서 다양한 신중간계급이 등장할 것이라고 주장하기도 하였다. 이는 기존의 계층론에서 중시되던 사회적 지위와 경제적 위치 외에 관료적 구조 내에서 개인이 가지는 '권위'라는 새로운 차원을 추가한 결과였다. 마르크스의 주장과 달리 생산수단의 소유와 같은 객관적인 지표만이 계층의 차이를 설명할 수 없기 때문에 다양한 '중간계층'이 존재한다는 것이다.

〈표 9-1〉 계급 분류(범주)

구분	계급 명칭		
상류계급	부르주아지(bourgeoisie), 자본가계급, 자본계급		
중간계급	중산계급	구중간계급	프티부르주아지(petite bourgeoisie: 생산수단을 소유했으나 자신의 노동력을 이용하여 생계유지), 소부르주아지, 자영업주, 수공업자
		신중간계급	화이트칼라(white collar, 즉 관리직, 전문직, 사무직, 기술직), 신프티부르주아지(new petite bourgeoisie), 신소부르주아지, 비육체노동자, 정신노동자, 봉급생활자
노동계급	프롤레타리아(proletariat), 노동자계급, 근로계급 블루칼라(blue collar), 육체노동자, 임노동자		
하류계급	룸펜 프롤레타리아(lumpen proletariat), 도시하류계급, 주변계급 준빈곤층(차상위계층), 극빈층, 근로빈곤층(working poor), 신빈곤층		

우리 사회에서는 '중산층'이라는 용어가 1950년대부터 사용되기 시작하였다. 초기 1960년대 무렵 자영업자와 소상공인을 포괄하는 의미에서 출발된 중산층의 개념은 1970년대 이후 화이트칼라와 블루칼라까지 포괄하는 용어로 확대되었다. 이후 변화하는 사회적 맥락에 따라 매우 다양한 성격의 '중산층' 담론이 형성되기도 하였지만, 주로 사회의 진보를 주도하거나 사회의 안정을 제공하는 중심축으로서의 긍정적 역할이 강조되었다. 그러나 이후 양극화에 대한 담론이 확산되면서, 중산층 담론은 계층 간 갈등의 심화, 탈산업화, 몰락하는 중간계층 등의 사회문제를 논의하는 과정에서 이루어지고 있

다. 최근 양극화가 심화되어 사회 내 갈등과 반목이 깊어지면서, 언론매체 및 학계의 연구에 의해 중산층 담론은 더욱 대두되고 있다.

신광영(2004)에 의하면 중산층의 개념은 양가적 의미로 사용되고 있지만, 우리 사회에서 이 용어는 개념적으로 의미가 명확하지 않다. 중산층의 첫 번째 개념은 경제적으로 서민 또는 영세민보다는 낮고 부자 혹은 상류층보다는 못한 집단으로, 경제적으로 어느 정도 안정된 집단이다. 이러한 분류에서는 다른 조건보다도 소득의 정도가 중요하게 여겨지기 때문에, 예컨대 개인의 교육 수준이 높을지라도 소득이 낮다면 중산층에 포함되지 않는다.

〈표 9-2〉 중산층의 개념

분류방식		중산층의 개념 구분
관점별	객관적 분류	• 소득이나 자산 등 경제적 지수 중심 　-소득 수준이 최저생계비의 2~2.5배 이상에 달하는 계층 　-소득 수준이 중간값 소득을 기준으로 50~150%에 해당하는 계층 　　(OECD)
	주관적 분류	• 귀속의식이나 상대적 박탈감 등 정치사회적 변수 중심 　-프랑스 중산층이 가져야 할 삶의 질(프랑스 퐁피두 대통령, 70년대 초) 　　첫째, 외국어 구사/둘째, 직접 즐기는 스포츠/셋째, 다룰 줄 아는 악기/넷째, 나만의 요리/다섯째, 사회참여 　-미국의 중산층이란 먹고 살아갈 만한 충분한 연소득이 있지만 퇴근 길에 사 가는 피자 한 판, 영화관람, 국제전화 등에 돈을 소비할 때에 아무 생각 없이 소비할 수 없는 사람(워싱턴 타임즈, 2003. 11.)
학문 분야별	사회학	• 유사한 생활양식과 수준을 공유하는 집단 • 중간계급(middle class) 　-재산 소유 정도가 유산계급과 무산계급의 중간에 놓인 계급 　-중소 상공업자, 소지주 등 舊중간계급과 전문경영인, 관리/사무판매직 등 봉급 생활자 新중간계급
	경제학	• 가구별 소득분배를 기준으로 중위소득계층 　-일반적으로 10분위 분류 중 4~7분위, 5분위 중 2~4분위

출처: 김경혜(2009); 이동훈(2007); 이철우(2017).

한편, 중산층에 대한 다른 정의는 중산층을 산업화와 도시화에 따라 등장한 계층으로 보는 것이다. 즉, 중산층은 역사적으로 새롭게 형성된 계층으로, 도시중산층의 개념과 매우 흡사하다. 요약하면, 중산층은 중간계급 중 경제적으로 안정된 집단 그리고 소득이 높은 상층 노동자 계급을 모두 포함하는 개념이다. 따라서 한국 사회에서 '중산층'이라는 용어는 서구에서와 마찬가지로 단일한 개념이라기보다 의미가 보다 더 다양하지만, 중간 이상의 소득집단, 일정 규모 이상의 아파트 소유자, 고학력 화이트칼라라는 정의가 보편적으로 사용되고 있다.

더 나아가 '중산층'의 의미를 보다 명확하게 이해하기 위해서는 주관적 · 비경제적인 요소 역시 고려해야 한다. 이때의 주관적인 요소는 생활양식, 교육, 직업적 위신, 계층의식 등을 모두 포함한 것이다. 홍두승(2005)에 따르면 한국 사회에서 독특하게 사용되는 중산층의 개념은 중간계급, 중산소득계층, 중간계층의 속성을 아우르는 포괄적인 계층으로 언급된다.

2) 양극화 논의

양극화(polarization)란 마르크스의 이론에서부터 비롯된 개념이자 이론으로 중산층 몰락이론과 부익부 빈익빈 이론의 두 가지로 나뉜다. 먼저 중산층 몰락이론에 따르면 자본주의가 발달하면 할수록 중산층이 몰락하여 양극으로 이동한다. 즉, 자본주의 사회에서 사회구성원들은 부르주아 계급, 프롤레타리아 계급으로 양극화되기 때문에 중산층이 몰락한다는 것이다. 그다음 부익부 빈익빈 이론은 부자는 더 부자가 되고 가난한 사람은 더 가난해진다는 이론으로, 마르크스는 지난 100년간 산업화를 통해 새로운 발명과 신상품의 개발은 놀라운 속도로 진전되었고 막대한 부를 생산하였다는 사실과 무역의 확장에도 불구하고 생산과잉이 일어나 공황이 주기적으로 일어나고 있다는 사실에 주목한다. 특히 그는 중소 자영업자들이 그 과정에서 점차 몰락하여 노동자, 프롤레타리아로 전락했으며, 산업자본가와 부르주아는 그 수가 점차 줄어들지만 그들이 소유하는 자본과 부의 규모는 계속 팽창해 나갔다는 사실에 주시했다. 그리고 마르크스는 양극화가 자본 크기와 기술 수준에 따른 경쟁력의 차이와 임금노동자에 대한 착취를 통한 자본의 축적으로 발생하고, 이로 인해 빈부격차가 심화되고 계급갈등이 나타난다고 언급한다.

이러한 마르크스의 견해와는 달리, 양극화의 사전적 정의는 사회계층 내 중산층이 해체되면서 양극단으로 모이는 현상이다. 여기서의 중산층은 중위소득의 50~150%에 해당하는 소득을 가지고 있는 계층이다. 즉, 경제 양극화는 부의 분배가 균등하게 이루어지지 못하고 부가 상층과 하층의 양극단으로 몰리는 현상을 일컫는다. 앞에서 살펴보았듯이 양극화가 심화되는 과정에서 중산층은 급격하게 줄어들거나 몰락하게 되고, 사회에서 상향적 계층이동은 거의 불가능하게 된다. 이러한 경제적 차원의 양극화를 분석할 때 사용되는 지표는 Wolfson 지수[1]나 Esteban & Ray (ER) 지수[2]로, 기존의 소득불평등 지수가 가지던 한계를 보완한 척도들이다.

이러한 경제적 차원에서의 분석 외에도, 양극화 현상은 투표행위 등에서 내부적으로는 동질성을 가진 상호 이질적 집단 간의 거리가 증대되어 양극단으로 몰리는 현상 및 그에 따른 사회정치적 문제의 심각화를 일컫는다. 즉, 사회 양극화란 경제 양극화뿐만 아니라 노동시장에서의 고용 양극화, 대기업과 중소기업 간의 양극화, 교육에서의 양극화, 주거 양극화 등 다양한 영역을 포괄하는 개념이다. 사회적 양극화는 경제 양극화와 구분될 수 없는 현상이

---

1) Wolfson 지수는 중산층을 기준으로 하여 다른 계층과의 소득 격차가 커질수록, 즉 중산층으로부터의 소득의 분산이 커질수록 양극화가 커진다는 전제하에 측정된다. 이때 중산층은 소득을 기준으로 인구를 누적한 누적밀도함수에서 중위소득의 75~150%에 해당하는 인구비중으로 파악한다.

2) ER 양극화 지수는 계층 간 소득 격차를 계층의 비중으로 가중 평균하여 양극화 정도를 계산한 값이다. 두 계층 I와 j의 소득 격차 |yi-yj|를 계산하고, 이를 각 소득계층의 비중 wi, wj로 가중평균하여 도출해 낸다. 따라서 ER 지수는 ① 각 계층의 규모는 일정하지만 계층 간 소득 격차가 확대되거나, ② 계층 간 소득 격차는 일정하지만 소득 격차가 큰 두 계층의 규모가 증가할 때 그 값이 커진다.

며, 경제적 양극화가 사회적 양극화로 이어지면서 다양한 파생효과를 만들어
낸다.

3. 중산층 감소 원인 및 양극화 원인

1) 중산층 감소 원인

우리나라는 1997년 외환위기 이후 기업의 도산과 대규모 실업으로 중산층
의 붕괴가 시작됐다. 대규모 실직사태와 조기퇴직, 부도, 도산이 발생하였고
이후 시행된 산업개편과 기업의 구조조정으로 중간층이 감소하고 계층이 양
극화되는 현상이 심화되기 시작했다. 외환위기 이후 심화된 한국의 중산층
감소와 양극화 현상의 원인을 구체적으로 살펴보면 다음과 같다.

(1) 탈산업화

탈산업화란 생산과 고용 부문에서 제조업이 차지하는 비율이 줄어들고 그
자리를 서비스산업이 대신하는 현상을 말한다. 제조업에서는 지속적인 생산
성 향상을 바탕으로 저학력계층에게도 상대적으로 고임금을 제공하는 중간
일자리가 창출되지만, 서비스업 분야에서는 저임금 일자리와 고임금 일자리
가 혼재되어 있다. 따라서 제조업에 종사하던 대부분의 저숙련 노동자들은
산업구조의 변화에 따라 기존 일자리를 잃거나 저임금 노동으로 밀려날 수밖
에 없다. 이처럼 제조업에서 서비스업으로의 이행은 자본의 자유로운 이동
을 가져왔으나 고용구조 및 노동자 간 임금의 양극화를 초래했다.

(2) 기술변화

컴퓨터 기반 기술이 발전함에 따라 주로 중간층의 일자리였던 일상적인 사

무노동이 대체되기 시작했다. 일상적인 업무는 하위 일자리에 있는 것이 아니라 주로 제조공장의 생산직이나 사무실의 사무직 등 중간일자리에 집중되어 있었기 때문에, 이러한 기술의 변화로 중간계층이 일자리를 잃게 되었다 (전병유, 김복순, 2005). 또한 1990년대 이후 이른바 IT 혁명은 지역 간, 계층 간의 정보 격차를 발생시키면서 소득계층, 학력, 기술력에서의 차이를 유발하였다. 따라서 정보화 흐름 속에서 한국의 산업구조가 기술집약적 산업체제로 전환되면서, 고학력 및 숙련을 요구하는 전문직의 일자리는 다소 증가한 반면, 중간층의 일자리는 급속히 감소하게 되었다.

(3) 기업의 노동유연화 전략

1997년의 외환위기 이후 국가와 자본은 시장만능주의와 신자유주의 이데올로기를 바탕으로 노동유연화 정책을 지속적으로 추진해 왔다. 그 결과, 사회적으로 분리되고 배제된 거대한 비정규직 노동자, 실업자들이 발생하게 되었다. 또한 기업의 상시적인 구조조정 및 실업의 위협 아래 비정규직 노동자들의 노동조건은 날로 악화되었다(조임영, 2015). 이러한 비정규직과 정규직 노동자 간의 차이는 노동시장을 분절화하여 노동자 간 이중구조를 고착화하였다. 이러한 경제환경의 변화를 배경으로 하여 사회에서는 노동, 주거, 교육 등 각 영역에서 또 다른 양극화 현상들이 파생되어 나타났다.

2) 양극화 원인

양극화의 원인은 복합적이고 다차원적으로 나타나며, 크게 세계화, 첨단기술혁명과 지식정보사회의 대두, 젠더혁명과 인구학적 변화, 국가의 정책실패로 구분하여 볼 수 있다(이재열, 2006; Johnson et al., 2011).

(1) 세계화

세계화가 진전됨에 따라 국가 간 격차가 발생하는 동시에 일국 내의 양극화가 가속화되었다. 세계화로 인한 노동과 자본의 자유로운 이동으로 비숙련 저임금 노동시장이 후진국 노동자들로 채워짐으로써 비숙련 노동임금이 하락하게 되고, 자본의 글로벌 경쟁으로 거대자본과 효율성을 갖춘 자본만이 확장해 가고 영세자본과 중소기업들은 도태하는 과정을 통하여 양극화가 진행되었다. 글로벌시대의 양극화는 이제 전 세계적인 차원에서 진행되고 있으며, 세계가 하나의 거대시장으로 작용하면서 전 세계가 양극화로 재편되고 있는 것이다.

(2) 첨단기술혁명과 지식정보사회의 대두

기술과 지식정보에 얼마나 접근하고 이를 얼마나 취득하느냐에 따라서 부의 창출기회가 달라지며, 이것이 양극화로 이어진다. 글레이저(Glaser)의 연구 결과에 따르면 교육 수준의 차이에서 발생하는 인적자본의 질에 따라 임금 차이가 지속적으로 증가하며, IT기술의 발달이나 전산화 등에 따른 새로운 기술을 가지고 있는 사람들이 더 많은 임금을 받아 사회적 불평등을 야기하는 것으로 나타났다.

(3) 젠더혁명과 인구학적 변화

사회가 다원화됨에 따라서 가구구성 형태가 다양해지고 있다. 즉, 맞벌이가구, 한부모가구, 고학력가구, 소년소녀가장가구 등 여러 형태에 따라 소득격차가 심화되고 이에 따라 자녀의 교육기회가 달라짐으로써 빈부격차가 세습되는 과정까지 진행되어 양극화가 나타난다.

(4) 국가의 정책 실패

정부가 양극화에 대한 재분배정책, 사회복지제도, 공평한 교육제도 등을 통하여 적절하게 대처하지 못하는 것이나, 빠른 기술변화에 따라 변화하지 못하는 국가의 관리능력 부족으로 인해 양극화가 발생한다는 것이다.

4. 양극화의 실태

1) 경제적 양극화

우리나라는 1997년 외환위기 이후 빈부격차가 첨예한 경제적·사회적 문제로 떠오르고 있다. 한국의 소득분배는 1997년까지 대체로 평준화의 방향으로 가고 있었으나, 외환위기 이후 급격히 양극화 및 소득불평등이 심화되었다. 특히 1997~1998년의 경우 중산층 감소 규모가 가장 컸고, 줄어든 중산층은 고소득층과 저소득층의 양방향으로 이동했다. 이와 함께 계층이동 및 계층의 양극화 현상이 두드러지면서 여러 가지 사회문제를 유발하였다.

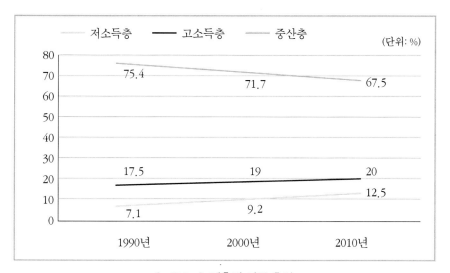

[그림 9-1] 계층별 비중 추이

출처: 현대경제연구원, 통계청(2010).

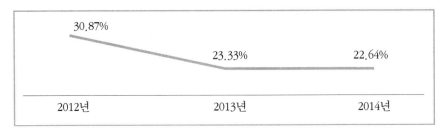

[그림 9-2] **빈곤탈출률**

출처: 한국보건사회연구원(2015).

2010년 통계청에서 발표한 계층별 비중 추이를 살펴보면 중산층의 비중
이 1990년 75.4%에서 2010년 67.5%로 꾸준히 감소하고 있음을 알 수 있다.
이와 함께 저소득층과 고소득층의 비율은 함께 꾸준히 증가하고 있는데, 이
는 계층의 양극화 현상이 뚜렷해지고 있음을 말해 준다. 또한 한국보건사
회연구원에서 발표한 빈곤탈출률 추이를 살펴보면 2012년 30.87%, 2013년
23.33%, 2014년 22.64%로 계속 감소하고 있음을 알 수 있다.

또한 도시근로자 가구(2인 이상 가구 기준) 평균 경상소득 45% 기준선 이하 소
득의 상대빈곤율은 1997년에 9.2%에서 차츰 높아지는 추세를 보여, 2004년에
는 14.7%가 되어 그동안 빈곤가구율이 5.5%나 증가했다(통계청, 2005). 5,100만
국민의 5.5%가 264만 명인 것을 감안할 때 그동안 빈곤 규모가 얼마나 크게 늘
었는지 짐작할 수 있다.

류정순(2007)의 연구에 따르면 2003년부터 빈곤율이 크게 높아진 것은 가
계부채의 증가와 내수침체에서 그 원인을 찾아볼 수 있다. 당시 김대중 정부
는 내수소비 촉진을 통한 경기부양이라는 이름하에 소비자들로 하여금 신용
카드를 무분별하게 사용하도록 부추겼다. 그러던 중 정부와 금융기관의 정
책 실패로 인해 4백만 명에 가까운 채무불이행자들이 갑작스럽게 양산되었
는데, 정부는 이들을 과중채무의 늪에서 건져 내어 노동시장으로 다시 복귀
하게끔 하는 정책을 마련하지 못하였다. 이러한 상황 속에서 채무불이행자

들이 대거 속해 있던 저소득층의 구매력은 크게 저하될 수밖에 없었다. 따라서 이러한 가계부채의 증가와 내수침체는 중산층을 빈곤계층, 즉 하층으로 몰락시키는 결과를 가져왔다.

2) 노동 양극화

1997년의 외환위기 이후 한국의 기업들은 효율성 증대와 경쟁력 강화라는 목표를 달성하기 위해 내부적인 변화를 감행해야 했다. 특히 기업들은 인적자원의 관리 부분에 있어서 능력주의와 성과주의의 강조를 통해 조직 유연화를 꾀했다. 따라서 한국 기업들의 노동시장 구조는 외환위기 이후 급격한 변화를 겪었다. 기업과 정부는 신자유주의적 개혁을 통해 구조조정, 노동보호 조항의 철폐, 「노동법」 개정 등 노동 유연화를 더욱 가속화하였다. 그 뒤 20년이 지난 후에도 노동시장 유연화는 한국 사회에서 성장을 위한 주요 기제로 작용해 왔다. 김영삼 정부에서부터 문재인 정부까지 정권이 바뀌어도, 노동의 유연성 증대는 각 정권의 노동정책 중 1순위로 추진되었다. 그 결과, 정규직과 비정규직 간의 격차는 임금뿐 아니라 고용안전성, 근로조건, 삶의 질 등 생활 전반의 영역에서 점차 뚜렷해지기 시작했다.

(1) 임금 격차

이분화된 노동시장 구조 속에서 가장 가시적으로 드러나는 정규직과 비정규직 노동자들의 차이는 바로 임금이다. 2015년 3월을 기준으로 한 통계청의 자료(〈표 9-3〉 참조)에 의하면, 5인 미만 사업체에서 정규직 노동자들의 월평균임금은 208만 원이고, 비정규직 노동자들의 임금은 120만 원이다. 300인 이상 사업체의 경우 정규직 노동자들의 임금은 408만 원인 데 비하여 비정규직 노동자들의 임금은 206만 원이다. 이 자료에서 확인할 수 있는 사실은 정규직과 비정규직의 임금 격차가 매우 클 뿐만 아니라, 사업체 규모에 따라서

도 임금에서 큰 차이가 존재한다는 것이다. 따라서 중소 영세업체 비정규직 노동자들은 대기업 정규직 노동자들에 비해 이중의 차별을 겪고 있음을 알 수 있다.

〈표 9-3〉 사업체 규모와 고용형태별 월 임금 총액과 임금 격차(2015. 3.)

	월 임금 총액(만 원)			임금 격차 1(%) 300인 이상 정규직 =100		임금 격차 2(%) 각 규모별 정규직 =100	
	정규직	비정규직	노동자	정규직	비정규직	정규직	비정규직
1~4인	208	120	138	51.1	29.4	100	57.4
5~9인	242	139	184	59.4	34.0	100	57.2
10~29인	273	154	221	66.9	37.9	100	56.6
30~99인	296	179	258	72.6	44.0	100	60.5
100~299인	304	193	279	74.5	47.4	100	63.6
300인 이상	408	206	379	100	50.6	100	50.6
전 규모	299	147	231	73.4	36.1	100	49.1

출처: 통계청(2015. 3.).

(2) 사회보험 및 노동조건의 적용

비정규직 노동자에 대한 차별은 사회보험 가입 여부와 최저임금 지급 등 노동조건의 적용에 있어서 더욱 두드러진다. 정규직 노동자의 경우 국민연금을 비롯한 직장의료보험, 고용보험 등 주요 사회보험의 가입률이 매우 높은 데에 반해, 비정규직의 경우 그 비율이 매우 저조하다. 〈표 9-4〉에서 보면, 국민연금 가입률은 정규직이 96.6%인 데 비해 비정규직은 32.4%에 불과하다. 이뿐만 아니라 정규직과 비정규직은 최저임금의 보장 여부에 있어서도 기업의 차별적인 대우를 받는다. 〈표 9-4〉에서 볼 수 있듯이, 정규직의 경우 최저임금미달자가 1.7%로 매우 적게 나타나지만 비정규직의 경우 25.6%로 그 비율이 꽤 높다.

〈표 9-4〉 사업체 규모와 고용형태별 최저임금미달자와 국민연금 가입률(2015. 3.)

	최저임금미달자 비율(%)			국민연금 가입률(%)		
	정규직	비정규직	노동자	정규직	비정규직	노동자
1~4인	6.1	36.1	19.7	87.0	13.5	29.0
5~9인	1.7	27.0	16.0	95.9	27.4	57.3
10~29인	1.8	20.9	10.2	96.1	39.3	71.1
30~99인	1.6	15.1	6.0	97.2	53.0	82.8
100~299인	1.2	12.2	3.7	98.1	63.5	90.4
300인 이상	0.4	12.7	2.1	99.3	65.3	94.4
전 규모	1.7	25.6	12.4	96.6	32.4	67.9

출처: 통계청(2015. 3.).

따라서 임금과 마찬가지로 중소 영세업체 비정규직 노동자들은 최저임금의 보장, 사회보험 가입에서 이중의 차별을 겪고 있음을 알 수 있다. 그리고 그 결정적인 요인으로는 사업체의 규모보다도 정규직·비정규직이라는 고용의 형태가 자리 잡고 있다.

이 외에도 퇴직금, 시간외 수당, 유급 연·월차, 상여금 등 실제적인 노동조건에 있어서도 정규직과 비정규직 사이에는 현격한 차이가 존재한다(이종선, 2002). 비정규직 노동자들은 기업 내 복지혜택을 거의 누리지 못하고 있으며, 동시에 근로조건은 점점 열악해지고 있다. 이러한 차별적 대우의 결과로, 정규직과 비정규직은 고용의 형태뿐 아니라 임금, 노동조건 등에서도 아예 분리된 두 개의 노동집단으로 점차 균열되었다.

(3) 고용불안과 삶의 질

앞에서 살펴본 바와 같이 비정규직은 정규직 근로자들에 비해 임금과 복지혜택 수준이 낮고, 안정적인 고용을 보장받지 못한 노동자들이다. 따라서 이들이 자신의 고용에 대해 가지는 불안감은 클 수밖에 없다. 이러한 불안감은 실제로 직무만족감이나 조직에 대한 태도에 부정적인 영향을 미친다. 김용석과 이영면(1999)의 연구 결과에 따르면 파견근로자들은 정규직에 비해 자신의 직장과 일에 대해 가지는 만족도가 매우 낮다. 또한 비정규직은 일을 할 때의 몰입도 역시 정규직에 비해 현저히 낮다(권인혁, 2000; 김용석, 1998). 특히 '정규직 평생직장'의 지위가 가지는 의미가 매우 중요하게 여겨지는 한국 사회에서, 불안정한 비정규직이라는 지위는 노동자들에게 있어서 자신의 직장에 대한 불안감과 불신을 더욱 높이는 요인이 된다. 언제 해고될지 모른다는 이러한 심리적 압박감은 비정규직 노동자들로 하여금 생산성 향상을 위한 이익 추구보다는 단기적 이익 추구에만 몰두하도록 만들고 있다.

이러한 심리적 요인뿐 아니라, 분절된 노동시장 구조와 차별적 대우는 비정규직 노동자의 교육 수준이나 건강상태 등 삶의 질을 좌우하는 전반적인 측면에까지 영향을 미친다. 일반적으로 기업은 정규직 노동자와 달리 비정규직 노동자들에게는 능력 개발 및 재훈련의 기회를 제공하지 않는다. 따라서 비정규직 노동자들은 현재의 열악한 지위로부터 벗어날 기회를 영구히 박탈당하는 셈이다. 이처럼 정규직과 비정규직으로 분리된 이중적 노동시장 구조는 비정규직 노동자의 삶의 질에 부정적인 영향을 미쳐 생산성을 저해하고, 더 나아가 차별적인 노동시장 구조를 더욱 견고하게 만든다.

3) 주거 양극화

인간 생활의 기본요소로 꼽히는 의, 식, 주 중에서 가장 사회적 의미가 큰 것은 주, 즉 거주지이다. 거주지의 차별화 문제는 단지 개인의 거주로 국한되지 않고 교육, 직업, 편의시설, 사회서비스 환경과 같은 사회적 희소자원에의 접근을 결정하기도 한다. 따라서 거주지는 당 세대의 사회적·경제적 지위에만 관련되는 것이 아니고 다음 세대의 사회적·경제적 지위에도 영향을 줄 수 있으므로 사회계층 체계의 유지 또는 변화에 중요한 역할을 한다. 한국 사회에서는 외환위기 이후 급격한 자본의 집중 현상을 보이면서 사회 전반으로 공간적 분절 현상이 발생하고 있다. 자본의 집중 현상으로 인해 경제적 양극화가 빠르게 진행되고 있는 가운데 주거 및 교육 수준의 격차 심화로 인한 사회 양극화 현상 또한 잇따라 발생하였다.

(1) 주택보급률과 주택 수

한국의 절대적인 주택보급 수를 보여 주는 지표인 주택보급률을 살펴보면, 2008년 기준 전국의 주택보급률 수치는 100%를 능가했다. 그럼에도 불구하고 자신의 집을 직접 소유한 자들의 비율을 나타내는 주택 자가소유 비율은 절반이 조금 넘는 수준에 머무르고 있다. 이는 전국의 상당수 가구가 자기 주택이 아닌 전 · 월세 형태로 생활하고 있는 것을 보여 준다. 이러한 사실은 한국 사회에서 주택이 단순한 주거공간의 의미를 넘어서 투자나 투기의 대상으로 간주되어 재산 확장의 주요 수단으로 작용해 왔음을 시사한다.

또한 인구 1,000명당 주택 수를 살펴보면, 한국은 2014년 기준 400호에 못 미치는 수치를 보인다. 이는 일본 451호(2008년), 영국 434호(2011년), 미국 410호(2010년) 등 주요 국가들의 인구 1,000명당 주택 수와 비교했을 때 크게

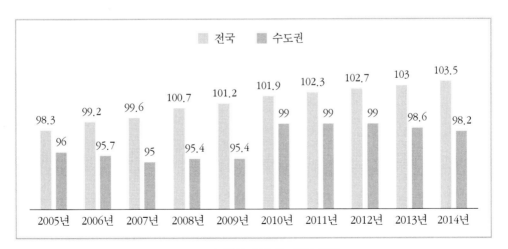

[그림 9-3] 한국의 주택보급률 현황

출처: 통계청(2015).

〈표 9-5〉 **소득계층별 자가보유율**   (단위: %)

구분	2012년	2014년
저소득층 (소득 1~4분위)	50.5	47.5
중소득층 (소득 5~8분위)	51.8	52.2
고소득층 (소득 9~10분위)	64.6	69.5

출처: 한국감정원(2015).

적은 편이다. 이는 우리나라가 다른 나라들에 비해 주택 보급이 골고루 이루어지지 않았음을 보여 준다.

(2) 월소득 대비 주택임대료 비율

통계청에서 발표한 '월소득 대비 주택임대료 비율 그래프'는 세입자의 임대료 부담 정도를 보여 주는 자료이다. 이 수치가 높을수록 무주택가구의 주거부담이 크다는 것으로 해석할 수 있다. 구체적으로 월소득 대비 주택임대료 비율은 2008년 17.5%에서 2014년 20.3%로 높아졌는데, 이를 통해 임차가구의 주거비 부담이 가중되고 있다는 것을 알 수 있다. 이러한 결과는 지난 몇 년 사이의 전세가격 상승과 함께 저금리에 따른 전세의 월세전환 현상에 기인한 것이다. 일반적으로 주택임대료 비율이 20%를 넘어서면 주거비 부담이 과중한 상태인 것으로 보기 때문에, 한국 사회에서 주거비의 부담은 과중한 상태라는 것을 추론할 수 있다. 이러한 통계치와 더불어 국토교통부에서 발표한 '소득계층별 자가보유율 통계자료'에 따르면 저소득층의 주택자가보유율은 2012년 50.5%에서 2014년 47.5%로 감소한 반면, 고소득층은 같은 기간에 64.6%에서 69.5%로 그 비율이 증가했다. 이 자료 또한 한국 사회에서 주거의 계층 양극화 현상이 뚜렷해지고 있다는 사실을 뒷받침한다.

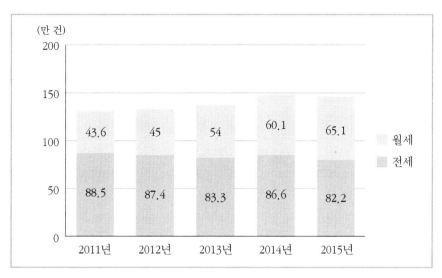

[그림 9-4] 전국 주택 전세 및 월세 거래비중 추이
출처: 국토교통부; 통계청(2015).

4) 교육 양극화

　사회경제적 불평등과 양극화 심화는 사회제도의 중요한 영역인 교육정책과 학교교육에 직·간접적으로 영향을 미친다. 이미 우리나라에서도 경제적 양극화에 따른 교육 양극화가 진행되고 있으며, 오히려 교육이 사회불평등을 유발한다는 주장이 입증되고 있다(교육인적자원부, 2004, 2006, 2007, 2008).

　이때의 교육 양극화란 교육의 기회, 여건과 과정, 결과 의식 등에서 계층·지역별로 격차가 커져 중간층 감소가 가속화되고 두 집단 중심의 집락화가 심화되는 현상을 말한다. 특히 높은 교육열을 보이는 우리나라의 경우, 소득 양극화에 의한 교육 양극화 문제는 계급 양극화로 귀결되어 빈곤이 세습되는 계급사회를 초래하게 된다. 부가 극소수에게 편중되면서 계층상승의 사다리가 사라지고, 이러한 혜택에서 소외된 계층은 하향평준화가 되는 것이다. 이러한 현상의 가장 큰 원인으로 교육 격차를 들 수 있다.

(1) 사교육 참여 격차

통계청과 교육부에서 실시한 '초중고 사교육비 조사'를 살펴보면 소득 수준이 높아질수록 사교육 참여율이 높아지며 사교육비 또한 함께 증가한다는 것을 알 수 있다. 즉, 소득 수준과 사교육 투자가 정비례관계를 이룰 정도로 높은 상관성을 갖게 되었다는 것이다. 이는 결국 부모의 소득 수준에 따라 자녀의 사교육비가 결정된다는 것을 의미한다. 이미 사교육 비중이 커질수록 대학 입시에 유리하다는 사실은 여러 연구에 의해 입증된 바 있다. 즉, 부모의 사교육 투자가 자녀의 대학입시에 영향을 미치고, 이는 또다시 직업 시장에 영향을 미쳐 결국은 부모의 부 혹은 빈곤이 자녀의 삶에까지 대물림되는 것이다. 이러한 교육의 현실은 '개천에서 용 난다'는 표현의 의미 퇴색과 함께 계층적 상향이동 가능성에 대한 비관론의 증대, 노력의 힘에 대한 회의론의 증대 등 인식적 차원에서의 절망감마저 낳았다.

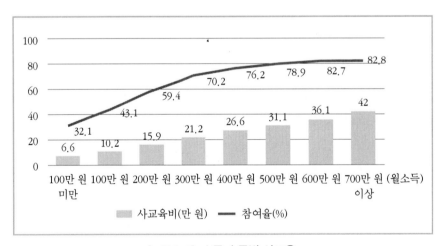

[그림 9-5] 소득 수준별 사교육

출처: 통계청, 교육부(2015).

(2) 교육 수준별 임금 격차

교육 수준에 따른 임금 격차를 살펴보면, 우리나라는 OECD 국가 중 매우 높은 수준이다. 상위권에는 미국, 포르투갈, 영국이 있고, 그다음으로 우리나라가 높은 임금 격차를 가지고 있다. 이와 같은 교육 수준에 따른 임금 격차는 물론, 같은 교육 수준인 대학교를 졸업했다고 하더라도 임금에서의 차이를 보인다는 연구 결과가 있다. 중앙일보와 한국직업능력개발원에서 공동 조사한 대졸자(2002년) 8,091명에 대한 연봉조사 결과는 심각하다. 수도권 명문대와 비명문대, 비수도권대 출신 간의 임금 격차가 입사 초기부터 이어져 평생을 관통하는 것으로 나타났다. 이를 바탕으로 소득 양극화로 인한 자녀교육에서의 양극화가 나타나고, 이것이 교육 수준 혹은 대학 입학 성적에 영향을 미쳐 결국은 임금 격차로 이어지는 것을 알 수 있다.

5) 의식의 양극화

이와 같이 다양한 형태로 여러 영역에서 발생하고 있는 한국 사회의 양극화 현상은 결국 의식의 양극화로 표출되고 있다. 사회적 양극화가 부의 빈곤의 대물림으로 이어지고, 사회적 이동성이 급격히 떨어지면서 개인의 노력을 통한 성취에 대한 기대는 낮아지고 사회적 열패감은 더욱 확대되었다. 1960년대부터 1980년대까지 한국 사회에 지배적이었던 자수성가 담론이 사라지고 다수의 열망계급은 절망계급으로 전환되었다(김문조, 2008).

이러한 열패감과 절망감의 확산은 2012년 12월 한겨레와 한겨레사회정책연구소가 전국 1,000명을 대상으로 진행한 양극화에 대한 여론조사의 결과에서 여실히 드러났다. '5년 뒤 나의 경제적 지위 변화를 예상해 보라'는 물음에 응답자의 58.6%가 '지금과 별로 달라지지 않을 것 같다'고 답했다. 미래에 대한 부정적 전망의 배경에는 노력한 만큼 보상받지 못하는 사회체제에 대한 불신이 내포되어 있었다. '우리 사회 현실에서 노력한 만큼 보상과 인정을 받는다고 보느냐'의 질문에는 53.4%의 응답자들이 '그렇지 않다'고 답했다. 또한 부모의 지위와 자녀의 계층상승 기회의 연관성을 묻는 질문에는 61.6%가

'연관이 깊다'고 답해 사회구성원들이 사회의 폐쇄성을 체감하고 있다는 사실이 드러났다.

이러한 사회조사 결과는 다수의 국민이 계층 간 이동 가능성에 대해 매우 부정적으로 인식하고 있다는 사실을 보여 준다. 이렇게 사회적 개방성에 대한 기대감이 급속히 하락하고 있다는 사실은 사회구성원들의 가치체계에 있어서 소위 지배적 성공 가치에 대한 거부감이 고조되고 있음을 나타낸다. 실질적인 이동가능성이 차단당한 사회에서 사람들은 자신의 소망이 이루어질 수 없다는 허무감과 상층 계급만이 특권을 독점하고 있다는 좌절에 이르게 된다. 이는 곧 불신과 분노를 넘어 공적 및 사회적 정당성에 대한 도전의식을 일깨워 사회적 대립갈등을 고조시킬 수 있다(김남옥, 이혜수, 2006).

이와 같이 오늘날 한국 사회에서 언급되는 계층의 양극화 현상은 주관적인 인식의 변화를 여실히 보여 주는 것으로, 개개인의 객관적 삶의 조건이 하락하였음과 동시에 다른 사람이나 집단에 비해 자신이 더 나아지지 못했다는 상대적 박탈감이 작용한 결과이다. 이러한 의식적 차원의 주관적인 문제는 객관적인 사회조건의 개선이 선행되지 않는다면 쉽게 해결될 수 없다. 따라서 의식의 양극화 해소를 위해서는 앞에서 살펴본 노동, 주거, 교육 등 사회 각 영역에서의 문제해결을 통해 경제 양극화를 해소한 후, 사회구성원들에게 잃어버린 미래에 대한 희망을 되찾아 주는 것이 주요한 과제가 될 것이다.

5. 해결방안 및 과제

1) 중산층의 역할

중산층은 사회에서 다양한 이해관계를 조정하고 집단 간 갈등을 완화하는 역할을 한다. 사회적 양극화를 극복하고 균형 있는 사회를 만들기 위해서는

중산층의 규모가 커야 할 뿐만 아니라 그들이 사회에서 제대로 된 역할을 수
행해야 할 것이다. 중산층이 균형자나 완충지대의 역할을 함으로써 빈곤층
의 박탈감을 이용하려는 민중주의를 억제하고 사회적 타협의 가능성을 높이
는 역할을 하기 때문이다(이재열, 2006). 따라서 한 사회에서 중산층이 두텁다
는 것은 경제뿐 아니라 정치, 사회, 문화 등 여러 분야에서 그 사회가 건강하
다는 방증이 된다.

　따라서 중산층의 약화는 곧 사회불안과 정치갈등을 의미한다. 경제적인
관점에서도 중산층의 붕괴는 소비자 감소로 이어지기 때문에, 사회의 경제구
조를 외부의 경제적 충격에 더 취약하게끔 만든다는 문제를 가지고 있다. 따
라서 중산층 감소 문제를 해소하고 통합적인 사회로 나아가기 위해서는 중산
층을 두텁게 해 사회의 완충 역할을 맡겨야 한다. 양극화 현상이 사회의 분열
과 갈등에 대한 문제의 인식이라면, 중산층의 복원은 통합과 수렴의 대안이
되는 것이다.

2) 노동 양극화의 해소 방안

(1) 중간계층을 위한 일자리 확대 및 고용지원 서비스

　소득불평등과 경제적 양극화 현상의 배후에는 노동시장에서의 저성장과
고용위기라는 문제가 자리 잡고 있다. 단순한 양적 고용 확대는 임시적이고
사후적인 처방일 뿐이며, 오히려 저임금 단기고용 일자리를 양산한다는 위험
요소를 가지고 있다. 현재 정부의 일자리 창출 정책은 주로 소외계층만을 위
한 생계보장형 성격을 띠는 것이 대부분이다. 따라서 기업과 정부의 차원에
서, 중산층을 위한 질적 차원의 고용확대 정책들이 이루어져야 한다. 선진국
의 중산층 지원 프로그램들을 살펴보면, 대부분 중산층 대상의 직접적인 고
용창출이나 신규고용 확대, 근로자 직업훈련 등의 근본적인 해결책을 강구하
고 있다(KDI 외, 2013). 따라서 창업지원 프로그램이나 노사정 합의 모델, 평

생교육 및 실업자 대상 직업훈련 등을 통해 중간일자리 창출을 위한 제도적 지원이 이루어져야 할 것이다.

(2) 비정규직 차별에 대한 규제 강화

정규직과 비정규직 노동자가 겪는 차별적 대우는 노동시장에서의 이중구조를 견고하게 하는 주요 요인 중 하나이다. 따라서 임금을 비롯한 근로조건 등에 있어서 합리적인 이유 없이 기간제·단시간·파견근로자 등 비정규직 노동자들을 불리하게 처우하는 것을 금지하기 위해 제도적 여건들이 마련되어야 한다. 물론 현재 고용형태에 따른 고용상 차별을 금지하는 법규로서 2007년「파견근로자 보호 등에 대한 법률」및「기간제 및 단시간근로자 보호 등에 관한 법률」이 제정되었지만, 현실에서 이들 비정규직 근로자에 대한 차별은 크게 개선되지 않은 채 계속 이어져 왔다. 그렇기 때문에 무분별한 비정규직 확대를 막고 비정규직 근로자에 대한 차별을 방지하기 위해서는 규제들이 실질적으로 작동하도록 관리 및 감독을 강화해야 한다.

3) 주거 양극화의 해소 방안

(1)「주택임대차보호법」의 전·월세 상한제 도입

전·월세 상한제란 임대인에게 5% 이상의 월임대료를 올리는 것을 금지하는 제도이다. 이러한 제도의 도입을 요구하는 목소리가 커지는 것은 앞서 살펴본 바와 같이 전세금이 치솟는 현실 때문이다. 이 법안은 2011년에 민주당이 발의한「임대차보호법」개정안이다. 이 법안이 발의된 구체적인 배경을 살펴보면, 2011년에 주택 가격의 56.3%였던 전세금은 현재 67.9%까지 올랐다. 일부 지역에서는 전세금이 집값의 80~90%에 육박하면서 세입자들이 고통을 받고 있다. 그러나 이는 임차인을 보호할 수 있는 대안이 될 수는 있지만 임대인이 아예 전세를 월세로 전환해 버리는 부작용을 초래할 수 있다는 점 또한 함께 고려해야 한다.

(2) 민간임대업 사업 확대

뉴스테이(기업형 임대)는 2013년 12월 5일부터 시행된 것으로 중산층의 주거 안정화를 위한 정부의 부동산 대책 중 하나이다. 이러한 기업형 임대의 특징은 본인이 희망할 경우 8년 동안 거주할 수 있는 장기임대주택으로 300가구(건설임대) 혹은 100가구(매입임대) 이상을 임대하는 사업이다. 이 제도에 따르면 민간 임대사업자가 임대료와 임대보증금을 주변 시세보다 낮게 하고 10년간 임대료 인상률을 연 5% 이하로 제한한다는 조건을 받아들이면 정부에서는 세금 감면과 주택자금지원 등의 인센티브를 부여한다. 또 「민간임대주택법」은 「임대차보호법」보다 강한 임차인 보호장치를 가지고 있다. 「주택임대차보호법」이 보장하는 최단 거주기간은 2년인 데 비해, 기업형 민간임대는 8년의 거주 기간을 보장받는다는 점에서 임차인의 주거 안정을 도모할 수 있다는 장점이 있다.

(3) 주택협동조합 및 사회주택의 활성화: 민달팽이 유니온, 성미산 공동주택

민달팽이 유니온은 청년들의 주거문제를 해결하고자 만들어진 단체이다. 이 단체는 100여 명의 대학생이 주거문제를 스스로 해결하기 위하여 시작한 협동조합인데, 점차 규모가 커지면서 포괄적인 청년 주거문제를 해결하기 위한 대안을 모색하고 있다.

이러한 민달팽이 유니온의 활동은 한국의 주거문제 해결에 있어서 여러 가지 시사점을 제공한다. 문제에 직면한 당사자들이 협동조합의 방식을 통해 스스로 대안을 마련하고 공적 노력을 통해 사회적 주택에 다가가는 것이다. 이러한 협동조합과 같은 민간 차원의 노력은 주거의 양극화 문제뿐 아니라 공동체의 파편화 문제에 대한 실마리를 제공한다. 협동조합 내 조합원들 사이의 인적 네트워크가 형성되고 주거공동체가 꾸려지면서 다양한 문제를 해결할 수 있는 원동력이 생겨나는 것이다.

4) 교육 양극화의 해소 방안

(1) 학벌주의, 승자독식의 사회구조 약화

교육 양극화 현상의 근본적인 원인을 생각해 본다면 우리 사회에 만연한 학벌주의와 승자독식의 사회구조 때문이라고 할 수 있다. 물론, 어느 정도의 학력 수준이 요구되는 일이 있는 것은 사실이다. 그러나 개인의 능력과 상관없이 무작정 어느 학교 출신이냐에 따라 차별하는 학벌주의의 태도는 지양해야 할 필요가 있다. 또한 이와 비슷하게 20 대 80의 사회를 넘어 소수의 사람이나 소수의 회사가 사회의 대부분의 부를 차지하게 되는 승자독식의 사회구조를 완화시켜야 한다. 학벌주의와 승자독식의 사회구조는 오랜 시간에 걸쳐 형성된 것인 만큼 하루아침에 바꿀 수는 없지만, 우리 개개인의 의식에서부터 이러한 것을 지양하려는 노력을 해야 할 것이다. 이를 통해서 기회가 균등한 공정사회로 나아가야 한다.

(2) 교육 수준에 따른 고용 및 임금 격차 완화

자본주의 사회에서 정당한 격차는 차별이라기보다는 사회의 활력을 일으키는 원동력이라고 할 수 있다. 따라서 임금 격차는 생산현장에서 나타나는 능력과 노동의 대가라는 측면에서는 정당한 것일 수도 있다. 그러나 이런 격차가 제도적이나 구조적인 요인 때문에 만들어진 것이라면 부당한 것이 된다. 개인이 아무리 노력해도 더 높은 임금을 기대할 수 없거나 다른 사람과의 임금 격차를 줄일 수 없다면, 이러한 격차는 자본주의의 원동력이라기보다는 사회불안을 야기하는 것이다. 따라서 완전한 격차를 해소하는 것은 불가능하겠지만 그러한 격차를 완화시키려는 제도적 차원의 노력이 요구된다.

(3) 취약계층 학업성취도 프로그램

교육 양극화 해소를 위한 현실적 대안으로는 사교육에 어려움을 겪고 있는 취약계층에게 추가적인 교육의 기회를 제공하는 것이다. 취약계층 학업성취 프로그램의 예로는 삼성드림클래스를 들 수 있다. 삼성이라는 기업이 주관하는 프로그램으로 취약계층을 대상으로 교육의 기회를 제공하는 것이다. 구체적으로 학습의지는 있으나 정규수업 외 사교육 혜택을 받지 못하는 중학생들에게 방과 후에 주요 과목(영어, 수학)의 교육을 무상으로 제공한다. 이와 같이 사교육 경쟁에서 뒤처지게 되는 취약한 계층을 위한 프로그램을 더욱더 활성화시켜서 교육 양극화를 완화시키는 방안이 마련되어야 한다.

(4) 교육과 인적자원 육성에 대한 지속적·장기적 투자 및 정부 책임 강화

교육 양극화를 해소하기 위해서는 학벌주의, 승자독식의 사회구조 완화와 교육 수준에 따른 임금 격차 해소 완화 그리고 취약계층에 대한 추가적인 교육기회 제공이 필요하다. 이러한 해결방안과 더불어 교육과 인적자원 육성에 대한 지속적·장기적 투자 및 정부의 책임이 강화되어야 한다. 인적자원 육성에 관한 사례로는 구미시의 '두드림존'을 들 수 있다. 두드림존은 구미시 청소년지원센터에서 구미상록학교 학생들 중 취약계층 청소년을 대상으로 진행된 것으로 청소년 체험 중심 자립지원사업이다. 이 사업은 학생들에게 경제교육, 진로 탐색 및 설계를 도와주며 직접 관심 직업을 체험하도록 도와준다. 이를 이수한 학생들은 각종 자격증 준비, 아르바이트 및 인턴십 과정을 통해 실제 사회에 진출할 수 있는 기회를 부여받는다. 이렇게 사교육의 양극화 해소뿐만 아니라 인적자원 육성의 측면에서도 양질의 도움을 제공해서 경쟁력 있는 사회인의 양성에 기여해야 한다. 이를 위해서는 정부의 지속적인 관심과 책임이 수반되어야 한다.

6. 결론

한국 사회의 양극화 현상은 단순히 빈곤이나 경제적 불평등의 문제를 넘어 사회의 다양한 영역에서의 결핍과 갈등을 의미한다. 외환위기 이후 심화된 경제적 양극화와 이로 인한 계층갈등의 문제는 단순히 빈곤 혹은 경제적 불평등의 문제를 넘어 노동, 주거, 교육, 생활양식 등 다양한 영역에서 결핍과 배제라는 또 다른 문제를 낳고 있다. 즉, 경제적 양극화가 다양한 사회적 · 문화적 양극화 현상으로 확장되고 있는 것이다. 문제는 현재의 양극화가 지속된다면 다양한 계층 및 집단 간에 불평등이 증가하고, 종국에는 사회통합의 기반이 훼손될 것이라는 데에 있다. 따라서 지금은 양극화의 원인에 대한 구조적인 분석과 이에 대한 진정성 있는 해결방안의 모색이 절실히 요구되는 시점이다. 요컨대, 사회 각 부문에서의 양극화 해결을 위해서는 사회구성원들의 삶의 질 향상과 계층 간의 형평성 있는 분배를 추구하는 복합적인 차원의 개선이 필요하다는 것이다.

양극화 현상의 해소를 논의하는 데에 있어서 중요한 것은 성장이냐 분배냐의 이분법적 접근에서 벗어나는 태도이다. 국가의 성장내용 자체가 사회구성원들의 상생과 공정한 분배를 가져올 수 있도록 조정되어야 한다. 분배의 내용 역시 단순히 사후처방적인 성격만 갖지 않고, 고용을 생산적으로 창출하고 이를 기반으로 성장의 잠재력이 확대될 수 있도록 재조정되어야 한다.

이러한 노력을 통해 사회의 객관적인 조건들을 개선하여 양극화를 해소해 나간다면, 오늘날 점점 약해져 가는 사회적 유대와 통합을 다시 복원할 수 있는 토대가 마련될 것이다. 사회의 여러 영역에 있어서 경쟁의 공정성과 분배의 형평성을 확보하고 사회적 합의의 기제를 마련해 나가기 위한 각고의 노력이 필요한 시점이다.

참고문헌

궁선영, 송시형(2006). 사회적 양극화. 한국 사회학회 사회학대회 논문집, 217-218.

권인혁(2000). 파견근로자의 직무만족과 직무몰입에 대한 실증적 연구: 포항제철공단을 중심으로. 동국대학교 석사학위논문.

김경동(1991). 한국 중간계급 연구동향. 사회계층-이론과 실제, 117-142.

김경혜(2009). 중산층 위기시대의 복지패러다임의 정책과제. 서울시정개발연구원.

김남옥, 이혜수(2006). 의식적 양극화. 2006 전국사회학 대회, 219-221.

김명훈(2016). 상류의 탄생: 내면의 품격을 높이는 일상의 매뉴얼. 서울: 비아북.

김문조(2008). 한국사회의 양극화. 경기: 집문당.

김승식(2010). 공정한 사회란?: 역사적 고찰로 살펴본 공정사회의 이념논쟁. 서울: 고래실.

김영모(1997). 한국의 중산층 연구. 서울: 중앙대학교 출판부.

김왕배(2009). 양극화와 담론의 정치. 언론과 사회, 제17권, 제3호.

김용석(1998). 직무특성과 고용관계특성이 파견근로자의 직무만족과 직무몰입에 미치는 영향. 동국대학교 박사학위논문.

김용석, 이영면(1999). 파견근로자와 정규직 근로자의 직무만족 결정요인에 관한 연구. 산업관계연구, 9.

김원식(2013). 한국 사회 양극화와 다차원적 정의. 사회와 철학, 26, 1-28.

김유선(2016). 한국의 노동 2016. 서울: 한국노동사회연구소.

김창배(2012). 양극화 완화를 위한 전세가격 안정방안. 한국경제연구원 정책연구, 1, 167-178.

남인숙(2011). 한국의 사회, 경제적 양극화와 교육 격차. 현상과 인식, 35, 1.

노대명, 홍경준, 최승아, 전지현, 박은영(2009). 근로빈곤층 지원정책 개편방안 연구. 서울: 한국보건사회연구원.

박길성(2013). 사회는 갈등을 만들고 갈등은 사회를 만든다. 서울: 고려대학교 출판부.

송복 편(1984). 사회불평등기능론. 서울: 전예원.

송복(1991). (한국사회의) 갈등구조. 서울: 현대문학.

송복(2016). 특혜와 책임: 한국 상층의 노블레스 오블리주. 서울: 가디언.

신광영(2004). 한국의 계급과 불평등. 서울: 을유문화사.

연하청, 이성표, 김관영, 박준경, 한태선, 홍종덕(1990). 중산층 실태분석과 정책과제. 서울: 한국개발연구원.

이동훈(2007). 4인4색의 중산층 소비시장, CEO Information 619호. 삼성경제연구소.

이재열(2006). 한국의 사회통합과 중산층 육성의 과제. 중산층과 한국의 사회통합. 한
　　국사회학회.

이종선(2002). 한국의 신자유주의적 구조개혁과 노동시장 변화: 유연화의 패러독스.
　　한국 사회학, 36(3).

이철우(2017). 新사회학 초대(5판). 서울: 학지사.

전병유, 김복순(2005). 노동시장의 양극화와 정책과제: 고용 양극화를 중심으로. 노동
　　리뷰, 7(3), 36-51.

조돈문(1996). 중간계급의 계급적 성격과 계급적 이질성. 한국사회학, 302, 206-303.

조동기(2006). 중산층의 사회인구학적 특성과 주관적 계층의식. 한국인구학, 29(3),
　　89-109.

채구묵, 김철주(2008). 소득재분배 정책과 경제성장. 한국사회학, 제42집, 제5호.

통계청(2015. 3.). 경제활동 인구조사 부가조사.

한국직업능력개발원(함인희 외)(2009). 중산층 복원을 위한 일자리 정책과제. 한국직
　　업능력개발원.

함인희, 이동원, 박선웅(2001). 중산층의 정체성과 소비문화. 경기: 집문당.

홍두승(2005). 한국의 중산층. 서울: 서울대학교 출판부.

홍두승(2010). 높은 사람 낮은 사람: 한국사회의 계층을 말한다. 서울: 동아시아.

KDI 외(2013). 중산층 복원을 위한 정책과제. KDI.

Bourdieu, P. (2005). 구별짓기: 문화와 취향의 사회학(최종철 역). 서울: 새물결.

Carchedi, G. (1977). *On the economic identification of social classes*. London:
　　Routledge and Kegan Paul.

Dahrendorf, R. (1959). *Class and class conflict in industrial society*. Stanford:
　　Stanford University Press.

Mylondo, B. (2014). 조건 없이 기본소득(권효정 역). 서울: 바다출판사.

Poulantzs, N. (1975). *Classes in contemporary capitalism* (David Fernbach 역).
　　London: Verso.

Wright, E. O. (1978). *Class, crisis and the state*. London: Verso.

제<big>4</big>부

문화와 범죄, 건강문제

제10장

다문화사회와 가정 문제

1. 서론

세계화시대를 맞이하여 한국 사회는 더 이상 단일민족사회가 아닌 다문화사회로 진입하였다. 한때 이주 송출국으로 불리던 한국이 이제는 이주 유입국으로 전환되었으며 다문화사회로 진입하기에 이르렀다. 이에 따라 다양한 문화적·언어적 배경을 가진 사람들의 사고방식과 행위양식의 충돌이 발생하였고, 국제결혼 이주여성의 이혼, 다문화가정 내 폭력, 다문화가정의 궁핍화, 다문화가정 자녀의 부적응, 이주노동자의 산업재해 등 다양한 문제가 대두되었다. 그렇기 때문에 이주자들을 어떻게 우리 사회의 구성원으로 수용하고 조화를 이룰 수 있는가에 대하여 학계 내외에서, 시민단체 내에서, 정부 복지정책 내에서 다양하게 논의하고 있다. 그러나 우리 사회는 제도적으로 볼 때, 동화주의적 시각에 입각하여 국가의 필요, 통제와 관리의 측면에서 다문화사회 구성원에 대해 접근하고 있다. 이뿐만 아니라 우리 사회의 구성원인 자국민의 인식 역시 다문화사회 구성원에 대한 차별, 편견의 시선을 거두지 못하고 있다. 현재 한국 내 체류외국인 현황은 2015 출입국·외국인 정책 통계연보에 따르면 2015년 말 체류외국인은 189만 9,519명이며 불법체류자는 21만 4,168명으로 총 200만 명 이상으로 추정된다(2015 출입국 외국인정책 통계연보).

다문화사회란 각 민족 혹은 국가마다 고유의 문화적 특성을 가지는데 하나의 국가 안에 둘 이상의 여러 문화권이 함께 공존하는 사회이다. 일반적으로 대부분의 사회는 하나의 문화권을 형성하는데, 세계화·지구화가 진행됨에 따라 하나의 사회 안에 여러 개의 다양한 문화가 존재하는 것이 보편화되었다.

다문화가정이란 한 가정 내에 다양한 문화가 공존하는 것으로서 국제결혼 등을 통해 서로 다른 인종의 상대를 만나 결합한 가정이다. 한때 혼혈가정이라고도 불렸으나 용어 자체의 상징적 차별성과 특수성으로 인해 거부반응이 있었다. 그래서 다문화가정이라는 용어의 사용이 권장되고 있다. 최근에는 우리와 다른 민족·문화적 배경을 가진 사람들로 구성된 가족 및 귀화자로 이루어진 가족으로 정의하고 있다.

　현재 전체 인구 대비 체류외국인의 비중은 4%에 육박하고 있고, 향후 5년 내 국내 체류외국인의 수는 300만 명을 돌파할 것으로 예상되며, 이는 전체 인구 대비 5.8%가 될 것이다. 현재 OECD 국가의 외국인 평균비율 5.7%를 넘어서게 되며 OECD 주요 국가 중 프랑스와 캐나다가 각각 6%, 영국이 8% 임을 감안하면 적지 않은 수치이다. 이 수치를 통해 한국 사회는 더 이상 이주 송출국이 아닌 유입국이며 단일민족사회가 아닌 다문화사회로 진입했음을 알 수 있다. 그런데 문제는 한국 사회 내 이주자의 인구가 폭발적으로 증가하면서 다양한 사회구성원의 사고와 행위방식이 충돌하면서 과거와 다른 양상의 새로운 형태의 문제들이 발생하고 있다는 것이다. 구체적으로 국제결혼 이주여성의 도주, 다문화가정 내 폭력, 다문화가정 자녀의 부적응, 외국인 노동자들의 산업재해, 인권 유린, 외국인 범죄 등 각종 사회문제가 범람하고 있음에도 여전히 국가적 제도와 정책이 미비하며 자국민들의 인식 개선 또한 부족한 실정이다. 따라서 바람직한 다문화사회로의 이행을 위하여 여러 가지 문제를 심도 있게 논의해 보고자 한다. 특히 다문화사회 내에서 가장 대표적인 국제결혼 이주여성, 다문화가정 자녀, 외국인 이주노동자를 중심으로 다문화사회의 현황, 문제, 대책에 대해 논의할 것이다.

2. 이론적 배경

1) 다문화주의

다문화주의는 다양한 문화의 공존을 추구함은 물론, 서로 다른 집단들이 평등한 위치에서 서로의 다름을 인정하는 것이다. 일반적으로 인간사회의 인종적·문화적 다양성과 특수성을 설명할 때 사용된다. 캐나다 정부가 다문화주의 정책을 시행하면서 본격적으로 사용되기 시작했다. 캐나다 정부는 다양한 이민자의 문화를 단 하나의 문화로 통합하기보다는 각 민족 고유의 문화를 인정하고 계승, 발전시켜 캐나다 문화의 한 부분으로 만들기 위해 세계 최초로 다문화주의를 국가의 시책으로 정하였다. 다문화주의를 연구한 학자들의 견해를 살펴보면, 테일러(C. Taylor)는 문화적 다수집단이 소수집단을 동등한 가치를 가진 집단으로 인정하는 승인의 정치로 정의한다. 마르티니엘로(M. Martiniello)는 개인 또는 소수집단이 가지고 있는 인종과 문화의 정체성과 다양성을 어떻게, 어느 정도 수용하느냐에 따라 온건, 강경, 시장 다문화주의로 나눈다. 온건다문화주의는 한 사회 안에서 일반적으로 많이 볼 수 있는 외국문화와 관련되는 것으로, 다른 문화권의 음식, 음악, 패션 등 영향을 받은 생활양식과 소비양식을 말한다. 강경다문화주의는 종래의 고전적인 민족 중심의 국가 개념을 근본적으로 비판, 단순한 사회적 인정과 일상적 생활방식의 변화를 넘어서 소수집단의 인종적 다양성과 특수성, 문화적 정체성을 인정하는 것으로, 정부가 공공정책을 통해 보장하는 것이다. 시장다문화주의는 시장에서 경제적 이익추구를 위한 수단으로서의 다문화주의로, 책, 음반, 음식 등에서 다문화적 생활방식이 시장경제에도 영향을 주고받는 것을 의미한다.

2) 동화주의

파크(R. E. Park)와 버제스(E. W. Burgess)는 이민자들이 접촉-경쟁-화해-동화의 네 과정을 경험하면서 주류사회에 동화하며 해당 사회에 정착한다고 주장하였다. 이를 토대로 동화주의를 정의하면, 문화적·사회적 적응을 목표로 이주자들이 자신들의 고유한 정체성을 잃고 주류사회에 의해 정의된 주도문화에 적합한 형태로 융해되는 과정이라 볼 수 있다. 동화주의에 입각한 정책을 펴는 대표적인 국가는 미국인데, 교육, 주거, 고용, 보건 등 다양한 분야에서 시민들의 인종적·사회적 배경을 고려하기보다 사회의 안정과 통합을 강조하고 있다.

3) 문화다원주의

문화다원주의는 기존의 사회상과 다수집단의 방식을 중심으로 동화시키는 것이 아니라, 개인이든 소수집단이든 자유롭게 모여서 자신들의 문화와 정체성을 지키며 보존할 수 있게 하는 접근방식이다. 문화다원주의는 샐러드볼 혹은 무지개 연합 등으로 비유되기도 한다. 샐러드볼에 담긴 야채가 고유의 모습을 유지하면서 맛있는 샐러드가 되며, 무지개가 서로 다른 색들의 수평적 공존을 통해 아름다운 조화를 만들어 내는 것과 마찬가지로, 다양한 문화와 정체성 또한 공존과 조화를 이루는 것이 바람직하다는 입장이다. 그러나 이는 다문화주의와 유사한 개념으로 보이나, 문화다원주의의 이면에는 어디까지나 주류사회의 문화를 지배문화로 여기고 소수문화가 이에 위배되지 않고 주류사회의 문화를 따를 수 있게 하는 정책이 전제된다.

4) 종족배제주의

종족배제주의는 코엔더스(Coenders)가 자국문화의 우월성을 강조하는 동시에 타국문화를 극단적으로 배제하는 나치즘과 파시즘을 토대로 논의를 시작하였다. 이 이론은 자신이 속한 민족이나 집단에는 강한 일체감을 보이는 반면, 외집단에는 배타적인 태도를 보이는 정체성의 메커니즘을 의미한다. 한편으로 종족배제주의는 현실적인 경쟁에 의해 강화되는데, 사회적 환경으로부터 파생되는 인지된 위협이 영향을 미칠 수 있다. 예를 들면, 외국인 이주노동자들과 사회경제적 지위가 유사한 자국의 노동자 집단은 이주자들이 늘어날수록 차별적 태도를 취한다.

5) 다문화 수용성과 다문화 시민

포괄적 의미를 담고 있는 다문화 수용성은 다문화사회로의 변화와 서로 다른 민족·문화적 배경을 가진 집단을 한 사회의 구성원으로 받아들이는 수용의 정도를 의미한다. 다문화 수용성 중 초국적 관점에 따르면, 국민국가의 경계선을 구분 짓지 않고 기존의 국민국가적 정체성을 해체–재구성한다. 특히 보편적이고 동등한 권리와 적극적 시티즌십에 주목하며 초국적 관점을 수용한다면 온정주의나 동화주의 등 국민국가의 차별적 관점에서 벗어날 수 있고, 기존의 관점이 설명할 수 없는 새로운 현상들을 설명할 수 있다.

킴리카는 기존의 전통적 시민권 개념이 국민을 하나의 공통적 정체성, 언어, 문화를 공유하는 것을 전제로 소수집단의 존재를 부정하거나 은폐해 왔다고 비판했다. 킴리카가 언급한 다문화 시민권(intercultural citizen)은 다문화정책을 지지하고 다양성을 적극적으로 지지하는 시민을 의미한다. 이 관점에서는 하나의 민족집단이 국가를 소유한다는 과거의 관념을 배척하고, 국가는 모든 시민에게 동등하게 속한다고 보며, 소수집단이나 비지배집단 구성원을 동화시키거나 배제하려는 국민형성 정책을 배척하고, 다문화국가는 소수−비지배 집단에게 행해진 역사적 불의를 인식하고 그것을 치유하고 바로잡으려는 의지를 표출한다고 본다.

3. 다문화사회 형성 및 사회적 배경

1) 국제결혼 이주여성의 유입과 배경

국제결혼 이주여성이 증가하는 사회적 배경에 대해 살펴보면, 첫째, 한국 사회 내 남녀 성비의 비정상적 불균형, 특히 결혼하지 못하는 농촌 청년의 수가 급증함에 따라 발생한다. 그 결과, 신부 부족을 해결하기 위해 외국에서 여성을 충원하려는 한국 사회의 수요가 발생하였다. 둘째, 베트남, 필리핀 등 송출국 내에서 빈곤과 실업이 만연하고 정부가 자국인 여성의 송출을 장려, 방관하는 정책을 펴는 데 기인한다. 셋째, 동남아시아 등 주변국 여성들이 결혼을 통해 한국으로 이주함으로써 빈곤탈출, 계층상승을 하고자 한다. 넷째, 국제결혼 중개업체의 영리추구를 위한 적극적 상술 등의 원인이 있다.

2) 다문화가정 자녀의 증가 및 배경

다문화가정 자녀가 증가한 사회적 배경을 살펴보면, 첫째, 국제결혼의 증가이다. 다문화가정 자녀의 증가는 국제결혼의 증가와 그 맥을 같이한다(한국 사회 내 남녀 성비의 불균형, 송출국의 여성 송출 장려 분위기, 이주여성의 빈곤탈출 등 계층상승 욕구). 둘째, 중도입국 자녀의 증가이다. 법무부에 따르면 2012년 말에 2,296명이던 국내 미성년 중도입국 자녀는 2015년 말 기준 3,316명으로 빠르게 증가하는 추세이다.

3) 외국인 이주노동자의 유입과 배경

외국인 이주노동자의 유입과 배경은 한국 사회 내 노동자의 임금 상승으로 발생한 기업의 저렴한 노동수요로 인함이다. 구체적으로, 1980년대 말 민주화와 동시에 노동자들의 투쟁이 이어졌고 대기업 생산직의 임금 상승이 이루어졌다. 대기업은 자본집약적 산업으로 전환하거나 생산기지를 해외로 이전하였으나, 중소기업의 3D 업종의 경우 저임금 노동력에 의존하기 때문에 인력난이 심각해짐에 따라 외국인 노동자들이 유입되었다. 또한 산업연수생제도의 도입으로 인해 이주노동자가 증가하였다. 정부는 저개발국가와의 경제협력으로 해당 국가의 이주노동자를 일정 기간 중소기업에 연수토록 허용하였다.

4. 다문화사회 관련 현황

1) 국제결혼 이주여성 관련 현황

국내 외국인과의 국제혼인 건수는 2000년(약 1만 건)부터 2005년(약 4만 2,000건)까지 급격하게 증가하였다가 조금씩 감소하는 추세를 보이고 있다. [그림 10-2]의 유형별 국제결혼의 비중을 살펴보면 한국 남자+외국 여자의 유형이 연도마다 다르지만 60~70%의 비중을 차지하고 있음을 알 수 있다. 이 유형의 국제결혼 건수가 다수를 차지하는 만큼 이혼 건수 역시 한국 남자+외국 여자의 유형이 높을 것이라는 유추가 가능하다. [그림 10-3]에서 2015년 국제결혼 이주여성의 출신 국적을 살펴보면 중국 27.9%, 베트남 23.1%, 필리핀 4.7% 순으로 이어진다.

이는 한국보다 경제적으로 열악한 동남아 등에서 코리안드림, 빈곤탈피를 위해 결혼이주를 선택하는 여성들의 비중이 높음을 의미한다. 실제로 국

[그림 10-1] 외국인과의 혼인 건수 추이

출처: 통계청(2016).

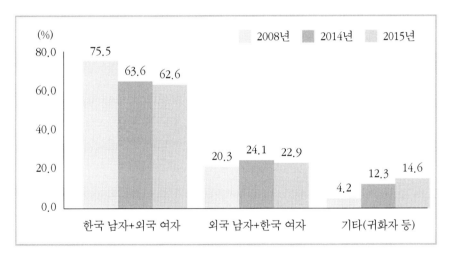

[그림 10-2] 유형별 혼인 비중

출처: 통계청(2016).

제결혼 이주여성의 결혼은 특성상 중개업체를 통한 매매혼의 성격을 가지면
서 한국 남성과 외국 여성 간 가정 내 불평등한 권력관계가 형성되며 한국 문
화와 언어에 대한 이해가 낮은 상태에서 이주해 오는 경우가 다반사이다. 그

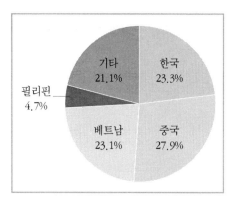

[그림 10-3] **여자 국적 비중**

출처: 통계청(2016).

결과, 국제결혼 이주여성은 이혼, 가정폭력, 문화적 차별 등 다양한 사회문제에 노출되고 있다. 따라서 국제결혼의 유형에서 비중이 높으며 다양한 사회문제를 발생시키는 한국 남성+외국 여성의 유형에 주목하여 특히 중국, 베트남, 필리핀 등 개발도상국 출신의 국제결혼 이주여성의 사회문제에 대해 분석해 보고자 한다.

2) 다문화가정 자녀 관련 현황

[그림 10-4]와 〈표 10-1〉에 따르면 2015년 초 · 중 · 고등학교 다문화가정 학생 수는 9만 9,186명으로 전년 대비 1만 6,650명(20.2%)이 증가하였다. 학교별 다문화가정 학생 비율은 초등학교 2.8%로 전년 대비 0.6% 증가하였으며, 중학교와 고등학교는 1.0%, 0.6%로 전년 대비 각각 0.1%씩 증가하였다. 출신 국적은 베트남이 2만 3,968명(24.2%), 중국이 2만 1,130(21.3%) 순으로 차지하였다(교육부, 2016). 이러한 수치는 다문화가정의 증가에 따라 다문화가정 자녀 역시 증가함을 보여 준다. 다문화가정의 문제가 증가하면서 다문화가정 자녀의 문제 역시 대두되고 있다. 대표적으로 다문화가정 자녀의 학업 중도포기, 왕따, 아동학대 등의 사회문제가 나타나고 있다.

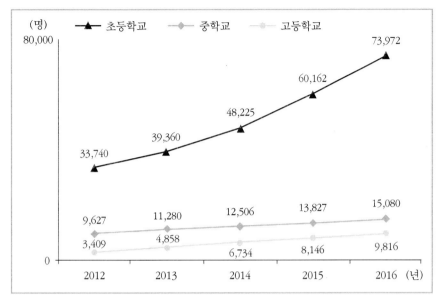

[그림 10-4] 다문화가정 자녀 초 · 중 · 고 분포

출처: 교육부(2016).

〈표 10-1〉 다문화가정 자녀 수 및 비율   (단위: 명, %)

국가	다문화 학생 수	비율
계	99,186	100.0
베트남	23,968	24.2
중국	21,130	21.3
일본	12,907	13.0
필리핀	12,540	12.6
중국(한국계)	12,293	12.4
기타	16,348	16.5

주: 기타에는 태국, 몽골, 러시아, 미국, 대만, 인도네시아, 유럽, 아프리카, 오세아니아 등이 포함됨.
출처: 교육부(2016).

3) 외국인 이주노동자 관련 현황

현재 한국 사회 내 상주외국인은 2015 출입국·외국인 정책 통계연보에 따르면 2015년 말 체류외국인은 189만 9,519명이며 불법체류자는 21만 4,168명으로 총 200만 명 이상으로 추정된다. [그림 10-5]에 따르면 체류외국인 가운데 15세 이상 국내 상주외국인을 경제활동가능인구라고 하는데, 이들은 2016년 기준 142만 5,000명이다. 그중 100만 5,000명이 경제활동인구로 종사하고 있다. 외국인 이주노동자의 취업유형을 [그림 10-6]으로 보면, 남성 외국인 노동자의 경우 기능원 기계조작 및 조립종사자 32만 5,000명(31.7%), 단순노무 18만 3,000명(28.6%) 순으로 비중이 높았고, 여성 외국인 노동자의 경우는 단순노무 12만 2,000명(37.7%), 서비스, 판매 종사자 8만 6,000명(26.4%) 순으로 비중이 높았다(통계청, 2016). 체류외국인의 증가와 함께 경제활동인구인 외국인 이주노동자의 비중이 높아지면서 노동과 관련하여 파생된 문제가 많아지면서 한국 노동자의 문제와 더불어 또 다른 사회문제로 대두되고 있다.

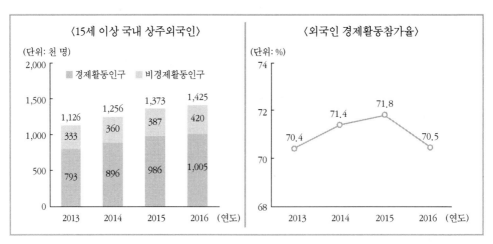

[그림 10-5] **15세 이상 상주외국인**

출처: 통계청(2016).

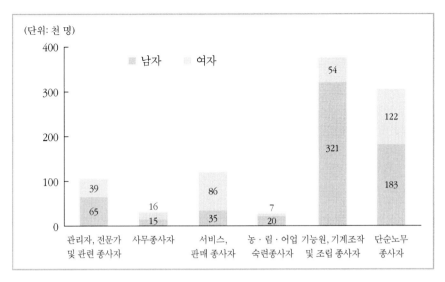

[그림 10-6] **직업별 남녀 취업자**

출처: 통계청(2016).

5. 다문화사회 관련 발생문제

1) 국제결혼 이주여성 관련 문제

(1) 경제문제로 인한 갈등

이주여성들이 한국 남성과 결혼을 선택한 가장 큰 이유는 빈곤 탈출 및 풍요로운 삶을 위해서이다. 그러나 남편이 한국에서 경제적으로 풍족하지 않음을 인식하고 남편의 부족한 수입과 높은 물가 사이에서 결혼에 대한 회의를 느낀다. 더불어 한국의 높은 사교육비 역시 다문화가구에 경제적 부담으로 작용한다. 실제로 [그림 10-7]을 보면 2015년 기준으로 한국 전체의 가구당 월평균소득은 437만 원인 반면에, 다문화가구의 월평균소득은 200~300만 원이 가장 빈번한 분포(30.4%)를 보이고 있으며, 100~200만 원(23.8%), 300~400만

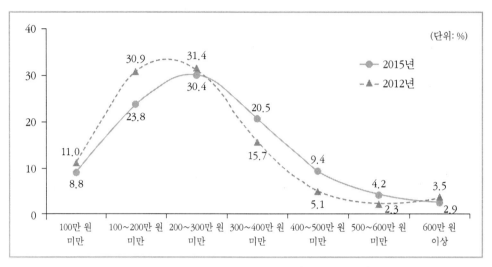

[그림 10-7] 다문화가구의 월평균소득(2012, 2015년)

출처: 여성가족부(2016).

원(20.5%) 순으로 이어지고 있다. 실제로 이보다 3년 전인 2012년 다문화가족 실태조사 당시의 다문화가구의 월평균소득보다 소득 수준이 향상되었음에도 여전히 한국 전체 가구당 월평균소득에 못 미치고 있다. 〈표 10-2〉에 따르면 경제적 빈곤으로 인한 갈등은 다문화가정 내 부부간 다툼의 사유 중 34.7%인 성격 차이에 이어 18.9%로 나타났다. 이는 다문화가정의 이혼 사유 중 두 번째로 높은 비중을 차지하고 있다. 그만큼 경제적 궁핍으로 인한 갈등은 다문화가정의 해체를 발생시킬 수 있어 중요한 문제라고 할 수 있다. 이뿐만 아니라 경제적 궁핍에 따른 자녀의 교육 지원 역시 부족해지면서 다문화가정의 2세에게 가난이 되물림되는 악순환, 다문화가정의 경제적 궁핍이 고착화될 수 있다는 우려가 제기되고 있다.

또 다른 경제적 문제로 송금을 둘러싼 갈등이 있다. 〈표 10-2〉에 따르면 송금 등 물질적 지원은 3.2%로 비교적 낮은 수치이지만 부부간 갈등을 일으키는 요인으로 작용하고 있다. 국제결혼 중 중국, 베트남, 필리핀 등에서 신

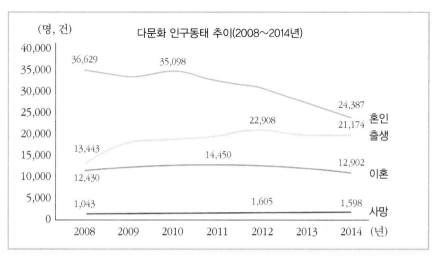

[그림 10-8] 한국 내 다문화 가정의 이혼 추이

출처: 통계청(2015).

부를 맞이한 남편의 경우 사랑을 돈으로 사는 인식이 존재하며, 여성 역시 남편이 자신의 가족을 부양하기 위해 송금하는 것을 당연하게 생각하면서 갈등을 빚고 있다.

(2) 문화적·언어적 차이로 인한 갈등

국제결혼 이주여성들이 가진 문화와 언어의 차이 역시 다문화가정 내 주요 다툼의 사유이다. 〈표 10-2〉를 보면 문화, 종교, 가치관의 차이가 13.1%, 언어소통의 어려움이 15.4%를 차지하고 있다. 먼저 문화 차이부터 살펴보면, 이주여성들은 처음 접해 보는 한국 문화에 적응하기 힘들어한다. 특히 한국의 가부장적 문화에 적응하지 못하는 경향이 높으며, 농촌의 경우 더욱 심각한 것으로 나타나고 있다. 그렇기 때문에 한국과 비슷한 가부장적 문화를 가진 베트남 여성이 선호되는 경향도 나타나고 있다. 이처럼 우리 사회에서는 다른 문화를 가진 배우자를 동등한 주체로 바라보지 않고 오로지 한국 문화에 조속히 적응할 것을 강요하고 있다. 한국인 남편과 시부모 가족 역시 이주

〈표 10-2〉 **지난 1년 동안 결혼이민자 · 귀화자 등의 배우자와의 다툼 이유**   (단위: %, 명/ 복수응답)

	성격 차이	문화, 종교, 가치관 차이	언어 소통의 어려움	자녀의 교육 또는 행동 문제	생활비 등 경제 문제	음주 문제	배우자 가족 과의 갈등	본인 가족 과의 갈등 (가족 초청, 물질적 지원 등)	외도 문제	폭언, 욕설, 신체 적인 폭력 문제	심한 의심, 외출 제한 (여권 숨김 등) 문제	기타
전체	34.7 (93,129)	12.2 (32,809)	13.6 (36,585)	16.1 (43,148)	18.9 (50,578)	9.2 (24,663)	8.9 (23,870)	3.2 (8,470)	0.5 (1,261)	1.7 (4,458)	0.6 (1,661)	0.5 (1,386)
여성	35.2	13.1	15.4	17.4	18.9	10.1	10.0	3.3	0.5	1.9	0.7	0.5
남성	32.6	8.4	6.1	10.4	18.9	5.1	4.3	2.5	0.1	0.4	0.4	0.5

출처: 여성가족부(2016).

여성의 모국 문화나 생활양식에 관심이 없으며, 배울 필요가 없거나 무시해도 되는 것으로 인식하는 경향이 강하다.

언어의 차이 역시 이주여성의 배우자와의 갈등을 일으키고 있다. 서로 다른 언어를 가진 두 사람이 가정을 이룬다면 많은 충돌이 일어날 수밖에 없다. 그렇다면 대화를 통해 서로를 이해하고 존중하는 방향으로 나아가야 해결이 가능할 것이다. 그러나 이주여성의 경우 한국어가 서툴기 때문에 의사소통이 원활하지 않아 배우자와의 갈등을 해결하기보다 순응하는 형태로 대처하는 경우가 빈번하다.

(3) 상습적 가정폭력, 폭언 및 통제와 간섭

국제결혼 이주여성 중 중국, 베트남, 필리핀의 국적을 가진 경우, 대개 중개혼을 통해 한국 남성과 결혼한 경우가 다수이다. 한국 남성의 인식 이면에는 이주여성을 돈으로 주고 산 소유물로 생각하는 경향이 있으며, 특히 농촌 총각의 경우 이런 인식이 더욱 강하게 나타나고 있다. 이런 인식을 바탕으로 배우자를 소유물로 취급하며 폭력, 욕설 등 인권유린을 한다. 이뿐만 아니라

〈표 10-3〉 결혼이민자 · 귀화자 등 이혼 · 별거 이유   (단위: %, 명)

	외도 등의 애정 문제	성격 차이	배우자 가족 과의 갈등	경제적 무능력	자녀 문제	학대와 폭력	음주 및 도박	심각한 정신 장애	배우자 가출	기타	합계
전체(2012)	5.1	48.1	7.0	20.7	-	4.9	5.9	0.8	3.1	4.3	100.0
전체	10.0 (2,084)	45.3 (9,476)	8.7 (1,812)	17.7 (3,706)	0.7 (146)	5.6 (1,165)	7.5 (1,579)	0.9 (194)	2.3 (478)	1.4 (296)	100.0 (20,934)
여성	9.1	44.5	8.8	17.9	0.7	6.3	8.3	1.1	2.1	1.2	100.0
남성	16.1	50.9	7.6	16.5	0.3	0.0	1.6	0.0	3.8	3.1	100.0

출처: 여성가족부(2016).

국제결혼 중개업체에서 '베트남 여성, 도망가지 않습니다.'라는 문구를 광고할 정도로 국제결혼을 한 한국인 남편들은 이주여성의 도망을 우려한다. 심한 경우 늘 의심을 하며 외출을 제한하는 등 통제와 간섭을 일삼으면서 부부 간 갈등이 커진다. 〈표 10-2〉의 배우자와의 다툼 사유 중에서는 이주여성의 경우 폭언과 외출 제한이 각각 1.9%, 0.7%로 낮은 수치이나, 〈표 10-3〉에 따른 이혼 사유 중 배우자 학대와 폭력은 6.3%의 비중을 차지하고 있다.

또 다른 이주여성의 인권침해 사례를 보면 결혼이주 여성의 체류자격과 관련한 모든 권한이 남편에게 달려 있다는 점이다. 외국인은 한국인과 결혼하여 2년이 지난 뒤에 한국 국적을 신청하거나 영주비자를 신청하는 것 중 하나의 방법을 택하여야만 한국에서 안정적 신분을 보장받을 수 있다. 2년이 지난 뒤 한국 국적을 신청하지 않은 경우 결혼이민자는 1년에 한 번씩 체류기간 만료 전에 관할 출입국관리사무소를 방문하여 체류기간을 연장해야 한다. 이때 체류연장 결정권이 남편에게 있기 때문에 이주여성은 남편에게 폭력, 욕설, 통제와 간섭 등 인권침해를 당하더라도 순종할 수밖에 없는 입장에 있다.

추가적으로, 극단적 사례인 2010년 베트남 신부 살인사건을 살펴보면, 당시 숨진 베트남 여성은 한국인 남편의 정신병력을 제대로 알지 못한 채로 입국해 살다가 남편에게 살해되었다(성화선, 황석하, 2010. 7. 9.). 이 사건을 계기로 베트남 내에도 한국으로 간 베트남 여성이 가정폭력, 학대를 당하는 사실이 폭로되면서 험한 분위기가 조성되기도 하였다.

(4) 부부의 연령 차이

국제결혼 유형 중 한국 남자+외국인 여성의 경우 부부의 연령 차이가 10세 이상인 비중이 37.7%에 이르며, 6~9세 이상, 3~5세 이상은 각각 13.6%, 14.4%의 비중을 차지하고 있다. 다문화가정의 상당수가 남편의 연령이 여성보다 훨씬 높기 때문에 남편의 이른 사망 시 이주여성의 노후문제 역시 앞으로 사회적 문제로 대두될 수 있을 것이다. 이주여성의 경우 노동시장에서 경쟁력이 낮으며 소득 또한 높지 않기 때문에 2세까지 더욱 궁핍해질 위험에 노출되어 있다.

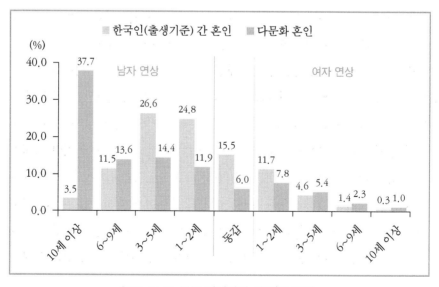

[그림 10-9] **부부 연령차별 비중(2015년)**

출처: 통계청(2016a).

2) 다문화가정 자녀 관련 문제

(1) 학업 중도포기

〈표 10-4〉에 따르면 2015년 전체 다문화가정 자녀 중 84.5%는 재학 중이며 15.5%는 재학 중이지 않다. 비재학 중인 15.5%는 졸업이나 중퇴, 유학 준비의 이유로 학교에 다니고 있지 않은 것으로 나타났다(여성가족부, 2016).

〈표 10-5〉에서 학업 중도포기의 주요 이유의 비중을 살펴보면, 학교생활, 문화가 달라서 18.3%, 학교공부가 어려워서 18%, 편·입학, 유학 준비 15.3%, 돈을 벌어야 해서 14.4%, 학비문제 등 학교 다닐 형편이 안 되어서 8.6%, 한국어를 잘 몰라서 4.4% 순으로 나타났다. 학교생활, 문화를 중심으로 보면, 다문화가정 아동의 경우 부모의 다른 자녀양육 가치관으로 인해 혼재된 문화학습을 하게 되면서 학교생활 적응에 어려움을 호소하게 된다. 특히 외국인 어머니가 한국 문화와 언어 적응에 어려움을 겪고 있기 때문에 다문화가정 자녀 역시 한국 문화에 온전히 적응하지 못하는 것으로 보인다. 또한 또래 학생들과 달리 한국어 숙달 정도가 낮기 때문에 학교공부에 지장을 받게 된다.

〈표 10-4〉 다문화가정 자녀의 한국 학교 재학 여부   (단위: %, 명)

		한국에서 학교를 다니고 있음	한국에서 학교를 다니고 있지 않음	합계
전체		84.5 (69,720)	15.5 (12,756)	100.0 (82,476)
성별	여성	86.0	14.0	100.0
	남성	83.1	16.9	100.0
연령	9~11세	99.6	0.4	100.0
	12~14세	99.5	0.5	100.0
	15~17세	96.1	3.9	100.0
	18세 이상	49.0	51.0	100.0

출처: 여성가족부(2016).

〈표 10–5〉 다문화가정 자녀가 학교를 그만둔 이유   (단위: %, 명)

		친구, 선생님 관계 때문	한국어 잘 몰라서	학교 공부 어려워서	학교생활, 문화 달라서	나이 어린 아이들과 다니는 게 싫어서	학비 문제 등 학교 다닐 형편이 안 되어서	돈을 벌어야 해서	편·입학, 유학 준비	그냥 다니기 싫어서	기타	합계
	전체	1.3 (21)	4.4 (73)	18.0 (296)	18.3 (301)	0.8 (13)	8.6 (141)	14.4 (236)	15.3 (251)	11.1 (182)	7.8 (128)	100.0 (1,642)
성별	여성	1.7	6.8	14.2	15.1	1.5	5.2	17.3	20.2	9.0	8.9	100.0
	남성	0.8	1.8	22.2	21.9	0.0	12.5	11.2	9.8	13.4	6.6	100.0
연령	9~11세	10.3	24.1	0.0	27.6	22.4	0.0	0.0	0.0	0.0	15.5	100.0
	12~14세	46.7	0.0	0.0	0.0	0.0	0.0	0.0	0.0	20.0	33.3	100.0
	15~17세	4.3	15.1	7.6	9.7	0.0	0.0	0.0	44.9	9.7	8.6	100.0
	18세 이상	0.0	2.2	20.4	19.3	0.0	10.2	17.1	12.1	11.6	7.1	100.0

출처: 여성가족부(2016).

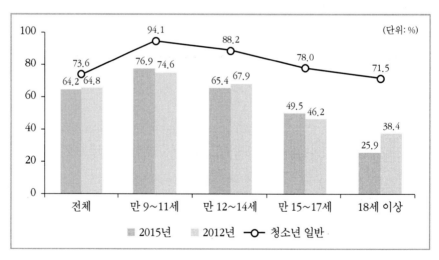

[그림 10–10] 다문화가정 자녀의 사교육 참여율

출처: 여성가족부(2016).

한국은 교육구조의 특성상 사교육 의존도가 매우 높다. 다문화가정의 경우
가구소득이 한국 전체 가구소득과 격차가 있기 때문에 자녀의 사교육 지원에

충분한 여력을 갖고 있지 못하다. 일반 학생의 경우와 사교육 경험률을 비교해 볼 때, 다문화 학생의 경우 중·고교에서 큰 차이를 보인다. 이러한 점 역시 다문화가정 자녀의 학업부진에 일조하고 있으며, 그 결과 학업 중도포기로 나타나고 있다.

(2) 학교폭력

⟨표 10-5⟩에서 나타나듯이, 친구와 선생님 역시 학업 중도포기의 원인 중 하나로 지목되고 있다. 전체 비중은 높지 않으나, 12~14세를 기준으로 보면 전체 학업 중도포기에서 46.7%를 차지함을 확인할 수 있다.

이들이 구체적으로 겪는 학교폭력의 유형을 [그림 10-11]을 통해 보면, 2015년 기준 말로 하는 협박, 욕설 65.1%, 집단따돌림 34.1%, 인터넷 채팅, 이메일, 휴대전화로 욕설 및 비방 10.9% 순으로 나타났다. 일반 청소년 내 학교폭력이 사회문제가 되듯이 다문화가정 자녀의 학교폭력 역시 새로운 사회

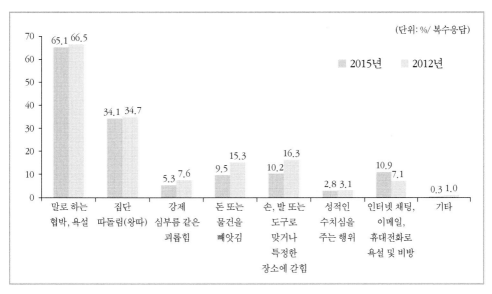

[그림 10-11] 다문화가정 자녀의 학교폭력 피해유형

출처: 여성가족부(2016).

문제로 나타나고 있다. 또한 동급생뿐만 아니라 일부 교사 역시 다문화 학생에 대해 이질감을 느끼고 배타적 태도를 보이는 경우도 나타나고 있다.

(3) 다문화가정 자녀 학대

보건복지부와 중앙아동보호전문기관이 발표한 2011 전국 아동학대 현황 보고서에 따르면 다문화가정에서 방치되거나 학대를 받고 보호 조치된 아동은 전체 5,686건 중 3%인 181건으로 조사됐다. 아동인구 1,000명당 학대피해아동 보호율은 전체 평균인 0.55%보다 3배 이상 높은 1.72%로 나타났다(보건복지부, 2012).

3) 외국인 이주노동자 관련 문제

(1) 고용허가제 이후 문제

중소기업에서는 1990년대 이전에 관광비자로 온 외국인 이주노동자를 불법적으로 고용해 왔다. 정부는 불법체류 외국인 이주노동자가 고용되고 있다는 사실을 인지했으나 묵인하였다. 이후 외국인 이주노동자에 대한 고용주의 인권침해, 산업재해 보상 미비 등의 문제가 제기되면서 1994년 산업연수생 제도가 도입되었다. 그러나 산업연수생제도는 외국인 이주노동자의 인권을 보호하기보다는 그들을 열악한 근로조건과 작업환경으로 내몰고 인권침해를 받는 산업체 노동자로 전락시켰다. 이로 인해 산업연수생들의 이탈이 심각해졌다.

한편, 한국법학원의 저스티스 2002년 12월호에서 김지형 부장판사는 산업연수생제도가 헌법의 법치주의, 평등권, 직업 선택의 자유 및 시장경제의 원리에 위배되어 위헌이며 「직업안정법」과 「근로자파견법」에 위반된다고 주장하여 산업연수생제도는 법률적으로 위헌성이 제기된 제도임을 보여 주었다. 이후 2003년 고용허가제가 신설되었고 산업연수생제도와 병행되다가,

2007년 산업연수생제도는 고용허가제로 일원화되면서 폐지되었다. 그 결과, 고용허가제 법률안이 통과된 후 4년 미만의 체류외국인 이주노동자는 합법화되었다. 그러나 여전히 고용허가제의 법망을 벗어나서 불평등한 고용관계, 산업재해 등 사각지대에 놓인 외국인 이주노동자들에 대한 처우가 개선되지 못함에 따라 의문이 제기되고 있다.

첫째, 사업장 이동 제한[1]에 따른 불평등한 고용관계이다. 고용허가제가 도입되었으나 여전히 회사에서 폭행이나 폭언, 임금체불 등이 발생하고 있다. 문제는 이직을 하고 싶어도 이를 외국인 노동자가 입증해야 하는데 대부분「근로기준법」을 모르므로 넘어가고 있다는 것이다. 일부 외국인 이주노동자가 문제를 제기하더라도 사업주는 고국으로 돌려보낸다고 협박하거나 사업장 이탈신고로 대처한다. 이주노동자가 노조에 도움을 요청해도 상당 시간이 소요되고 그동안 비자가 사라지기도 하는 현실이다. 물론 고용허가제로 넘어오면서 4대보험과 퇴직금, 최저임금이 보장되어 이주노동자의 권리가 개선되었다고 볼 수도 있으나 여전히 노동자 스스로 사업장을 선택하는 것이 제한되어 있다.

둘째, 실제적으로 우리나라 경제에 도움을 주는 사람들은 4년 이상 체류한 이주노동자들이다. 이들을 추방하거나 불법체류자로 전락시킨다면 중소 기업체의 생산에도 차질이 생기며 이주노동자들의 인권보장 또한 퇴보하는 상황이 된다. 4년 이상 체류한 이주노동자들은 언어, 식습관 등 한국문화에 친숙하고 업무 또한 익숙해져 작업효율성이 좋기 때문에 중소기업에서도 선호한다. 그러나 고용허가제를 준수하여 3년 이하인 합법체류자를 고용할 시 오

---

1) 고용허가제를 통해 국내에 체류하게 되는 외국인은 처음 근로계약을 맺은 사업장에서 3년간 일하여야 하는 것이 원칙이다. 일반적으로 사업장 변경은 원칙적으로 금지되어 있으나 특별한 사유가 있으면 고용지원센터를 통해 가능하다. 단, 3년 동안 3회를 초과하지 못한다. 사업장 변경 신청일로부터 3개월 이내 근무처 변경허가를 받지 못하거나 사용자와 근로계약을 종결시킨 후 1개월 이내에 다른 사업장으로의 변경을 신청하지 않은 외국인 노동자는 불법체류자가 된다. 구직기간의 제한은 언어가 통하지 않는 외국인들이 2개월 안에 새 사업장을 찾아 이동하지 못할 시 불법체류자로 전락시킨다.

히려 중소기업의 생산력이나 생산효율이 감소하는 결과를 가져오게 된다.

셋째, 고용허가제에 따른 3년 이하의 합법적 체류자라면 4대보험과 퇴직금, 최저임금이 보장되지만, 법망을 벗어난 이주노동자의 경우 여전히 인권침해의 사각지대에 놓이게 된다. 고용주의 협박, 욕설, 폭행 및 산업재해 시 보상을 받지 못하는 위험에 노출되고 있다.

(2) 산업재해 문제

외국인 이주노동자들은 작업장에서 한국어가 능숙하지 못하다는 이유로 작업의 위험성에 대한 예방교육을 충분히 받지 못한 채 산업 현장에 투입되고 있다. 그렇기 때문에 [그림 10-12]에서 전체 노동자의 산업재해율과 외국인 노동자의 산업재해율을 비교해 보면, 외국인 노동자의 산업재해율이 전체 노동자의 산업재해율보다 높다. 물론 「산업재해보험법」이 있으나 5명 미만의 작업장에는 적용되지 않는 불완전한 보호법으로, 이런 경우 작업 중 손가락이나 팔목이 잘리는 산업재해를 당하게 되어도 법적으로 구제받기 어렵다.

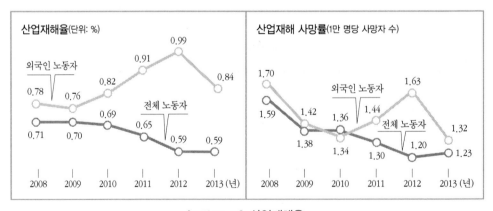

[그림 10-12] **산업재해율**

출처: 고용노동부(2013).

6. 다문화사회의 공존을 위한 대책

1) 국제결혼 이주여성 관련 대책

(1) 경제적 부문

다문화가정의 가구소득은 한국 전체 가구소득보다 낮은 편이다. 단순한 생계지원보다 다문화 여성의 능력을 활용한 취업지원이 근본적인 해결책일 것이다. 이주여성의 경우 모국어를 활용하여 외국어 원어민 교사, 관광 가이드, 이주여성 모국어 상담원 등으로 취업할 수 있게끔 해당 분야의 일자리 확충을 지원할 필요가 있다.

(2) 사회·문화적 부문

사회·문화적 차이를 해소하기 위해서는 매우 오랜 시간이 걸리므로 정책적으로 장기적이고 지속적인 지원이 필요하다. 먼저, 언어, 문화 교육 프로그램의 개선 및 확대이다. 이주여성이 낯선 타지의 문화에 적응하기 위해서는 원활한 의사소통이 가장 우선시되어야 한다. 언어교육이 보다 전방위로 이루어질 수 있도록 프로그램이 확대되어야 한다. 다음으로, 문화교육은 단순히 한국문화를 주입하고 한국인화되도록 강요하기보다 한국문화와 이주여성의 모국문화 간 차이를 인지하고 한국문화 자체를 이해할 수 있는 방향, 즉 이주여성의 정체성을 유지하면서도 한국문화를 이해할 수 있는 이주여성의 관점에서 이루어져야 한다. 또한 이주여성과 더불어 한국인 남편과 가족 역시 교육대상이 되어야 상호 간에 이해하고 존중할 수 있을 것이다. 마지막으로, 이주여성들의 적응을 위해서는 먼저 한국 땅에서 이주여성으로서 살아온 이들과 교류할 수 있는 자생적 네트워크 형성을 지원해야 한다. 이주여성들만의 자생적 네트워크 형성은 이주여성의 고충이나 가정 내 문제를 해소하는

데 큰 기여를 할 수 있을 것이다.

(3) 정책적 부문

국제결혼 이주여성을 위한 정책적 부문의 대책은 다음과 같다. 첫째, 다문화주의 정책을 지향해야 한다. 동화주의가 아닌 다문화주의에 기반을 두어 자연스러운 두 문화의 통합을 지향해야 한다는 의미이다. 다문화가정의 구성원들 역시 자국민과 동일한 사회구성원이라는 인식을 바탕으로 다문화 정책이 수립되어야만 바람직한 다문화사회로의 이행이 가능할 것이다.

둘째, 이주여성들이 자신의 권리를 행사할 수 있도록 제도적 뒷받침이 필요하다. 체류 연장 등 절차 시 남편에 의해 결정되는 요건을 완화하여 남편의 목소리에 순종할 수밖에 없는 구조를 개선해야 한다.

셋째, 지역별 특색에 맞는 정책 수립이 필요하다. 도농 거주 이주여성들은 상황이 다르므로, 특히 농촌 지역의 경우 각 마을마다 특성이 다를 수 있으므로 실질적이고 구체적인 정책이 필요할 것이다.

넷째, 다문화 정책의 일원화·통합화가 필요하다. 여성가족부, 보건복지부 간 유사 정책 중복 및 시민단체 등 민간단체와의 지원정책 중복이 있어서 사회적 자원 및 예산이 낭비되어 오히려 필요한 부문에 지원하지 못할 수 있기 때문이다.

2) 다문화가정 자녀 관련 대책

(1) 언어지원

다문화가정 자녀를 위해 고려할 수 있는 언어지원 관련 대책은 다음과 같다. 첫째, 독일에서 다문화가정 자녀를 대상으로 시행되는 언어 수준 평가이다. 언어 수준 평가를 도입한다면 초등학교 저학년을 대상으로 언어 수준 평가 및 지원 여부 진단을 통해 차등하여 보충반을 개설함으로써 철저한 언어

평가 및 보충을 하여 다문화가정 자녀의 언어 습득을 지원할 수 있을 것이다.

둘째, 마찬가지로 독일에서 시행 중인 이중언어교육이다. 현재 한국의 다문화가정 아동 지원에서는 한국어만 강조하고 있다. 독일처럼 이중언어교육을 도입한다면 한국어 구사능력 향상과 병행하여 자녀의 어머니 모국어 습득능력 개발에 주력할 수 있을 것이다. 다문화가정 자녀들이 이중언어를 구사할 수 있는 여지가 있는 만큼 그들의 강점을 살릴 수 있는 지원이 제공되어야 한다.

(2) 학업지원

다문화가정 자녀를 위해 고려할 수 있는 학업지원 관련 대책은 다음과 같다. 첫째, 독일에서 시행 중인 다문화 역량개발 프로그램이다. 독일에서는 다문화가정 자녀를 위한 제2언어로서의 독일어 교육을 효과적으로 지도할 수 있는 교수법을 개발하고 교사에게 보급하고 있다. 동시에 교사의 다문화적 역량개발 연수를 통해 교사들이 이주민 자녀의 잠재능력과 강점을 발전시켜 학업성취도를 높일 수 있도록 하고 있다.

둘째, 일본에서 시행 중인 다문화 자녀를 위한 학교설립 지원 및 세제 지원이다. 물론 한국에서도 다문화 자녀를 위한 학교가 설립되어 있으나 대체로 초등학교 중심이다. 따라서 중 · 고등학교까지 설립을 확대하기 위해서 해당 지원이 추가로 필요하다.

(3) 교과서 개정 및 교사교육 연수

일반 학생 및 교사의 다문화 수용 및 인식 제고가 요구된다. 일반 학생과 일부 교사들의 다문화 수용과 인식 전환이 필요한데, 다문화교육의 필요성을 이해하고 다문화에 대하여 인식을 제고할 수 있도록 교육을 제공해야 한다. 구체적으로 학교의 사회교과서 등에 다문화 사회 및 가정에 대한 이해를 돕는 내용을 추가하고, 교사에게도 다문화가정에 대한 이해를 위한 교육 연수가 추가되어야 한다.

(4) 자녀학대 문제 대책

자녀학대 문제 대책으로는, 첫째, 부모-자녀 간 상호작용 프로그램이다. 다문화가정의 부모를 대상으로 자녀와의 의사소통, 이해를 높일 수 있는 부모교육을 실시해야 한다.

둘째, 신고의무 교육 확대이다. 주변 다문화가정의 자녀가 학대를 당한 흔적을 인지할 수 있는 보육시설 종사자, 사회복지시설 종사자 등에 대한 신고의무 교육을 확대해야 한다.

3) 외국인 이주노동자 관련 대책

(1) 노동허가제

고용허가제에 따른 사업장 이동 제한 없이 이주노동자들이 스스로 사업장을 선택하고 한국인 노동자와 동등한 입장에서 일할 수 있는 환경을 마련하는 것이 요구된다.

(2) 산업재해 방지

외국인 이주노동자에 대한 주기적 한국어 교육 지원 확대와 더불어 산업재해의 위험이 있는 작업에 투입되는 경우 반드시 산업안전 교육을 의무화해야 한다.

(3) 브로커의 전횡 방지장치 마련

외국인 인력의 도입주체를 사용자 단체에서 공공기관으로 바꾸고, 외국인력 규모를 국내 노동시장 상황에 맞춰 관리하는 장치의 의무화가 요구된다.

(4) 기타

외국인 이주노동자 관련 문제에 대하여 자국 내 이주노동자의 수요를 감소시켜 거주 이주노동자를 줄여야 한다는 주장이 제기되었다. 구체적으로 외국인 이주노동자가 꼭 3D 산업을 대체해야 할 필요는 없으며 해외로 생산기지를 이전시키면 된다는 것이다. 그러나 이는 한국 내 중소기업체의 자본투자 여력과 수익구조를 간과한 주장이다. 먼저, 1990년대부터 민주화와 동시에 노동운동의 압력으로 인해 생산직 임금이 상승하게 되었다. 그 결과, 해외로 생산기지를 이전할 투자 여력을 갖춘 대기업의 경우 중국, 베트남 등으로 생산기지를 이전하였다. 또한 노동집약적 산업에서 자본집약적 산업으로의 전환을 통해 단순 노동인력을 감축하는 방향으로 나아갔다. 그러나 다수의 중소기업체는 노동집약적 산업으로서 소규모 저임금 노동을 기반으로 한 단순노무 생산방식이다. 또한 최근 한국 사회 내 3D 산업 기피 현상에 따라 단순노무, 기계조작 노동인력이 심각하게 부족한 상황이다.

다시 말하면, 외국인 이주노동자를 고용하는 다수의 중소기업체는 현재 해외로 생산기지를 이전할 여력도 없으며 3D 산업을 기피하는 상황에서 이주노동자를 대체할 수단이 없다. 따라서 외국인 이주노동자는 현재 한국 내 3D 산업에서 대체 불가하기에, 그들을 우리 사회의 구성원으로 수용하고 그들이 평등한 고용관계를 형성하는 동시에 노동자로서의 권리를 보장받을 수 있는 방향으로 나아가야 할 것이다.

7. 결론

과거 한국은 이주 송출국이었으나 국제결혼 이주여성과 이주노동자의 유입으로 인해 어느새 이주 유입국으로 전환되어 다문화사회로 진입 중이다. 그러나 다문화주의를 표방하는 정부의 다문화 정책은 동화주의적 시각에 입각하여 한국문화에의 적응 및 각종 경제적 지원 등이 주를 이루었다. 즉, 국민국가의 관점에서 자국민 중심의 동화주의, 종족배제주의에 입각하여 국민국가의 경계선을 중심으로 안과 밖을 구분하고 외부 이주자를 내부로 포섭하거나 배제하고자 하였다. 이러한 시각에 따라 정부의 법과 제도는 이주자들에게 권리를 부여하기보다 국가의 필요, 통제와 관리의 측면에서 도입되었고 등록된 이주민과 미등록된 이주자에게 법적 권리를 차등적으로 부여하였다.

그러나 다문화사회에 대한 관심과 인식은 점진적으로 개선되고 있는 것으로 나타나고 있다. 다문화사회로의 변화에 대한 한국인의 태도와 인식 등 다문화 수용성에 대한 분석연구에 따르면 한국인의 다문화 수용성은 5점 척도를 기준으로 평균값이 4점 미만이므로 중립적 태도이다. 그러나 교육 수준이 높을수록 그리고 젊은 연령일수록 다문화 수용성이 높은 것으로 나타났다. 또한 다문화 수용성의 하위 차원 중 이주자의 동등하고 보편적인 권리에 대해서는 다소 긍정적 태도가 나타났다. 특히 이주자의 보편적 권리 수용에 대해서는 20대에서 40대까지 비슷한 태도를 보이는 반면, 50, 60대에 이르러 다문화 수용성이 확연하게 낮아지는 경향을 보인다. 이러한 점에서 한국 내 자국민들의 이주자에 대한 인식은 세대를 거듭할수록 개선될 것으로 보인다.

한국 사회는 이주자의 인구가 급격하게 증가하고 있으나 미국, 캐나다 등 다문화 국가와 다르게 이주의 역사가 짧기 때문에 많은 시행착오를 거치며 다문화사회 도래에 따른 과도기를 겪고 있는 것으로 보인다. 이종교배가 생태계를 건강하게 보존하듯이, 건강한 다문화사회로 거듭나기 위해 이주자 역시 스스로 권리를 찾기 위한 목소리를 높이고 한국 사회에 기여하며 의무를 다해야 할 것이며, 여기에 응하여 한국 사회 역시 이주민들을 우리 사회의 구성원으로 인정하고 자국민과 동등한 권리를 보장해야 할 것이다. 이와 같이 바람직한 다문화사회로 나아가기 위해 정부 등 제도권은 국가의 경계선을 구분 짓지 않고 국민국가적 정체성을 해체 및 재구성하는 초국가적 관점의 다문화 수용성의 입장에서 정책을 수립하고, 우리나라 국민 역시 다문화정책을 지지하고 다양성을 적극적으로 지지하는 다문화 시민으로 거듭나기를 기대해 본다.

참고문헌

강치원(2000). 세계화와 한국사회의 미래: 신자유주의적 세계화와 미국, 그 대안은 없는
　　가. 서울: 백의.

교육부(2016). 2016 교육기본 통계 주요내용.

김관호(2003). 세계화와 글로벌 경제. 서울: 박영사.

김석진, 박민수(1997). 세계화와 신자유주의 비판을 위하여. 서울: 공감.

김오남(2008). 결혼이민자가족의 이해. 아산재단 연구총서 1, 제254집. 경기: 집문당.

김유경(2009). 다문화가족의 실태와 정책방안. 보건복지포럼, 통권 제151호. 한국보건
　　사회연구원.

김은미, 양옥경, 이해영(2010). 다문화사회, 한국. 서울: 나남.

김지현(2008). 한국 사회에서 다문화주의와 교육. 철학연구, 106. 대한철학회.

박대식(2010). 농촌다문화가정의 생활실태와 정책개선방향. 국토, 제342호. 국토연
　　구원.

박희권(2010). 문화적 혼혈인간: 글로벌 인재를 만드는 10가지 성공전략. 서울: 생각의나무.

보건복지부(2012). 2011전국 아동학대 현황보고서.

설동훈(1999). 외국인 노동자와 한국 사회. 서울: 서울대학교 출판부.

설동훈(2005). 이민과 다문화사회의 도래. 한국 사회론(김영기 편). 전북: 전북대학교
　　출판부.

송호근 편(2001). 세계화와 복지국가: 사회정책의 대전환. 서울: 나남.

안병영, 임혁백(2000). 세계화와 신자유주의. 서울: 나남.

양혜우(2016). [소수자의 눈으로 한국 사회를 본다 ②] 이주자의 시민권을 민주화하
　　기-법적 권리와 시민권적 권리 사이의 간극을 넘어. 창작과 비평, 44(2), 512-
　　529.

여성가족부(2006). 결혼이민자 가족실태조사 및 중장기 지원정책방안 연구. 한국 사회
　　학. 한국 사회학회.

여성가족부(2016). 2015 전국 다문화가족 실태 조사.

유네스코 아시아·태평양 국제이해교육원(2008). 다문화사회의 이해. 경기: 동녘.

윤인진(2004). 코리안 디아스포라: 재외한인의 이주, 적응, 정체성. 서울: 고려대학교 출
　　판부.

윤인진(2008). 한국적 다문화주의의 전개와 특성. 한국 사회학, 42(2). 한국사회학회.

윤인진(2015). 재외동포에 대한 국민인식: 한민족의식, 다문화 수용성, 접촉 경험의 효과. 통일문제연구 2015 상반기 제27권 1호(통권 제63호), 31-68.

윤인진, 송영호, 김상돈, 송주영(2010). 한국인의 이주노동자와 다문화사회에 대한 인식. 경기: 이담.

이동희(2010). 이주노동자와 시민공동체. 이주노동자들의 권익과 시민공동체(한국학중앙연구원 편). 서울: 백산서당.

이성균, 신광영, 조돈문(2007). 세계화와 소득불평등: 한국, 미국, 브라질의 사례 연구. 경기: 집문당.

이철우(2017). 新사회학 초대(5판). 서울: 학지사.

정혜영(2009). 다문화가정 이주여성의 사회적 적응에 관한 연구.

통계청(2016). 2015 다문화 인구동태 통계.

통계청(2016). 2016 외국인 고용조사 결과.

황정미(2009). 이주의 여성화: 한국 내 결혼이주에 대한 이론적 고찰. 페미니즘 연구, 9(2). 한국여성연구소.

황정미(2010). 한국인의 다문화 수용성 분석. 아세아연구, 53(4), 152-181.

Beck, U. (2006). 위험사회(홍성태 역). 서울: 새물결.

Benedict, R. (1971). *Patterns of culture*. London: Routledge & Kegan Paul Ltd.

Berger, P. L., & Huntington, S. P. (2005). 진화하는 세계화: 현대 세계의 문화적 다양성. 서울: 아이필드.

Friedman, T. L. (2003). 렉서스와 올리브나무(신동욱 역). 서울: 창해.

Geertz, C. (1984). Distinguished lecture: Anti-anti-relativism. *American Anthropologist, 86*(2), 263-278.

Giddens, A. (2000). 질주하는 세계(박찬욱 역). 서울: 생각의나무.

Marthin, H.-P., & Schumann, H. (2003). 세계화의 덫(2판)(강수돌 역). 서울: 영림카디널.

Martiniello, M. (2002). 현대사회와 다문화주의: 다르게, 평등하게 살기(윤진 역). 서울: 한울. (원전은 1997년 출판).

Park, R. E., & Burgess, E. W. (1921). *Introduction to the science of sociology*. Chicago: University of Chicago Press.

Ritzer, G. (2004). 맥도날드 그리고 맥도날드화: 유토피아인가, 디스토피아인가?(전면개정판)(김종덕 역). 서울: 시유시.

Troper, H. (1999). Multiculturalism. In P. R. Magocsi (Ed.), *Encyclopedia of Canada's people* (pp. 997-1006). Toronto: University of Toronto Press.

박민선(2017. 1. 2.). 합천군, 아동학대 신고의무자 교육 실시. **뉴스메이커**. http://www.newsmaker.or.kr/news/articleView.html?idxno=36710

성화선, 황석하(2010. 7. 9.). 베트남 새댁 8일만에 깨진 코리안 드림. **부산일보**. http://news20.busan.com/controller/newsController.jsp?newsId=20100709000131

유길용(2016. 7. 27.). 단일민족국가 옛말…체류 외국인 200만 명 시대. **중앙일보**. http://news.joins.com/article/20363528

임윤희(2017. 1. 5.). 사장님 나빠요, 벼랑 끝 코리안 드림… 외노자 무한리필 되는 일꾼 취급하는 고용허가제. **머니투데이**. http://www.mt.co.kr/view/mtview.php?type=1&no=2017010311277878918&outlink=1

베트남 블로거의 베트남뉴스 http://blog.naver.com/trustme77/130089948666

제11장

종교문제

1. 서론

인류의 역사에서 어느 시기, 어느 사회를 막론하고 종교는 항상 존재해 왔으며, 종교와 사회는 서로 밀접한 관계를 가지고 존재해 왔다. 인간이 개인적으로 종교를 가지고 있든 그렇지 않든, 종교적이든 종교적이지 않든 종교는 존재하여 왔다. 인간이 태어나서 죽고 또 태어나고 죽기를 반복하는 것처럼, 유사 이래로 수많은 종교가 생겼다가 없어지고 또 생겨나기를 거듭했다. 그만큼 종교는 인간생활의 중요한 일부분이었고, 사회의 유지와 존속에 중요한 기능을 수행하여 왔다. 따라서 종교는 사회를 이해하는 데 매우 중요한 요소로 작용하여 왔다. 종교에 대한 관심에 있어 종교를 우호적으로 보는 사람들뿐만 아니라 맹신에 가까울 정도로 몰입하는 사람이 있는가 하면, 그것을 매우 비판적으로 보는 사람도 있다.

종교는 매우 다양하게 정의 내릴 수 있으며, 하나로 명확하게 정의 내릴 수 있는 개념이 아니다. 그러나 종교와 사회의 관계를 연구할 때 종교를 어떻게 정의하는가에 따라 기능과 종류, 범위가 달라질 수 있기 때문에 종교의 정의는 중요하다. 종교의 특징에는 크게 세 가지가 있는데, 구체적인 상징으로 나타난다는 것, 신앙공동체를 형성한다는 것, 선천적일 수도 있고 후천적일 수도 있다는 것이 특징이다.

또한 종교는 개인에게 정체성과 소속감을 부여한다. 더불어 사회화를 촉진하고, 사회통합에 기여하며, 사회문제가 발생했을 때 새로운 가치기준을 제시하는 기능을 한다. 그런 반면에, 종교는 사회변동을 저지하거나 편협한 태도를 강화시켜 사회를 변화시키려는 노력을 막기도 하고, 종교나 종파 간 갈등으로 사회적 분열이나 갈등을 유발하기도 하는 한편, 인간의 자기계발을 억제하는 역기능을 수행하기도 한다.

뒤르켐, 포이어바흐, 베버, 마르크스는 종교에 대해 각각 다른 입장을 보여 준다. 뒤르켐은 종교가 사회를 유지, 조성, 강화하는 사회통합을 한다고 보았다. 포이어바흐는 종교는 인간이 만들어 낸 관념과 가치이며 하나의 환상에 불과하다고 주장했다. 마르크스 또한 종교를 인간이 만들어 낸 창조물, 생산물에 불과한 것으로 힘들게 사는 사람들에게 혹세무민하게 하는 허위 이데올로기라고 보았다. 베버는 현대사회에 가까워질수록 종교의 영향력이 줄어든다고 주장했고, 종교의 기능과 역할에 대해 언급했다.

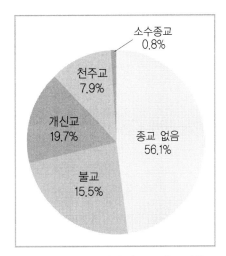

[그림 11-1] 우리나라의 종교인구 비율
출처: 통계청(2016).

　한편, 종교와 정치는 서로 밀접하게 관련되어 왔다. 그렇기에 현대사회에서는 종교의 자유와 정교분리를 원칙으로 하고 있다. 분리의 수준에는 차이가 존재하는데, 벨라(Robert N. Bellah, 1981)는 정치와 종교 간의 균형의 상태로 '창조적 긴장 상태'를 제시하였다. 창조적 긴장 상태가 현실의 변화와 발전을 위한 발판을 제공한다고 본 것이다. 통계청의 조사에 따르면 한국의 종교인 인구는 지속적으로 감소하는 추세이다. 종교인구가 감소한 데는 세속화에 따라 종교가 영향력을 잃은 것도 원인이라고 할 수 있지만, 종교 내부적 문제점 역시 큰 비중을 차지한다고 볼 수 있다. 이 장에서는 종교 관련 이론, 종교의 특징과 종교권력, 한국 종교의 역사와 과정, 한국 종교의 현황과 문제점(종교인 과세 및 종단정치의 부패)에 대해서 논의하기로 한다.

2. 이론적 배경

1) 종교의 정의

종교의 국어사전상의 정의는 "신이나 초자연적인 절대자 또는 힘에 대한 믿음을 통하여 인간생활의 고뇌를 해결하고, 삶의 궁극적인 의미를 추구하는 문화체계"이다. 그러나 베버는 그의 책인 『종교사회학』에서 "종교의 정의는 연구의 처음에 내릴 수 있는 것이 아니며, 만일 필요하다면 연구의 맨 마지막에 내려야 한다."라고 주장했다(Weber, 1963: 이원규, 2015에서 재인용). 그는 그의 책 마지막까지도 종교에 대한 명확한 정의를 내리지 않았는데, 이는 그가 종교의 정의를 규정하는 것을 의도적으로 피하고 있다고 볼 수 있다. 그러나 이러한 베버의 주장에 대해 버거는 "연구에서 정의를 회피하거나 뒤로 미루는 것은 연구 분야가 모호해진다."라고 비판하며 명시적 정의를 내릴 것을 주장했다(Berger, 1982: 이원규, 2015에서 재인용).

이와 같이 종교에 대하여 엄격하고 모든 부분에 적용될 수 있는 정의를 내리는 것은 매우 어려운 일이다. 먼저 종교의 성격에 따라 정의한다면, 본질적 정의와 기능적 정의로 나누어 볼 수 있다. 본질적 정의는 '종교는 무엇인가'라는 질문에 대한 대답을 구하는 것이다. 로버트슨(Robertson, 1984)은 "종교문화는 경험적 실재와 초경험적인 초월적 실재 사이의 구분과 관계된 일련의 믿음과 상징"으로 종교를 규정했다. 글록과 스타크(Glock & Stark)는 종교가 궁극적 의미의 문제에 초점을 맞춘 상징, 믿음, 가치, 수행의 제도화된 체계라고 했으며, 존스톤(Johnstone, 1975)은 종교는 사람들의 집단이 초자연적이고 거룩하다고 느끼는 것에 대하여 해석하고 반응하는 믿음과 수행의 체계라고 하였다. 즉, 종교는 거룩하고 궁극적인 존재, 세계, 힘에 초점을 맞춘 상징, 믿음, 가치, 수행의 제도화된 체계라고 할 수 있다.

다음으로, 기능적 정의는 종교가 개인과 집단에 대하여 '무엇을 하는가'를 강조한다. 로버트슨은 이것을 세 가지 수준에서 제시한다. 첫 번째는 궁극적 문제에 대한 관심이다. 종교는 개인의 궁극적 물음에 대하여 대답하는 기능을 한다는 것이다. 두 번째는 종교를 인간행위의 일반적 지침을 마련해 주는 기능을 수행하는 문화체계로 보는 것이다. 마지막 세 번째는 가장 포괄적인 수준으로, 종교를 모든 것을 포함하는 의미체계 구성을 통해 인간의 생물적 본성을 초월하는 인간 유기체의 능력으로 보는 것이다. 이를 한마디로 요약하자면, 종교는 개인이나 사회에 궁극적인 의미 또는 최상의 중요성을 부여하는 기능을 하는 것이라고 할 수 있다.

2) 기능론과 갈등론

거시적으로 사회현상을 설명하는 사회이론은 크게 기능이론과 갈등이론으로 나누어진다. 전자는 사회를 조화적이고 안정적이며 통합적인 구조로 보는 반면에, 후자는 사회를 부조화적이고 불균형적이며 갈등적인 구조로 본다. 사회에 대한 이러한 이해는 종교에 대한 관점에도 그대로 반영된다. 기능론적 관점에서 종교를 설명하는 이론은 종교기능론이며, 갈등론적 관점에서 종교를 설명하는 이론은 종교갈등론이라고 할 수 있다.

종교기능론은 종교가 개인이나 사회에 미치는 기능적 작용에 초점을 맞추고 있다. 종교는 인간 그리고 사회의 요구에 따라 생겨난 하나의 제도로서 그 요구를 만족시키기 위한 기능을 수행한다(이원규, 2015). 종교를 필요로 하는 기본적인 이유는 인간이 지닌 능력에 한계가 있기 때문이다. 종교의 기능을 유발하는 인간의 한계상황에는 크게 세 가지가 있다. 첫 번째는 우연성으로, 예측할 수 없는 미래에 대한 불확실성은 삶에 불안과 긴장을 초래하기 쉽다. 따라서 인간은 미래에 발생할 수 있는 일이 좋은 방향으로 예측될 수 있기를 기대하며, 이러한 요구를 충족시키는 것에 종교가 적합하다는 것이다. 두 번째는 불가능성이다. 자신의 삶의 조건을 통제하고 영향을 미칠 수 있는 인간의 능력은 제한되어 있다. 자신의 능력으로는 자신이 갈망하는 것을 가질 수 없다는 사실을 발견하면, 인간은 무력감을 느끼고 좌절을 경험한다. 종교는 이러한 무력감과 좌절을 극복하는 데 중요한 기능을 한다. 세 번째는 희소성이다. 인간이 원하는 가치는 보통 재화나 지위, 권력이며, 이것들은 희소가치들이다. 이러한 희소가치가 불평등하게 분배될 때 인간은 박탈감을 느끼고, 종교는 이러한 박탈에 대한 보상의 기능을 수행한다. 이처럼 종교기능론은 인간이 극복하기를 원하는 한계상황에 직면하거나 충족되기를 원하는 욕망이나 욕구를 가지고 있기 때문에 종교가 필요하며 종교는 그러한 문제들에 대한 해결책을 마련해 주는 기능을 한다고 본다.

종교갈등론은 종교가 개인이나 사회에 미치는 역기능적 결과를 강조한다(이원규, 2015). 따라서 종교적 믿음에 대한 갈등이론의 관심은 현재의 경제적 구조를 정당화하는 종교의 힘에 있다. 종교가 보장하는 합의라는 것은 결국 지배계급의 이익을 반영하는 일종의 지배관념일 뿐이다. 더불어 종교적 관념은 지배계급의 지배를 보장하는 정치·경제제도를 뒷받침하는 역할로 이해된다. 또한 종교는 사회적 균열의 정당화로 작용하기도 한다. 종교는 사회 안에서 집단의 동일화를 위한 중요한 근거이기 때문에 동시에 균열을 만들어 내는 중요한 요소가 될 수도 있다. 갈등은 종교집단 내부에서도 생겨날 수 있다. 종교집단 내부의 투쟁 역시 집단 안에서의 사회경제적 문제, 리더십과 권력, 비종교적 이익과 관련되는 경우가 많다. 결국 종교갈등론에서는 종교가 사회적 갈등을 지속시키는 이데올로기적 역할을 수행한다고 본다.

3) 사회학자들이 본 종교

뒤르켐, 포이어바흐, 마르크스, 베버와 같은 사회학자들은 종교에 대해 각기 다른 입장을 보여 주었다. 뒤르켐의 경우, 종교는 인간 경험의 산물로서 인간의 경험에서 성과 속 중 성, 즉 신성한 것에 속한다고 보면서, 종교는 의례와 의식을 통해 근본적으로 세속과의 격리상태에 있는 것이라고 언급했다. 또한 그는 종교가 성립하기 위해서는 숭배의 대상, 의례와 의식, 신자공동체라는 세 가지 요소가 갖추어져야 한다고 봤다. 더불어 종교는 사회적 도덕과 규범에서 유래하며, 종교를 따르는 것은 '자신이 속한 사회'를 믿는 것이라고 했다. 따라서 뒤르켐의 관점에서 종교의 실제적인 사회적 기능은 사회적 통합이나 유대를 조성, 강화, 유지하는 것이다.

포이어바흐는 종교는 인간의 높은 열망을 우주적으로 투사한 것에 불과하며, 신은 인간이 성취하고자 하는 힘과 재능을 표현하는 상징적 언어라고 봤다. 사람들은 자신의 열망을 절대적인 존재에 투사해서 자신을 무능한 존재로 인식하고, 그 결과 분열과 자기소외를 극대화시켰다고 했다. 따라서 그는 종교는 인간이 스스로 만들어 낸 관념과 가치들이며 하나의 환상에 불과하기 때문에 우리 자신이 창조한 종교적 상징의 본질을 이해할 필요가 있다고 언급했다.

마르크스는 포이어바흐의 영향을 받아 그와 비슷한 입장을 보였다. 종교는 인간이 만들어 낸 생산물이자 창조물이며 인간이 추구하고 얻고자 하는 투사물에 불과하다고 보는 포이어바흐의 입장과 크게 다르지 않다. 종교는 소외와 고통을 안겨 주는 비인간적이고 냉혹한 사회에서 발생하며, 이러한 사회에서 특히 고통스럽게 사는 사람들이 자신의 소망을 투사하여 종교를 믿는다고 봤다. 그리하여 인간적인 사회에서는 종교가 발생하지 않는다고 언급했다. 따라서 그는 종교를 '민중의 아편'이라고 표현했으며, 내세에 보다 나은 삶을 약속함으로써 현세의 불평등과 빈곤을 정당화하는 허위 이데올로기에 불과하다고 비판했다.

한편, 베버는 종교 자체의 본질보다는 종교의 사회적 역할과 기능에 관심을 가졌다. 그는 종교가 초자연적인 존재에 대한 관념과 행동을 보여 주지만, 현대사회에 가까워질수록 사회구성원들이 종교의 영향력을 덜 받는다고 생각했다. 종교는 기존 체제를 유지할 뿐만 아니라 사회변화를 초래하기도 하는데, 그의 대표 저작인『프로테스탄티즘 윤리와 자본주의 정신』에서 볼 수 있듯이 청교도주의의 예정설, 즉 근검절약 정신과 직업소명 정신이 근대 자본주의의 확산과 발전을 가져왔다고 주장했다.

3. 종교의 특징과 종교권력

1) 종교의 특징

종교의 특징을 크게 세 가지로 추려 보면 다음과 같다. 우선, 첫 번째는 구체적인 상징으로 나타난다는 점이다. 단순한 사상이나 이론이 아닌 종교적 상징으로, 우리가 흔히 알고 있는 십자가나 신상(神像) 같은 구체적인 형태로 표현되는 경우가 많다. 물질적인 상징뿐만 아니라 신의 초월적 행위가 신화로 만들어져 전해지고, 숭배의 일정한 형식인 의례가 행해지기도 한다. 두 번째는 신앙을 함께하는 사람들이 신앙적 공동체를 형성한다는 점이다. 같은 신앙을 가진다는 원칙하에 결성된 집단을 교단이라고 하는데, 교단은 승려나 목사와 같은 전문가를 양성하여 신자에게 교리를 전파하고 신앙공동체의 유지를 추구하는 한편, 외부의 인원을 공동체 내부를 끌어들이려는 행위, 즉 전도를 수행한다. 마지막으로, 종교는 선천적일 수도 있고 후천적일 수도 있다. 소위 모태신앙으로 태어날 때부터 교단에 가입하는 경우도 있고, 자기 의사에 따라 가입하는 경우도 있다.

2) 종교와 정치

인류의 역사에서 종교와 정치가 결합하려는 시도와 노력은 늘 존재해 왔다. 이는 현대사회에서도 해당하는 내용으로 한국 사회 역시 예외는 아니다. 이러한 상황은 종교권력이라는 개념과 연결 지어 생각해 볼 수 있다. 베버에 따르면 권력은 "사회관계에서 다른 행위자의 저항에도 불구하고 자신의 의지를 관철시킬 수 있는 능력이나 기회"이다. 이러한 베버의 개념을 바탕으로 종교권력에 대한 정의를 내려 보면 '특정한 종교가 세속적인 정치권력과의 관계를 매개로 하여 자신이 속한 사회질서나 지배관계를 형성, 유지하거나 전복, 변형할 수 있는 합법적 · 비합법적 힘'이라고 할 수 있다(유승무, 2008).

한국을 비롯한 많은 나라에서 종교의 자유와 정교분리를 규정하고 있지만 분리의 수준에는 차이가 존재한다. 벨라(1981)에 따르면 종교와 정치 간 관계의 유형은 네 가지로 구분할 수 있다. 첫 번째는 긴밀한 통합의 유형으로, 종교와 정치체제가 지나치게 유착되어 있는 수준으로 쉽게 말해 제정일치라고 할 수 있다. 두 번째는 지나치게 분리된 유형으로, 종교가 현실 문제에 대해 아예 무관심한 상태이다. 세 번째는 정교분리의 유형으로, 다종교 상황에서 국가가 종교에 대한 중립을 지키며 모든 종교를 동등하게 대우하는 유형이다. 마지막으로, 창조적 긴장의 유형은 종교가 초월적인 이상에 맞추어 현실의 사회체제와 사회문제를 비판하고 도전하는 유형이다. 그러면서 벨라는 정치와 종교 간의 알맞은 균형의 상태로 창조적 긴장상태를 제시하였다. 지나친 통합이나 분리보다는 창조적 긴장상태가 현실의 변화와 발전을 위한 발판을 제공한다고 본 것이다.

4. 한국 종교의 역사와 과정

1960년대 이후의 종교 성장은 한국의 거의 모든 종교의 공통된 현상이었다. 그러나 1980년대까지 놀랍게 성장해 왔던 한국 종교들이 1990년대에 와서는 그 성장이 현격하게 둔화되어 쇠퇴의 기미까지 보이고 있다. 중요한 것은 한국 종교의 성장에 결정적인 영향을 미친 것이 사회변동 상황이라면, 그 성장을 둔화시키거나 교세를 감소시키는 데 중요하게 작용한 것도 또 다른 사회변동의 상황이라는 점이다.

1) 한국 종교 급성장의 상황적 요인(1960~1980년대)

한국 종교 성장의 밑거름이 되었던 것은 문화적 요인이다. 한국의 수용적이고 적극적인, 감정적이고 열정적인, 무교적이고 기복적인 종교문화가 개신교를 포함한 한국 종교 전체의 성장에 기여한 원동력이다. 그러나 특히 1960년대 이후 몇십 년간의 한국 종교들의 양적 급성장은 급격한 사회변동이라는 상황적 요인에 결정적으로 힘입은 바 크다.

(1) 정치적 변동

1960년대 이후의 한국의 정치 상황은 불안과 공포, 긴장과 갈등의 연속이었다. 군부에 의해서 장기화, 절대화된 독재정치권력은 사람들에게 심리적인 불안과 긴장을 가중시켰다. 이러한 한국의 불안한 정치적 상황 가운데 종교들은 안정과 복지감을 마련해 주면서 성장할 수 있었다.

(2) 경제적 변동

한국 사회는 1960년대 이후 급격한 경제 성장이라는 경제적 변화를 겪어 왔다. 그러나 분배정책의 실패로 인하여 경제적 불평등이 심화되고 이에 따라 상대적 박탈감이 확산되었다. 이러한 경제적 상황은 사람들에게 물질적 축복의 기대에 대한 강한 동기를 부여했다. 특히 희망을 주고 용기를 북돋아 주는 종교의 메시지와 분위기는 박탈감을 느끼고 물질적 보상을 기대하는 이들에게 커다란 위안과 힘이 될 수 있었다.

(3) 사회적 변동

한국 사회는 1960년대 이후 산업화가 이루어지면서 급격한 도시화과정을 겪게 되었다. 급격한 도시화는 공동체성의 붕괴와 정체성의 상실을 초래했다. 이때 한국 종교들은 사람들에게 소속의식을 제공하고 삶의 의미를 부여함으로써 공동체성과 정체성을 마련해 주었다.

2) 한국 종교 쇠퇴의 상황적 요인(1990년대)

(1) 대체종교(여가산업)의 발달

여가산업은 현대인의 긴장 해소 및 정신적 치유의 좋은 수단이 되며, 따라서 사람들의 개인적인 위기 극복의 대안이 되고 있다. 여가산업이 급격히 발달하기 시작한 시기와 종교 성장이 둔화되기 시작한 시기가 대체로 일치하고 있는 것은 우연이 아닐 것이다. 그러나 여가산업만이 기성종교에 대한 대체종교는 아니다. 민족주의, 민주주의와 같은 확립된 이데올로기, 정신의학과 상담기술 등도 기성종교에 대한 경쟁세력이 되고 있다. 많은 사람들이 과거에 종교로부터 얻을 수 있었던 것(긴장 해소, 정신적 치유, 심리적 안정)을 이제는 대체종교에서 얻고 있는 것이다.

(2) 경제 성장에 따른 사회경제적 동기의 약화

생존문제에 대한 절박성에 대한 보상 효과가 있는 종교에의 기대심리는 감소되는 것이다. 경제적인 여유는 사회적인, 심리적인 여유까지 만들어 내면서 종교 이외의 것, 예를 들면 '인생을 즐기는 것'에 대한 관심을 증대시킨다.

(3) 정치적 상황의 변화

정치적 혼란과 불안의 사회적 상황에서는 사람들이 심리적 안정과 복지감을 종교에서 추구하는 경향이 많다. 반면에 정치적인 안정과 민주화가 이루어질수록 정치적 긴장과 불안, 공포와 불만은 감소되고, 이에 따라 종교를 통하여 문제를 해결하려는 사회심리적 동기는 약화된다.

5. 한국 종교의 현황과 문제점

2015년 기준 한국 종교인구의 현황은 [그림 11-2]를 보면 알 수 있다(통계청, 2015). 종교를 갖고 있는 사람은 2,155만 명으로 전체 인구의 43.9%였으며, 종교를 갖고 있지 않은 사람은 2,750만 명으로 전체 인구의 56.1%를 기록하면서 종교를 갖지 않은 사람이 더 많은 것으로 나타났다. 종교를 갖고 있는 사람은 10년 전인 2005년보다 9% 감소한 수치이다. 3대 종교인 개신교, 불교, 천주교의 비율을 살펴보면, 개신교가 968만 명으로 전체 인구의 19.7%로 가장 큰 부분을 차지했으며, 그 뒤로 불교가 762만 명으로 15.5%, 천주교가 389만 명으로 7.9%를 기록했다. 2005년과 비교해 보면, 개신교는 845만 명에서 968만 명으로 15%가량 증가했고, 불교는 28%가량, 천주교는 23%가량 감소했다.

[그림 11-2]에서도 알 수 있듯이, 전체적인 한국의 종교인구는 절대적인 수치에서나 비율에서나 2005년에 비해 감소했다. 종교인구가 감소한 데는 세속화에 따라 종교가 영향력을 잃은 것도 원인이라고 할 수 있지만, 종교 내부에 자리한 문제점 역시 큰 비중을 차지한다고 볼 수 있다. 즉, 세계화가 급진전되는 무한경쟁시대에 종교에 의지할 수 있는 여유의 부족과 현재의 사회 불안과 생존위기를 담아내지 못한 기성종교, 제도종교의 문제로 인해 신자 수가 감소했다고도 볼 수 있다.

2016년 언론사에서 이에 관련하여 실시한 설문조사 결과인 [그림 11-3]을 보면 이를 뒷받침하는 내용을 찾아볼 수 있다. 종교를 갖게 된 계기에 대한 응답으로 가장 많은 비율을 차지한 답변은 '부모님의 영향으로 어렸을 때부

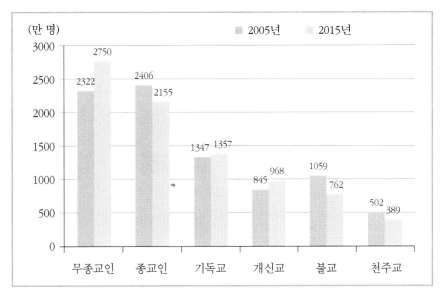

[그림 11-2] 한국 종교인구의 증감 현황(2005년과 2015년 비교)
출처: 통계청(2005, 2015).

터 자연스럽게(모태신앙)'라는 답변이다. 반면에, '어려울 때 힘이 되어 줘서' '종교의 교리와 사상이 마음에 들어서' '종교적인 경건함이 느껴져서'라는 답변은 그리 큰 비중을 차지하지 않는다. 또한 사람들이 종교를 가지는 것은 종교의 본질적 의미나 기능적 의미가 아닌 단순한 혈연관계에 의존하는 경우가 많다는 것을 알 수 있다. 이러한 추세는 두 번째 질문에서도 드러나는데, 종교를 갖지 않는 이유가 무엇이냐고 묻는 질문에 '믿음을 강요받는 것 같아서' '종교집단의 이기적인 모습이 싫어서' '굳이 종교에 의지할 이유가 없어서'와 같은 답변이 높은 비율을 보였다. 즉, 종교의 핵심요소라고 할 수 있는 믿음, 가치, 궁극적인 의미에 대한 신뢰가 낮아진 것을 알 수 있다.

　세계 대부분의 국가는 종교의 자유를 법적으로 보장하고 있다. 한국 역시 마찬가지이다. 「헌법」 제20조를 보면 "① 모든 국민은 종교의 자유를 가진다. ② 국교는 인정되지 아니하며, 종교와 정치는 분리된다."라고 규정하여 종교의 자유를 보장하고 국교를 인정하지 않고 정교분리를 원칙으로 내세운

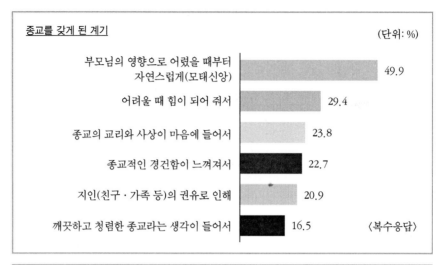

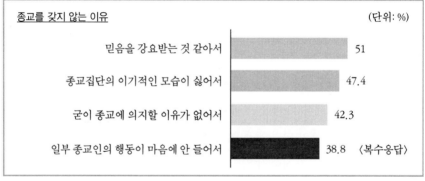

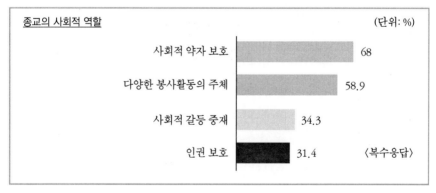

[그림 11-3] **2016년 매일경제신문의 종교 태도 조사**

* 만 19~59세 성인 남녀 1,000명 대상.

것을 알 수 있다. 이에 따라 현재 한국에는 50여 개 종교와 그에 딸린 500여 교파가 활동 중이다. 한국의 상황은 세계에서 유래를 찾아볼 수 없을 정도로 다수의 종교가 공존하는 다종교사회라고 할 수 있다.

한국 사회의 종교를 '종교백화점'이라고 이야기한다. 한국 사회는 개항 이후 기존 전통종교의 쇠퇴와 새로운 이방종교의 급속한 성장이 맞물리면서, 시간적으로는 선사시대의 무속신앙부터 최근의 신흥종교까지, 공간적으로는 한반도에서 발생한 민족종교부터 동양의 불교, 유교와 서양의 기독교, 이슬람교까지 백화점처럼 다양한 종교가 공존하는 공간이 됐다(최종철, 1996). 우리 주변에서 쉽게 찾아볼 수 있는 한국인의 종교생활의 모습을 생각해 보자. 일요일마다 교회나 성당에 나가는 독실한 개신교, 천주교 신자이지만 유교적 가치관에 따라 행동하거나 이사나 결혼같이 소위 '큰일'이 있을 때 점집을 찾아가 길일(吉日)을 받고 그 날짜에 일을 진행하는 모습은 그리 낯설지 않다. 또한 매년 정초에 가족들과 함께 토정비결을 찾아보며 그 해의 운세를 점쳐 보는 모습 역시 흔하게 찾아볼 수 있다.

21세기 한국 사회는 신자유주의라는 큰 흐름 속에 놓여 있다고 할 수 있다. 신자유주의는 국가 단위를 넘어선 세계자본이 큰 제약 없이 자유롭게 넘나들 수 있는 세계시장을 구축하고 그 시장질서에 따르는 것이 가장 이상적인 사회를 만들어 줄 수 있다는 가치관에서 출발한다. 이러한 사회에서는 무한경쟁이 긍정되고 그로 인한 양극화 역시 용인된다. 사회 각 부분에 시장논리가 개입되어 기업뿐만 아니라 사회단체 역시 성장과 효율을 중시하고, 높은 성과를 달성하기 위해 구조조정을 실시한다. 이러한 신자유주의적 변화에 따라 한국의 종교지형 역시 영향을 받을 수밖에 없다고 하겠다.

특히 종교교단 운영에도 신자유주의적 시장논리가 적용되기 시작하면서 교단의 설립과 운영에 기업경영적 원리를 접목하고, 교인들을 소비자로 간주하여 그들의 만족을 극대화시킬 수 있는 전략을 구상하기 시작하였다. 교단들은 소비자를 확보하기 위한 경쟁에 뛰어들고, 경쟁에서 소비자에게 관심을 받지 못하는 종교는 사라진다. 따라서 종교 의례와 프로그램은 공연 같은 것들도 신도들의 만족감만을 고려하는 방향으로만 짜이고, 노후생활 적응교육, 예비부부 대상교육, 행복한 부부를 위한 워크숍, 분노조절 프로그램 등 세분화되어 제공되고 있다. 유명 종교인은 치유나 힐링 같은 가치를 내세운 상담 프로그램을 상품화하고 판매하여 그것을 기반으로 기업처럼 성장해 나가고 있다.

신자유주의 경제질서에 순응하여 경제적 기반을 마련한 종교교단은 확보한 경제적 기반을 지키기 위해 교단 내부에서의 권력투쟁과 외부 정치권력과의 결탁을 시도한다. 이렇듯 현재 한국 사회의 종교는 경제적·정치적으로 지속적인 확장과 권력 획득을 꾀하고 있으며, 이 과정에서 발생한 여러 문제점으로 인해 시민들의 신뢰를 상실해 가고 있는 상황이라고 할 수 있다.

6. 종교별 문제점

1) 과세문제

우리나라의 종교단체들은 '비영리법인'으로 인가를 받아서 설립된다. 비영리법인은 경제적 이익을 추구하지 않는 단체로서 조세부과에서 제외된다. 종교인도 세금을 내야 한다고 주장하는 측에서는 종교인 비과세는 모든 국민은 납세의 의무를 갖는다는 조세형평주의를 위배하는 것이라고 주장한다. 반대론자들은 성직이 근로가 아닌 봉사이기 때문에 그것의 근로소득 적용은 옳지 않다고 주장한다. 「근로기준법」상 근로자는 "직업에 관계없이 임금을 목적으로 사업장에서 노동을 제공하는 사람"을 뜻하기 때문에 종교인이 근로자인가에 대한 논란이 여전하다.

종교인 과세찬성론의 대표적인 주장에는 과세형평론, 공공재대가론, 근로 인식론, 관행론 반박 등이 있다. 과세형평론 측은 「헌법」 제38조에 명시된 모든 국민은 납세의 의무를 갖는다는 조항에 따라 성직자와 다른 국민 간의 조세형평을 주장한다. 공공재대가론을 주장하는 사람들은 조세가 국가 공공재 공급의 원천이기 때문에 성직자들도 자신들의 몫을 마땅히 치러야 한다고 말한다. 근로인식론 주장자들은 성직자가 과연 근로자인지 아닌지는 종교적 관점이 아닌 세법의 관점에서 판단할 문제라고 말한다. 마지막으로, 관행론에 반대하는 사람들은 비록 오랜 시간 동안 과세를 하지 않은 것은 사실이지만 이것은 공식적으로 면세를 인정한 것은 아니기 때문에 여전히 납세의 의무는 존재한다고 주장한다.

과세 반대론자들은 성직수행론, 이중과세론, 관행론 등을 바탕으로 과세에 반대하는 주장을 펼치고 있다. 성직수행론은 성직자들의 성직 수행은 신성한 것으로 근로로 판단할 수 없다는 것이다. 이러한 성직 수행에 소득세를 부과한다면 신성한 것에 속세의 것이 관여하는 것이라 주장한다. 이중과세론을 주장하는 사람들은 성직자의 소득은 사익추구를 통한 것이 아니며, 신자들이 자발적으로 모아서 성직자에게 지급하는 기부금의 성격이 강하다고 주장한다. 신자들이 모아서 주는 돈에는 이미 과세가 되었기 때문이 이것에 소득세를 부과하는 것은 이중과세에 해당한다는 주장이다. 관행론은 대한민

〈표 11-1〉 목회자 납세를 둘러싼 찬반논리

찬성	반대
기독교 단체가 비영리 법인일지라도 목회자 보수는 소득에 해당된다.	목회자는 성직자이지 근로자가 아니다.
	세법상 명시 규정이 없기 때문에 납세 의무가 없다.
세법상 종교안에 대한 면세 조항이 없다.	교회 현금은 기부금이며, 성직자 사례에 대한 과세는 이중과세이다.
종교인 면세는 조세평등 원칙과 국민정서에 위배된다.	
선진국은 종교단체에도 과세를 한다.	종교 탄압에 악용될 수 있다.

국 건국 이후 성직에 과세를 한 적이 없고, 이에 따라 종교인에게 소득세를 매기지 않는 것이 대한민국에서 하나의 규칙으로 자리 잡았다는 주장이다.

종교인 과세문제는 1968년 최초로 논의되기 시작했다. 박정희 정부는 종교인에게 근로소득세를 부과하기로 했다가 종교계의 반발로 철회했다. 이후 2006년 노무현 정부에서 과세를 검토했다. 시민단체인 종교비판 자유실현시민연대가 "대부분의 종교단체가 탈세를 저지르는데 정부가 이를 방관하여 직무를 유기한다."라며 종교단체를 고발하겠다고 했기 때문이다. 지방선거철과 맞물려 노무현 정부는 적극적인 자세를 취하지는 않았고 권오규 경제부총리가 '종교법인의 특수성'을 언급하며 유보적 자세를 취함으로써 종교인 과세는 다시 수면 아래로 가라앉았다.

2012년 이명박 정부 말기에 당시 기재부 장관인 박재완은 '모든 국민은 알맞은 세금을 내야 한다.'는 국민개세주의를 언급하며 종교인 과세를 언급했다. 정부는 2013년 종교인 소득에 대해 80%를 경비로 인정해 20%에 대해서만 실질적 과세를 하도록 하는 정책을 추진했다. 2013년과 2014년 기재위 조세소위는 종교계와 협의가 미흡하다는 근거로 처리를 미루었고, 마침내 2015년 12월 2일 종교인 과세를 명문화한 「소득세법」 개정안이 국회 본회의를 통과했다. 이 개정안은 세법상 기타소득항목에 종교인 소득을 추가한 것으로, 종교인이 벌어들이는 소득에 구간에 따라 6~38%의 세율로 세금을 부과한다. 기존에 80%로 인정되었던 필요경비는 소득에 따라 20%에서 80%까지 차등화된다.

종교인과세추진시민연대는 "종교계에 과세안이 통과되었지만 근로소득이 아닌 기타소득에 세금을 매기는 것은 종교인에 대한 특별대우로서 조세평등주의는 여전히 실현되지 않았다."라며 "이는 종교계의 권력이 정치가 건드릴 수 없을 정도로 커졌기 때문이다."라고 말했다. 그리고 그들은 "2017년에는 대통령 선거가 있음에도 국회는 2년이라는 유예 기간을 설정해서 책임을 회피했으며, 국민감사청구에도 감사원은 '감사대상이 아니다.'라고 말하고 있다."라고 했다. 어떤 의원은 "차기 대선을 앞두고 만약 여론의 역풍이 크다면 이를 재검토할 수 있을 것이다."라며 "그럴 경우 종교인 과세가 2018년 시행되지 않을 가능성도 배제할 수는 없다."라고 말했다.

2) 종단정치의 문제

한국의 대표적인 불교종단인 조계종은 낡은 행정제도와 비민주적 종단 운영, 정권에 지속적으로 예속되는 상태를 타파하고자 1994년에 종단개혁을 단행했다. 이는 기존에 총무원장에 집중되었던 종단 내 권력을 입법과 사법, 행정으로 분리했고, 종도들의 의견을 반영하기 위한 선거제도 도입 등 제도적 측면에 큰 변화를 가져왔다. 행정은 총무원, 사법은 호계원, 입법은 중앙종회에 두어 상호 견제와 균형을 달성하려 시도했다. 1994년 종단개혁 이후 정당에 해당하는 여러 종책이 만들어져 총무원 견제와 총무원장 선출에 커다란 영향력을 행사해 왔다. 국회와 비슷한 시스템을 갖는 중앙종회는 총 81석으로 종권을 창출하는 종단정치의 시작점으로 볼 수 있다.

하지만 지난 16대 중앙종회 선거는 종책들의 현주소를 보여 주었다. 여권에 해당하는 불교광장(화엄 법화 무량회)은 총 56석, 야권인 삼화도량(백상도량 보림회)은 15석을 차지했다. 또한 비구니 선출위원회에서 선발하는 비구니는 총 10석이었다.

종단정치가 부패할 수밖에 없는 큰 문제점은 정당에 해당하는 종책 간의 균형이 서서히 무너져 왔다는 것이다. '보림회(현 삼화도량)'는 13대 중앙종회부터 현재까지 오직 야권으로서의 역할만을 하고 있고, 여권인 '화엄법화무량회(현 불교광장)'와 상당한 의석 수 차이 때문에 견제의 역할을 전혀 수행하지 못하고 있는 실정이다.

비구니의 의석인 총 10석을 제외하고도, 종헌을 바꿀 수 있는 기준인 3분의 2(54석)를 넘은 불교광장을 견제할 수 있는 방법이 전혀 없는 '여대야소'의 상황에서 불교광장의 강력한 지지를 받는 자승스님은 91%의 압도적인 지지율로 33대 총무원장에 선출되었다. 이러한 불균형 속에서 한발 더 나아가 자승스님은 1994년 종단 개혁 이후 최초로 총무원장 연임에 성공하며 34대 총무원장으로 당선되었다. 총무원장은 조계종 전국 사찰 2,500여 곳의 행정을 총괄하는 위치로서 사찰의 주지 임명권과 약 400억에 이르는 총무원 예산 운영권, 사찰의 감독과 처분권까지 갖는다. 상습 성매매 혐의와 백양사 도박 사태로 자승 원장의 도덕성에 큰 논란이 일어난 후에 34대 총무원장에 연임한 것이기 때문에 더 큰 문제로 볼 수 있다. 이렇게 당선된 자승스님은 자신을 견제할 세력이 전무한 상황에서 사실상 '불교 대통령'으로서 권력을 남용하고 있다.

7. 결론

종교는 정확하게 하나로 정의할 수는 없고, 종교에 대한 학문별 정의 또한 다양하다. 또한 종교는 사회를 유지시키고 나아가 사회를 변화시키는 데 중요한 역할을 하는 것이라 할 수 있다. 하지만 사회가 변함에 따라 종교의 모습이 변하고 문제를 양산하기도 한다. 이 장에서는 종교문제로 종교인의 납세문제와 불교종단의 부패를 언급하였다. OECD 국가 중 종교인의 소득에 대해 완전한 비과세의 자세를 취하는 나라는 대한민국이 유일하다. 종교인 과세문제에 대해 국민의 반 이상이 이미 과세를 찬성하는 입장이고, 세계적 추세를 보았을 때도 종교인에 대한 과세는 하루빨리 실시되는 것이 타당하다고 볼 수 있다.

기독교에 비해 크게 부각되지는 않았지만, 조계종은 종단정치로 인해서 다른 종교보다 부패의 상태가 심각한 것으로 보인다. 여야 균형이 완전히 무너진 중앙종회는 권력의 쏠림 현상을 만들었고, 이에 따라 현재의 한국 불교는 돈만 쫓고 있는 실정이라는 비판을 받고 있다. 나아가 한국 불교는 한국 사회의 많은 문제에 눈을 감음으로써 어려운 이웃을 보살피고 불합리한 사회를 변화시키는 역할을 전혀 수행하지 못하고 있다는 지적도 받고 있다. 또한 자선과 사회봉사 등의 현실참여에 있어서도 기독교보다 훨씬 뒤처지고 있다고 회자되고 있다. 이와 같이 불교계는 이웃에 대한 사랑과 나눔 등의 초심의 자세로 돌아가자는 제언으로는 다시 돌아가기 어려운 곳까지 와 버렸다. 불교 종단정치 시스템을 다른 방식으로 개혁하는 방식 외에는 현재의 부패를 해결하기는 쉽지 않아 보인다.

한국 사회의 종교는 많은 문제와 과제를 안고 있다. 종교조직 자체의 거대조직화[예: 메가처치(mega church)], 엄격한 서열제도 확립, 물량주의화, 성장지상주의, 자본주의 제도와의 영합, 종속화 등을 거론할 수 있다. 그리고 헌금(獻金)의 10% 미만만을 사회봉사에 쓰는 것으로 나타나, 종교가 종교 본연의 자세에서 상당히 어긋남을 보여 주고 있는 실정이다. 또한 정치 혹은 권력과 결탁하거나 종교가 정치적·사회적 문제에 지나치게 많은 관심을 보이고 있다. 그러면서 수행이나 영성마저 상업화되고 있고, 성직자가 비즈니스맨에 가까운 모습을 보여 주고 있으며, 타 종교를 인정하지 않는 배타적 선교(종교 간 갈등과 마찰 초래), 파벌주의, 집단이기주의, 불투명한 재정관리, 부동산 투기 등의 문제를 보여 주고 있다.

따라서 가난, 질병, 슬픔, 고통으로 가득 찬 삶을 힘겹게 살아가는 사람들, 희망 없이 살아가는 사람들, 사회적으로 소외된 자, 불우한 이웃들을 도와야 하는 종교 본연의 모습과 정신, 즉 나눔과 베풂, 돌봄, 치유로 돌아가는 초심의 자세가 더욱더 필요하게 되었다. 이를 토대로 하여 정치 및 사회와의 거리 유지(권력지향성으로부터 거리를 둠), 물량적 성장주의 지양, 재정관리의 투명성 제고, 교역자 양성기관의 요건 강화, 종무행정의 대폭적 지방 이양, 타 종교 배려 및 종교 간 대화를 위한 주기적 모임 등이 필요한 상황이다.

참고문헌

김경집(2008). 현대불교와 종교권력. 한국기독자교수협의회, 한국교수불자협의회 공저. 현대사회에서 종교권력, 무엇이 문제인가. 서울: 동연.

김성건, 박승길, 최현종, 유광석, 정태식, 전명수, 박수호, 송재룡, 장형철, 김철수 (2013). 21세기 종교사회학. 서울: 다산출판사.

노길명(2005). 한국의 종교운동. 서울: 고려대학교 출판부.

박세준(2015). 천도교에 대한 역사사회학적 연구. 고려대학교 사회학과 박사학위논문.

오경환(2006). 종교사회학. 서울: 서광사.

유승무(2008). 종교권력 현상의 문제점. 불교평론, 35호.

윤용복(2006). 한국종교의 폭력성. 사목, 6월호.

이원규(1998). 한국종교의 세속화에 대한 경험적 연구. 신학과 세계, 37, 219-272. 감리교신학대학교.

이원규(2015). 종교사회학의 이해(개정2판). 경기: 나남.

이진구(2008). 현대개신교와 종교권력. 한국기독자교수협의회, 한국교수불자협의회 공저. 현대사회에서 종교권력, 무엇이 문제인가. 서울: 동연.

이찬수, 최준식, 박영대, 김진호, 이병두, 김경일, 김용휘(2010). 한국의 종교를 컨설팅하다: 종교학자가 비판적으로 진단한 한국종교의 현재와 미래. 서울: 모시는사람들.

이철우(2017). 新사회학 초대(5판). 서울: 학지사.

장석만(2000). 한국종교, 열광과 침묵 사이에서. 당대비평, 12. 가을.

조흥윤(2002). 한국종교문화론. 서울: 동문선.

최종철(1996). 종교의 일상사회학. 일상문화연구회 엮음. 한국인의 일상문화. 서울: 한울.

최준식(1998). 한국의 종교, 문화로 읽는다 2: 도교, 동학, 신종교. 서울: 사계절.

통계청(2005). 인구주택총조사.

통계청(2015). 인구주택총조사.

한내창(2002). 종교성이 건강에 미치는 영향에 관한 연구. 한국사회학, 36(3).

Beck, U. (2013). 자기만의 신: 우리에게 아직 신은 존재할 수 있는가(홍찬숙 역). 서울: 길.

Bellah, R. N. (1957). *Tokugawa religion: The values of pre-industrial Japan*. Glencoe, Ill: The Free Press.

Bellah, R. N. (1981). 사회변동의 상징구조(박영신 역). 서울: 삼영사.

Bellah, R. N., & Hammond, P. E. (1980). *Varieties of civil religion*. New York: Harper & Row.

Berger, P. L. (1973). Religious institutions. In N. J. Smelser (Ed.), *Sociology: An introduction* (2nd ed., pp. 303-346). New York: John Wiley & Sons.

Berger, P. L. (2002). 세속화냐 탈세속화냐: 종교의 부흥과 세계 정치(김덕영, 송재룡 공역). 서울: 대한기독교서회.

Durkheim, E. (1961). *The elementary forms of the religious life* (originally published in 1912). New York: Collier Books.

Geertz, C. (1975). *The interpretation of culture*. New York: Basic Books.

Gordon, M. (1964). *Assimilation in American life: The role of race, religion and national origins*. New York: Oxford University Press.

Luckmann, T. (1967). *The invisible religion*. New York: The Macmillan Company.

Weber, M. (1963). *The sociology of religion*. (trans. by E. Fischoff). Boston: Beacon Press.

Wilson, B. (1976). *Contemporary transformation of religion*. Oxford: Oxford University Press.

Yinger, M. J. (1957). *Religion, society and individual: An introduction to the sociology of religion*. New York: Macmillan.

Zuckerman, P. (2012). 신 없는 사회(김승욱 역). 서울: 마음산책.

매일경제(2016. 4. 18.). [설문으로 보니 아하!] 종교인 과세 꼭 해야 합니다!

네이버 국어사전 http://krdic.naver.com

제12장

사이버범죄

1. 서론

오늘날 우리는 현실공간 외에 사이버공간이라는 또 하나의 세계에서 생활하고 있다. 그러나 사이버공간이라는 새로운 생활공간이 과거에 상상하지 못했던 새로운 범죄, 즉 사이버범죄를 양산하고 있는 상황이다.

온라인 공간인 사이버공간은 현실과 달리 문자만이 존재하는 탈육체의 텍스트만이 존재하는 공간이다. 그러한 특성으로 사이버공간은 자유의 공간이며, 탈규범의 공간이 되기도 한다. 이러한 사이버공간에서는 성, 연령, 계층, 인종, 지위 등을 모르기 때문에 사회의 위치에 따른 역할과 규범에 얽매이지 않고, 현실의 구속, 억압으로부터 자유로울 수 있으며, 평소에는 못했던 발언도 소신 있고 자유롭게 펼칠 수가 있다.

사이버공간의 이러한 특성은 자신의 신분이나 지위가 노출되는 대면적 상황과 달리 자신의 신분을 노출하지 않고 숨길 수 있는 익명적인 특성으로 거침없이 행동하는 등의 부작용을 유발한다. 또한 사이버공간에서는 자신 이외에 상대방도 텍스트상으로만 존재하기 때문에 상대에 대한 사회적 실재감, 즉 존재감이 낮게 된다. 그러한 상황에서 서로의 존재를 확인할 수 없기 때문에 상대의 존재를 덜 느끼게 되고, 남에 대한 배려가 상대적으로 약해져, 충동적으로 거침없이 행동하는 탈규제(탈억제) 현상이 더 쉽게 일어난다.

이러한 이유로 사이버공간에서는 남의 눈을 의식하지 않고, 자신의 행위의 직접적인 피해자인 상대방에 대해서도 크게 의식하지 않게 되어 즉흥적으로 무절제하게 행동하는 경향이 높다. 사회적 맥락의 단서가 강한 상황에서는 의사소통이 타자 중심적이 되고, 자기통제적인 경향을 보이지만, 사회적 맥락의 단서가 제한적일 때에는 상대를 덜 인지할 뿐 아니라 자기중심적이고, 사회규범의 영향력이 약화되어 규제되지 않은 행동의 가능성이 높다. 더욱이 이러한 사이버공간 상황에서는 상대방이 눈에 보이지 않아 상대방의 고통과 피해를 덜 인지하게 되므로 범죄가 더 쉽게 일어난다. 다시 이야기하면, 사이버공간은 다른 사람을 덜 의식하게 하거나 덜 친밀하게 느끼게 하여 무분별한 행동으로 상대방이라는 존재의 피해를 덜 인식하게 함으로써 큰 죄책감 없이 범죄행동을 하게 만든다. 이렇듯 인터넷 매체를 이용하여 은밀하게 이루어지는 사이버범죄로 인한 피해가 크고 심각하다는 점을 고려하여 이 장에서는 이에 관한 제반 내용을 언급하고자 한다.

2. 이론적 논의

1) 사회실재감이론과 사회적 단서결여이론

사회실재감은 행위자들이 커뮤니케이션 상호작용에 참여한다는 느낌을 얼마만큼 가지는가를 의미한다. 다시 말해, 상대방이 있다고 느끼는 정도, 즉 상대방과 직접 만나서 대화하는 것과 흡사한 느낌의 정도를 의미하는 것이다. 사이버공간에서 사회실재감이 결여되면 상대방의 존재감을 느끼지 못해 죄의식 없이 범죄를 저지를 수 있게 된다.

또한 사회적 단서결여는 개인 간의 유대를 유지하기 위한 여러 가지 단서가 결핍되어 사회적 참여가 어려워지는 것을 의미한다. 즉, 사람들과의 유대가 약화되거나 단절됨으로써 사회적 연결이 결여되고 온라인상에서 자기통제감이 약화되어 사이버공간에서의 범죄가 증가하게 된다.

2) 일반긴장이론

애그뉴(Agnew, 1992)는 부모와의 갈등이나 학교생활의 부적응 등 소위 일상생활에서의 긴장이 범죄의 주요 원인이라고 보았다. 특히 부모와의 갈등과 같은 일상적 긴장이 직접적으로 범죄에 영향을 주기보다는 화나 우울과 같은 부정적 감정을 형성하여 그것을 해소하려는 대처 방식으로 범죄가 일어난다는 것이다.

사이버범죄의 경우도 일상적 긴장에서 경험하는 화나 분노가 표출되어 발생할 수 있으며, 오히려 그 영향력은 현실에서보다도 온라인상의 사이버범죄가 더 클 수 있다고 주장한다. 현실에서는 긴장으로 아무리 화가 나더라도 그것이 폭력으로 표출될 가능성은 상대적으로 낮다. 신체폭력의 경우, 대면의 상황에서 상대의 반격이나 처벌의 염려 등으로 망설이게 되고, 또 그것이 나쁜 행동이라는 인식이 있기 때문에 자제하게 된다. 하지만 사이버공간에서는 사회적 실재감이 낮고, 상대와 비대면의 상황에 있기 때문에 아무런 제약 없이 부정적 감정을 폭력으로 표출하기가 상대적으로 쉽다. 더구나 사이버범죄의 경우 현실에서 우울을 경험하는 아이들이 현실도피적인 이유로 사이버공간에 의존하다가 범죄를 저지르게 된다. 이처럼 사이버범죄는 현실에서 겪는 부정적 감정을 해소하기 위한 동기에서 사이버공간에서 표출하는 행동으로 이해할 수 있다.

3) 사회유대이론

사람들은 보편적으로 일탈 성향이 있는 잠재적 일탈자라는 것을 전제로, 일탈은 관습적인 신념과 규범에 상대된다. 즉, 일탈은 사회의 일반적인 합의에 기초한 사회통제기제의 결함 또는 부재 때문에 발생한다. 사이버범죄 또한 일탈행위로 개인의 사회통제기제 결함 또는 부재로 발생하는 것으로 볼 수 있다.

사이버범죄에 대해 갖는 개인의 윤리의식은 또 다른 주요 통제요인이 될 수 있다. 차별접촉이론에서는 주위 사람들로부터 학습한 친범죄 태도가 범죄의 궁극적인 원인이 된다고 하였다. 그러나 허쉬(Hirschi, 1969)의 사회유대

이론에서는 도덕적 개인태도와 윤리의식은 비행이나 범죄를 멀리할 수 있는 주요 통제요인이 된다.

사이버공간은 현실을 뛰어넘는 가상적 공간이라는 인식과 더불어, 비대면의 사회실재감의 부족으로 상대의 피해를 인식하지 못하기 때문에 사이버범죄가 크게 나쁘지 않다고 믿는 경향이 있다. 결과적으로 사이버공간에서 사적 자기의식이 높아져 외부 환경으로부터 영향을 받기보다는 평소 자신이 생각한 대로의 소신과 태도대로 행동할 가능성이 높아 사이버범죄가 유발될 가능성이 높다.

4) 일반이론

일반이론에서는 대부분의 범죄가 개인의 순간 만족, 쾌락을 위해 충동적이고 사려 없이 즉흥적으로 일어난다고 본다. 결국 순간 만족과 충동을 통제할 수 있는 개인의 능력으로서 자기통제력이 범죄의 주요 설명요인이 된다. 여기서 말하는 자기통제력은 안정적 성향으로서 어릴 때 형성되는 것이다. 자기통제력이 낮은 아이들은 청소년기와 성인이 되어서도 범죄를 할 가능성이 높으며, 범죄의 원인이 된다고 주장되었다.

따라서 이 이론은 현실의 오프라인범죄뿐만 아니라 사이버범죄에도 잘 적용될 수 있다. 사이버공간에서는 우발적이고도 충동적으로 자신의 감정을 표출할 수 있는 상황을 많이 접하게 되는데, 자기통제력이 높은 사람들은 그러한 상황에서도 자기조절을 하여 자기통제력의 작용이 통제요인으로서 중요한 역할을 할 것이라고 볼 수 있지만, 자기통제력이 낮은 사람들은 그러한 상황에서 쉽게 범죄를 할 것이라고 볼 수 있다.

5) 사회영향이론

사회영향이론에서는 인간의 태도나 행위의 변화가 사회적 영향에 의해 결정된다고 본다. 즉, 사회적 영향은 세 가지 과정인 준수(compliance), 내재화(internalization), 식별(identification)에 의해 형성된다. 준수는 특정 행위에 대해 보상을 받거나 징벌을 피하기 위해서 사회적 영향을 수용할 때 발생하고, 내재화는 개인이 그룹의 목표나 가치를 자신의 주관으로 해석하고 받아들이게 되면서 발생하며, 식별은 개인의 행동이나 태도가 특정 타인의 영향을 받아 그 타인과의 원활한 관계를 유지하기 위해 변화할 때 발생한다. 이와 같이 사이버범죄는 타자와의 상호작용을 통하여 발생하는 것으로, 사회적 영향력에 크게 좌우된다고 할 수 있다.

6) 몰개성화이론

몰개성적 상황에서 인간들은 공공의 윤리나 사회적 규범 등 자신의 행동을 통제하던 기제들이 약화됨에 따라 불법적이거나 폭력적인 행위와 같은 다양한 반사회적인 일탈행위를 비교적 쉽게 행하게 된다. 사이버범죄의 발생 또한 개인의 행동의 통제기제가 약화되어 발생하는 것이라 볼 수 있다.

사이버범죄의 원인으로 가장 많이 언급되는 요인은 사이버공간의 익명성이다. 르 봉(Le Bon)의 군중 연구에서 알 수 있듯이, 흥분한 군중 속에 파묻혀 있게 되는 경우 자신이 드러나지 않음으로 인해 과격한 행동을 쉽게 할 수 있다. 이와 같이 익명의 상황에 놓이게 될 때 사람들은 내적으로 구속됨이 없이 탈억제되고, 심지어 공격적인 언행을 하게 된다.

사이버공간에서의 익명성이 과연 어떠한 이유로 탈억제된 현상을 유발하는지에 관한 연구에서는 익명의 상황이 '공적 자기의식'과 '사적 자기의식'의 작용을 감소하게 만듦으로써 몰개성화와 탈억제화를 촉진한다고 한다. 즉,

익명의 상황에서는 자신의 얼굴은 물론 신분이 노출되지 않게 되므로 남의 눈을 의식하지 않고 자유롭게 행동할 수 있게 된다. 아울러 익명의 상황에서는 평소 해서는 안 된다고 생각하는 내적인 사회 금기와 제약으로부터 벗어나, 자신의 내적 기준과 달리 무책임하고 반규범적인 절제되지 않은 행동을 할 수 있다.

7) 자아훼손이론

낮은 자긍심을 갖는 아이들은 자아증진 동기로 인해 범죄와 같은 비행을 통해 자아를 증진하려 한다. 일상생활에서 인정받지 못하고 소외당하여 평소 자신감이 없고 심리적으로 열등감을 느끼는 아이들은 자긍심이 낮기 때문에 싸움이나 대담성 등의 측면에서 남들보다 우월하기를 원하는데 그러한 동기에서 범죄에 가담한다는 것이다.

마찬가지로 사이버범죄의 경우도 현실에서 인정받지 못하고 열등감을 느끼고 자긍심이 낮은 사람들이 사이버공간을 현실의 상실감을 해결할 수 있는 공간으로 인식하면서 사이버공간에 의존하는 가운데 일어나는 것이라고 이해할 수 있다. 즉, 현실에서 주목받지 못하는 자긍심이 낮은 사람들이 자신의 열등감을 해소하고 또 누군가에게 주목받고자 자기과시를 하려는 경향에서 범죄가 발생하는 것으로, 그러한 동기가 사이버범죄의 주요 동기가 된다.

8) 사이버하위문화이론

사이버공간은 국경이 없고 다양한 사람이 참여하기 때문에 일정한 가치규범이 존재하기 어렵다. 이와 같이 사이버공간에서는 모든 규제로부터 자유로우며, 심지어 사이버범죄가 당연하다고까지 여겨지기도 한다. 인터넷의 친범죄적 문화환경이 사이버범죄의 원인이 된다는 입장이다. 이처럼 행위자들이 이용하고 있는 인터넷 환경이 친범죄적인가의 환경적 요소는 간과할 수 없는 중요한 요인이 된다. 행위자들은 아무래도 집단 환경과 규범의 맥락적 요소에 의해 크게 영향을 받는다. 익명성을 포함한 다른 여러 요인보다도 개인들이 이용하고 있는 사이버공간의 문화규범적 요소, 즉 하위문화적 환경요인이 사이버범죄를 유발하는 요인이 될 수 있다.

3. 사이버범죄의 유형

1) 인터넷 해킹

인터넷 해킹은 컴퓨터를 이용하여 다른 사람의 PC에 침입하여 그 정보처리장치가 수행하는 기능이나 전자기록에 부당하게 간섭하는 일체의 행위를 말한다. 일반적으로 시스템 관리자의 권한을 불법적으로 획득하여 악용하는 경우를 말한다. 컴퓨터 해킹의 종류로는 통신망의 운영체제나 응용 프로그램의 오류(bug)를 이용하는 방법과 별도의 해킹 프로그램을 제작하여 범행에 이용하는 방법이 있다. 지능적 방법으로 통신망에 접속하는 후자의 경우는 인터넷의 대중화와 정보범죄를 야기하는 범행동기의 다양화에 따라 계속 증가할 것으로 전망된다.

해킹은 개인적인 호기심에서 출발하였으나, 1990년 이후에는 통신망의 발달과 인터넷 탐색이 용이해짐에 따라 기업에 대한 해킹 및 국경을 초월한 국제적인 해킹이 증가하게 되었다. 그 내용도 단순히 비밀번호의 취득이나 피해대상의 허점을 찾아내는 것에서 벗어나 운영체제에 대한 직접적인 도전 등 복잡한 양상을 띠게 되었다.

2) 음란물이나 불건전 정보 유통

인터넷은 익명성과 그로 인한 적발의 곤란으로 인해 누구나 쉽게 특별한 죄의식을 느끼지 않고 불건전한 정보를 올리거나 관련 사이트를 개설할 수 있다. 최근에는 수많은 음란 사이트가 인터넷상에 범람하고 있고 그 내용과 정도도 갈수록 심해지고 있다. 이러한 음란 사이트들은 인터넷 이용자들이 그 주소만 알면 누구나 접속할 수 있고, 미성년자들까지도 간단한 성인인증 절차만 받으면 접속하는 것이 가능하며, 나아가 이를 복제하거나 재유통하는 것까지 가능하다.

인터넷상에서 음란물을 유통시키는 행위에는 사이버 음란물을 전시하거나 유통시키는 행위, 몰래카메라로 타인의 성생활을 촬영하고 이를 유통시키는 행위, 아동 포르노그라피를 유통시키는 행위 등이 있다. 더 나아가 일부 청소년은 인터넷을 통해 소위 '원조교제'라 불리는 청소년 성매매를 하기도 한다. 그 외에 불건전정보를 교환하는 행위로는 자살 사이트를 개설하여 자살의 방법을 게시하거나 동반자살을 부추기는 행위, 폭발물 제조 사이트를 통해 사제폭탄의 제조방법을 알려 주어 사회질서를 혼란케 하는 행위, 부부간에 상대방을 교환하여 성관계를 갖는 소위 스와핑이라는 행위 등 그 내용도 다양하다.

3) 전자상거래 사기

전자상거래는 인터넷이나 PC통신을 이용하여 유형 또는 무형의 상품을 사고파는 행위를 말한다. 전자상거래의 대부분이 사이버상에서 이루어짐으로써 기존의 점포망을 통하지 않고도 소비자와 생산자 혹은 소매상 간에 거래가 이루어질 수 있다는 장점으로 인해 폭발적으로 증가하고 있다. 그러나 전자상거래가 활성화되면서 인터넷 사기로 인한 피해도 증가하고 있다.

인터넷 사기는 일반 통신판매와는 달리 네트워크를 이용하고 대상이 불특정이며 그 도달 범위가 매우 광범위한 특징을 가지고 있다. 전자상거래와 관련된 범죄유형은 홈뱅킹 사기, 상품대금 사기, 해킹 등으로 모든 범죄가 사이버상에서 이루어질 수 있다.

4) 바이러스 유포

바이러스 유포도 빈번하게 발생하는 불법행위 중 하나이다. 특히 전자메일을 통해 감염되는 외국산 바이러스가 기승을 부리고 있는데, 이는 사이버 네트워크상의 다수의 컴퓨터에 예기치 않은 피해를 발생시키고 있다. 고난도의 컴퓨터 실력을 지닌 프로그래머에 의해 만들어지는 바이러스와 함께 바이러스 제작 프로그램을 이용하여 손쉽게 만들어진 바이러스가 등장하고 있으며, 상용통신망의 자료실에 유용한 프로그램으로 등록되거나 인터넷을 통한 전자우편 등으로 감염·확산되는 바이러스의 종류가 증가하고 있다.

5) 개인정보 유출

현재 인터넷 사업을 하고 있는 각종 포털 사이트들이나 전자상거래 사이트에서는 회사의 신뢰성과 규모를 증명하는 수단으로 가입자 수를 선전하고 있다. 각 회사에서는 가입자 수를 늘리기 위해 경쟁적으로 상품을 제공하고 있으며, 이러한 경품을 받을 수 있는 조건으로 해당 사이트에 가입할 것을 제시하고 있다. 해당 사이트에 가입하기 위해서는 개인의 모든 신상정보를 기재하는 것이 필수적인 과정으로 되어 있어, 이러한 사이트들에는 가입자 수만큼의 개인정보가 메인 서버에 입력되어 있다. 그러나 문제는 이러한 메인 서버의 보안장치가 완벽하지 못한 경우가 많아 해킹으로 쉽게 개인정보가 유출되고 있고, 일부 악의적인 사이트가 경품을 미끼로 가입자를 모은 후 수집된 개인정보를 인터넷 상거래업체 등에 돈을 받고 넘기는 경우까지 있다.

6) 사이버 저작권 침해

사이버 저작권 침해라 함은 인터넷상에서 디지털기술을 이용하여 제작된 디지털 저작물인 컴퓨터 프로그램, 데이터베이스, 컴퓨터 창작물, 멀티미디어 저작물 등에 대하여 불법적인 복제·전송·배포하는 등의 방법으로 저작권을 침해하는 행위이다.

7) 사이버 스토킹·성폭력

사이버 스토킹이란 사이버공간에서 타인에게 원하지 않는 접근을 계속 반복적으로 시도하거나 이로 인해 상대방에게 공포심이나 두려움을 유발하는 행위이다. 일반적으로 스토킹이라고 불리는 행위는 상대의 의사와는 전혀 관계없는 일방적 행위이고, 원치 않는 일련의 접촉이 지속적·반복적·의도적으로 행해짐으로써 누구나 자신 또는 가족의 생명, 신체의 안전에 위협을 느낄 만한 행동이라고 할 수 있다.

사이버 성폭력이란 사이버공간상(채팅 등)에서 발생하는 폭력행위로서 성적인 메시지 전달, 성적 대화 요청 및 성적인 문제와 관련하여 개인 신상에 관한 정보 게시 등의 방식을 통하여 상대방의 의지와 관련 없이 상대방을 위협하거나 괴롭히는 행위이다.

8) 악성 댓글과 사이버 명예훼손·협박

많은 사이버범죄 중에서 그동안 가장 이슈가 많이 되어 왔고 그만큼 한 개인에게 미치는 영향이 가장 강력한 악성 댓글은 인터넷 게시판상에서 게시

자 또는 특정인을 비난하거나 헐뜯는 내용을 의도적으로 게시하는 것이다. 악성 댓글은 특정한 타인을 심적으로 매우 괴롭고 우울하고 고통스럽게 만들 수 있으며, 심한 경우 자살에 이르게까지 할 수 있다. 악성 댓글은 보통 특정인, 주로 연예인의 블로그, 미니홈피, 페이스북, 트위터 등 SNS나 뉴스포털의 댓글란, 온라인 게임의 채팅창에서 많이 발생한다.

〈표 12-1〉 악성 댓글을 다는 이유

	명	%
상대방이 마음에 안 들어서	23	26.4
스트레스 해소	11	12.9
내 주장에 반대하는 것이 기분 나빠서	10	11.5
그냥 재미로	9	10.3
집단도전에 대한 대응	6	6.9
토론과정일 뿐	1	1.1
관심과 주목을 받기 위해	0	0.0
기타	14	16.1
무응답	13	14.9
총	87	100.0

출처: 전신현, 이성식(2010).

사이버 명예훼손의 경우 고전적인 명예훼손 행위를 사이버상에서 저지르는 것으로, 그 전파성이 구두나 서면에 의한 것보다 훨씬 크고 전파 속도 또한 빨라서 피해자는 심각한 피해를 당하게 된다. 또한 회사나 기업의 홈페이지에 들어가 그 회사의 상품에 대한 악의적인 평가를 올려서 해당 회사나 기업의 이미지가 타격을 입는 경우도 있다. 사이버 협박의 경우도 기존의 협박 행위를 이메일 등을 통해 하는 행위이다.

〈표 12-2〉 사이버범죄의 유형 분류

유형		내용
단순해킹		• 개인 컴퓨터 해킹 • 홈페이지, 카페, 도메인, 서버 해킹
해킹과 결합된 범죄	금융범죄	• 개인정보 또는 개인계좌 유출 • (계좌)해킹을 통한 금융범죄 • 신용카드 및 계좌 도용 • 주식 매도(조작)를 통한 범죄 • 인터넷 대출 사기 • 사이버머니 도용
	자료 및 정보 관련 범죄	• 개인정보나 신분증의 유출 및 도용 • 각종 프로그램(소프트웨어, 게임 등)의 도용 및 유포 • 각종 자료 및 문서의 도용 및 유포 • 각종 정보의 변조, 삭제
컴퓨터 바이러스 및 악성 프로그램 유포		• 컴퓨터 바이러스 및 악성 프로그램 제작 및 유포 • 해킹 프로그램 제작 및 유포
기타 비윤리적 행위		• 명예훼손 • 스토킹 • 음란물 유포 및 관련 범죄 • 사기/도박 • 범죄 유도 사이트 개설 • E-Mail 불법 확인

4. 사이버범죄의 현황

사이버범죄의 현황을 나타내는 자료는 다음과 같다.

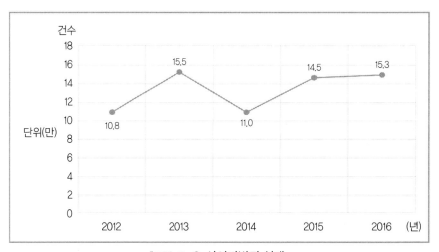

[그림 12-1] 사이버범죄 실태

출처: 경찰청 사이버 안전국(2017).

〈표 12-3〉 사이버범죄 통계(검거 현황)

구분	총계	해킹 바이러스	인터넷 사기	사이버 폭력	불법 사이트 운영	불법복제 판매	기타
2004년	63,384	10,993	30,288	5,816	2,410	1,244	12,633
2005년	72,421	15,874	33,112	9,227	1,850	1,233	11,125
2006년	70,545	15,979	26,711	9,436	7,322	2,284	8,813
2007년	78,890	14,037	28,081	12,905	5,505	8,167	10,195
2008년	122,227	16,953	29,290	13,819	8,056	32,084	22,025
2009년	147,069	13,152	31,814	10,936	31,101	34,575	25,491
2010년	103,809	14,874	35,104	8,638	8,611	17,885	18,697
2011년	91,496	10,299	32,803	10,354	6,678	15,087	16,275
2012년	84,932	6,371	33,093	9,055	3,551	15,111	17,751
2013년	86,105	4,532	39,282	7,873	2,953	13,567	17,898

출처: 사이버경찰청(2015).

〈표 12-4〉 사이버범죄 통계(연령대별 비율)　(단위: %)

구분	계	10대	20대	30대	40대 이상	기타
2008년	100	26.6	38.9	21.8	11.8	0.9
2009년	100	19.4	34.0	29.6	16.5	0.5
2010년	100	19.5	39.5	25.4	14.4	1.2
2011년	100	17.4	40.1	27.1	14.6	0.8
2012년	100	19.9	40.9	24.5	12.9	1.8
2013년	100	16.4	41.6	25.9	9.5	6.6
2014년	100	11.0	25.5	18.7	18.7	26.1
2015년	100	11.2	24.7	16.3	15.3	32.5

출처: 사이버경찰청(2015).

5. 사이버범죄의 특성

1) 익명성과 비대면성

사이버공간은 인터넷을 매개로 하여 형성되는 공간으로서 비가시적이므로 현실세계와는 달리 범죄자들이 자신의 얼굴과 정체를 노출시키지 않고 행동할 수 있다. 즉, 사이버범죄는 피해자와의 직접적인 대면 접촉 없이 범죄가 이루어짐으로써 익명성과 비대면성이 보장됨에 따라 피해자가 가해자를 정확히 알 수 없음은 물론, 가해자가 대부분 타인의 ID를 도용하는 등 신분을 은닉한다. 그 결과, 수사에 어려움을 겪게 되는 경우가 대부분이다. ID의 허위 표시나 도용이 가능하기 때문에 이를 이용하여 다른 사람에 대한 명예훼손이나 모욕, 사기행위 등을 하는 것도 가능하다. 아울러 피해자들을 직접적으로 대면함이 없이 범죄가 행해지므로 사이버범죄자들은 아무런 죄의식 없이 과감하게 범죄를 행하는 경우가 많다.

2) 전파성

네트워크로 연결된 사이버공간은 접근하는 데에 거의 아무런 제약이 없다. 그러므로 누구라도 손쉽게 해당 정보를 전파하거나 입수할 수 있는 특징을 가지며, 이러한 정보 전달이 순식간에 이루어지게 되는 전파성도 가진다. 범죄자는 인터넷이 연결된 곳이면 세계 어느 곳에 있는 컴퓨터에라도 바이러스를 유포할 수 있고 해킹도 할 수 있다. 이러한 광범위한 전파성에 따라 범죄피해가 무한정 확산될 수 있으며, 컴퓨터 운용체계에 대한 완벽한 보안조치가 이루어지지 않는 경우 비밀의 누출이나 시스템의 파괴 등이 가능해진다.

3) 시간적 · 공간적 무제약성

인터넷은 의사소통을 매우 빠르게, 때로는 실시간으로 이루어지게 한다. 또한 인터넷은 국가 간의 경계 및 지리적 제약을 무의미하게 한다. 이러한 인터넷의 특징을 이용하여 지구 어느 나라의 컴퓨터에도 바이러스를 감염시킬 수 있고 해킹도 가능하게 되었다. 그 결과, 피해가 한 나라뿐만 아니라 전 세계에 확산될 수 있으며, 외국의 비밀정보나 산업기밀을 별다른 통제나 발각될 염려 없이 신속 · 정확하게 전달할 수 있어 국경을 초월하여 타국의 기업이나 국가기관에 대한 스파이 행위가 가능하게 된다. 아울러 시간적 · 공간적 무제약성으로 인해 범죄의 증거 수집 등에 어려움이 있으며, 실제 범인을 검거하기가 어려워진다. 그리고 피해 사실의 확인 자체도 어려워 사이버범죄의 암수율도 높다고 볼 수 있다.

4) 쌍방향성

인터넷은 일방적으로 정보를 전달받거나 전달하는 것에 그치는 것이 아니라 서로에게 의견을 주고받는 방법으로 상호 대화식 쌍방향 서비스를 하는 것이 가능하다. 이러한 특성으로 인해 전혀 모르는 사람들 사이에서도 인터넷을 통해 범행을 모의하는 것이 가능하다.

5) 기타

그 외에도 사이버범죄는 범행이 지속적으로 이루어지거나 광역성을 가지게 된다. 다시 말해, 컴퓨터의 부정 조작과 같이 일단 조작방법을 터득하면 그 조작행위의 빈번한 반복이 가능하므로 지속성을 가지게 된다. 아울러 행위자가 다른 행위를 하지 않더라도 불법 변경된 자료를 호출하거나 불법 프로그램을 삽입할 때마다 범죄행위가 유발되므로 자동성을 띠게 된다. 그리고 네트워크에 연결된 경우 네트워크를 이용하나 원격지에서의 범행이 가능하므로 광역성을 가지게 된다.

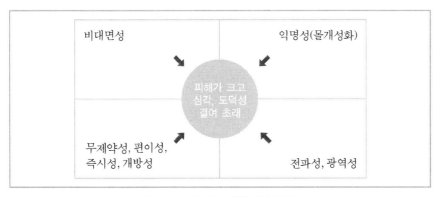

[그림 12-2] 사이버범죄의 특징

6. 사이버범죄의 문제점

1) 경제적 측면

인터넷이 발전하고 성장할수록 사이버범죄도 증가하면서 전 세계가 고통받고 있다. 사이버범죄 시장의 규모는 얼마나 될까? 사실 전 세계 사이버범죄 시장의 규모를 정확히 알기는 힘들다. 공급 자체가 불법이고 수요시장은 추적하기가 힘든 데다가 애초에 시장 자체의 존재 여부조차 파악하기 어려운 경우도 있다. 사이버범죄 지하시장 규모를 파악하는 것은 마치 절도시장, 강도시장 규모가 얼마나 되느냐를 파악하는 것만큼이나 어렵다.

2014년 6월, 보안업체 맥아피(McAfee)와 미국 국제전략문제연구소(Center for Strategic and International Studies: CSIS)는 공동으로 사이버범죄가 세계 경제에 미치는 영향에 대해 조사한 '글로벌 사이버범죄에 관한 비용 추정 보고서'를 발표했다. 이 보고서에 따르면 사이버범죄가 세계 경제에 미치는 손실은 연간 최소 3,750억 달러에서 최대 5,750억 달러로 추산, 연간 평균 4,750억 달러(452조 원)에 달한다. 인터넷 경제 규모가 연간 2~3조 달러 규모인 점을 감안하면 사이버범죄 시장으로 인해 15~20%가 피해를 입고 있다는 것이다.

국가별로는 미국의 손실 규모가 연간 1,000억 달러로 가장 컸으며, 독일과 중국이 각각 600억 달러와 450억 달러로 뒤를 이었다. 손실액에는 사이버 공격 이후 지적재산권 도용, 금융범죄, 기업 기밀정보 및 시장 조작, 기회비용 및 복구비용 등 직간접 요소들이 모두 포함되어 있다. 선진국일수록 국내총생산(GDP) 규모 대비 손실액 규모가 높게 나타나는데, 독일 1.6%, 네덜란드 1.5% 등 선진국의 손실액은 GDP의 약 0.9%에 이른다. 미국의 사이버범죄 경제손실 규모는 GDP의 0.63%에 달하며, 중국도 0.63%에 이르렀다.

이처럼 사이버범죄는 전 세계 GDP의 약 0.8% 수준의 사회적 비용을 유발하고 국제범죄, 마약, 위조 등의 범죄 다음으로 높은 비중을 차지하고 있다. 맥아피 보고서에 따르면 개인정보 유출과 관련한 사이버범죄로 인한 손실액은 전 세계적으로 1,600억 달러이며, 미국에서는 4,000만 명, 터키는 5,400만 명, 한국은 2,000만 명, 독일은 1,600만 명, 중국은 2,000만 명 이상의 개인정보 유출이 발생했다. 하지만 지난해 12월부터 올해 상반기까지 드러난 미국과 한국의 개인정보 유출 규모만 해도 지난해 전 세계 유출 규모의 3배를 훌쩍 넘기고 있다.

2) 개인의 심리적 측면

사이버범죄의 악영향이 경제적 측면만 있는 것은 아니다. 사이버범죄는 우리 개개인의 심리적 사고에도 악영향을 끼친다. 물론 사이버범죄에 대해 깊은 관심과 조심성을 갖고 인터넷을 이용하는 사람도 있지만, 대부분의 사람은 그다지 별 신경 쓰지 않고 안심하며 인터넷을 이용한다. 하지만 그런 사람들이 사이버범죄의 피해자가 되거나 그 피해 양상을 깨닫게 된다면 더 이상 안심하고 인터넷을 이용할 수 없게 될 것이다. 즉, 머릿속에 정신적·심리적 불안함이 자리 잡아 자유로운 이용이 어려워진다는 것이다.

3) 문화적 측면

사이버범죄는 문화발전에도 악영향을 끼친다. 그 이유는 바로 저작권문제 때문이다. 사이버범죄의 유형에서 언급한 바 있듯이 현재 많은 사람이 불법 다운로드 등의 불건전한 방법으로 음악, 영화 등 문화 콘텐츠를 이용한다. 이러한 불건전한 행위는 제작자들에게 금전적 보상을 주지 못하거나 그로 인해 사기를 떨어뜨려 문화발전 면에서도 악영향을 끼친다는 것이다.

7. 대책 및 해결방안

1) 법적 측면

(1) 인터넷 해킹

인터넷 해킹을 통해 국가나 기업의 공공전산망에 침입해 정보를 파괴하는 행위에 대해서는 우선 「형법」의 공전자기록과 사전자기록 위작·변작죄(제 227조의2, 제232조의2), 전자기록손괴죄(제316조 제1항), 업무방해죄(제314조 제2항)가 있다. 전산망에 특별한 피해를 주지 않는 단순한 해킹행위도 업무방해죄나 비밀침해죄(제316조 제2항)의 적용을 생각할 수 있다.

(2) 음란물이나 불건전정보

먼저 사이버 음란물의 처벌과 관련하여서는 「형법」 제243조와 제244조가 있다. 동 조항은 음란한 문서, 도화, 필름 기타 물건을 반포, 판매 또는 임대 하거나 공연히 전시 도는 상영한 자 및 이러한 행위를 목적으로 음란한 물건을 제조, 소지, 수입 또는 수출하는 행위에 대해 1년 이하의 징역 또는 500만원 이하의 벌금에 처하도록 하고 있다.

(3) 전자상거래 사기

종래에는 컴퓨터 관련 사기 또는 컴퓨터사기라는 용어가 사용되어 왔으나, 최근에는 인터넷 뱅킹이나 전자상거래 등 통신판매와 관련된 사이버공간에서 부정한 이익을 취하는 행위가 빈번하게 발생함에 따라 인터넷 사기 혹은 전자상거래 사기라는 용어의 사용이 점차 일반화되었다. 그 유형이나 수법으로는 온라인 경매, 일반상품·서비스, 신용카드 발급, 피라미드 및 불법 다단계, 상품 및 경품, 공짜·불로소득 위장 등이 제시되기도 한다.

어쨌든 처음부터 금전을 갈취할 목적으로 사실상 상품을 판매할 의사나 능력이 없으면서도 상품판매 등의 홈페이지를 개설하거나 스팸메일 등을 보내 소비자를 기만한 경우에는 당연히 형법상 사기죄가 성립한다. 아울러 타인의 컴퓨터 시스템을 해킹하여 인터넷뱅킹 거래의 사용자 ID와 비밀번호 그리고 예금이체 비밀번호 등을 알아내어 타인의 예금계좌 내의 돈을 자신의 계좌로 이체하는 행위에는 형법상 컴퓨터 사용사기죄(「형법」 제347조의2)가 적용된다.

(4) 사이버 스토킹

사이버 스토킹에 대해서는 「정보통신망 이용촉진 및 정보보호 등에 관한 법률」 제44조의7 제1항 제3호에서 언급한 '정보통신망을 통해 공포심이나 불안감을 유발하는 부호, 문언, 음향, 화상 또는 영상을 반복적으로 상대방에게 도달하게 한 자'에 대해 동법 제74조 제1항 제3호에 1년 이하의 징역 또는 1천만 원 이하의 벌금에 처한다고 규정하고 있다. 그리고 「성폭력범죄의 처벌 등에 관한 특례법」 제13조에서는 '자기 또는 다른 사람의 성적 욕망을 유발하거나 만족시킬 목적으로 전화, 우편, 컴퓨터, 그 밖의 통신매체를 통하여 성적 수치심이나 혐오감을 일으키는 말, 음향, 글, 그림, 영상 또는 물건을 상대방에게 도달하게 한 자는 2년 이하의 징역 또는 500만 원 이하의 벌금에 처한다고 규정하고 있다.

(5) 바이러스 유포

바이러스 유포에 대해서는 「정보통신망법」 제48조 제2항에서 "누구든지 정당한 사유 없이 정보통신시스템, 데이터 또는 프로그램 등을 훼손·멸실·변경·위조하거나 그 운용을 방해할 수 있는 프로그램을 전달 또는 유포하여서는 아니 된다."라고 규정하고 있으며 동법 제70조의2에서는 이를 위반하여 악성 프로그램을 전달 또는 유포하는 자는 7년 이하의 징역 또는 7천만 원 이하의 벌금에 처한다고 규정하여 바이러스 전달·유포행위를 규제하고 있다.

2) 제도적 측면

경찰은 먼저 컴퓨터범죄를 전담하는 수사 인력을 확충하였다. 1995년 10월 경찰청 외사과에 해커수사대라는 하위부서를 두고 2명의 직원에서부터 시작하여, 2000년 7월 72명 규모의 대규모 조직으로 재편되었다. 현재는 각 지방경찰청과 각 경찰서 단위에서 사이버범죄 전담 부서를 두어 운용 중에 있다.

그러나 해마다 급격히 증가하는 사이버범죄만을 전담하는 인력이 충분하다고 볼 수는 없다. 따라서 정부는 1996년 4월에 한국정보보호센터를 설립하였다. 한국정보보호센터는 주로 정보보호를 통해 해킹 등의 사이버범죄를 사전에 예방하는 데에 중요한 역할을 한다.

앞서 보았듯이 사이버범죄에 대응하기 위한 법적 조치는 비교적 체계화·확립화되었다고 할 수 있겠지만, 급변하는 사이버범죄 양상에 따른 제도적 조치는 아직도 보완할 점이 많이 필요해 보인다.

먼저, 사이버범죄의 기술적인 전문성을 고려해 수사기관에서도 전문적 기술을 가진 수사관을 적극적으로 양성해야 한다. 아울러 정보처리 기술이 발전함에 따라 광범위한 개인의 정보를 저장·처리하는 것이 가능해졌고, 컴퓨터 등에 저장된 여러 자료는 범죄의 증거로 중요한 가치를 가진다고 하겠다. 이는 주로 사이버범죄의 증거를 수집하기 위한 활동이기도 하지만 일반범죄의 경우에도 실체 진실을 발견하는 데에 유용하다. 그러므로 범죄의 증거 수집을 위해서도 컴퓨터나 네트워크상의 정보 수집이 필요할 것이다.

전자상거래의 기망행위를 형법상 사기죄로 처벌하기 이전에 범죄를 예방하기 위해 필요한 주의를 해야 한다. 이를 위해서는 사업자의 신원을 확인하고 제품의 정보와 거래조건을 명확히 이해하며, 개인의 정보가 유출되지 않도록 유의하는 등의 소비자 예방활동이 필요하다. 아울러 전자상거래 시의 유의 사항, 소비자의 불만 및 피해 사례, 인터넷 사기의 유형과 수법, 피해신고 방법 및 피해구제 절차 등의 꾸준한 홍보가 필요하다. 그리고 반품 및 환불 정책의 정비, 사기 및 불공정거래 행위의 규제 등 소비자 피해구제제도를 정비하고, 기술적으로 적절한 암호기술을 개발하는 등 인증제도를 정비하여야 한다.

8. 결론

개인용 컴퓨터의 광범위한 보급과 인터넷의 대중화 및 컴퓨터 통신망의 급격한 확산으로 인해 현실세계와는 다른 가상공간인 사이버공간이 만들어지면서 개인과 기업들은 인터넷을 통해 많은 정보를 적은 비용으로 신속하게 이용하거나 업무의 효율성을 높일 수 있게 되었다. 이뿐만 아니라 현대 지식정보사회에서 컴퓨터와 첨단정보통신망의 활용을 통한 지식과 정보의 생산, 이동, 교환은 사회경제적 가치 창조의 필수적인 요건이 되었다.

사이버 가상공간과 현실세계를 오가며 이용자들은 기존의 오프라인 공간에서 이루어졌던 많은 사회문화적 행태를 온라인 공간으로 이전시키고 있으며, 이러한 결합과 연결을 통해 개방적이고 다원적인 새로운 지식정보사회를 발전시키고 있다. 그러나 사이버공간의 등장으로 인하여 종래에는 존재하지 않던 컴퓨터 통신망을 악용한 새로운 형태의 사이버범죄들이 등장하게 되었다.

정보사회에서의 사이버범죄는 기존의 현실공간에서 발생하고 있는 범죄와는 또 다른 새로운 양상의 범죄라고 할 수 있다. 사이버공간의 역사가 그리 길지 않은 만큼 사이버범죄의 출현 역사도 길지 않으나, 그 증가 속도는 인터넷 공간의 광범위한 접촉가능성과 빠른 접촉가능성으로 매우 급속하다고 할 수 있다. 그러나 빠르게 증가하는 인터넷범죄를 예방하거나 대처할 수 있는 제도적·도덕적 규범적인 체계는 아직 미흡한 실정이다. 인터넷 공간에서 발생하는 범죄의 영향력을 고려할 때 정보사회의 새로운 사회문제로서 사이버범죄를 조명하고 새로운 사회적·공적 대처체계에 주목해야 할 것이다.

앞에서 사이버범죄의 개념과 주요한 특성 등을 살펴보았으나, 실은 현실에서 발생할 수 있는 범죄가 거의 모두 인터넷상에서 발생할 수 있다. 사이버범죄에는 사이버 스토킹, 사이버 성폭력, 인터넷 도박과 같이 컴퓨터와 인터넷의 간단한 조작만으로도 범할 수 있는 범죄유형도 있지만, 바이러스 프로그램의 제작·유포 및 해킹, 영업비밀을 몰래 절취하는 인터넷 스파이, 프로그램이나 데이터의 조작을 통한 컴퓨터 사기 그리고 지적재산권과 관련하여 컴퓨터 프로그램에 부과된 기술적 보호조치를 무력화시키는 행위처럼 일정 수준 이상의 전문적인 기술을 갖추어야 하는 경우도 있다. 사이버범죄의 이러한 기술적인 전문성을 고려한다면 수사기관에서도 전문적 기술을 가진 수사관을 적극적으로 양성해야 한다.

그러나 무엇보다 중요한 것은 사이버공간을 일방적으로 규제만 해서는 안되며 범죄를 막기 위해 규정된 법이 오히려 인터넷의 존립과 사용을 잠식해서는 안 된다는 것이다. 그러므로 정부와 기업 그리고 인터넷 사업 간의 공동협력과 인터넷 사용자의 자율과 책임감이 선행되어야 할 것이다. 또한 현실세계와 가상세계를 구분하지 못하여 발생하는 피해를 줄이기 위해 인터넷 이용자들의 윤리의식 고취, 실명제 정착, 선플 달기 운동 확대 및 정보통신윤리의 강화 등이 필요하다.

참고문헌

강동범(2007). 사이버범죄 처벌규정의 문제점과 대책.

김종섭(2000). 사이버범죄의 현황과 대책. 한국형사정책학회.

박원환(1996). 통계 데이터의 보호. **통계분석연구**, 창간호.

송해룡, 김찬원, 김원제(2015). 공중의 사이버범죄 위험특성과 공포감이 결과적 심각성 지각에 미치는 영향. 시만텍 보고서.

안경옥(2003). 사이버범죄의 현황과 대응방안.

이동원, 박옥희(2000). **사회심리학**. 서울: 학지사.

이성식(2004). **피해자학 연구**, 12(2), 161-176. 한국피해자학회.

이윤호(2007). **범죄학**. 서울: 박영사.

이철우(2017). **新사회학 초대**(5판). 서울: 학지사.

장종인(2006). 사이버범죄에 대한 사회문화적 논의.

전신현, 이성식(2010). 청소년의 휴대전화를 이용한 사이버 집단괴롭힘 현상의 원인 모색. **청소년학 연구**, 제17권, 제11호.

정완(2010). **사이버범죄론**. 서울: 법원사.

정헌주, 김상호, 유해미, 이택면, 박창남, 박현수, 이혜경, 민웅기, 이해진, 유문무, 김영선(2011). **사회문제의 이해**. 서울: 대왕사.

지광준(2001). **범죄와 청소년 비행**. 서울: 케이앤비.

한국문화진흥연구원(2007). 사이버범죄.

한국형사정책연구원(2008). 형사정책연구원 연구총서.

황상민, 한규석(1999). 사이버 공간의 심리: 인간적 정보화 사회를 향해서. 서울: 박영사.

Becker, H. S. (1963). *Outsiders: Studies in the sociology of deviance.* London: The Free Press of Glencoe.

Broom, L., & Selznick, P. (1973). *Sociology: A text with adapted readings* (5th ed.). New York: Harper and Row.

Cohen, A. (1966). *Deviance and control.* Englewood Cliffs, NJ: Prentice-Hall.

Hirschi, T. (1969). *Causes of delinquency.* Berkeley: University of California Press.

Matza, D. (1969). *Becoming deviant.* Englewood Cliffs, NJ: Prentice-Hall.

Merton, R. K. (1938). Social Structure and Anomie. *American Sociological Review,*

3(5), 672-682.

Sutherland, E., & Cressey, D. (1970). *Principles of criminology*. Philadelphia, PA: J. B. Lippincott.

Sutherland, E. H. (1967). *White collar crime*. New York: Holt, Rinehart and Winston.

제13장

정신건강문제

1. 서론

건강한 삶에 대한 욕구는 어느 시대에나 있어 왔지만 건강에 대한 사람들의 생각은 사회적·시대적 상황에 따라 변해 왔다. 단순히 신체적인 이상이 없음을 의미했던 과거의 건강 개념은 현대사회에 들어와서 행복이나 만족도와 같은 주관적인 평가까지 그 영역으로 포함시키는 포괄적·총체적인 것으로 이해되고 있다. 그에 따라 건강 개념은 세계보건기구(World Health Organization: WHO)가 정의했듯이 "단순한 질병이나 신체적 쇠약함의 부재만을 의미하는 것이 아니라 총체적인 신체적·정신적·사회적 안녕감의 상태"로 요약된다.

이러한 점에서 건강은 기본적으로 개인 수준에서 측정되는 것이라 하더라도 그 바탕에 개인이 속해 있는 사회구조적·역사적 맥락에 따른 종합적 차원의 이해가 요구된다. 즉, 건강을 의학적 측면에서만이 아니라 사회학적 측면에서도 바라볼 필요가 있다는 것이다. 이에 따라 사회학적 차원에서 건강은 어떠한 사회적 특성을 지닌 구성원들의 건강 분포가 다른 사회구성원들의 건강 분포와 어떠한 차이를 나타내는지를 밝히고, 이를 사회구조적 맥락과 연결하여 이해하는 것에 그 관심을 두게 된다. 또한 이는 어떠한 사회적 자원을 통해 질병 위험을 줄이고 건강을 증진시킬 수 있는지를 밝히고자 하는 작업으로 이어진다.

건강의 사회적 이해의 필요성은 정신건강의 영역에서도 똑같이 적용된다. 이에 따라 이 장에서는 정신건강에 영향을 미치는 요인으로서 스트레스의 작용을 밝히고, 그 표현으로서의 정신질환이 사회적으로 분포하고 있는 다양한 양태를 밝히며, 마지막으로 자살이 그러한 정신건강 악화의 가시적 결과임을 밝히고자 한다.

2. 이론적 논의

1) 기능이론

기능이론은 사회를 구성하는 체계 속의 기능들이 상호의존적으로 짜여 있으며, 이것이 온전히 충족될 때 사회의 안정과 질서가 유지된다고 주장한다. 기능이론을 정교화한 파슨스는 사회의 존속을 위해 그 기능적 필수요건들이 충족될 것을 강조한다. 그에 따르면 모든 사회체계는 존속과 발전을 위해 환경에 적응해야 하며, 각각의 체계가 목표를 달성하고 자원을 동원 및 관리하는 기능을 갖추어야 한다. 또한 사회체계 내의 내적 통합상태를 유지하고 일탈을 규제해야 하며, 사회규범을 구성원들이 내면화하고 긴장을 해소하는 것이 요구된다. 이러한 기능이론의 관점에서 사회문제는 사회 전체의 기능적 결함에서 비롯되는 것이 아니라, 사회체계의 일부 기능인 사회화 기능과 사회통제 및 사회분배 기능이 잘못된 데서 비롯되는 것이라고 본다. 즉, 개인의 잘못된 사회화나 사회규범의 위반, 개인의 미흡한 역할 수행 등이 사회문제를 야기하게 된다는 것이다.

기능이론에 따르면 정신건강의 문제는 그것의 발생에 대하여 효과적 예방과 치료를 제공하는 우리 사회의 능력 혹은 기능에 한계가 있을 때 발생하여 사회문제가 된다. 그에 따라 정신건강 문제의 해결방법에 있어서는 가족, 지역사회 그리고 전체 사회가 적절히 대처함으로써 사회의 원활한 기능을 강화하는 데 초점을 둔다.

2) 갈등이론

갈등이론에 따르면 사회체계는 질서와 안정의 상태가 유지되는 것이 아니라 항시 불평등과 갈등, 대립이 존재한다. 사회적 권력과 자원은 희소하기 때문에 불평등하게 분배되며, 이를 더 많이 차지하기 위한 갈등과 투쟁은 필연적이다. 이러한 입장에서 갈등이론가들은 정신장애를 결핍이나 불평등, 적절한 치료에 대한 기회불평등과 연결 지어 생각한다. 사회경제적 지위가 낮고 사회적 가치나 자원을 적게 가진 계층은 권력분배상의 차이에 따라 계층화되며, 이러한 구조화된 불평등 속에서 대다수의 사람은 자신들의 욕구를 충족시키지 못하는 조건이나 상황 속에서 정신장애가 발생하게 된다. 이는 현실에서 저소득층 또는 여성이 스트레스와 정신장애에 더 노출되기 쉽다는 것에서도 찾아볼 수 있다.

일부 학자는 낮은 사회계층에 속하는 사람들이 다른 계층의 사람보다 낮은 교육을 받으며, 보상과 기회를 적게 제공받기 때문에 정신장애로 연결되는 사회적 스트레스를 경험하게 된다는 사회원인가설을 주장한다. 반면에, 사회이동이론을 주장하는 학자들은 정신분열 환자가 병의 진행 중에 생계유지 능력에 손상을 입을 뿐 아니라 사회관계를 회피하기 위하여 저소득층 지역으로 이동한다고 보았다. 즉, 사회경제적 지위가 정신질환의 발병에 선행하는 것이 아니라, 오히려 정신질환의 발병으로 인해 낮은 사회경제적 계층의 지역으로 이동한다는 것이다.

3) 상징적 상호작용론

상호작용론자들은 정신건강의 문제는 사회적으로 구성된다고 주장한다(Kornblum & Julian, 1992). 정상행동과 이상행동의 구분은 과학적인 분석이 아닌 사회문화적 가치판단에 의해서 형성된다는 것이다. 그들은 정신장애에 대한 정의나 분류 등은 문화와 시대에 따라 달라지기 때문에 정신장애의 원인이나 결과 그리고 치료가능성은 과학적 분석으로 결정되는 것이 아니며, 상호작용하며 살아가는 사람들이 어떤 행동을 문제로 판단함으로써 정신장애가 분류되고 정신장애자가 된다고 본다.

이는 정신질환을 낙인이론에 따라 보는 것으로, 정신질환이라는 일탈적 상황이 심리적 성향이나 환경적 조건에 따라 규정지어져 객관적으로 발생하는 것이 아니라 사회적·문화적 평가로 정신질환으로 규정된다는 것이다. 따라서 상호작용론자들은 정신질환이 사회적 일탈이라고 낙인찍히는 것 때문에 더 악화된다고 주장한다. 정신장애인으로 그 대상을 낙인찍으면 그 사람은 낙인을 내면화하고 스스로가 그것을 학습하여 자신의 자아개념에 반영하게 된다는 것이다.

4) 뒤르켐의 자살론

뒤르켐의 자살론은 사회구조의 통합 정도와 규제 정도가 정신건강에 영향을 미친다는 것을 보여 준다. 사회구조의 붕괴는 사회적 연대의식의 붕괴로 말미암아 아노미 현상으로 나타나는데, 이러한 상태는 사회적으로 병이 든 것으로 이것이 정신건강에 영향을 미친다는 것이다. 뒤르켐의 네 가지 자살의 유형 중에서 사회 통합과 연대를 보여 주는 것은 이기적 자살과 아노미적 자살이다. 이기적 자살은 개인이 사회에 통합되지 못한 상태가 유지되면서 자살이 발생하는 것이고, 아노미적 자살은 사회적 해체와 유대의 감소가 나타면서 개인의 기대를 충족시키지 못하는 사회적 혼란, 특히 경제적 위기 등으로 이어져 자살이 발생하는 것이다.

이때 자살을 정신건강으로 본다면 사회구조의 통합 정도와 연대가 정신건강에 영향을 미친다고 볼 수 있다. 자살률은 개인의 불안과 긴장과 밀접하게 관련되는바, 사회적 결속력은 이러한 심리적 불안과 긴장을 완화시켜 준다는 것이다. 정신병리에서 심리적 불안과 긴장은 우울증과 불안장애로 연결되는데, 사회적 결속력이 우울증과 불안장애를 완화시킨다고 볼 수 있다.

3. 정신건강의 이해

1) 정신건강의 역사

정신병이란 개념은 과거 사회적 격리를 통해서 정상인을 보호하려는 시도에서 탄생했다. 정신병자에 대해 동양에서는 귀신이 들렸다고 해서 굿이나 매질을 했고, 서양은 중세시대까지도 굴이나 수용소에 가뒀다고 한다. 이후 계몽주의와 프랑스 대혁명을 거치면서 18세기 말부터 이들에 대한 치료가 시작되었고, 19세기에 들어오면서 이는 더욱 가속화되어 1808년에는 정신치료라는 용어가 만들어지고 점차 발전하여 1850년에는 현대와 유사한 정신의학이 형성되었다.

그러나 산업혁명과 프랑스 대혁명을 통한 사회의 급격한 변화 속에서 정신병자들의 수는 기하급수적으로 증가했지만, 그들을 치료할 적절한 방법은 없어 그들을 병동에 가두고 지속적으로 관리만 하는 상태가 한동안 유지되면서 정신병은 대중의 부정적 시선을 받게 되었다. 거기에 정신병이 유전적이라는 퇴행이론이 등장하면서 환자와 그 가족들은 대중의 시선에서 그들의 질병을 숨기기 급급했다. 오늘날에는 이러한 시각이 많이 희석되고 누구나 우울증 등의 정신질환을 경험할 수 있는 것으로 생각하게 되기는 했지만, 아직까지 편견이나 부정적인 시각이 모두 사라진 것은 아닌 것으로 보인다.

2) 정신병리의 개념

정신병리학은 정신병이나 신경증 등의 정신의 병리를 연구하는 학문이다. 정신분열, 기분장애, 불안장애, 성격장애 등과 오늘날 대두되는 사이버중독 등의 중독문제도 다루며, 최근 대두되는 문화적 정신병리 현상도 포함한다. 따라서 다양한 정신병리학적 정신장애를 정확하게 분류하기 위해서 통계적·상식적·주관적·사회적·의학적 기준 등의 다양한 기준을 통해 복합적으로 판단을 내린다. 정신병이란 정신기능의 이상으로 사회에 적응하지 못하고 일상생활에 지장을 초래하는 병적 정신상태를 의미한다. 정확한 원인이 모두 밝혀지지는 않았으나 내인, 외인, 심인으로 분류한다. 내인이란 선천적인 소질과 유전으로 성별, 연령, 민족 등이 이에 속한다. 외인이란 후천적으로 가해진 신체적 원인, 특히 뇌에 가해진 원인을 말한다. 심인이란 정신적·심리적 원인을 의미하며, 보통 이러한 원인들이 복합적으로 작용하여 병적 상태가 형성된다고 본다.

3) 정신건강의 사회적 이해

앞서 언급했듯이 정신건강의 문제는 과거에 개인의 심리적 문제로 생각하려는 경향이 있었으나, 오늘날에는 현대사회의 조건이 어떻게 정신건강에 영향을 미치는가가 부각되고 있다. 현대사회의 산업화와 과학화가 비인간화 현상을 부추기고, 일상생활에서 각종 스트레스에 노출되는 것이 구성원들에게 무력감과 고립감, 불안감을 심화시킨다는 것은 이미 일반화된 상식에 가깝다. 이러한 정신건강의 요소들은 연령이나 신체건강과는 별개의 독립적인 영역을 구성한다.

이러한 정신질환적인 증상들은 설사 질병으로 진단되는 수준으로까지 심화되지는 않더라도 우리의 사회적 행위에 영향을 주기 때문에 간과할 수 없는 부분이다. 또한 정신병 혹은 자살이나 폭력과 같은 반사회적 행동으로 발전될 가능성이 크다는 점에서 그 자체가 사회적 삶의 질의 척도가 되기도 한다. 따라서 정신건강을 연구하는 것은 정신건강의 불평등을 가져오는 인구학적·사회구조적 원인을 파악하고 그 메커니즘을 밝혀 정책적·실천적 함의를 제시하고자 한다.

4. 정신건강을 악화시키는 원인

1) 스트레스와 정신건강의 상관관계

우리의 삶에서 스트레스가 중요한 의미를 가지는 것은 스트레스가 삶의 질에 부정적인 영향을 미치기 때문이다. 물론 인간이 살아가면서 크고 작은 스트레스를 경험하는 것은 당연한 일이며, 오히려 어느 정도의 스트레스는 몸의 항상성과 긴장감을 높여 건강에 긍정적인 영향을 미치는 것으로 알려져 있다. 그러나 과도한 스트레스 및 만성적 스트레스는 심리 · 정신건강에 악영향을 미칠 뿐 아니라 장기적으로는 신체건강에까지 영향을 미친다.

정신건강의 측면에서 뇌는 다른 기관보다 스트레스에 민감하기 때문에 과도한 스트레스에의 노출은 주의할 필요가 있다. 인체가 스트레스를 받는 초기에는 초조, 걱정, 근심 정도의 불안 증상이 발생하는데, 이는 점차 우울 증상으로 발전할 가능성이 있는 것이다. 대부분의 불안, 우울 증상은 일시적이며 스트레스가 지나가면 사라지지만, 스트레스 요인이 과도하거나 오래 지속되는 경우, 그리고 개인이 스트레스 상황을 이겨 낼 힘이 약화되어 있는 경우에는 각종 정신질환으로 발전하게 된다.

2) 스트레스의 사회적 이해

스트레스는 그 발생이 무작위로 결정되는 것이 아니라 개인의 사회적 지위, 역할, 사람들과의 관계 그리고 개인이 위치한 사회구조의 특성에 크게 영향을 받는다는 점에서 사회학적 연구 대상이 된다. 실제 이와 관련된 연구에서 스트레스 요인은 매우 다양한 형태로 관찰된다. 경제적 곤란, 실업과 낮은 교육 수준, 직무환경 등을 포괄하는 사회경제적 지위, 거주지역의 빈곤함과

무질서와 같은 환경요인, 남녀 구분에 따른 역할과 지위의 차이, 부모의 이혼
이나 가족구성원 간의 불화 등으로 나타나는 가족요인 등이 스트레스를 발
생시키며 그 결과로 건강이나 건강행위 등에 부정적인 영향을 미치는 것으로
보고되고 있다.

한편, 스트레스는 개인이 그것에 대처함에 있어 주변 사람이나 환경과의
상호작용이 중요한 역할을 담당한다. 이는 개인이 똑같은 생애사건들—결
혼, 취업, 거주지 이동, 은퇴, 출산, 지인의 죽음 등—을 겪더라도 그가 가지
고 있는 사회적 지위나 자원에 따라 다른 수준의 스트레스를 감당하게 된다
는 것이다.

5. 한국 사회 정신건강의 현황

1) 정신질환의 유병률

오늘날 정신질환이 인간의 건강에 미치는 영향력은 지속적으로 높아지고
있다. 한국의 경우 2011년 실시한 '정신질환실태 역학조사'에 따르면, 알코올
과 니코틴 사용장애, 불안장애, 기분장애 등 주요 정신질환의 평생유병률이
27.6%로 나타났고, 남자는 31.7%, 여자는 23.5%로 조사되었다. 이는 전체
인구 중에서 4분의 1 이상이 정실질환을 경험했다는 것을 의미한다. 알코올
과 니코틴 사용장애를 제외한 평생유병률은 14.4%로 나타났고 일년유병률
도 10.2%로 조사되어, 1년 동안 전체 인구의 10분의 1은 정신질환을 가지고
있는 것으로 나타났다. 평생유병률은 평생 동안 한 번 이상 정신질환을 앓은
대상자의 비율, 일년유병률은 지난 1년 동안 한 번 이상 정신질환을 앓은 대
상자의 비율을 의미한다.

평생유병률은 알코올사용장애가 13.4%로 단일 항목으로는 가장 높게 나

타났으며, 불안장애가 8.7%, 기분장애가 7.5%로 나타났다. 일년유병률로는 불안장애가 6.6%로 가장 높았으며, 알코올사용장애가 4.4%, 니코틴사용장애가 4%, 기분장애가 3.6%로 나타났다.

2) 개별 정신질환의 유병률

알코올사용장애의 평생유병률은 13.4%였으며, 남자는 20.7%, 여자는 6.1%로 남자가 3배 이상 높은 것으로 나타났다. 이는 남성에 대한 사회적 분위기가 원인으로 보인다. 알코올사용장애는 알코올 남용과 의존으로 이어져 사회적·직업상의 기능장애를 초래하고 직장이나 학교, 가정 등에서 문제를 야기한다.

정신병적 장애의 일년유병률은 0.6%로, 남자는 0.3%, 여자는 0.9%로 나타났으며, 남자는 30대에서, 여자는 18~29세에서 가장 높게 나타났다. 정신병적 장애는 전체 인구 대비 유병률이 낮기는 하지만 사회적 편견과 낙인이 가장 심한 질환이고 이 때문에 숨기려는 경향이 가장 강한 질병이다.

기분장애의 평생유병률은 7.5%로, 남자는 4.8%, 여자는 10.1%로 여성의 유병률이 2배 높게 나타났다. 이 중에서는 우울증이라고 불리는 주요우울장애가 가장 높은 비율을 차지하여 전체의 6.7%의 비중을 차지했다. 일년유병률은 3.6%로 지난 일 년 동안 약 130만 명이 기분장애를 경험한 것이다. 남녀 모두 이혼, 별거, 사별 집단에서 유병률이 높았으며, 남자는 교육 수준이 낮을수록, 여자는 소득 수준이 낮을수록 유병률이 높게 나타났다.

불안장애의 일년유병률은 전체 6.8%, 남자 3.7%, 여자 9.8%로, 지난 한 해 동안 전체 245만 명이 불안장애를 경험한 것으로 나타났다. 여성의 경우 남성보다 3배 정도 많았으며, 미혼과 무직, 저소득일 경우에 유병률이 더 높았다. 특히 강박장애는 75% 이상이 30세 이전에 많이 발병하는 것으로 나타났다. 요약하자면, 불안장애는 연령과 교육 수준이 낮고 이혼 또는 미혼 상태일

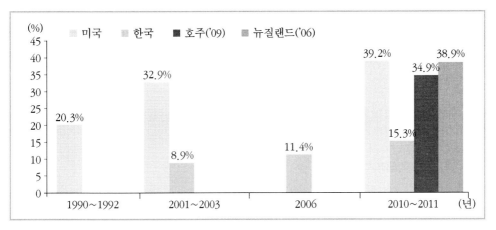

[그림 13-1] 정신질환 이환자 중 정신의료 서비스를 이용한 비율 비교

수록 높게 나타났다고 할 수 있다. 불안장애가 특히 저연령층에 많이 나타나는 것은 현재 사회에서 저연령층의 사회화 과정이 불안정하고 사회에 쉽게 수용되지 못해 불안이 야기되고 있음을 유추할 수 있게 한다.

이러한 현상에도 불구하고 정신의료 서비스를 이용하는 비율은 7%로 낮게 나타났으며, 전체 정신질환자 중 15.3%만이 이용한 적이 있는 것으로 나타났다. 이는 2006년 11.4% 대비 증가한 수치이지만 선진국과 비교할 때 여전히 매우 낮은 수준에 해당한다.

3) 정신질환 유병률의 변화

앞의 조사와 비교해 보면, 알코올과 니코틴 사용장애를 제외한 평생유병률은 2006년에서 2011년으로 넘어오면서 12.6%에서 14.4%로 증가했으며 일년유병률 또한 8.3%에서 10.2로 증가해 지속적인 증가추세를 보였다. 즉, 알코올과 니코틴 사용장애를 포함한 평생유병률은 30.2%에서 27.6%로 감소하였지만, 기분장애나 불안장애 등의 질환은 지속적으로 증가하는 추세를 보이고 있다. 주요우울장애의 경우 2001년 4%에서 2006년 5.6%, 2011년에는

〈표 13-1〉 세계 정신건강역학 연구 평생유병률 비교

(단위: %)

	미국	유럽	이탈리아	프랑스	벨기에	뉴질랜드	나이지리아	우크라이나	중국
알코올사용장애	18.6	5.2	1.1	5.7	9.4	15.4	3.0	13.5	5.7
알코올의존	5.4	1.1	0.3	1.6	1.7	4.0	0.2	3.5	1.0
알코올남용	13.2	4.1	0.8	4.1	7.7	11.4	2.8	10.0	4.7
기분장애	20.8	14.0	11.2	–	14.9	20.2	4.1	15.8	3.6
주요우울장애	16.6	12.8	10.1	21.4	13.6	16	3.3	14.6	3.5
기분저하장애	2.5	4.1	3.4	7.9	4.6	2.1	0.2	3.0	0.1
양극성장애	3.9	–	–	–	–	3.8	0.0	–	0.1
불안장애	28.8	13.6	11.1	–	13.2	24.9	5.7	6.1	4.8
강박장애	1.6	–	–	–	–	1.2	0.1	–	–
외상후스트레스장애	6.8	1.9	2.3	3.9	2.3	6.0	0.0	–	0.3
공황장애	4.7	2.1	1.6	3.0	2.0	2.7	0.2	1.9	0.4
사회공포증	12.1	2.4	2.1	4.7	2.0	9.4	0.3	0.3	0.5
범불안장애	5.7	2.8	1.9	6.0	2.7	6.0	0.1	2.0	0.8
특정공포증	12.5	7.7	5.7	11.6	6.8	10.8	5.4	–	2.6
모든 정신장애 니코틴사용장애 제외	46.4	25.0	18.3	–	27.6	39.5	12.1	31.6	13.2

6.7%로 증가하였다. 불안장애 또한 6.9%에서 8.7%로 증가하는 추세를 보이면서 사회적으로 불안과 우울증이 증가하고 있는 것으로 나타났다. 이러한 경향은 점차 선진국과 같은 형태로 변화하고 있는 것으로 해석할 수 있다. 미국과 유럽 등에서 가장 높은 정신질환은 불안장애이며, 기분장애, 알코올사용장애 순으로 나타나고 있다.

6. 한국 사회 정신건강의 이해

1) 우울증: 정신건강의 가장 일반적인 지표

현대사회에서 우울증은 대중의 정신건강을 측정하는 가장 일반적인 지표로 사용되고 있다. 우울증은 '정신적 감기'라고 불릴 정도로 현대사회에서 다른 어떤 정신장애보다도 가장 높은 유병률을 보이는데, 이러한 우울증의 증가는 현대인들이 각종 생활사건과 환경적 스트레스에 빈번하게 노출되고 있기 때문인 것으로 보인다. 개인의 의지와 무관하게 강요받는 각종 생활사건 및 환경적 스트레스에 노출되는 빈도가 증가하고 있지만, 그것에 대한 인식이나 치유할 수 있는 기회를 갖지 못하면서 초기에 극복 가능한 우울증은 방치되고 심화된다.

우울증에 걸리면 우울한 기분으로 인해 거의 모든 활동에서 흥미나 즐거움이 감소하게 되며, 자신이 병들어 있다고 생각하고 현실이나 대인관계를 부정적으로 왜곡하고 기피하게 된다. 그 결과, 자신의 잘못이나 실패, 상실이나 좌절 등에 집중하면서 자신에게 일어나는 일을 부정적으로 왜곡하거나 과장하여 보는 경향이 많아지고 열등감이 증가하며 무력해진다. 즉, 우울증은 사회적 장애, 직업적 장애와 신체적 장애를 가져올 수 있으며, 이는 방치될 경우 타인에 대한 폭력이나 폭행, 자해 및 자살 등 심각한 사회문제로 발전하기 때문에 현대사회에서는 우울증의 개선이 매우 중시되고 있다.

현재 우울증을 완화 및 치료하기 위한 하나의 방법은 약물치료를 하는 것으로, 미국정신의학협회(American Psychiatric Association)가 발간하는 『정신질환의 진단 및 통계 편람(Diagnostic and Statistical Manual of Mental Disorders: DSM)』에 근거하여 환자의 우울증 여부를 진단하고 항우울제를 처방하는 것이 가장 일반적인 치료방법으로 자리 잡고 있다. 그러나 표면에 나타난 증상에 주목하고 그 증상에 대한 처방을 통해 극복하고자 하는 의학적 처방은, 그 환자가 처해 있는 생활환경이나 근저에 잠재해 있는 구조에까지 눈을 돌리지는 않는다. 이는 능력주의·성과주의·자기책임을 강조하는 현대사회에서 비롯되는 우울증을 피상적으로 그리고 개인적으로 소모하는 방식이라 할 수 있다. 개인의 약 처방에 의존함으로써 우울증을 임시적으로 봉합하는 것을 넘어서기 위해서는 그것이 나타나는 사회적 양태에 주목할 필요가 있다.

한국복지패널의 2006년과 2009년 자료를 이용하여 남녀 우울증의 변화와 개인적 특성 간의 관련성을 분석한 연구 결과에 따르면, 남성과 여성 모두는 나이가 많을수록, 교육 수준이 낮을수록, 배우자 없이 혼자 살수록, 일자리가 없거나 혹은 고용이 불안한 사람일수록, 노동시장에서 퇴출된 경우, 저소득 가구에 속할수록, 건강이나 가족관계 및 사회관계에 만족하지 못한 경우 상대적으로 우울증이 지속되거나 우울증이 심화된다.

2) 노동: 고용불안과 정신건강

신자유주의가 확대되고 복지제도가 축소되고 있는 현대사회에서 노동 유연화의 흐름은 일반화되어 가고 있다. 특히 구조조정이 상시화되면서 불안정한 고용이 건강에 미치는 영향에 대한 관심이 증가하였고, 그 결과 불안정한 노동이 실업과 같이 건강에 나쁜 영향을 미친다는 연구결과가 이미 상당히 축적되고 있다. 즉, 고용형태가 노동자의 건강에 부정적 영향을 미치는 데 주요한 변수가 될 수 있다는 관점이 존재한다. 안정된 고용상태를 가진 통제 집단과의 비교를 시도한 한 연구에 따르면, 일자리가 불안정한 경우 우울증 수준이 높았으며, 만성적인 일자리 불안정성에 노출된 경우 주관적 건강평가의 수준이 가장 낮았다. 한국에서도 고용형태와 노동자 건강의 관계에 대한 연구가 지속적으로 진행되고 있는데, 고용형태에 따른 이러한 차이가 어디에서 발생하는가에 대한 한 가지 가능성은, 불안정 고용상태에 있는 노동자의 경우 더 위험한 노동조건에서 일하는 반면 안전과 관련된 의견을 제시할 수 있는 기회는 더 적고, 또 통제를 더 많이 받는 일자리일수록 그러한 높은 스트레스와 불만족이 건강 악화로 이어질 수 있다는 것으로 요약된다.

　한국에서는 [그림 13-2]에서 보다시피 IMF 금융위기 이후 경제위기를 겪으며 정리해고자가 급증하는 경향을 보여 왔다. 이에 따르면 정리해고를 당한 노동자 수는 IMF 직후 약 6배 가까이 급증하였으며, 그 이후에도 IMF 이전과 비교하면 여전히 훨씬 높은 수치를 나타낸다. 이러한 정리해고가 여전히 지속되는 것은 정부의 노동시장 유연화 정책과 이로 인한 상시적인 구조조정 시스템이 그 이유로 꼽히고 있다.

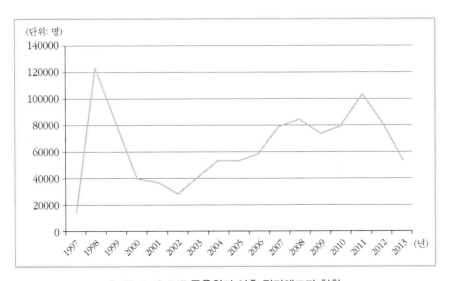

[그림 13-2] IMF 금융위기 이후 정리해고자 현황

3) 성별 간 정신건강

(1) 젠더에 따른 정신건강

WHO는 건강 부문에 있어 남녀평등과 여성 건강의 중요성을 강조하며, 정신건강 부문에 있어서는 성별의 차이를 젠더의 차이라고 보고 있다. 이는 정신건강에 대해 단순히 생물학적 수준의 차이에서 보는 것이 아니라, 소득이나 고용, 사회적 위치와 같은 주요한 사회경제적 요소들이 정신건강상의 차이를 가져오는 결정적 요인으로 보고 있다.

전반적인 정신장애 유병률에서는 남녀 간에 큰 차이가 없으나, 특정 정신질환에서 차이가 드러난다. 기분장애와 불안장애의 경우 여성의 유병률이 높게 나타나고, 알코올이나 약물 중독과 반사회성 인격장애의 유병률은 남성이 높게 나타난다. 남성의 경우, 알코올사용장애가 3배가량 높게 나타나고, 여성의 경우는 기분장애와 불안장애가 2배 이상 높게 나타난다. 이 외에도 섭식장애와 정신장애 간 복합 상병의 유병률이 여성에게 높게 나타나고 있다. 특히 우울증은 여성의 정신건강에서 가장 흔하게 보고되는 질병으로 남녀의 차이를 가장 잘 보여 주는 정신건강 문제이다. 일반적으로 여성은 소득수준, 교육 수준 및 고용과 같은 사회경제적 수준이 남성보다 낮고, 전통적인 성역할에 따라 수동적이고 외부 자극에 영향을 받기 쉬운 취약한 특성을 보이기 때문에 전 세계적으로 여성에게 우울증이 더 많이 나타나고 있다.

스트레스에 대한 통제는 남녀 모두에게서 사회적 지지가 도움이 되는 것으로 나타났다. 그러나 스트레스의 원인과 세부적인 통제요인은 남녀 간에 상이하게 나타났다. 여성의 경우 주부생활 스트레스가 가장 많았으며, 친구관계와 관련된 스트레스가 가장 적은 것으로 드러났다. 이러한 현상의 주요 요인은 가족과 사회에서의 낮은 지위, 가사노동의 부담 과중 그리고 구시대적인 성 이데올로기로 인한 성역할의 암묵적인 강요 등이다. 따라서 여성의 경우 가족 내의 지위와 교육 수준과 소득 수준에 기반을 둔 사회적 지위가 스트

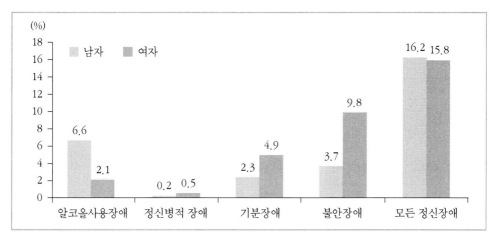

[그림 13-3] 한국 성인의 성별 정신장애 유병률(최근 1년)

출처: 조맹제 외(2011)에서 재구성.

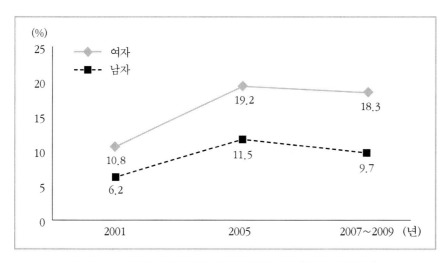

[그림 13-4] 19세 성인의 우울 증상 경험률 추이(2001~2009년)

주: 2005년 추계인구로 표준화함.
출처: 보건복지부(2010).

레스의 주요한 통제요인이며, 이 외에도 거주지와 종교, 결혼상태 등이 스트레스 통제 수준에 영향을 미치는 것으로 나타났다. 이러한 여성의 스트레스는 개인의 안녕에 영향을 미칠 뿐만 아니라 가족의 안녕에도 영향을 미치면서 가족의 역할구조나 경계 영역을 와해하는 결과로까지 이어진다.

남성의 경우에는 생활사건, 사회환경 스트레스, 직무 스트레스 및 가족 스트레스가 사회적 스트레스의 주요 요인으로 나타났다. 남성들은 고용불안이나 학벌주의, 빈부 격차, 권력비리 등 사회문제와 직무 스트레스에 대한 사회적 스트레스에 대해서 높은 스트레스를 받는다고 응답했으나, 생활문제나 가족 스트레스가 상대적으로 사회문제에 대한 스트레스보다 더 많은 부분을 차지한다고 답변했다. 따라서 교육 수준이나 소득 수준에 따른 차이보다는 생활상의 문제나 가족과 연관된 부부관계나 친구관계 등의 관계에 따라 스트레스를 완충하는 정도가 다르게 나타났다. 시대는 변화했지만 여전히 남성은 일과 가족이라는 두 영역 사이에서 균형적인 역할을 수행하는 것이 중요한 가치로 여겨지고 있고, 남편과 아버지의 역할은 더욱 중요하게 여겨지고 있다. 일에 대한 과중한 부담은 가족에 대한 가장으로서의 역할을 소홀히 할 수 있다는 심리적 부담으로 이어지기 때문에 이러한 현상이 나타나는 것으로 보인다.

따라서 정신건강을 증진하기 위해서는 성별에 따른 정신건강의 위험성을 고려하여 진단 및 치료를 다르게 할 필요가 있다. 특히 우울증과 같은 기분장애나 불안장애 그리고 그로 인한 자살 생각 등의 경우에는 여성이 더 높은 위험에 노출되어 있으며, WHO에서는 여성의 대표적 정신건강을 우울로 보고 여성을 중심으로 우울감소 정책을 펼치면 우울증의 질병부담을 완화시키는 데 효과적이라고 한다. 남성의 경우에는 사회적인 여건에 따라서 알코올남용 등의 상태가 직장이나 사회에서 지속적으로 발생하여 발병하는 것으로 보이며, 그로 인한 문제 발생의 비율이 가장 높은 것으로 나타났다.

(2) 사회적 남녀차별

남성과 여성의 노동에서 여성은 성차별을 겪거나 업무 과중, 맞벌이, 자녀 유무와 연령, 복지제도 등이 일을 그만두게 하는 요인으로 나타났다. 자본주의 사회에서 성차별은 임금에서 가장 두드러지게 나타나는데, 여성의 임금이 남성의 임금 대비 30%가량 낮고, 남녀 평균임금의 차이 가운데 50% 이상이 차별의 산물이라고 볼 수 있다. 또한 임금에 대한 연령차별주의는 남녀 모두에게서 나타나지만 여성에게서 더 두드러지게 나타나며, 이러한 연령차별주의와 성차별이 여성에게 이중적으로 부과되어 가부장적인 차별이 나타나게 된다. 그리고 출산과 육아, 가사노동에 대한 부담은 근속하기가 어렵게 만들어 여성의 임금을 감소시키는 요인으로 나타난다. 최근 고학력, 저연령 여성을 중심으로 고임금, 고숙련의 전문직에 진출하는 경우가 증가하고 있지만 아직까지 진입장벽이 있으며, 여성의 노동력에 대한 저평가가 그러한 현상을 심화시키고 있다.

　최근에는 자식들이 성장하여 육아와 가사노동에 대한 부담이 적어지고 남편의 은퇴에 대한 노후 대비로 중년여성들이 노동시장에 진출하는 경우가 증가하면서 저학력, 고연령, 기혼 여성들이 노동시장에 대거 유입되어 소득하위 계층의 여성 수가 점차 증가하고 있다. 통계청 자료인 '성/연령별 취업자'를 살펴보면 2010년부터 2015년까지 6년간 50세 이상의 노동인구는 2010년 약 753만 명에서 2012년 824만 명, 2015년에는 약 966만 명으로 점차 증가했음을 알 수 있다.

　이러한 임금 격차와 업무환경 및 진급에서의 차별과 같은 성차별이 나타나는 현상은 여성이 직장을 그만둘 것을 종용받는 요인으로 작용하고 있다. 맞벌이의 경우에 여성이 일을 그만두는 경향이 높게 나타났으며, 아이들, 특히 미성년 아이들이 있는 경우에는 육아가 여성에게만 일방적으로 전가되면서 여성이 일을 그만두는 경향이 더 높게 나타났다. 게다가 전통적인 성 관념으로 인해서 직장과 결혼에서 나타나는 문화적·규범적 기대는 여성에게 직장을 그만두고 육아와 가사노동에 전념하게 만든다. 이러한 사회적 현상은 여성에게 낮은 사회적 지위를 부여하고 가사노동과 가족에게만 집중하게 만든다.

7. 정신건강 악화의 결과

1) 사회적 질병 자살

한국에서 자살은 흔하게 일어나는 '질병'이다. 2015년을 기준으로 할 때, 자살에 의한 사망률은 2015년 기준 인구 10만 명당 26.5명으로 전체 사망 원인 중 다섯 번째에 위치하고 있다. 이는 1만 3,513명으로 하루에 약 40명이 자살로 사망한 것에 해당한다. 자살은 특히 10대에서 30대까지 젊은 층 사망 원인의 1위를 차지하고 있다는 점에서 매우 사회적인 질병이며, 40~50대 중년층에서도 자살시도가 많이 나타난다는 점에서 일부 연령층의 문제가 아닌 현재 한국 사회 전체의 심각한 사회문제로 자리 잡고 있다고 할 수 있다.

그러나 한국의 자살률이 과거에도 이처럼 높았던 것은 아니다. 통계청에서 발표한 각 연도의 사망 원인 통계에 따르면, 1990년대만 해도 자살률은 인구 10만 명당 8.8명 수준이었지만 1997년 외환위기와 2008년 글로벌 금융위기를 거치며 급격히 증가하게 되었다. 이러한 경향 아래 한국의 자살률은 2011년 인구 10만 명당 31.7명으로 가파르게 올라갔다가 2012년 28.1명으로 줄어든 이후 정체된 형태를 보이고 있다.

한편, 이러한 한국의 자살률은 다른 국가들과 비교해도 가장 높은 수준으로, 2010년 세계보건기구(WHO)가 집계한 105개국 가운데에서 남자는 리투아니아, 러시아, 벨라루스, 스리랑카, 카자흐스탄, 헝가리, 라트비아에 이어 7위를 차지하고 있고, 여자는 전체 1위를 나타내고 있다.

〈표 13-2〉 연령별 3대 사망 원인 구성비 및 사망률(2015년)

[단위: %(구성비), 인구 10만 명당(사망률)]

연령(세)	1위			2위			3위		
	사망 원인	구성비	사망률	사망 원인	구성비	사망률	사망 원인	구성비	사망률
0	출생 전후기에 기원한 특정 병태	52.4	147.6	선천 기형, 변형 및 염색체 이상	21.8	61.6	영아급사증후군	5.5	15.6
1~9	악성신생물(암)	17.6	2.1	운수 사고	14.2	1.7	선천 기형, 변형 및 염색체 이상	9.1	1.1
10~19	고의적 자해(자살)	27.1	4.2	운수 사고	21.4	3.3	악성신생물(암)	15.2	2.4
20~29	고의적 자해(자살)	41.3	16.4	운수 사고	16.2	6.4	악성신생물(암)	12.4	4.9
30~39	고의적 자해(자살)	35.5	25.1	악성신생물(암)	21.4	15.1	운수 사고	7.6	5.4
40~49	악성신생물(암)	29.1	47.0	고의적 자해(자살)	18.5	29.9	간질환	8.5	13.7
50~59	악성신생물(암)	38.8	137.0	고의적 자해(자살)	9.7	34.3	심장질환	7.8	27.5
60~69	악성신생물(암)	43.6	330.6	심장질환	9.0	68.1	뇌혈관질환	7.0	53.3
70~79	악성신생물(암)	34.2	799.1	심장질환	10.1	236.6	뇌혈관질환	10.0	234.5
80 이상	악성신생물(암)	16.8	1438.6	심장질환	12.3	1051.7	뇌혈관질환	10.3	884.3

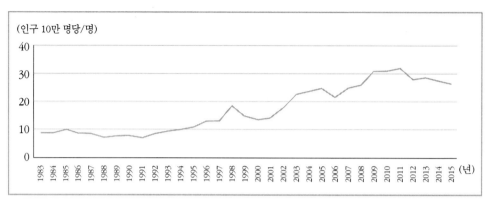

[그림 13-5] **연도별 자살인구 추이**

출처: 통계청(2016).

2) 우울증과 자살의 상관관계

자살은 자살생각, 자살기도, 자살의 단계로 이루어진다. 2011년 전국정신질환실태 역학조사의 결과에 따르면, 전 국민의 3.2%가 평생 한 번 이상의 자살기도를 한 적이 있는 것으로 나타났다. 또한 자살 사망자의 약 7.5배에 달하는 인구가 지난 1년간 자살기도를 한 적이 있으며, 그 10.7배가 평생 동안 한 번 이상의 자살기도를 한 적이 있다고 한다. 결론적으로 국내에는 자살 사망자의 80배에 달하는 약 120만 명의 자살 시도력을 가진 자살 고위험군이 존재한다고 추정된다.

또한 국내 일반인구에서 주요우울장애의 평생유병률은 6.7%인데, 심각한 자살생각을 한 적이 있는 경우에는 전체의 24.9%가 주요우울장애를 경험한 적이 있다. 자살기도를 한 적이 있는 경우에는 더욱 증가해서 전체의 35.8%가 주요우울장애를 경험한 적이 있다. 지난 1년간 자살기도를 한 적이 있는 경우에는 40%가 주요우울장애를 경험한 적이 있다. 자살 사망자의 경우에는 당연히 더 많은 비율의 주요우울장애 경험자가 있을 것으로 추정된다.

결국 우울증 환자의 자살 위험이 일반인의 자살 위험보다 훨씬 높다는 것은 명확해 보인다. 외국의 연구에서도 전체 자살자 중 반수는 자살 당시 우울증에 걸려 있으며, 우울증 환자의 4%가 자살로 생을 마감한다는 연구 결과를 내놓았다. 이러한 사항들은 자살과 정신질환, 특히 우울증이 얼마나 강한 상관관계가 있는지를 보여 준다고 할 수 있다.

3) 사회적 관계와 자살의 상관관계

스트레스이론에 따르면 적응이 요구되는 사회환경적 요구나 목적을 달성하려는 수단의 부재에서 기인하는 상태인 스트레스와 이에 따르는 우울증이 자살의 핵심 원인이 된다. 자살이 사회적 관계로 대표되는 사회적 자원을 가진 집단에서는 덜 나타난다는 것을 밝히고 있다. 예를 들어, 자살이 사망 원인인 청소년을 대상으로 한 연구는 친구·교사·가족들로부터 받는 사회적 관계만족도가 높을수록 청소년의 자살 충동이 감소한다는 결과를 도출했다. 또한 자살에 취약한 노인에 대한 연구는 자아존중감이나 사회적 지지와 같은 사회·심리적 자원, 그리고 배우자로 나타나는 관계적·정서적 자원이 자살 충동을 감소시키는 효과가 있다고 결론 내리고 있다.

8. 정부의 대응 및 대책

1) 정부의 정신건강증진사업 현황

앞서 살펴보았듯이 한국의 정신건강 수준은 선진국에 비해 크게 낮은 편이며, 그 대표적인 지표 중 하나인 자살률은 한국 사회의 정신건강 수준이 정말로 위급한 상태에 처해 있음을 단적으로 보여 주고 있다. 한국의 정신건강 문제에 대하여 정부는 정신질환 치료시설에 투자하는 것에 중점을 두고 대응해 왔는데, 이는 정신건강증진센터를 운영하는 것과 알코올상담센터를 운영하는 것으로 이루어지고 있다.

정신건강증진센터는 현재 광역 정신건강증진센터 15곳과 기초 정신건강증진센터 213곳으로 구성되어 있다. 이 기관들은 지역사회 정신질환자들과 정신건강의 위험에 처해 있는 지역주민들을 대상으로 등록관리, 사례관리, 재활, 교육 · 훈련, 타 기관 연계 등의 정신질환자 관리, 재활사업 추진, 자살예방 등의 지역사회 정신건강증진사업을 맡아 수행하고 있다. 또한 알코올상담센터는 전국에 50곳의 중독관리통합지원센터로서 자리 잡고 있으며, 알코올뿐만 아니라 마약, 도박 등 여러 중독의 예방교육과 상담을 실시하며 이를 조기 발견하기 위한 사업을 실시하고 있다.

경제적 지원의 측면에서 정신질환자에 대한 보험지원 역시 확대되어 가고 있다. 한 가지 예로, 2015년 금융당국은 '실손 의료보험 가입자 권익제고 방안'에 따라 표준약관을 개정하면서 2016년 1월 1일부터 치료목적 확인이 가능한 일부 정신질환에 대해서 보장받을 수 있게 하였다. 기존에는 증상의 진행과 발병 시점을 확인하기 어렵다는 이유로 치매를 제외한 정신질환 보장을 거부했으나, 개정 이후 증상이 비교적 명확해 치료목적 확인이 가능한 일부 정신질환을 실손의료보험을 통해 보장받을 수 있게 된 것이다. 그 결과, 인격 및 행동 장애, 정신분열, 분열형 및 망상성 장애, 기분장애, 신경성 및 신체형 장애, 소아 및 청소년기의 행동 및 정서 장애, 기억상실, 편집증, 우울증, 공황장애, 외상후스트레스장애, 주의력결핍 과잉행동장애(ADHD), 틱장애 등을 보험으로 보장하게 되었다.

2) 정부의 정신건강증진사업 방향

첫째, 정신건강 및 정신질환에 대한 국민 인식을 개선하고자 한다. 이를 위해 정부는 '우울증을 치료 가능한 질환으로 인식하는 국민의 비율'을 2020년까지 2011년 대비 30.0% 향상시킨다는 실천목표와 함께 정신질환에 대한 긍정적 인식도를 제고한다는 실천목표를 제시하고 있다. 세부적으로는 정신건강 및 정신질환 인식 개선을 위한 공공 마케팅 사업지원 확대, 정신장애인에 대한 차별 감소를 위한 범국가적 사회운동 추진 등을 제시하고 있다.

둘째, 정신질환에 대한 조기개입을 통해 정신건강을 증진하고자 한다. 이를 위해서는 정신질환 치료율과 스트레스 인지율을 감소시킨다는 목표하에 광역 및 지역 정신보건센터 기능 강화(조기 정신병에 대한 개입 강화, 아동·청소년 정신건강사업 확대, 노인 정신건강사업 확대), 지역사회 정신건강 네트워크 구축(지역사회 조기 정신질환 발견 네트워크 체계 구축, 정신건강 관련 협의체 구성) 등의 세부사업을 제시하고 있다.

셋째, 중증 정신질환자의 사회통합 촉진과 삶의 질 향상을 도모하고자 한다. 이를 위해서는 정신의료기관의 평균 재원기간 감소, 입원 정신질환자의 재원 적절성 향상, 정신질환자 지역사회 등록률 제고, 중증 정신질환자의 사망률 감소, 정신질환자 취업률 증가 등의 실천목표를 두고 있다. 세부적으로는 지역정신보건센터 확충(정신보건센터 인프라 확대, 적극적 사례관리 서비스 제공체계 구축), 정신의료기관 평가, 정신요양시설 기능전환, 사회복귀시설 확충(사회 재활 프로그램의 서비스 기관 확충, 거주 프로그램의 확대), 정신장애인 대상의 사회적 기업 활성화 등을 목표로 설정하고 있다.

넷째, 자살 위험이 없는 안전한 사회구현을 도모하고자 한다. 즉, 자살사망률의 감소를 위해서 광역형 24시간 위기관리 서비스를 강화하고, 자살시도자를 위한 공공의료 서비스 체계를 구축하고자 한다. 또한 아동·청소년 정신보건 서비스 강화, 중증 정신질환자의 자살예방과 상담 및 교육 기회 등을 확대하는 지역정신보건센터 관리 강화 등을 주요 세부사업으로 제시하고 있다.

다섯째, 알코올중독 문제의 적극적 관리를 도모한다. 이에 따라 고위험 음주행동 비율 감소, 알코올중독 유병률 감소, 알코올 관련 치료율 증가 등을 목표로 두고 상담센터 재정립, 각 지방자치단체의 지역 책임성 강화, 알코올사용장애 치료를 위한 다양한 수준의 사회복귀시설 확충, 건강검진 항목에서 음주 관련 설문 시행 및 결과에 따른 의뢰체계 구축 등을 세부 사업으로 설정하고 있다.

3) 정부정책의 개선 방향

첫째, 건강증진 기금을 확충하고, 확충된 기금에 대해서 정신보건사업의 우선순위를 두어야 한다. 물론 정신건강 증진 인프라를 일시에 획기적으로 확충할 수는 없겠지만, 정신건강이 개인의 삶의 질을 구성하는 핵심적 영역이며 사회적으로도 막대한 외부효과를 갖는다는 점, 또한 현실적으로 한국의 정신건강이 크게 악화되었고 그로 인한 사회적 비용이 크다는 점에서 그 시급함이 강조될 필요가 있다.

둘째, 중증 정신질환자 중심이 아니라 지역사회 주민을 대상으로 개인이 가진 사회·경제적 문제의 해결에 영향을 미치는 종합적 관리의 방향으로 나아가야 한다. 스트레스 등 정신건강 문제를 유발하는 근본적인 원인을 해소하기 위해서는 지역사회의 각종 사회영역 전문가들이 함께, 그리고 각종 복지제도와 여러 서비스를 연계할 필요가 있다.

셋째, 정신건강 증진 서비스 이용자의 정보보호를 강화하며, 경미한 정신질환에 대해서는 건강보험 정신병 급여 코드를 적용하지 않는 방안 등을 고려할 필요가 있다.

넷째, 정신적인 문제를 가지고 있음에도 불구하고 적절한 서비스를 이용하지 않는 계층을 대상으로 정신건강 증진 서비스 이용에 대한 거부감을 해소하고 문제가 해결될 때까지 지속적으로 서비스를 받도록 유도할 필요가 있다.

다섯째, 장애아동 부모, 치매노인 부양가족, 자살자 유가족, 조기퇴직자, 다문화가정, 한부모가정 등 취약계층에 대해서 선제적인 정신건강 증진 서비스의 제공이 필요하다. 이를 위해서는 보건소, 지역정신보건센터가 주축이 되어 대상자 정보를 공유하고, 이를 바탕으로 지역사회 내의 사회복지 관련 기관들과 공동으로 정신건강을 포함하는 건강관리 프로그램을 추진할 필요가 있다.

9. 결론

개개인의 수준에서 심리적 불안요인은 어느 시기에나 존재할 수밖에 없다. 그리고 개개인마다 이러한 불안요인들은 서로 다른 인과관계를 구성하며 광범위한 영역에 걸쳐 다양하게 존재하는 만큼, 이 모든 요인을 해소하는 것은 현실적으로 불가능할 것이다. 그러나 앞서 살펴보았듯이 한국의 정신건강 지표는 뚜렷한 경향성을 가지고 악화되어 가고 있으며, 또한 그 원인은 몇 가지 사회적 맥락과 조건에서 가시적으로 유형화되고 있다. 즉, 정신건강은 사회적 특성에 따라 불평등하게 분포하며, 이러한 '정신건강 집단'을 계층적으로 이해함으로써 이는 운명적인 성질의 것이 아니라 사회적으로 개선될 수 있는 성질의 것이 된다. 따라서 정신건강의 문제는 사회문제인 것이다.

정신건강 문제의 사회적 해결을 위해서는 사회계층별로 건강의 악화를 일으키는 요인들이 무엇이며 그것이 어떤 정신질환을 야기하는지, 그리고 정신건강 악화의 결과로 자살이 어떻게 나타나는지의 연쇄적인 인과관계를 파악하고 각각의 과정에 대한 개입과 대응이 필요할 것이다. 그러나 현재까지 국내에서는 정신건강에 대한 보건사회학의 심도 있는 연구나 조사가 부족한 것이 사실이다. 예를 들어, 결혼이나 가족의 유무 및 양태가 정신건강에 있어서 영향이 지대함에도 불구하고 이혼이나 가족갈등이 정신건강에 미치는 영향을 다루는 연구도 적으며, 청소년이나 노인 등의 주제에 대해서는 자살과 관련된 것을 제외하고는 연구가 별로 없는 편이다.

이러한 점에서 한국 정신건강 문제의 총체적인 해결은 각각의 사회 하위영역에 대한 각론적인 이해와 해결이 결합됨으로써 가능할 것이라고 짐작할 수 있을 것이다. 그리고 한국의 실태가 이를 아주 시급히 요청하고 있음을 주의 깊게 받아들여야 할 것이다.

참고문헌

계봉오, 김중백, 김현식, 이민아, 이상림, 조영태(2013). 인구와 보건의 사회학: 건강한 사회를 위하여. 서울: 다산출판사.

김순안, 김승용(2011). 사회적 지지와 자아존중감이 중년 여성의 정신건강에 미치는 영향. 노인복지연구, 52, 109-129.

박재규, 이정림(2011). 한국 성인 남녀의 우울증 변화에 영향을 미치는 요인 분석. 보건과 사회과학, 29, 99-128.

박준혁, 김기웅(2011). 한국의 우울증 역학에 대한 고찰. *J Korean Med Assoc 2011 April*, 54(4), 362-369.

서울대학교 의과대학(2011). 2011년도 정신질환실태 역학조사. 보건복지부 학술연구 용역사업 보고서.

이미숙(2003). 사회적 스트레스와 중년기 남성의 정신건강. 한국사회학, 37(3), 25-56.

장선철(2007). (21세기 현대사회와) 정신건강. 서울: 동문사.

전진아(2014). 한국 성인의 성별 정신건강 수준 차이: 우울을 중심으로. 보건복지포럼, 210, 17-26.

전홍진(2012). 우울증과 자살 역학연구. *J Korean Med Assoc 2012 April*, 55(4), 322-328.

조병희(1991). 정신건강문제와 보건정책. 한국사회과학연구, 10, 321-336.

조병희(2014). 보건사회학 연구의 동향과 전망. 보건과 사회과학, 35, 5-23.

통계청(2016). 2015년 사망원인통계.

통계청(2016). 성/연령별 취업자.

표갑수(2010). 사회문제와 사회복지(개정판). 경기: 나남출판.

표정선(2009). 국민건강통계에 나타난 성별차이와 여성 내 차이. 여성건강, 10(1), 65-114.

한국보건사회연구원(2012). 정신건강 고위험자 관리체계 정립방안에 관한 연구.

한신원(2012). 중년세대의 사회적 관계와 정신건강. 한국사회학회 사회학대회 논문집, 1115-1125.

片田珠美(2016). 배부른 나라의 우울한 사람들(전경아 역). 경기: 웅진지식하우스.

Cha, Y. J. (2010). Reinforcing separate spheres: The effect of spousal overwork on men's and women's employment in dual-earner households. *American Sociological Review, 75*(2), 303-329.

Voicu, M., Voicu, B., & Strapcova, K. (2009). Housework and gender inequality in European countries. *European Sociological Review, 25*(3), 365-377.

OECD Statistics (2016). OECD factbook 2015-2016.

Shorter, E. (2009). 정신의학의 역사: 광인의 수용소에서 프로작의 시대까지(최보문 역). 서울: 바다출판사.

Williams, C. L. (1992). The glass escalator: Hidden advantages for men in the "female" professions. *Social Problems, 39*(3), 253-267.

네이버 지식백과 http://terms.naver.com/

찾아보기

인 명

내 용

저자 소개

이철우(Lee Cheolwoo)

[약력]
고려대학교 문과대학 사회학과 졸업
고려대학교 대학원 문학석사(사회학)
고려대학교 대학원 문학박사(사회학)
서울특별시 공보관실 여론조사담당
고려대학교 정경대학 평화연구소 연구교수
현재 고려대학교 사회학과에서 강의

[주요 논저]
〈연구논문〉
한국사회의 고령화와 노인복지정책(한국사회학, 1996)
노인생활만족도에 관한 시간의 차원에 의한 연구(한국노년학, 1996)
탈북귀순자의 한국사회 적응력 제고에 관한 정책적 대응방안연구(통일원, 1996)
노인관의 변화와 대응방안모색(한국사회, 1998)
한국노인의 생활불안(한국학연구, 2003)
한국사회의 사회복지정책과 경제성장(평화연구, 2003)
한국의 노인복지(김용렬 편저, 7장, 9장)(고려대학교 한국학연구소, 2003)
사회복지학에의 초대(김용렬 편저, 2장, 4장)(고려대학교 출판부, 2003)
일본제국주의의 한반도 철도건설과 한국민족주의의 저항(평화연구, 2004)
한국에서의 노인문제와 노인소득보장제도(국제평화, 2005)
남북한 철도의 발달과 산업사회의 갈등(한국사회, 2005)
한반도 철도네트워크의 미래와 갈등(평화연구, 2006)
시베리아 철도와 고려인들의 이주과정(재외한인연구, 2006)
동북아시아 철도네트워크의 가능성(민족연구, 2006)
한국의 철도발달과 산업사회의 갈등(국제평화, 2007)
한국의 산업화 정책추진과 철도를 통한 산업화(국제평화, 2008)

〈저서〉
사회복지학에의 초대(공저, 고려대학교 출판부, 2004)
한국사회의 고령화현상과 사회정책적 대응방안(한국학술정보, 2006)
한반도 철도와 철의 실크로드의 정치경제학(한국학술정보, 2009)
新사회학 초대(5판, 학지사, 2017)

〈역서〉
사회과학자의 글쓰기(공역, 일신사, 1999)

현대사회문제
-이론과 실제-
Contemporary Social Problem

2017년 8월 30일 1판 1쇄 발행
2021년 9월 15일 1판 4쇄 발행

지은이 • 이 철 우
펴낸이 • 김 진 환
펴낸곳 • (주) **학지사**

04031 서울특별시 마포구 양화로 15길 20 마인드월드빌딩 5층
대표전화 • 02) 330-5114   팩스 • 02) 324-2345
등록번호 • 제313-2006-000265호

홈페이지 • http://www.hakjisa.co.kr
페이스북 • https://www.facebook.com/hakjisabook

ISBN 978-89-997-1317-0 93330

정가 **20,000원**

이 도서의 국립중앙도서관 출판시도서목록(CIP)은 서지정보유통지원시스템
홈페이지(http://seoji.nl.go.kr)와 국가자료공동목록시스템(http://www.nl.go.kr/kolisnet)
에서 이용하실 수 있습니다.
(CIP제어번호: CIP2017020672)

출판 · 교육 · 미디어기업 **학지사**

간호보건의학출판 **학지사메디컬** www.hakjisamd.co.kr
심리검사연구소 **인싸이트** www.inpsyt.co.kr
학술논문서비스 **뉴논문** www.newnonmun.com
원격교육연수원 **카운피아** www.counpia.com